U0124083

MYTHS & LEGENDS

神話與傳說

圖解古文明的祕密

MYTHS & LEGENDS

神話與傳說

圖解古文明的祕密

by PHILIP WILKINSON

郭乃嘉、陳怡華、崔宏立 譯

www. readingtimes.com.tw

LONDON, NEW YORK,
MUNICH, MELBOURNE, DELHI

本書獻給約翰・威金森（John Wilkinson）

神話與傳說：圖解古文明的祕密

作　　者：PHILIP WILKINSON
譯　　者：郭乃嘉、陳怡華、崔宏立
主　　編：莊瑞琳
特約編輯：周宜靜
美術編輯：李　潔
封面構成：李　潔
董 事 長：
發 行 人：孫思照
總 經 理：莫昭平
總 編 輯：林馨琴
出 版 者：時報文化出版企業股份有限公司
108臺北市和平西路三段240號4樓
發行專線：(02) 2306-6842
讀者服務專線：0800-231-705・(02) 2304-7103
讀者服務傳真：(02) 2304-6858
郵撥：19344724 時報文化出版公司
信箱：臺北郵政79-99信箱
時報閱讀網：http://www.readingtimes.com.tw
電子郵件信箱：history@readingtimes.com.tw
法律顧問：理律法律事務所　陳長文律師・李念祖律師
初版一刷：2010年12月20日
定　　價：新臺幣799元

行政院新聞局局版北市業字第80號

ISBN978-957-13-5241-1（精裝）

國家圖書館出版品預行編目資料

神話與傳說：圖解古文明的祕密／
Philip Wilkinson作；
郭乃嘉、陳怡華、崔宏立譯
初版.-- 臺北市：時報文化, 2010.12
面；公分. --
含索引
譯自：Myths and Legends
ISBN 978-957-13-5241-1（精裝）

539.5　　　99013391

目錄

前言	6
歐洲	**10**
古代歐洲	**14**
古希臘神話中的創世故事	16
宇宙之戰	18
奧林帕斯十二神	20
宙斯	24
關於人類誕生的創世故事	26
阿波羅	28
波賽頓與大洪水的故事	30
各式神怪	32
戴奧尼索斯	34
雅典娜	36
阿芙羅黛蒂的愛情故事	38
希臘諸女神	40
地府	42
奧菲斯前往地府的歷程	44
海克力斯的十二項勞役	46
海斯佩麗提斯三女神的花園	48
特修斯與怪物邁諾陶	50
貝勒羅豐和佩格塞斯	52
柏修斯與他的英勇事蹟	54
被遺棄的孩子	56
伊底帕斯	58
特洛伊戰爭	60
史詩《奧德賽》	64
古代的非傳統英雄	68
古代的非傳統女英雄	70
阿果號英雄	72
羅馬的男女諸神	76
伊涅阿斯以及羅馬的起源	78
守護之神	82
豐饒之神	84
潘恩和思琳克絲	86
歐洲北部	**88**
北歐的起源	90
北歐的宇宙	92
北歐諸神	94
洛奇	96
末日之戰	98
史詩《卡勒瓦拉》	100
英雄事蹟與騎士精神	104
貝奧武夫	106
指環的傳奇	108
掌管大地的神祇	110
歐洲西部	**112**
古凱爾特人的神話與傳說	114
厄爾斯特故事集	116
芬尼亞故事集	118
奇幻的國度	120
馬畢諾奇	124
亞瑟王與圓桌武士	126
聖杯	128
中歐與東歐	**130**
不死的科舍伊	132
女巫傳說	134
樹林和水域的神話	136
與愛情有關的男女諸神	138
火鳥	140
斯拉夫的眾多威神	142
西亞與中亞	**144**
西亞	**148**

埃努瑪・埃利什 150
伊南娜 154
吉爾伽美什的史詩 156
烏加利古城的神話 158
西臺神話 160
偉大的天神 162
命運之神與幸運之神 164

中亞與阿拉伯世界 166
對抗邪惡的爭鬥 168
羅斯丹與索拉伯的傳說 170
蒙古的動物神話 172
戰神 174
關於格薩爾王的史詩 176
阿蕾特女神 180

南亞與東 亞 182

南亞 186
吠陀諸神 188
梵天與創世神話 190
濕婆 194
毗濕奴的十種化身 196
難近母 198
史詩《羅摩衍那》 200
史詩《摩訶婆羅多》 206
恆河的起源傳說 208

東亞 210
盤古開天闢地的故事 212
中國的英雄傳說 214
玉皇大帝的天庭 216
天上的十個太陽 218
美猴王與《西遊記》 220
日本的創世神話 222
建速須佐之男及其後裔 226
金太郎 228

非洲 230

古埃及 234
世界之始 236
《亡靈書》 238
埃及王遇害 240
尼羅河諸女神 244
前往亡者國度的旅程 246

非洲西部 248
非洲人的起源 250
安那斯 252
神話傳說中的英雄 254

非洲中部 256
隆孔度 258
門多 260
有智慧的國王 262

非洲東部 264
第一群牛 266
薩滿 268

非洲南部 270
繖族的神話 272
拉坎雅那 273
非洲南部的民間故事 274

美洲 276

北美洲 280
納瓦荷族的出現 282
祖先 284
偷走光明的渡鴉 286
天空之旅 288
極北之地的神話 290

中美洲 292
波波爾烏 294
羽蛇的神話 298
阿茲特克的自然諸神 300

加勒比海地區 304
五個紀元 306
諸神與精靈 308
傑德 310

南美洲 312
印加王國的起源 314
安地斯山的眾天神 318
各地域的精怪 320

大洋洲 322

澳大利亞 326
彩虹蛇 328
原初姊妹 330
圍攻魯嗎魯馬 332
勃蘭－勃蘭－霸特 334

玻里尼西亞 336
檀加洛艾 338
死亡的起源 340
神聖之石 342

索引 344
致謝 351

前言

世界上的許多文化都有神話。神話講述諸神、英雄和宇宙的重大事件；神話處理最深沉、最基本的問題：宇宙與人類的創世、諸神與精怪的本質、我們死後可能發生的事，以及世界最終的結局等。神話探討愛情與嫉妒、戰爭與和平、善與惡。神話透過引人入勝的情節、鮮活的角色、令人印象深刻的場景、觸動內心深處情感的種種觀念，處理上述的關鍵議題。由於這些因素，神話始終令人為之著迷。

神話的起源，是人們圍坐在火堆旁透過口語代代相傳的故事，如今世上仍有某些地方依然依賴口頭傳說來傳承神話。書寫系統發明後，人們開始記錄神話，並以新的方式重新整理，例如將神話轉化成戲劇、詩篇或小說。世上最偉大的文學作品，有些素材便是來自之前口頭傳說的神話故事，由荷馬史詩到早期冰島作家的傳奇故事，都是在這種情形下創作的。

數不清的神話

神話根源於口頭傳說，因此不是一成不變的。每個神話故事經過一再反覆講述，多少會出現變化；通常神話不會有所謂的「正確」版本。同一位神祇在不同部族間會有不同名稱；即使是距離很近的族群，仍會以不同方法來解釋故事情節的轉折。文字出現後所記錄的神話不只一種版本，也讓神話的流傳有更多的版本。

本書雖然無法涵蓋世界上所有神話，每個故事

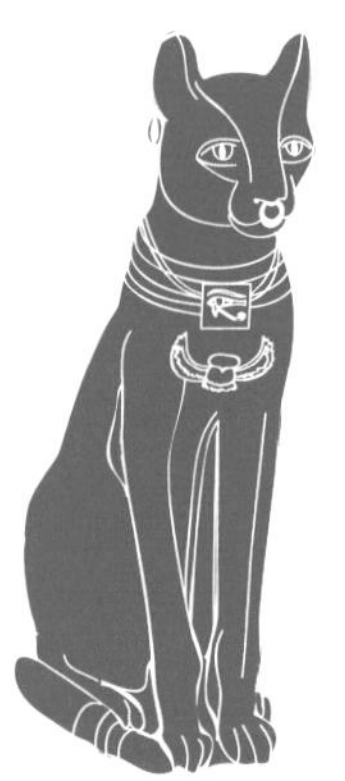

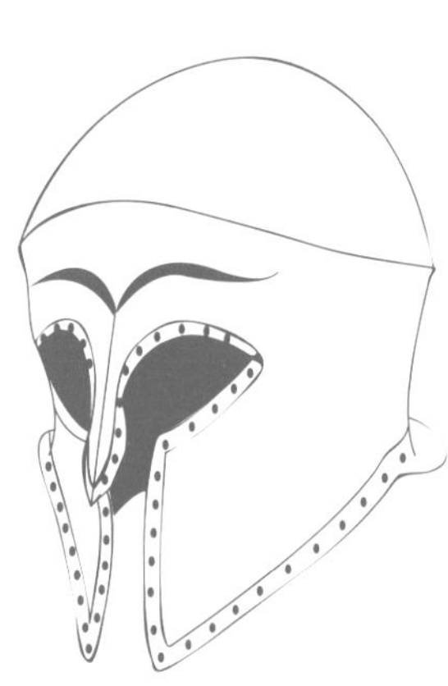

有些文化擁有數千種神祇，包含的神話故事內容多元而龐雜，變化多端，彷彿有無限的可能。

通常也只能提到一種版本，但書中仍精選了世界各地普遍流傳的神話，其中包括歐洲各文化的許多傳說，這些故事都已有文字記載版本，而且在全世界廣為流傳，具有重要的影響力。

宇宙與人類

看似變化無窮的神話，其實彼此間擁有共通的主題。幾乎每個神話都從以下這個問題開始：「宇宙如何開始？」展開創世第一步的創世之神面貌或性格通常不太鮮明；他也許是某位神祇，透過意志力出現於虛無之中。這位創世者經常面對的是一個無比浩瀚的蛋；例如，在中國創世神話其中一個版本裡，盤古必須打破這樣的蛋才能造出天地。有時創世者必須從原初之洋的深處取土造陸，美洲原住民神話常見的「潛土者」就是其中之一。在其他神話裡，世界是男性與女性創世者共同孕育的後代。

人類通常在相當晚期才出現，往往是以黏土或木頭製成的。諸神就像人類的雕塑家一樣，在造人過程中經常經歷了多次失敗；從墨西哥到希臘都可發現神話中提到諸神造出三批人，但只有最後一次才成功。有時，第一批人類是男性，當男人漸漸步入死亡時，諸神創造出女性，人類因而得以繁衍下一代。

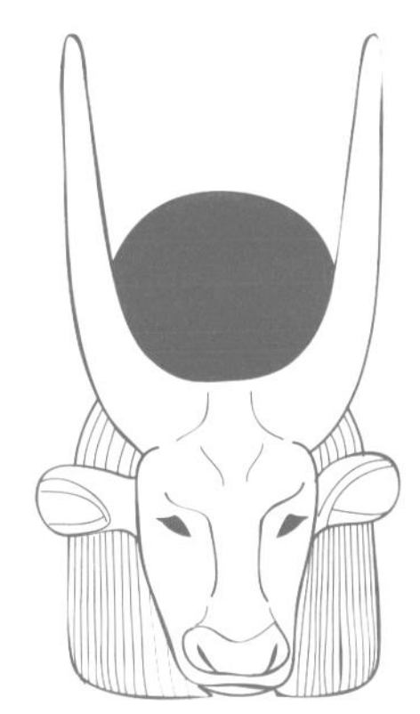

對古代許多民族來說，神祇的存在解釋了太陽為何發光，以及雨水從何而來。

諸神和他們的力量

大多數文化擁有大量神祇或精怪，有時甚至多達數千種，因為精怪無所不在。日本和非洲相隔甚遠，但同樣都認為所有石頭、溪流、湖泊與山丘可能都有專屬精怪；他們大多是當地神祇，主要由共享神聖空間的附近居民來奉祀。這些文化擁有數千位神祇或精怪，其中有幾組是較核心的大神，擁有較特別的威力，且廣為人知，如：太陽神、雨神、海神、天空之神、山神與河神。另外還有特定的神祇掌管狩獵、農耕、愛情、分娩、戰爭和死亡；與這些神祇相關的神話和他們所扮演的角色息息相關。

在許多神話中，有些凡人也擁有非比尋常的力量。這些英雄達成看似不可能的任務，憑一己之力橫掃千軍，甚至必須前往地府。他們同時還可能是文化英雄，教導人們生火等重要技能；由於成就不凡，死後得以進入諸神之列。

與大自然相關的神話

諸神中影響力最大的是與大自然相關之神。太陽和雨水是自然界最重要的元素，它們左右了農作物的成長，因此，與太陽和氣候相關的眾神最常受到人們崇祀，從印加的太陽神印提，到希臘的天空之神宙斯全都擁有至高的力量。

有些人們最熟悉的神話主題也和自然力有關。許多文化都在神話中敘述太陽消失，世上因而缺乏食物和溫暖，大地也有了黑夜與白晝。在非洲部分地區、中國等其他地方則有神話描述諸神減少太陽光或以黑夜來調節過多的陽光。世界各地也都有神祇因發怒而引發的大洪水，有時洪水甚至消滅了所有人類，只留下一個家庭來重建。這類故事解釋了天災的原因，同時鼓勵人們敬神，以免觸犯諸神。此外，這類神話同時也是包含了冒險與救贖的動人故事。

神話的重要性

傳承神話的人透過這些傳說而凝聚了彼此間的民族認同。對澳洲原住民來說，各部族的起源神話傳述了祖先的故事，更描繪了祖先橫越這片大地的路徑、旅程中創造的土地與人民，以及透過神話交織而成的無法切割的整體。對古希臘人來說，神話同樣重要，他們用守護女神雅典娜之名為城市命名；印加人相信統治者是太陽神的直系後裔；古斯堪的那維亞語系各民族的武士都希望自己能像奧丁那般偉大。

多年來，人們持續述說種種神話，藝術家也不斷從其中的諸神、英雄和生物而得到靈感，可見神話的重要性與生命力。從中國到古羅馬，藝術家用繪畫、雕像來描繪諸神的形貌，這些動作有時本身就是一種崇祀奉獻的行為，有時則只是單純頌揚諸神以及他們的功績。

神話來自於人類與自然及靈性世界之間的緊密互動，如今，我們大多已喪失這樣的互動關係。神話存在於現實和幻想之間，稱頌奇特難解與未知的事，描述各種可怕的巨大力量。此外，神話也探討巨大的不安，以及人類的靈感及創造力。神話是人類所擁有最迷人的故事，因為它們打動我們的心靈，直指人心本質。

歐洲

相對於幅員遼闊的非洲大陸和亞洲大陸，歐洲的範圍並不算大，不過卻擁有悠久的文化史。在歐洲的這項歷史遺產當中，有一部分是涵蓋數千種傳說的神話體系，這些傳說分別屬於歐洲各地不同的文化傳統，其中包括歐洲東部斯拉夫語系所傳述的故事、歐洲西部斯堪的那維亞語系的神話，還有古希臘羅馬繁複的眾神，以及中世紀時期的騎士故事。由於歐洲擁有發展久遠的書寫文化，這些得以流傳下來的傳統神話，如今絕大多數已成為舉世熟悉的故事。

儘管如此，歐洲和世上其他地區一樣，這裡的神話與傳說早在文字發明之前就已存在，如今我們仍可看到這些史前神話傳統的一些證據，只是數量稀少。例如羅馬人征服凱爾特的領土時，凱爾特人尚未發明文字，羅馬人雖然記載了凱爾特人的諸神，但對神祇和宗教活動的描述卻零零散散，相當不完整。即使我們把銘文、雕像、祭壇、珠寶……等考古證據彙整在一起，也只能拼湊出其中的部分樣貌。

其他的歐洲神話則透過口頭傳說的通俗故事而流傳至今，這些故事一直到相當晚期才由作家和民俗學者記載下來，有些甚至直到十九世紀才留下文字紀錄。中歐和東歐地區的許多神祇與傳說就是這樣保存下來的，並在激發作家、畫家和作曲家的靈感後，重新被賦予了新的生命。俄羅斯的神話故事就是最好的例子之一，它們曾啟發伊凡．彼立賓（Ivan Bilibin）等知名插畫家和舞臺設計家的創作，以及柴可夫斯基、史特拉汶斯基等著名作曲家的樂曲。

人類依照自己的形象，創造了諸神。

希臘哲學家色諾芬尼（Xenophanes，西元前570-480年）

不過，大家最耳熟能詳的歐洲神話故事，主要還是透過文學作品而流傳至今的。源自古希臘神話的奧林帕斯諸神、英雄與半神，在古希臘後期詩人和劇作家的筆下得以流芳百世；宙斯與阿波羅，海克力斯（Heracles）及柏修斯（Perseus）等神祇的故事原本就引人入勝，在成為荷馬、赫西奧德（Hesiod）、伊斯奇勒斯（Aeschylus）、尤瑞皮底斯（Euripides）以及其他希臘作家的創作題材之後，儘管經過時間洗禮，依然歷久彌新，而且更受世人喜愛。

羅馬人接納希臘人的神話後，新一代的作家如歐維德（Ovid）和維吉爾（Virgil）等人則進一步演繹這些故事。在中世紀時期的詩人與作家的作品中，也能發現他們以豐富的文學創作來擁抱屬於過往時代的神話盛況，重新述說亞瑟王和武士的傳奇，以及其他騎士的故事。

這些為歐洲神話注入新生命的文學作品提醒了我們，從古希臘到中世紀的基督宗教世界，孕育及創造這些神話的社會其實已相當開化。不過，開化只是這些神話的一個面向，因為歐洲神話的世界往往相當野蠻，例如，極其血腥的戰爭、四肢遭撕裂的軀體、所作所為缺德或敗德的神祇，在古希臘羅馬的神話中屢見不鮮。中歐故事中常見的巫師、食人怪、水之精靈、狼人和其他凶惡的精怪，也同樣殘暴且令人害怕。因此，歐洲神話儘管歷史悠久，而且已高度發展，卻始終充滿著曖昧與緊張的氣氛。

▲ **芙圖娜女神的祭壇**

上圖的祭壇浮雕描繪的是人們對女神芙圖娜（Fortuna）的獻祭。芙圖娜是命運女神，主宰凡人的人生際遇，後來的羅馬人也崇奉她。伊特魯里亞人（Etruscan）比羅馬人更早居住於義大利，這個祭壇是在伊特魯里亞人所建的切爾韋泰里城（Cerveteri）出土的。

古代歐洲

**古希臘羅馬神話講述的內容包括偉大的愛情、戰爭的傳說，
以及古代諸神和英雄的功績，
是世界文學中最為人所熟知的故事之一。**

在西元前五世紀發展達到顛峰的古希臘文明，並不是由單一大國或帝國所建立的，而是許多城邦共同創造的成果。這些城邦擁有各自的傳統、文化和神祇，因此古希臘的男女諸神也有各不相同的地理淵源，例如雅典娜之於雅典城、宙斯之於奧林匹亞平原、阿波羅之於德爾菲（Delphi）等。儘管如此，古代希臘各地區的人都認同這個世上存在著數量頗多的神祇，這些神祇彼此往來，同時也會和人類世界往來；他們之間的關係有點像是人類家庭的延伸，也擁有為數不少的近親。這個男女諸神形成的體系規模龐大，成員眾多，他們彼此戀愛、結親，對象甚至包括世間的凡人。此外，他們也經常陷入激烈的個人和政治鬥爭，並為此掀起戰端。

▲ 西西里島的神廟
上圖這間古代神廟位於西西里島上的阿格里琴托（Agrigento）。這類神廟大多擁有矩形的建築結構，四面由許多列柱所包圍，神廟內室立有奉祀之神的神像，信徒會在此獻上金銀之類的貴重祭品。

希臘人和他們的神

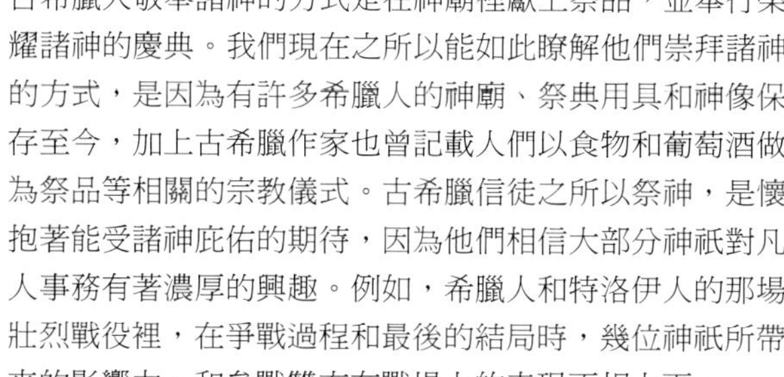

古希臘人敬奉諸神的方式是在神廟裡獻上祭品，並舉行榮耀諸神的慶典。我們現在之所以能如此瞭解他們崇拜諸神的方式，是因為有許多希臘人的神廟、祭典用具和神像保存至今，加上古希臘作家也曾記載人們以食物和葡萄酒做為祭品等相關的宗教儀式。古希臘信徒之所以祭神，是懷抱著能受諸神庇佑的期待，因為他們相信大部分神祇對凡人事務有著濃厚的興趣。例如，希臘人和特洛伊人的那場壯烈戰役裡，在爭戰過程和最後的結局時，幾位神祇所帶來的影響力，和參戰雙方在戰場上的表現不相上下。

在希臘神話故事中，我們能透過許多英雄的故事看出眾神和凡人之間的互動關係。例如，有些凡人因為父母之一是神祇而擁有部分神性；在海克力斯和傑森這類的英雄故事裡，有精采的冒險情節，甚至還有前往地府的驚險旅程，因而受到後人的一再傳述。

歷久不衰的影響

古希臘文明衰微後，希臘神話故事仍以許多不同方式繼續存在。羅馬人在建立龐大帝國的過程中，也接納了他們領土範圍之內各地文化的神祇，他們同時還發現，希臘的男女諸神特別吸引人，於是將這些神祇的性格和羅馬眾神加以結合，創造出類似但仍有差異的神，例如羅馬人的天空之神朱比特（Jupiter）相當於希臘的宙斯，不過兩者有幾個不同之處：朱比特讓人聯想到正義與信守誓言，並且也和羅馬人的治安官有關，治安官上任時，必須向朱比特獻祭。

此外，古希臘的藝術、建築和神話故事保存至今，帶來了長遠的影響，其中尤其對文藝復興時期（大約為西元1350-1550年間）的藝術家與作家的影響最為深遠。

▲ 雅典娜的聖袍
上圖中的浮雕作品是帕德嫩神廟橫飾帶（即連續排列的淺浮雕）的一部分，內容描繪神廟祭司托起雅典娜女神的聖袍。帕德嫩神廟位於雅典衛城，奉祀雅典娜，外形壯觀，大約建於西元前438-432年。

古希臘神話中的創世故事

古代希臘神話中有為數不少的創世故事，內容描述在第一批宇宙住民誕生之前，創世之神如何形塑宇宙，並打造其樣貌。這些創世故事同時也為諸神的誕生提供了背景；人們認為，這些男女眾神居住於奧林帕斯山上，他們在古代神話中扮演了相當重要的角色。

神話

太古之初，四下一片虛無，只有無盡的黑暗空洞，稱為混沌（Chaos），隨後在空無之中出現了一股創造力。希臘創世故事有不同版本，對這股創世之力也有不同的稱呼，有些認為那是名為歐律納美（Eurynome）的女神，她和原初之蛇歐菲昂（Orphion）交合後開啟了創世過程，有些故事則稱之為大地之母蓋亞（Gaia）。

原初之卵

歐律納美以鴿子外形現身，生下巨大的蛋。歐菲昂盤捲住蛋，蛋受熱後孵化萬物：天空烏拉諾斯（Uranus）、高山奧瑞亞（Ourea）、海洋彭圖斯（Pontus）、所有星辰與星球，以及大地蓋亞，大地上的山脈河流也從蛋中成形。這些事物誕生後，歐律納美和歐菲昂在奧林帕斯山定居，歐菲昂自稱是宇宙唯一創世者，歐律納美狠狠踢他以示懲誡，但歐菲昂仍堅持己見，於是歐律納美將他永世囚禁於地府之中。

大地之母

另外有些故事認為宇宙的創世者是蓋亞。蓋亞和天空烏拉諾斯交合後，烏拉諾斯將能賦予生命的水注入大地表面，水和大地

▶ 歐菲昂
原初之蛇歐菲昂纏繞著歐律納美產下的蛋，這顆蛋中含有天地萬物的根源。

結合後不但帶來湖泊、池塘和海洋，也帶來大地最早的住民。首先出現百臂巨人，他們各有五十個頭，以及從肩上延伸出的一百隻手臂。獨眼巨人族接著出現，他們全都只有一個眼睛，擅長鍛造金屬。在一些故事裡，獨眼巨人攻擊阿斯克里琵俄斯（Asclepius），於是阿斯克里琵俄斯的父親阿波羅殺了巨人，他們的鬼魂至今仍在艾特納火山（Mount Etna）下的洞穴徘徊不去。另外有些故事則說獨眼巨人力量強大且技藝高強，烏拉諾斯害怕他們會奪走自己的權力，因而將他們打入地府。

在蓋亞和烏拉諾斯共同創造的族類中，最重要的是被稱為泰坦神（Titans）的巨人族。他們成為大地最早的統治者，並和泰坦女神（Titanesses）共同繁衍後代。他們的下一代後來成為強大的神，如太陽神希利歐斯（Helios）和黎明女神愛歐絲（Eos），他們的父親是泰坦神海比力昂（Hyperion）。不過其中權勢最大的是泰坦神領袖克羅諾斯（Cronus）的孩子，他們後來全都成為奧林帕斯諸神。

▲ 鴿子
有一個故事描述了原初女神歐律納美化身鴿子的過程，故事的起源非常早，而且只出現在古希臘書籍的斷簡殘篇之中。

主要神祇

宇宙初始之時有幾位較不顯眼的神祇，他們存在的主要目的是開啟創世過程，但缺乏鮮明性格，和他們有關的神話也不像後期奧林帕斯諸神傳說般複雜。例如，歐律納美被稱為萬物女神，她輕巧穿越太初混沌，懸浮於水面，並化身為鳥，產下涵納宇宙的蛋。其他角色還包括：克羅諾斯，他原是豐收之神，掌管自然力。泰坦女神瑞雅（Rhea）像蓋亞一樣是原初女神，都是與大地關係密切的母性角色。此外，泰坦諸神也駕馭天體，如菲碧（Phoebe）和阿特力士（Atlas）主宰月亮，瑞雅和克羅諾斯職司土星，忒伊亞（Theia）和海比力昂則支配太陽。

▲ **大地之母蓋亞**

大地之母蓋亞與烏拉諾斯交合時，烏拉諾斯將水注入了大地表面，於是人們將蓋亞視為海洋、河川等地理景觀之母。

▶ **克羅諾斯吃下自己的孩子**

泰坦神克羅諾斯和妻子瑞雅住在奧林帕斯山上的一座岩石城堡裡，他因為吃下自己前五個孩子而聞名。（見18頁）

▲ **烏拉諾斯**

克羅諾斯在母親蓋亞的唆使之下，閹割了自己的父親烏拉諾斯，因為烏拉諾斯囚禁了蓋亞的其他幾個孩子。

◀ **瑞雅矇騙克羅諾斯**

瑞雅為了不讓克羅諾斯吞下他們第六個孩子，於是遞給他一個裹著布的石頭包裹，冒充剛出世的孩子。（見18頁）

巨人和獨眼巨人

宇宙最早的住民之中有許多巨人族，獨眼巨人和百臂巨人便是其中二個族群。巨人族具有超凡的力量，而且外表十分嚇人，泰坦諸神於是將他們打入地府。不過，根據後來的神話，有些獨眼巨人發現通往大地的通道，重新返回大地成為牧羊人。這些生活於大地的獨眼巨人大多性情溫和，但有些喜歡吃人肉。

▲ **獨眼巨人**

這些泰坦神又稱為塞克羅普斯（Cyclopes），原意為：「圓眼」，他們唯一的眼睛位於前額中央，因而有此名稱。

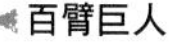

◀ **百臂巨人**

百臂巨人住在地府世界最底層一個稱為塔特洛斯（Tartarus）的地方，他們的工作是負責看守放逐於此地的神祇。

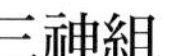

三神組

泰坦諸神和其他原初生物生下了不少子嗣，這些孩子雖然神性較弱，但仍能對他人發揮很大的影響力。他們往往以三神組的形式出現，例如海斯佩麗提絲三女神（the three Hesperides），以及命運三女神（the three Fates）。命運三女神具有很大的威力，不但控制人類，同時也能影響神祇的生命；對希臘人來說，無人能逃脫命運的掌控。

▲ **海斯佩麗提絲三女神**

泰坦神阿特力士的三個女兒合稱為海斯佩麗提絲，原意為：「夜之女兒」。她們負責守護一座美麗的花園，園裡植有金蘋果樹。（參見第48-49頁）

▶ **命運三女神**

她們是黑夜之女，據說克洛莎（Clotho）紡織生命之線，拉琪希絲（Lachesis）測量長度，亞卓波絲（Atropos）則在生命終結時剪斷生命線。

相關參考：歐洲創世故事90-91, 100-03，巨人64-67, 96-97, 104-105

宇宙之戰

奧林帕斯山上的眾神是古希臘時期大多數神話中的重要角色，他們在成為宇宙主宰前，與他們的祖先及對手—— 泰坦族打了一場漫長的戰爭。關於這場宇宙之戰的故事稱為「泰坦戰役」（Titanomachia），內容包括後期神話當中陸續出現的許多主題，例如：神諭、失落的孩子，以及復仇等。當這場戰爭進入尾聲時，宙斯出現，並且成為全宇宙之中至高無上的統治者，至於戰敗的泰坦諸神，則遭到放逐於地府的命運。

神話

有一則神諭預言泰坦神克羅諾斯將死於自己兒子的手中，於是，每當妻子瑞雅生下一個孩子，克羅諾斯就把孩子吞下肚裡。在他接連吞下五個孩子後，瑞雅想出一個計謀，在第六個孩子宙斯出世時，把孩子送到克里特島交由友善的山羊仙女阿瑪席雅（Amalthea）撫養長大。隨後瑞雅做了一個包著石頭的襁褓，交給克羅諾斯吞下肚。

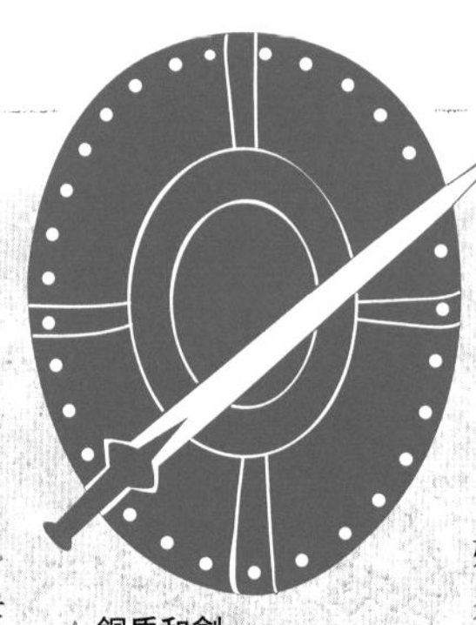

▲ 銅盾和劍

古希臘人經常用青銅打造出精良的武器。在古希臘神話故事中出現像獨眼巨人這樣擅於鑄造金屬的神祇，顯示這類工藝技能對希臘人而言非常重要。

宙斯返鄉

宙斯長大後，有一天，養母阿瑪席雅向他說明他的真實身分，並把克羅諾斯吃掉他其他手足的事告訴他。宙斯滿腔怒火，決定向父親討回公道。他向泰坦女神米緹絲（Metis）表達自己的決心，米緹絲告訴他，他仍有機會能救出兄姊。她給宙斯一種藥，只要克羅諾斯把藥吃下，就會吐出自己的孩子。宙斯依照米緹絲的指示去做，不但救出了哥哥波賽頓（Poseidon）和黑帝斯（Hades），以及姊姊赫拉（Hera）、赫絲緹亞（Hestia）和狄蜜特（Demeter），同時也解放了原本遭烏拉諾斯打入地府之中的獨眼巨人。這些神祇和獨眼巨人在宙斯的率領之下，向克羅諾斯宣戰。由於雙方勢均力敵，這似乎注定是一場漫長而永無止盡的戰役。幸好獨眼巨人是優異的冶煉大師，他們製作了許多神奇的武器，其中為宙斯鍛造的是雷電，為波賽頓打造的是三叉戟，給黑帝斯的是只要戴上就能隱身的頭盔，這些武器讓諸神在戰役中占了上風。戰爭結束時，諸神掌控了宇宙，泰坦族被囚禁於地府的塔特洛斯（Tartarus），此地由百臂巨人負責看守，裡面充滿凶猛的怪獸。

◀ 激戰中的諸神

諸神與巨人族交戰時，朝對方用力拋擲巨岩是他們相互攻擊的方式之一。左圖描繪的是巨人戰役當中的一景，諸神與蓋亞的兒女——巨人族正處於激戰狀態。

後續的爭戰

蓋亞得知自己的孩子遭放逐到塔特洛斯，勃然大怒，於是向諸神宣戰，率領其他巨人族孩子對抗以宙斯為首的諸神。在這場「巨人戰役」（Giantomachia）中，諸神最後打了勝仗，巨人族則被埋在火山之下。儘管如此，諸神的地位仍未穩固，宙斯必須接受泰風（Typhon）的最後挑戰。泰風也是蓋亞的孩子，宙斯用雷電打傷了他，但這個有無數頭顱、胳臂和腿的巨神，仍繼續朝宙斯拋擲巨岩，宙斯再還以顏色，施展雷電劈打巨岩，讓巨岩彈向泰風，泰風終於用盡氣力。最後，宙斯將泰風打入地府底層塔特洛斯，他的統治大權就此底定。

諸神的武器

古希臘的諸神和凡人有些相似之處。在希臘人的想像中，交戰中的諸神具有人形，而且以武器攻擊敵人。這些武器全是由赫菲斯特斯（Hephaestus）為他們打造的，這位冶鍊工藝之神及火神就像是天上的鐵匠。不過，諸神武器的威力完全不是凡人的刀劍可以相提並論的。宙斯使用雷電出擊或波賽頓以三叉戟戳刺時，整個宇宙都會為之撼動。赫菲斯特斯偶爾會為凡間英雄鍛造盔甲，阿基里斯（Achilles，參見60-61頁）就是其中之一。此外，當英雄展現過人的武器長才時，人們會說他的武器一定是出自赫菲斯特斯之手。

◄ **三叉戟**
波賽頓的武器是三叉戟，他用三叉戟激起暴風雨，或用它來撼動大地，引發地震。他甚至還能用它從海床上耙出新的島嶼。

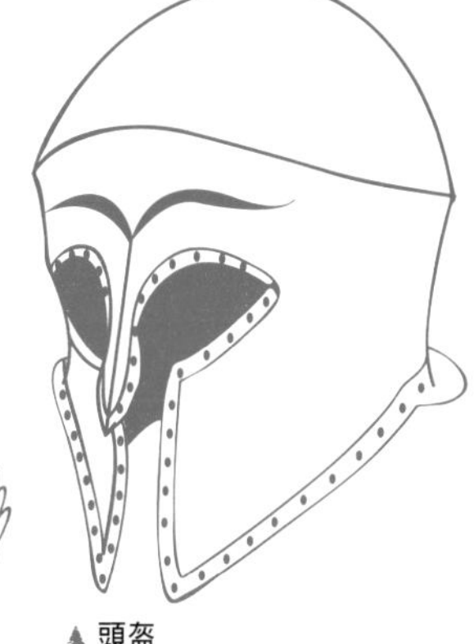

► **雷電**
宙斯的武器是雷電。雷電不但具有足以撼動整個天空的威力，同時還可以精確瞄準特定的目標，宙斯因而得以殺死對手或擊碎對手的武器。

▲ **頭盔**
黑帝斯的頭盔具有隱形功能，戴上後就能偷襲敵人。由於他統御的地府國度幽暗難辨，因此古希臘的藝術作品中從未描繪他的樣貌。

阿特力士

阿特力士的父親是泰坦神艾亞佩特斯（Iapetus），母親是海洋仙女克萊美妮（Clymene），他統治一個龐大的島嶼國度——亞特蘭提斯，雖然擁有許多臣民，但人民荒淫沉淪，因此諸神決定消滅全族以示懲罰。他們遣來大洪水淹沒全島，沒有留下活口，並將島沉入海中。阿特力士因諸神讓他失去國家而懷恨在心，在宇宙之戰中率領泰坦諸神作戰。諸神贏得勝利後，懲罰阿特力士永遠將天空扛在肩上。

► **擎天之神**
阿特力士肩上扛的是天之球，但有時會被誤認為是地球，因此後來人們認為壓在他肩上的是凡世，他的名字Atlas也就成為用來專指地圖集的名詞了。

諸神的偽裝

在希臘神話故事當中，有一個主題經常出現，那就是諸神偽裝自己的方式。他們使用變身能力的目的各不相同，有時是因為戰略的需求，有時則是為了追求心儀者，原因不一而足。當諸神面對怪物泰風的挑戰時，他們曾經一度逃往埃及，並化身為各種動物，以便隱藏自己的形跡，唯一沒有這麼做的，只有英勇的雅典娜。不過，最後宙斯還是卸下了偽裝，為了對抗怪物，挺身而出。

▲ **山羊**
向來勇敢的宙斯，偽裝變身時會變成一頭山羊，頭上長出一對羊角，看來相當具有侵略性，而且也十分引人注目。

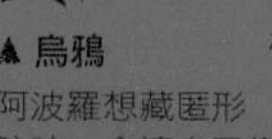

▲ **烏鴉**
阿波羅想藏匿形跡時，會讓自己變成烏鴉。以他音樂之神的身分，這是相當低調的偽裝。

◄ **貓**
阿特蜜絲（Artemis）是狩獵及追逐女神，當她偽裝時，選擇變成同為掠食動物的貓。

泰風與風

泰風是會噴火的怪物風神，他的母親蓋亞之所以生下他，是希望能有一個兒子可以打敗眾神。根據一些故事的描述，宙斯打敗泰風後，將他放逐至地府之中；另外有些故事則認為，泰風最後逃過了一劫，後來也住在奧林帕斯山上，與其他眾神和平相處，不過偶爾會引發一些強烈的暴風——這就是颱風一詞的由來。根據其他一些故事的說法，他住在艾特納火山裡，不時會吐出熱煙和岩漿。

► **地獄中的泰風**
在人們一再傳述的神話故事版本當中，泰風成為宙斯的手下敗將之後，被宙斯囚禁在地府之中。

相關參考：戰爭60-61, 98-99, 104-05, 116-17, 118-19, 126-27, 170-71, 176-77, 206-07

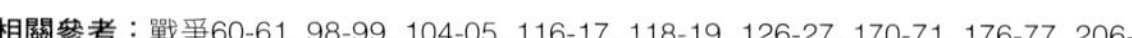

奧林帕斯十二神

希臘神話當中的十二位主要神祇雖然住在奧林帕斯山上，但卻主宰著人間的生活。他們分別是眾神之王宙斯、阿芙羅黛蒂（Aphrodite）、阿波羅、艾瑞斯（Ares）、阿特蜜絲（Artemis）、雅典娜、狄蜜特、赫菲斯特斯、赫拉、荷米斯（Hermes）、赫絲緹亞，以及波賽頓。這份家譜除了顯示他們彼此間的關係外，也可看出他們與克羅諾斯和瑞雅等泰坦諸神（參見第16-19頁）及其他次要神祇間的關係。

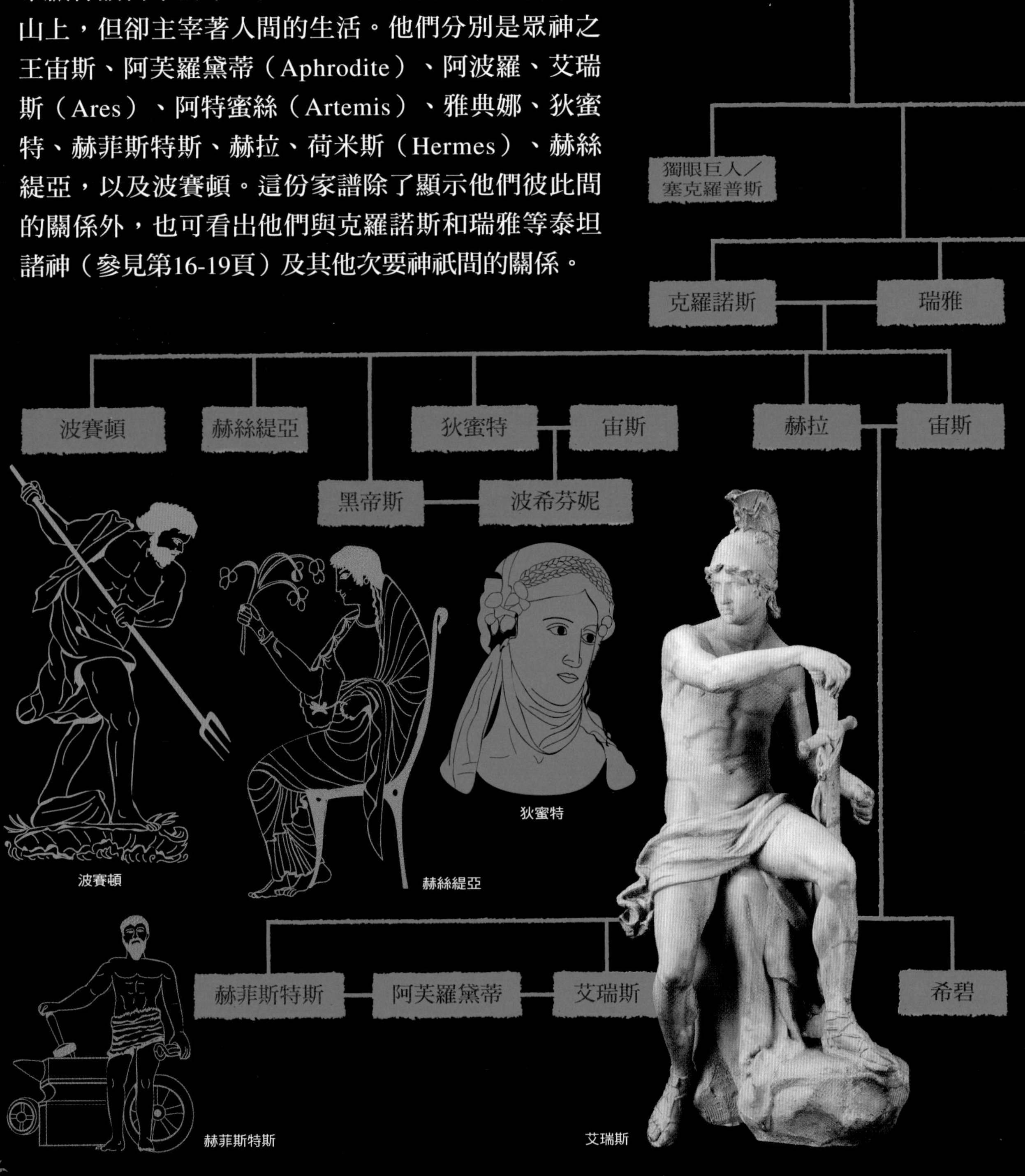

波賽頓

赫絲緹亞

狄蜜特

赫菲斯特斯

艾瑞斯

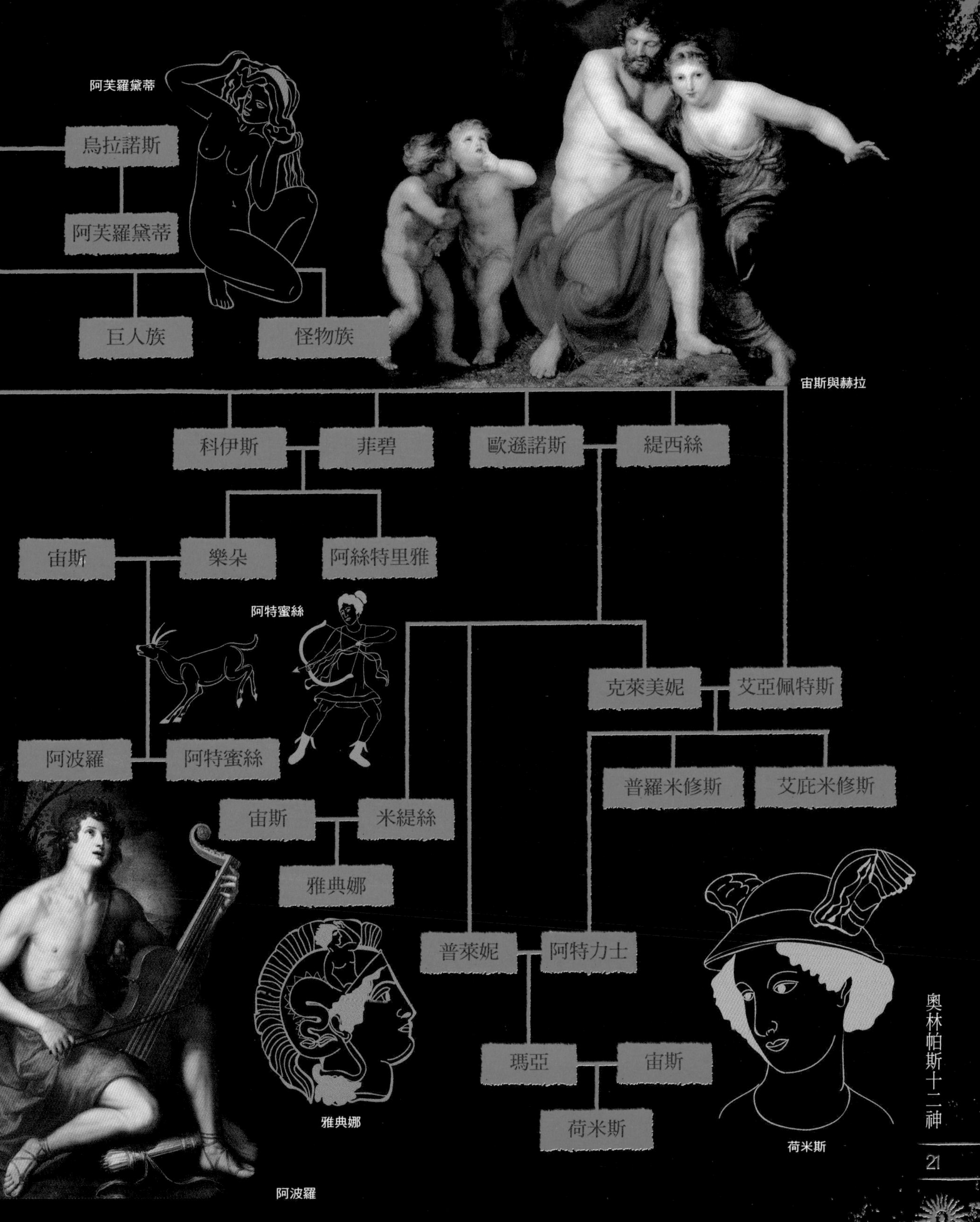

阿芙羅黛蒂

宙斯與赫拉

阿特蜜絲

雅典娜

荷米斯

阿波羅

奧林帕斯諸神

古希臘時代的諸神據說住在希臘的最高峰——奧林帕斯山。不過，文藝復興時期（約西元1350-1555年）的藝術家，往往描繪他們住在雲朵繚繞的天庭中。

宙斯

宙斯是泰坦神克羅諾斯和瑞雅的兒子，也是雷神和天空之神。他最令人畏懼的武器是雷電，這是獨眼巨人特別為他量身打造的。在宇宙之戰（參見第18-19頁）中，宙斯領導眾神打敗了泰坦諸神，因而成為眾神之王。儘管他已擁有妻子赫拉，卻仍因四處留情而聞名；他追求的對象眾多，包括女神、仙女和凡人女子，這些風流韻事為他孕育了許多孩子，同時也對凡人的生活產生了巨大的影響。

統治者宙斯

宙斯雖然身為眾神之王，不過他卻將足以影響凡人生活的權力交給自己眾多的兒女，因而很少親自介入其中。

宙斯變身

宙斯灼亮的軀體令凡人害怕，他的雷電又會燒死近身之物，加上與他交歡的女伴多數並非自願，因而會以化身來接近求愛對象，如變身公牛吸引歐羅芭（Eupora），化成金雨親近遭囚禁的妲娜伊（Danaë），變成羊人強暴底比斯（Thebes）公主安緹歐琵（Antiope），化身天鵝接近麗妲（Leda）。此外，他還曾偽裝為愛爾克米妮（Alcmene）的丈夫安菲特里昂（Amphitryon）欺騙了她（參見第46頁），也曾變成老鷹，帶走心儀的青年甘納米德（Ganymede）。宙斯還能將愛上的對象變身，例如把赫拉的一位女祭司愛歐（Io）變成母牛，把阿特蜜絲（Artemis）的仙女卡麗絲托（Callisto）變成熊，以免妻子起疑心。

羅芭和公牛

宙斯變身成為一頭白色的公牛，腓尼基女孩歐羅芭看見時，上前輕輕撫摸公牛，並且坐上牛背，這時，公牛載著她飛奔而去。

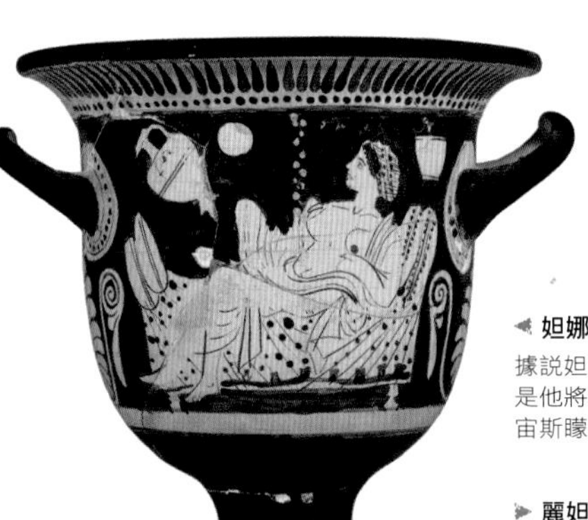

妲娜伊和金雨

據說妲娜伊之子將殺死她的父親，於是他將她囚禁起來。化成一陣金雨的宙斯矇騙了她，讓她中了他的詭計。

麗妲和天鵝

宙斯化成天鵝向斯巴達女王麗妲求愛，兩人生下海倫（見第60-61頁）及狄歐斯居里（見第83頁）等孩子。

▲ 神仙眷侶

雖然赫拉因為善妒而聞名於世，不過崇祀她的信徒十分注重婚姻的重要。有些藝術家還將她和宙斯描繪成一對恩愛夫妻。

宙斯和赫拉

宙斯娶姊姊婚姻女神赫拉為妻。當初宙斯、波賽頓和黑帝斯幾位大神瓜分宇宙版圖時，赫拉無法參與其中，因此嫁給宙斯，以便以宙斯之妻的身分共同統治天上，取得先前遭剝奪的權力。與赫拉有關的故事，大多描述丈夫的風流韻事引起她的嫉妒，以及她對情敵的報復。愛歐被宙斯變成母牛後，赫拉派了一隻牛蠅不斷叮咬愛歐，讓她發狂。樂朵（Leto）懷了宙斯的孩子且即將分娩時，赫拉不准她在任何大陸和島嶼上生產。她還施計騙了賽米麗（Semele），讓賽米麗要求宙斯以金光耀眼的姿態出現在她面前。宙斯勉強答應，賽米麗因而遭宙斯威猛的雷電燒成灰燼。此外，赫拉也迫害宙斯婚外情生下的孩子，包括戴奧尼索斯（Dionysus，見34-35頁）與英雄海克力斯（見46-47頁），海克力斯因陷入瘋狂而殺死妻兒。儘管如此，赫拉造成的傷害很少是永久的。

► 美惠女神

右圖為美惠三女神，她們能為凡人帶來幸福，尤其是愛情的快樂；她們呼出的氣息則能協助植物欣欣向榮。

宙斯的孩子

宙斯和不同的伴侶一共生下了數十個孩子，其中有些在其他希臘神話故事中占有相當重要的地位，成為主宰宇宙不同面向的神祇，或是以英勇事蹟揚名人間的凡人英雄。宙斯和妻子赫拉生下的孩子包括戰神艾瑞斯，以及眾神侍女希碧（Hebe）。荷米斯是宙斯和瑪亞（Maia）兩人的結晶；宙斯和米緹絲生下了雅典娜（見36頁），和樂朵生下了雙胞胎阿波羅與阿特蜜絲，和歐律納美生下的是美惠三女神（the three Graces）。他又和泰坦女神尼摩希妮（Mnemosyne，記憶女神）共同孕育了繆思女神，另外還和安娜琪（Ananke）帶來了命運女神（the Fates）。他和凡間的愛人也孕育了子嗣，例如歐羅芭為他生下了特洛伊戰爭英雄薩皮頓（Sarpedon）、克里特國王邁諾斯（Minos），以及冥界的判官拉達曼提斯（Rhadamanthus）；妲娜伊為他生下的是英雄柏修斯，至於愛爾克米妮的兒子則是大名鼎鼎的海克力斯。

繆思女神

繆思女神是宙斯和尼摩希妮的女兒，掌管藝術，和藝術之神阿波羅有關。據說她們原本共同啟發詩藝及其他藝術活動，但後世作家為九位女神取了名字，且各司其職：卡莉歐碧（Calliope，詩作靈感）、克麗歐（Clio，歷史）、愛拉托（Erato，抒情詩）、尤特碧（Euterpe，音樂）、梅爾波米妮（Melpomene，悲劇）、波麗姆妮雅（Polyhumnia，和聲）、特普希可拉（Terpsichore，舞蹈和合唱）、忒莉亞（Thalia，喜劇），以及烏拉妮雅（Urania，天文）。據說她們住在山上，觀賞她們的歌舞，不但令人感覺賞心悅目，更能從中獲得啟發。

繆思女神與阿波羅

相關參考：天神114-15, 142-43, 158-59, 160-61, 162-63, 188-89, 236-39, 252-53, 266-67, 294-97, 318-19, 338-39

關於人類誕生的創世故事

古希臘和許多文化不同，他們擁有不只一個關於人類起源的故事。根據希臘神話故事的描述，天神多次創造人類或所謂的凡人，而且據說先後共經歷了三次失敗的經驗，現代人類才終於出現。我們不清楚究竟是誰開啟了創造人類的創世過程，不過人類之所以學會生火等重要的文化技能，必須歸功於泰坦神普羅米修斯。在神話傳說中，普羅米修斯是以人類朋友的身分出現的。

▶ 普羅米修斯竊取火種
普羅米修斯從奧林帕斯山上竊取了火種之後，藏在一根茴香桿裡，悄悄把火種帶給人類。

神話

天神第一次創造人類時，統治宇宙的是泰坦諸神（參見第16-17頁），克羅諾斯則是泰坦諸神的領袖。結果他們創造出黃金人種，這些人類生活在理想境界，他們的生命像一場長久的盛宴，不需工作，也不會衰老。當最後的大限終於到來時，他們步入死亡，宛如進入一場平靜的睡眠。自此之後，大地一片空無，毫無人跡。

為了填補空無，奧林帕斯諸神（參見第20-21頁）創造了白銀人種。這些人類的壽命很長，不過成熟的速度很慢。儘管母親悉心照料孩子，但他們卻需要長達一百年的時間才能長大成人。成年之後，他們變得既遲鈍又愚笨，彼此間爭鬥不斷，而且成年後沒多久就會死亡。這些特質，加上他們不崇拜神，甚至對諸神毫不尊重，讓宙斯大為惱怒，於是他將白銀人種打入地府。隨後宙斯用黏土創造了新的人種。這個人種身穿青銅製的盔甲，使用青銅製的器具，於是有青銅人種之稱。他們和白銀人種一樣好鬥，因而在殘酷的戰爭中自我毀滅。

▲ 赫菲斯特斯的冶煉工坊
普羅米修斯在赫菲斯特斯的工坊找到火種，這位工藝之神在此鑄造宙斯的雷電及其他強大武器，但有些故事說那是他和獨眼巨人聯手打造的。

人類

最後，和現代一樣的人種出現了。根據一些故事的說法，是傑出的泰坦工匠普羅米修斯創造出人類的。不過，無論人類是不是他創造的，他顯然已成為人類的保護者。他傳授人類航海、醫藥等許多重要技能，而且教導人們在獻祭時留下肉，將其餘的部分獻給神祇。有一回，人類殺了一頭公牛，可是關於究竟該把哪個部分敬獻給神，彼此意見紛歧。普羅米修斯提供了一個妙計，他把肉裹在牛皮裡，用脂肪包住骨頭，宙斯選擇藏著骨頭的脂肪，後來發現自己被騙，勃然大怒，因此拒絕把火種賜給人類。

竊取火種

普羅米修斯決定站在人類這一邊，因而從天上竊取了火種，並將它帶到人間，讓人類得以烹煮食物，並且保持住屋的溫暖。宙斯為了懲罰普羅米修斯的竊盜行為，於是用鍊條將他縛綁在一個巨大的岩石上，並且派一隻老鷹每天前來啄食他的肝臟。

黃金時代

在黃金時代（the Golden Age），統治世界的主宰是克羅諾斯〔羅馬人稱為薩杜恩（Saturn）〕。這是和平安寧的時期，沒有戰爭與不義，黃金人種可從各種樹木或植物取得豐沛的食物，因而不需要勞動。在後世，「黃金時代」一詞就成為專指遙遠而美好的過去的代名詞。在文藝復興時期（約西元1350-1550年），義大利藝術家和作家重新發現了古希臘文化，黃金時代的概念風靡一時，古希臘時期因而也成為畫家相當喜愛的創作題材。

◀ **黃金人種**
在文藝復興畫家眼中，黃金時代的一切如此祥和，人類和野生動物和平共存，絲毫不必擔心會受動物的攻擊。

▶ **克羅諾斯**
泰坦神克羅諾斯雖然對待自己的孩子相當殘暴不仁（參見第18頁），不過經常被人們視為黃金時代溫和、公正又仁慈的統治者。

被縛的普羅米修斯

宙斯為了懲罰普羅米修斯竊取火種，把他鍊在大地與混沌交界處的一塊岩石上。普羅米修斯在此飽受折磨，因為有一隻老鷹會啄食他的肝，但肝臟卻會不斷自動修復，酷刑因而一再持續重複。宙斯下令，普羅米修斯必須一直綁著受苦，直到有其他人願意替代他為止。數千年後，一隻受傷的半人馬凱戎（Cheiron）表示願意代替普羅米修斯受刑。凱戎來到那塊岩石旁時，宙斯就將他變成一個星座，希臘英雄海克力斯（參見第46-47頁）則殺了那隻老鷹，因而結束了普羅米修斯的苦難。

▲ **伊斯奇勒斯**
伊斯奇勒斯是西元前五世紀左右的希臘劇作家，他以普羅米修斯神話為主題，撰寫了好幾部作品。

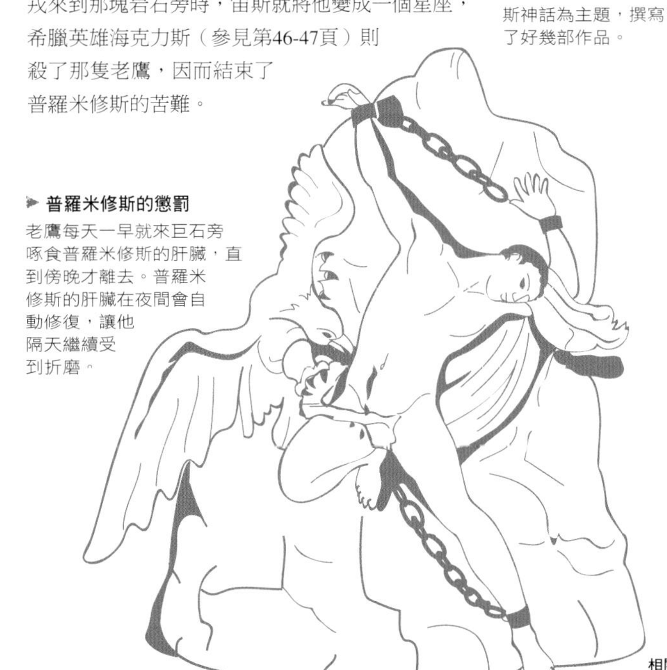

▶ **普羅米修斯的懲罰**
老鷹每天一早就來巨石旁啄食普羅米修斯的肝臟，直到傍晚才離去。普羅米修斯的肝臟在夜間會自動修復，讓他隔天繼續受到折磨。

潘朵拉

普羅米修斯為了人類竊取火種後，宙斯打算懲罰人類，於是（有的故事認為是赫菲斯特斯）創造一個美麗的凡間女子，名叫潘朵拉。

普羅米修斯的弟弟艾庇米修斯和潘朵拉結婚後，將她帶到人間。潘朵拉把眾神送的禮物收在一個罐子裡，當她打開罐子後，出現各式災難與禍患，此後人類必須承受眾多痛苦，唯一正面的東西是希望，也是人類唯一的慰藉。

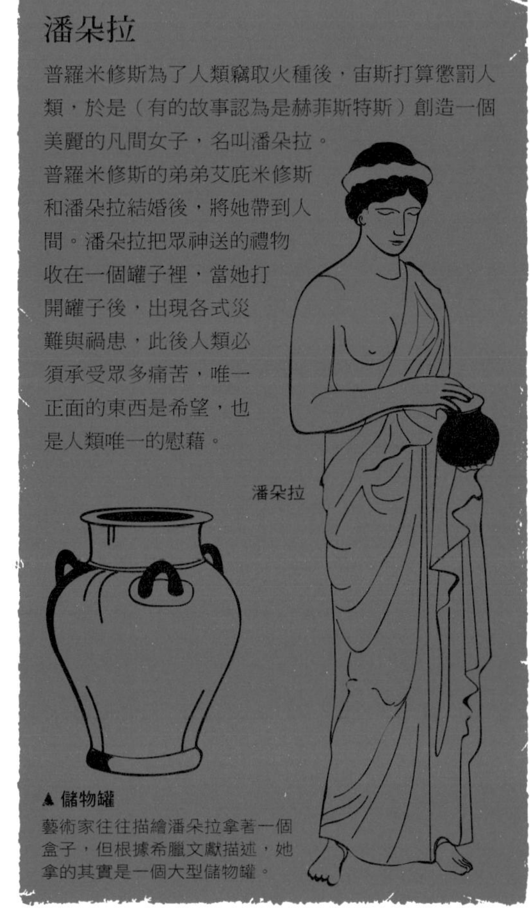

潘朵拉

▲ **儲物罐**
藝術家往往描繪潘朵拉拿著一個盒子，但根據希臘文獻描述，她拿的其實是一個大型儲物罐。

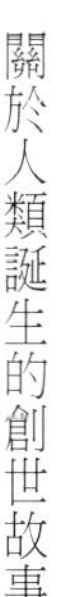

相關參考：首批人類90-91, 162--69, 250-51, 282-83, 306-07, 314-15, 328-29, 338-39

阿波羅

阿波羅經常被描繪為擁有俊秀外形的年輕人，負責掌管的領域包括生命的許多層面。他是弓箭手的守護神，但他的弓箭卻為人類帶來了痛苦。他也是療癒之神和醫神阿斯克里琵俄斯的父親，同時還是音樂和藝術之神，彈奏里拉琴的技巧精湛。阿波羅是宙斯和樂朵的孩子，因而也被尊奉為光之神與太陽神。

阿波羅的里拉琴

有一回，阿波羅為了追求心儀對象而踏上旅程，將自己擁有的健壯牛群置之不顧。荷米斯向來喜歡這些牛隻，發現牠們竟然無人照管，於是偷走了牛，並把牠們藏在山洞裡。不過，阿波羅有預知的能力，知道牛群的確切位置，因而去找荷米斯，打算討回牛群。當他找到荷米斯時，荷米斯手上拿著他用牛隻內臟製成的樂器，正在彈奏音樂。阿波羅聽見這把里拉琴的琴聲後，深深為之著迷，最後同意用自已的牛群和荷米斯交換他的里拉琴。

◄ **手拿里拉琴的阿波羅**
里拉琴（lyre）又稱為奇塔拉琴（kithara），阿波羅的第一把里拉琴，是一個上面張著幾條弦的龜殼。

◄ **荷米斯**
荷米斯既是惡作劇之神，也是眾神的信使。他腳上穿著帶有羽翼的涼鞋，因此能在奧林帕斯山、凡間和地府之間來回飛行。

阿波羅和戴芬妮

阿波羅嘲笑愛神愛洛斯（Eros）的箭術差勁，愛神於是決心要報一箭之仇。他用具有黃金箭鏃的箭射中阿波羅，讓他墜入了情網，卻用鉛製箭頭的箭射中阿波羅愛戀的對象戴芬妮（Daphne），讓她對阿波羅毫無興趣。儘管阿波羅對戴芬妮窮追不捨，但她始終不願屈服，因而一邊跑一邊祈求宙斯將她變身，以便逃避阿波羅的追求。宙斯回應了戴芬妮的請求，最後將她變成一棵月桂樹。

▼ **愛洛斯**
愛洛斯是阿芙羅黛蒂及艾瑞斯的兒子，他遺傳了母親的美貌，以及父親愛作弄人的習性。

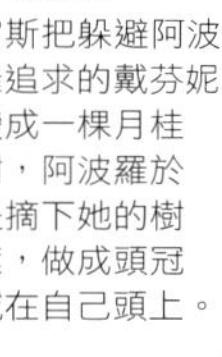

► **戴芬妮**
宙斯把躲避阿波羅追求的戴芬妮變成一棵月桂樹，阿波羅於是摘下她的樹葉，做成頭冠戴在自己頭上。

阿波羅和德爾菲

宙斯的妻子赫拉發現丈夫和樂朵互通款曲之後（見25頁），決定要向樂朵報復，於是派巨蛇皮松（Python）前去攻擊樂朵。皮松長年盤踞在帕納塞斯山（Mount Parnassus）的山頂，導致德爾菲地區愈來愈荒蕪。後來，阿波羅用天神工匠赫菲斯特斯打造的弓箭射死了巨蛇（參見第39頁），德爾菲從此之後就成為太陽神阿波羅的聖地，崇奉他的神廟也坐落於此地。當地每四年舉辦一次皮松競賽，以紀念阿波羅剷除皮松的事蹟，阿波羅因而也與德爾菲城有了密不可分的關係。皮松競賽的活動內容除了多項運動比賽外，還包括吟詩及音樂比賽。

▲ 德爾菲神廟

位於德爾菲城的阿波羅神廟最初建於西元前七世紀，神廟坐落於山腰上，四面圍繞著許多希臘神話故事中的英雄雕像。

▶ 阿波羅殺死皮松

阿波羅用沾了毒的箭殺死威力強大的巨蛇皮松。阿波羅本身一方面擁有療癒的能力，另一方面卻也能用沾著致命毒藥或帶著疾病的箭鏃殺人。

德爾菲神諭

阿波羅具有預言的能力，在德爾菲阿波羅神廟中的女祭司則負責傳遞神諭。這位女祭司稱為庇席雅（Pythia），她坐在三腳椅上，手裡拿著月桂葉和一碗來自卡索提斯泉（Kassotis）的泉水，為人們宣示神諭。她在出神狀態中回答人們的問題，回答的內容可能涉及政治和宗教政策，也可能與個人的未來有關。由於庇席雅的回答晦澀難解，因此另外還有其他祭司會在一旁為聽者加以解讀。然而，這些解釋同樣也令人困惑且難以理解，不過卻經常以最出人意表的方式在日後應驗。

庇席雅

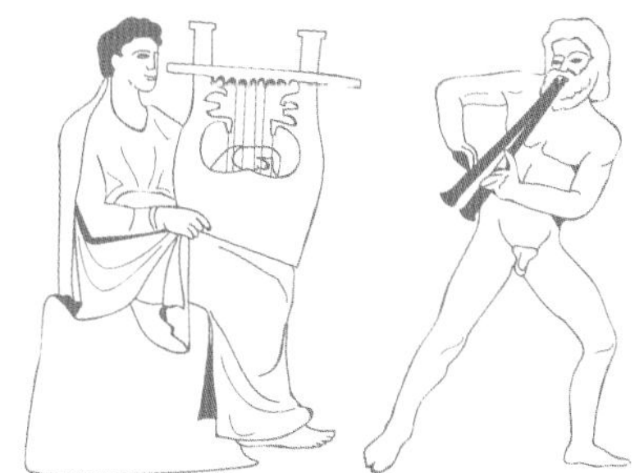

▲ 和瑪西俄斯的音樂雙人賽

瑪西俄斯相當不智，竟然膽敢挑釁太陽神阿波羅。阿波羅用計讓瑪西俄斯在音樂比賽中落敗，隨後以殘酷無比的方式來懲罰他的傲慢。

被剝皮的瑪西俄斯

羊人（參見第32頁）瑪西俄斯（Marsyas）吹奏雙笛的功力相當傑出，和阿波羅的里拉琴琴藝不相上下，不過他認為自己的音樂才能勝過音樂之神，於是向阿波羅單挑，要求對決。阿波羅接下戰帖，條件是贏家可以自由決定用什麼方式來懲罰輸家。在比賽過程中，雙方一直難分高下，後來阿波羅提議兩人把樂器顛倒過來演奏，勝負立見，因為里拉琴倒過來仍可彈奏，但笛子就沒辦法吹奏了，阿波羅因而取得勝利，並活剝瑪西俄斯的皮，以示懲罰。

相關參考：太陽神114-15, 160-61, 188-89, 218-19, 222-23, 238-39, 290-91, 314-15, 318-19

波賽頓與大洪水的故事

許多古希臘人居住在大小島嶼之上，或者定居於濱海地區，因此，他們的生活深受海洋的影響。海神波賽頓能引發強烈的暴風，同時也掌控了地震等自然力量，於是成為奧林帕斯諸神中最具權威的神祇之一。儘管如此，波賽頓仍然渴望能獲得更多權力，因而參與了一場和雅典娜的競爭：他們之中只有一位能取得雅典城守護神的資格，獲得最高殊榮。

▶ **波賽頓**
海神出現的形象，通常是一個大鬍子男人，手持三叉戟，以巨大蚌殼為寶座，或是站在由海豚或海馬拉動的貝殼狀戰車上。

神話

波賽頓和雅典娜都希望成為主掌雅典城的神祇。他們彼此並未宣戰，也沒有正面對決，但一致同意，誰能送給雅典人最好的禮物，就能取得勝利。海神登上俯瞰雅典城的衛城，來到丘陵的頂峰，將三叉戟朝地面重重一擊，一道鹹水泉隨即湧了出來。隨後，雅典娜也來到了衛城，拿出她的禮物——雅典城的第一株橄欖樹。

諸神的判決

宙斯召來奧林帕斯山上的諸神，共同擔任比賽的評審，決定誰帶來的禮物比較好。湧泉的出現儘管令人讚嘆，不過鹹水對人們並沒有太大的用處。相反的，橄欖樹不但為他們提供橄欖，橄欖油也可用來烹調和點燈。橄欖油對雅典人和他們的貿易伙伴都很有價值，因此橄欖樹除了能滋養雅典人之外，也能讓他們致富。此外，他們還能利用橄欖樹的木材來建造各種物品。希臘的統治者賽克洛普王（King Cecrops）也表示，衛城裡從沒看過這種樹。宙斯聽過所有評語後，宣布雅典娜獲得這次競賽的勝利。雅典娜成為雅典的守護之神，這個城也以她來命名。

▶ **與雅典娜之爭**
儘管波賽頓和雅典娜決定以和平的方式解決紛爭，但波賽頓有三叉戟，雅典娜有長矛，兩人可說是勢均力敵的強勁作戰對手。

洪水來臨

海神波賽頓得知比賽的結果後，憤怒不已。他拿起三叉戟在海面上反覆重擊，引起了巨大的風暴，隨後海水也因而上升，造成雅典城所在的埃琉西斯平原（Eleusis）水患成災。這場洪水淹沒了整個平原，經過很長一段時間之後才逐漸消退，此時雅典人也才得以重建城邦。他們為雅典城的新守護女神建造了一座神廟，因為雅典娜日後將會為他們帶來繁榮。不過他們也不忘向波賽頓獻上祭品，以平息這位海神的怒氣。

海神波賽頓和動物

波賽頓和動物的生命力與活力有相當密切的關係，公牛和公馬是與他特別有關的兩種動物。希臘人認為，這兩種動物的特點都是性能力超強，而且性情暴烈。波賽頓追求異性時，有時會變成馬的外形，例如，有一回他想追求狄蜜特，於是化身為一匹公馬。在希波萊特斯（Hippolytus，見70頁）相關的一些故事裡，海面上曾出現過一隻凶殘的公牛，這也是波賽頓展現威力的例子之一。

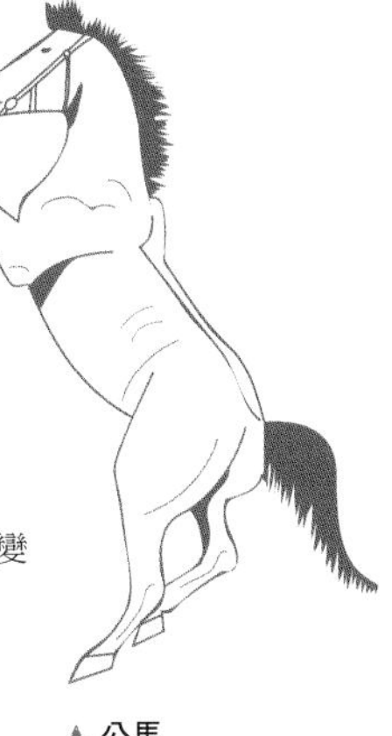

公馬

根據某神話故事的描述，世上第一匹馬是從波賽頓撒在岩石上的精液長出來的。

帕西斐和克里特公牛

由於波賽頓的詛咒，克里特王后帕西斐（Pasiphae）愛上海神送來的一頭公牛，並與其交合，兩者共同孕育的結晶就是牛頭人身怪物邁諾陶（Minotaur，見50-51頁）。

其他古代海神

除了波賽頓外，古希臘人還有其他幾位海神，他們的影響力雖然不及波賽頓，但仍受到人們的崇奉。其中有些海神和特定海洋生物有關，例如格勞克斯（Glaucus）和魚的關係密切，普洛提斯（Proteus）掌管海豹。有些海神則具有特殊能力，例如柴頓（Triton）是知名音樂家，擅長以海螺殼吹奏音樂；普洛提斯雖不喜歡回答凡人的問題，卻以智慧過人而著稱。

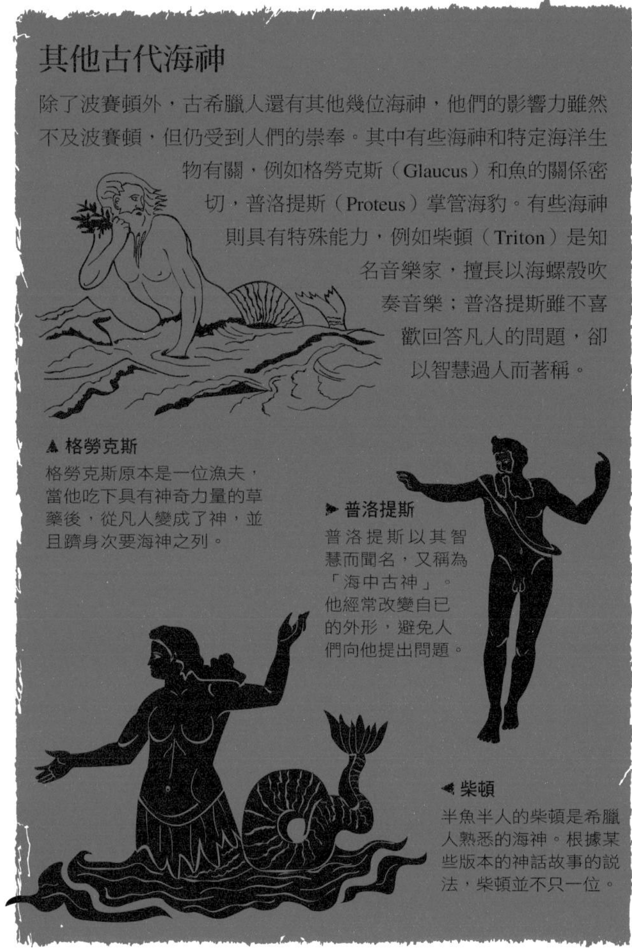

格勞克斯

格勞克斯原本是一位漁夫，當他吃下具有神奇力量的草藥後，從凡人變成了神，並且躋身次要海神之列。

普洛提斯

普洛提斯以其智慧而聞名，又稱為「海中古神」。他經常改變自己的外形，避免人們向他提出問題。

柴頓

半魚半人的柴頓是希臘人熟悉的海神。根據某些版本的神話故事的說法，柴頓並不只一位。

波賽頓和奧德修斯

在荷馬的《奧德賽》中（見64-67頁），敘述了悲劇英雄奧德修斯（Odysseus）從特洛伊返回綺色佳時，在海上遭遇的波折。這些不幸大多來自於波賽頓，因為奧德修斯弄瞎了海神之子獨眼巨人波利菲摩斯（Polyphemus）。這部史詩生動描述海神如何興風作浪，造成奧德修斯翻船，船員不幸溺斃；而奧德修斯面對的許多險境，如漩渦克里波狄斯（Charybdis）等，其實都是波賽頓的子嗣。

波賽頓掀起巨浪

波賽頓有時會用他的三叉戟重擊海面，掀起巨浪，有時則會用它翻攪海水，激起驚濤駭浪。

波賽頓神廟

波賽頓是威力強大的神祇，因而備受人們的尊崇，有些奉祀他的神廟仍留存至今。不過，人們並非完全將他尊為海神，有些神廟奉他為「馬神波賽頓」（Poseidon Hippios），也有許多人奉他為植物之神。儘管如此，在希臘的波賽頓神廟大多還是位於能俯瞰海面的壯觀懸崖頂上，位於阿提卡半島（Attica）南端蘇尼翁（Sounion）的神廟就是其中一例。這些神廟的存在，明確提醒了世人這位神祇的權力範圍，同時，人們也在此舉行船賽，以榮耀這位海神。

位於蘇尼翁的神廟

位於蘇尼翁的波賽頓神廟，從海面遠處的船上就可望見，如今雖只剩佇立於石頭平臺上的兩排列柱，但這些遺跡仍引起人們的思古之情。

相關參考： 海神158-59, 160-61, 290-91, 294-97, 338-39．洪水故事196-97, 212-23, 214-15, 288-89, 314-15, 328-29

各式神怪

兼有人類與動物特徵的奇特神怪、凶暴的巨人，以及小巧的仙子，這些都是人們最熟悉的神話物種，在世界各地的神話體系中也都能看到他們。這些種類繁多的神怪經常介入凡人的事務，他們早在男女諸神創世之前就已經存在，或者生活在與凡人不同的時空裡，因而常常被形容為「古代」的神怪。

混血神怪

在許多神話體系裡，我們常可發現兼具兩種不同物種之特質的神怪，他們將兩種相反的心理特質結合於一身。希臘神話中就有不少這樣的例子，至於人魚、水澤仙女以及水之仙子等混血神怪，也經常出現在許多各不相同的文化之中。

▶ **人魚**
許多神話體系裡都有半魚半人的角色。她們通常是雌性，擁有致命的吸引力，引誘凡人前往她們的水底居所。

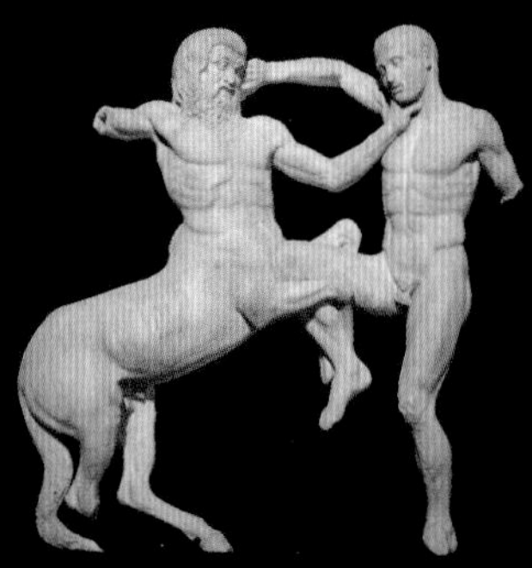

◀ **半人馬**
古代神話中的半人半馬生物，據說是拉庇斯（Lapiths）國王伊克希昂（Ixion，見68頁）和被宙斯變成赫拉外形的雲朵所生的孩子。他們兼具了馬的野性，以及人類的智慧。

▶ **羊人**
在希臘神話中，羊人有男子的上身，但下半身卻是山羊的軀體，有時頭上也有羊耳和羊角。他們聒噪又好色，是戴奧尼索斯（參見第34-35頁）的追隨者。

命運掌控者

在許多神話與傳說中，常將生命中突如其來的變化與轉折解釋為各種神怪操弄的結果。這類神怪包括希臘的憤怒女神（Furies）、命運女神，以及北歐的諾恩（Norns），他們對受他們影響的凡人受害者的情感不屑一顧。諾恩是北歐神操控命運的女神怪，通常被描繪成擁有女巨人的外形。

▲ **憤怒女神**
憤怒女神往往是三人組或以老婦形象出現，會對任何破壞自然秩序的人施以懲罰。她們又稱復仇女神（Eumendies），反諷的是，這個詞的原意為「善心者」。

▶ **命運女神**
命運女神掌控人類的命運。她們最初由三位女神所組成：啟動生命的拉琪希絲，紡織生命線的克洛莎，以及截斷生命線的亞卓波絲。不過後來她們被視為一個較大的女神族類。

惡魔和怪物

許多文化都有關於怪物的故事，他們肆行破壞、威嚇無辜者，不但挑戰凡人，也挑戰諸神。其中許多怪物是巨人，具有超乎凡人的力量，只有英雄和擁有神奇武器或無敵盔甲的人才能打敗他們。其他諸如吸血鬼和狼人等怪物，則是具有異能或邪惡性格的凡人，他們的故事可能有助早期人類理解畸形者，以及看似毫無緣由的人類罪行。

狼人

在歐洲北部的傳說當中，令人畏懼的狼人是由人類母親生下的，他們具有人類大多數的特質，但會在滿月時變成嗥叫的狼。

巨怪

巨怪是北歐神話當中一種類似巨人的生物。他們出現時通常是親子同行，不但會騷擾或攻擊人類，而且非常凶暴，令人恐懼不已。

吸血鬼

在斯拉夫神話中，吸血鬼是已死的人，他們吸食沈睡者的鮮血，因而讓自己的肉體得以繼續存活。

食人怪

在歐洲傳說中有幾個食人怪的族類。他們通常外形醜陋、體型巨大、滿身肌肉，而且相當愚笨。有些食人怪會吃人，有些則吃屍體。在基督宗教世界裡，惡魔有時候會以食人怪的外型出現。

惡魔

在印度神話體系當中有許多惡魔，稱為羅剎（rakshasas）。他們活躍於夜間，據說還會攻擊婦女和孩童，有時候當他們與諸神激戰時，也會施展出強大的力量。根據一些典籍的記載，棲居森林的猴人也被視為惡魔。

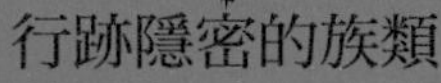

行跡隱密的族類

這一類的精怪為了避免讓人類發現他們的蹤影，往往行跡隱密。其中有些如侏儒等精靈，居住在遠離人類的地方；小仙子或愛爾蘭人口中的「小人」等的精靈，則擁有隱身的能力，或只讓具有特異能力的人看見。這些精靈大致又可分為兩類，一類對人類充滿善意，另一類則愛管閒事或懷抱惡意，人們大概是藉由這一類的惡精靈來解釋人間不愉快的事。

侏儒

北歐神話體系當中的侏儒很有智慧，而且還擅長冶金術。他們住在幽暗且滿布岩石的地區。古代典籍並未對他們的個子大小多加描繪。

精靈

北歐神話提到許多的精靈族類，其中有些很壞，生活在陰暗處，而且相當醜陋；有些則長得很美，也會幫助人類。

小仙子

許多不同文化的傳說裡都有小仙子，他們通常會飛，而且以各種方式介入了人類的生活，其中有些可能慷慨大方，有些則相當調皮搗蛋。

戴奧尼索斯

酒神戴奧尼索斯是個顛覆秩序的人物，他是酩酊之神，主掌宗教狂喜之類的非理性或出神狀態。戴奧尼索斯也有變身的能力，能化身為動物，或者以人類的外形出現，而且身邊往往有醉漢或動物為伴。這些特質讓他成為演員的守護神，在雅典人的慶典活動當中，通常也包括為了榮耀戴奧尼索斯而進行的戲劇表演。

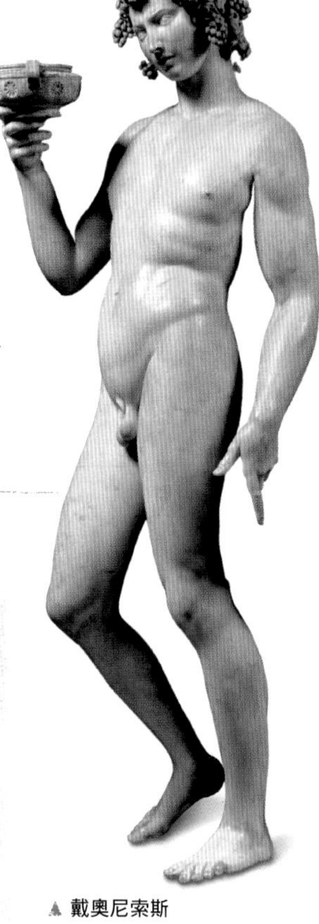

▲ 戴奧尼索斯

戴奧尼索斯是不折不扣的酒神，人們往往將他描繪成一位英俊的年輕男子，一手端著杯子，髮絲裡夾雜著葡萄葉。

拯救戴奧尼索斯

賽米麗是底比斯國王卡德莫斯（Cadmus）和王后哈莫妮雅（Harmonia）的女兒，宙斯化身凡人和賽米麗互通款曲，讓他的妻子赫拉非常吃味，想了一個法子報仇。她化身為老婦說服賽米麗，讓賽米麗請求宙斯讓她看看他最雄壯的模樣。宙斯答應她，但雷電散發的熱力讓凡人之身的賽米麗當場死亡。後來，眾神之中有人（有的說法是荷米斯，有些則說是河神德爾瑟〔Dirce〕）出手救出她肚腹中尚未出生的孩子戴奧尼索斯，把他帶到宙斯面前。宙斯割開大腿，把孩子好好藏在大腿裡，直到他足月出世。戴奧尼索斯從宙斯大腿誕生後，赫拉怒不可遏，唆使泰坦神（參見第16-19頁）將孩子撕成碎片。孩子的祖母瑞雅於心不忍，又把孫子的身體組合在一起，然後送到養父母那裡。赫拉再度得知消息，瑞雅為了保護戴奧尼索斯，於是把他變成山羊。

▲ 赫拉

在酒神的故事中，赫拉扮演她典型吃醋妻子的角色，打敗了情敵賽米麗，卻無法消滅她的兒子。

▶ 賽米麗

宙斯的雷電火焰讓賽米麗當場喪命，她的故事成為後世畫家和作曲家喜愛的創作題材，韓德爾就曾以賽米麗為題寫了一齣歌劇。

酒神戴奧尼索斯的旅程

戴奧尼索斯長大成人後，心性不定，而且不斷進行長途旅行。他無論走到哪裡，都會因為飲酒無度導致爛醉發狂而出名。許多人認為，他之所以發酒瘋是赫拉造成的，因為情敵賽米麗的兒子最後竟得以存活，讓她始終懷恨在心。戴奧尼索斯出遊時，與他作伴的是國王西雷諾斯（Silenus）所率領的羊人族。和他同行的旅伴之中，還有一群稱為「邁娜德斯」（Maenads）的女信徒，她們具有某種狂野的特質，常常讓自己陷入極度狂喜的瘋狂境界。一旦這種情形發生，她們會隨興狂舞，最後甚至無法控制自己，徒手將身邊任何她們能接觸的東西全部撕碎。這些邁娜德斯女信徒從戴奧尼索斯身上汲取力量，因此無論火焰或利劍都無法阻止她們跳舞，也傷害不了她們。

羊人

半羊半人的羊人是山林仙女和山羊共同孕育的後代，他們因為經常貪杯濫醉，並且性好女色而聲名狼藉。

邁娜德斯

酒神女信徒邁娜德斯穿著輕薄的服裝，在雙笛與鈴鼓合奏的樂曲伴奏之下翩翩起舞。她們擁有能夠控制野獸的能力，據說有時也會騎著豹現身。

西雷諾斯

年老且睿智的羊人西雷諾斯是戴奧尼索斯信徒的領袖。根據某些故事版本描述，他將年幼的酒神撫養長大成人。

酒紅色的汪洋

戴奧尼索斯在地中海附近周遊各地時，曾教導當地居民和他的信徒如何採收葡萄、榨汁，以及將葡萄汁製成葡萄酒的方法。人們品嚐到成果後，戴奧尼索斯在當地深受眾人的歡迎。有一回，酒神在旅遊途中遇到海盜，海盜以為他是富有的年輕人，因而想綁架他。然而，當他們打算綑綁戴奧尼索斯時，繩結卻一再自行鬆脫，隨後戴奧尼索斯將桅杆和繩索全都變成葡萄藤蔓，將船身周圍的海水變成葡萄酒。海盜見到眼前情景全都嚇壞了，紛紛跳入海中。

海盜變海豚

驚恐萬分的海盜們跳入海中後，戴奧尼索斯把他們全都變成海豚，右圖這個西元前530年的杯子上所描繪的就是當時的情景。

潘修斯的悲劇

戴奧尼索斯和女信徒一邊跳舞一邊前進，來到潘修斯（Pentheus）統治的底比斯城。這位年輕國王的母親雅佳薇（Agave）受酒神所吸引，也成為女信徒。她喝得爛醉，加入狂舞的行列。潘修斯見到母親的行為後驚駭不已，決定終止舞蹈。他徵詢戴奧尼索斯的意見，但酒神要國王先躲在一旁觀看，暫時不要有任何舉動。不過女信徒還是發現了他，並將他撕成碎片。

潘修斯之死

潘修斯的母親雅佳薇也加入酒神女信徒的行列，一起攻擊他。處於瘋狂狀態的雅佳薇原以為自己攻擊的是一頭獅子，後來才發現那是自己的兒子。

相關參考：旅程44-45, 64-67, 78-79, 120-21, 220-21

雅典娜

雅典娜是一位威震八方的女戰神，在神話故事中，人們往往將她描繪為手拿盾牌，或身穿名為「伊吉斯」（aegis）的盔甲。除戰神外，她同時也是陶藝、紡織、造船等工藝的守護神，以及雅典城的主神。她遺傳了母親米緹絲的智慧，因而特別偏愛奧德修斯，因為奧德修斯是希臘英雄中最明智且最機靈的。由於這些身分與特質，對希臘人來說，雅典娜是容易親近的神祇，不像許多神和凡人保持距離，因而人們特別尊崇她。

全副武裝的雅典娜
雅典娜最喜歡的武器是她的長矛。平時，她將長矛握在手中，矛尖保持向上，戰時則高舉在空中用力揮舞。此外，她還戴著具有保護作用的頭盔。

雅典娜的誕生

米緹絲是宙斯最早的戀人之一，是泰坦神歐遜諾斯（Oceanus）和緹西絲（Tethys）的女兒。米緹絲不只容貌美麗，更以聰慧著稱，她的名字原來的意思正是「機靈聰慧」。在眾多戀人中，宙斯特別寵愛米緹斯，但她懷孕時，蓋亞和烏拉諾斯告訴宙斯，米緹絲生下一個女兒後，會為他再生一個男孩，不過這個兒子將奪走他所有的權力。蓋亞建議宙斯，若想阻止事情發生，最好的方法就是趁米緹絲還沒生產前把她吞下肚。宙斯依照蓋亞的建議去做，但米緹絲的女兒即將出世時，赫菲斯特斯介入了。他用斧頭劈開宙斯的頭，讓孩子順利出生。雅典娜奇蹟似地從宙斯頭顱裡出現，全副武裝，發出巨大的吶喊聲。根據許多故事的說法，在宙斯所有孩子裡，雅典娜是他最疼愛的，也是唯一可以使用他的保護盔甲的孩子。

雅典娜的誕生
在古代描繪雅典娜誕生的圖畫中，經常可以看到這位女神全副武裝從父親腦袋突現的模樣，左圖這幅瓶上的畫就是其中一例。

雅典城的主神

雅典娜與波賽頓競爭雅典城的主神地位時，為雅典市民帶來一項相當珍貴的禮物——橄欖樹，因而贏得這場比賽（參見第30頁）。後來，雅典人在硬幣上放上雅典娜和她的聖鳥貓頭鷹的圖像，由此可見她在他們心中的重要性。此外，雅典市民為了崇祀雅典娜，還建造了一座帕德嫩神廟。神廟位於城邦最高處的衛城之上，其中有一件雕塑作品描繪了雅典娜和波賽頓的競賽故事，另有一尊以象牙與黃金打造的巨大雅典娜雕像，出自著名雕塑家菲迪亞斯（Phidias）之手，可惜這件作品早已佚失，只留下許多小型的複製品。至於帕德嫩神廟的名字——Parthenon，源自partheno（處女）一詞，因為雅典娜非常重視貞節。

帕德嫩神廟　　有雅典娜肖像的錢幣

▼ **雅拉克妮變成蜘蛛**

雅典娜悲憐雅拉克妮，因而將她變成一隻蜘蛛，讓她能垂吊在絲線上，繼續紡織。

紡織比賽

雅典娜的另一個身分是紡紗與編織女神，因此，只要有人的紡織功夫了得，人們會說他得到了雅典娜的恩賜。雅拉克妮（Arachne）是個擅長紡織的凡人女孩，她堅持自己的才華是與天俱來的，和雅典娜毫無關係。雅典娜知後大為憤怒，決定和雅拉克妮在紡織技藝上一決高下。當她後來看到雅拉克妮的成品時，知道對方的技藝和自己不相上下，不過雅典娜的作品以諸神戰勝凡人的故事為主題，雅拉克妮的作品描繪的卻是宙斯的眾多風流韻事，這讓雅典娜甚為不悅，於是在嫉妒與憤怒交織下扯碎了雅拉克妮的作品。雅拉克妮深感受辱，打算上吊自殺，雅典娜認為這種懲罰太過嚴酷，就把雅拉克妮變成一隻蜘蛛，讓她能繼續紡織。

▼ **紡織中的雅拉克妮**

雅典娜對雅拉克妮既精緻又美麗的紡織品大為著迷。在某些故事中，她因為過於嫉妒，一氣之下就用自己的紡梭猛刺雅拉克妮。

向女神低頭，謙遜地請求，
希望她原諒你的狂妄與出言不遜。

歐維德，《變形記》（*Metamorphoses*）

雅典娜和赫菲斯特斯

工藝之神赫菲斯特斯從雅典娜父親的頭顱裡救出她後，對她始終懷有好感。雅典娜長大後，赫菲斯特斯愛上她，請求宙斯同意他娶雅典娜為妻。宙斯答應了，條件是要雅典娜自己願意才行。然而，雅典娜重視貞節勝過一切，不願結婚，當場拒絕赫菲斯特斯，赫菲斯特斯試圖強暴雅典娜，但強悍的女神一把推開他，他的精子灑在地上，讓大地之母蓋亞懷了身孕，生下厄里克托尼厄斯（Erichthonius）。雅典娜同意撫養厄里克托尼厄斯，他長大後成為雅典城君王。

► **雅典娜成為養母**

蓋亞把新生兒厄里克托尼厄斯交到等待孩子出世的雅典娜手上，赫菲斯特斯則在一旁觀看。

沐浴中的雅典娜

雅典娜是一位性格端莊穩重的女神，當她在赫利孔山（Mount Helicon）的神泉希波克瑞尼（Hippocrene）沐浴時，不喜歡有人從旁窺看。然而底比斯人提瑞西阿斯（Tiresias）深深為女神的美貌著迷，一路跟蹤雅典娜和她的仙女侍從，並且偷窺女神沐浴更衣。雅典娜發現有人窺伺後相當憤怒，起身走出神泉，痛擊提瑞西阿斯的眼睛，讓他就此失明。一位仙女十分同情提瑞西阿斯，替他向雅典娜求情，希望女神能賜予他一點補償，於是雅典娜讓他擁有預言的能力。

► **提瑞西阿斯**

先知提瑞西阿斯用雅典娜賜予的能力預言了許多事件，不少神話都提到他為人預言的事，伊底帕斯和底比斯的故事（參見58-59頁）就是一例。

相關參考： 戰爭38-39, 40-41, 142-43, 174-75, 244-45．處女之神40-41, 82-83, 86-87

阿芙羅黛蒂的愛情故事

愛神阿芙羅黛蒂的名字意為：誕生於泡沫。她從海面的泡沫中誕生，以驚世美貌以及在天上與凡間擁有眾多情人而聞名。她的戀人認為她的魅力令人無法抗拒，這種磁鐵般的吸引力，讓她成為威力最強大的神祇之一。然而，根據某些故事的描述，她不但愛慕虛榮，而且脾氣不好，又容易動怒。阿芙羅黛蒂生下了幾個孩子，其中包括特洛伊王子伊涅阿斯（Aeneas，見78-79頁），還有豐饒之神普里阿普斯（Priapus）。

阿芙羅黛蒂的象徵：鴿子

神話

工藝之神赫菲斯特斯娶阿芙羅黛蒂為妻，他十分疼愛妻子，為她精心鑄造許多精緻禮物，其中包括愛神的代表聖物鴿子所拖曳的黃金車。儘管如此，阿芙羅黛蒂卻一再對他不忠。在她諸多情史中，以她與戰神艾瑞斯的戀情最為著名。這段戀情孕育出四個孩子，較大的兩個個性像父親，另外兩個則像母親，他們分別是驚恐之神戴摩斯（Deimos）、恐懼之神弗波斯（Phobos）、和諧之神哈莫妮（Harmony），根據某些版本的說法，第四個孩子是性愛之神愛洛斯。

落入陷阱的情侶

赫菲斯特斯許久以後才發現妻子和哥哥艾瑞斯私通，並且在得知真相後，決定羞辱這對戀人，以報心頭之恨。他發揮鍛冶之藝，用青銅線打造了一張大網，悄悄將網子掛在這對戀人的床上。當愛神與戰神幽會時，赫菲斯特斯拉了一下網子，網子落在兩位情侶身上，困住他們。隨後，他召喚眾神前來見證這個荒謬的景象。

凡間戀人

阿芙羅黛蒂另外還有一個凡間戀人名叫阿多尼斯（Adonis）。不巧黑帝斯的妻子波希芬妮（Persephone）也愛上了他，但阿多尼斯較喜歡愛神，嫉妒的波希芬妮於是把兩人偷歡的事告訴艾瑞斯，盛怒的艾瑞斯放了一頭野豬攻擊阿多尼斯致死。阿多尼斯死後來到地府，立刻受到波希芬妮的追求，阿芙羅黛蒂則向宙斯請求協助，這位眾神之王想出折衷之道，讓阿多尼斯每年在地府和波希芬妮共度半年，另外半年和愛神在一起。

阿多尼斯遭橫禍而死，顯示凡人和愛神戀愛多麼危險。另一個為愛神著迷的安凱西斯（Anchises）也付出了慘痛的代價。安凱西斯是牧羊人，和愛神生下了羅馬人的先祖——英雄伊涅阿斯。阿芙羅黛蒂化身凡人和安凱西斯共眠，但安凱西斯意外看見她的真面目。由於和牧羊人幽會有損名聲，她要求安凱西斯絕不能洩露兩人關係，但一回安凱西斯喝醉時不小心洩露了祕密，宙斯於是讓他變成盲眼（也有故事說讓他變成跛腳），以示懲罰。

◀ **愛神**

愛神阿芙羅黛蒂往往被描繪成一名年輕的女子，容貌美麗，而且經常赤身裸體。由於她象徵著體態的完美，因此也成為雕塑家相當喜愛的創作主題。

阿芙羅黛蒂的誕生

愛神阿芙羅黛蒂據說是泰坦神烏拉諾斯的女兒。蓋亞和烏拉諾斯共同生下了許多孩子，其中包括獨眼巨人和百臂巨人，但烏拉諾斯嫌惡這些巨人醜陋的外貌，於是將他們囚禁在塔特洛斯。蓋亞不想繼續再生育孩子，因而請求自己的孩子保護她，以免烏拉諾斯親近。最後克羅諾斯向母親借了一把鐮刀，割下父親的生殖器，將它丟進大海。烏拉諾斯的精子讓海水受孕，已成年的阿芙羅黛蒂就從海洋泡沫之中誕生。

▶ **阿芙羅黛蒂**

許多畫作經常以阿芙羅黛蒂的誕生為主題，根據這些畫的描繪，愛神站在貝殼上，從海浪之中緩緩升起。

阿芙羅黛蒂的情人

阿芙羅黛蒂讓人墜入情網的魅力，來自於她外貌無與倫比的美。此外，她還擁有一件具催情作用的緊身褡，諷刺的是，這是赫菲斯特斯送她的貼身禮物。對其他想擁有愛神魅力的女神而言，這件緊身褡是她們夢寐以求的東西。在荷馬的《伊里亞德》（*Iliad*）中，赫拉在特洛伊戰爭時借了這件緊身褡，宙斯因而為她著迷分神，結果讓希臘人打了勝仗。阿芙羅黛蒂雖然嫁給赫菲斯特斯，又愛上了艾瑞斯，但她還是運用她的魅力吸引了許多其他戀人。

◀ **阿多尼斯**

凡人阿多尼斯熱愛打獵。阿芙羅黛蒂曾經警告過他，千萬不要獵捕心無恐懼的動物，但他並未將她的話放在心上，最後遭艾瑞斯派來的野豬攻擊而身亡。

▲ **荷米斯**

諸神信使荷米斯見到受困於網中的愛神和艾瑞斯之後，愛上了阿芙羅黛蒂，後來他們兩人的戀情孕育了愛的結晶——赫馬洛戴特斯（Hermaphroditus）。

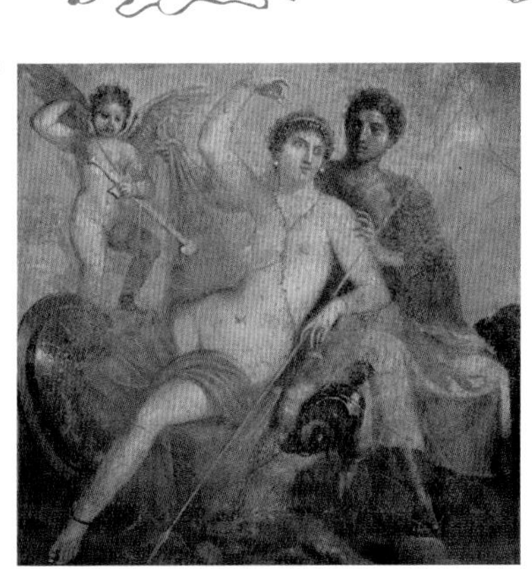

◀ **艾瑞斯和阿芙羅黛蒂**

沒有任何事能逃過太陽神希利歐斯的眼睛。他發現艾瑞斯和愛神的關係後告訴了赫菲斯特斯，於是赫菲斯特斯展開復仇之計。

赫菲斯特斯

赫菲斯特斯是火神與鍛冶之神，同時也是負責掌控火山的神祇，據說火山就是他的工作坊。有一次，他和宙斯起了衝突，宙斯將他丟下奧林帕斯山，他因此受了傷，從此行動不便。希臘人崇尚完美的體格，赫菲斯特斯由於殘疾的緣故，在希臘人眼中因而帶著一點喜劇特質。儘管如此，從擒拿阿芙羅黛蒂與戰神的網子，到禁錮敵人的神奇寶座，他的工藝創意和技巧總是令人佩服不已。

▼ **赫菲斯特斯之網**

赫菲斯特斯的網子逮住這對偷歡的情侶，眾神從奧林帕斯山上俯視著眼前所見的情景，並加以嘲弄。

皮格馬利翁

皮格馬利翁（Pygmalion）是一位傑出的雕塑家，將所有精神都投注於創作。由於技藝高超，有一回，他雕刻的美麗雕像栩栩如生，宛如真人一般，結果他愛上了自己的作品，並祈求愛神為雕像賦予生命。愛神因為憐憫他，把雕像變成有生命的女子，名叫格拉緹雅（Galatea），後來他便娶格拉緹雅為妻。

皮格馬利翁和格拉緹雅

相關參考：愛神138-39. 154-55, 180-81, 244-45, 310-11・嫉妒24-25, 200-03

希臘諸女神

希臘人擁有為數眾多的女神，這些女神在希臘神話裡扮演各種不同的角色，其中有些是最早的原初之神，她們的性格並不太鮮明，包括：比大多數神祇更早出現的母親大地蓋亞，以及通常被視為泰坦女神之一的瑞雅，她是許多奧林帕斯之神的母親。另外還有其他女神分別掌管凡人日常生活的不同層面。希臘人和多數古代文化一樣，將大自然的種種現象歸因於眾神的活動，如此一來就能對這些現象提出合理化的解釋。在希臘神話中，諸神往往和人類一樣擁有各種情緒，因而產生許多描繪這些女神愛恨情仇的故事。

狄蜜特和波希芬妮

狄蜜特是大地、穀物和豐饒女神，她的獨生女名叫波希芬妮。統治地府的黑帝斯愛上了波希芬妮，但他知道，波希芬妮會協助母親促進植物生長和穀物成熟，因此狄蜜特不會同意和女兒分離。有一天，黑帝斯趁狄蜜特不留意，擄走了正和同伴玩耍的波希芬妮，強行將她帶下地府。狄蜜特發現女兒失蹤後又急又氣，花了許多時間四處尋找波希芬妮的蹤影。在這段期間裡，大地所有的農作物紛紛枯萎、凋謝了。宙斯心裡十分清楚，由於狄蜜特也掌管人間的四季循環，這種情況如果繼續持續下去，大地上的一切生命將會全部消失。最後，宙斯說服黑帝斯接受他提出的折衷方法，讓波希芬妮在春夏兩季時和母親狄蜜特生活在大地，但其他時間則和黑帝斯在一起。於是，每逢波希芬妮回到大地探訪母親時，萬物欣欣向榮，但當她在秋冬兩季重回地府時，大地則一片荒蕪。

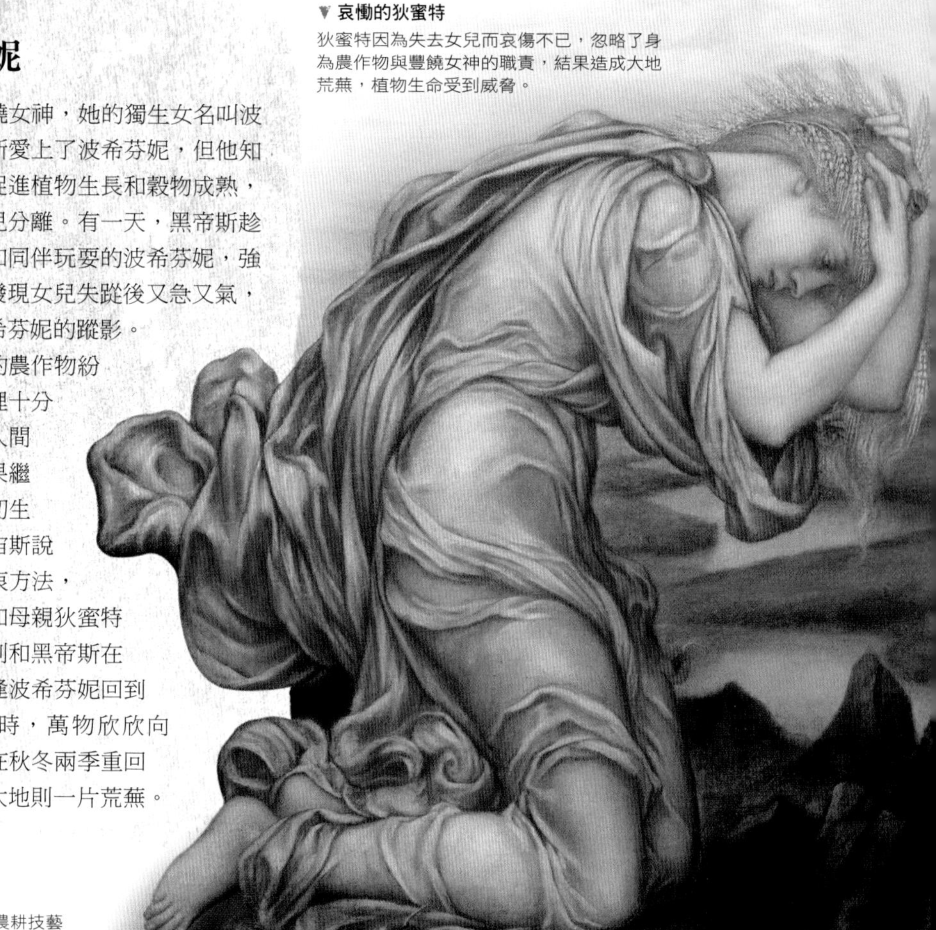

▼ **哀慟的狄蜜特**

狄蜜特因為失去女兒而哀傷不已，忽略了身為農作物與豐饒女神的職責，結果造成大地荒蕪，植物生命受到威脅。

◀ **玉蜀黍**

古希臘人認為，將農耕技藝傳授給人類的是女神狄蜜特；她賜予人類最珍貴的禮物則是玉蜀黍。

狩獵女神阿特蜜絲
希臘人將阿特蜜絲描繪成一位帶著弓箭的年輕女子。她的身旁通常會伴隨著一隻雄鹿，象徵她狩獵女神的身分。

阿特蜜絲

女神阿特蜜絲是樂朵和宙斯的女兒、阿波羅的孿生妹妹（見28-29頁），也是狩獵守護神和弱者的保護者。鹿與絲柏是阿特蜜絲的代表聖物，她仍是處女之身，所有時間都專注於打獵，不過也會用武器對付敵人。獵人奧里昂（Orion）試圖強暴阿特蜜絲的信徒時，她動手殺了他。另一個獵人艾克提昂（Actaeon）偷窺她沐浴，後來被她變成一隻雄鹿，並遭到自己的獵犬獵殺。

阿特蜜絲和家人
宙斯和樂朵生了兩個孩子，其中一位是音樂之神阿波羅，另一位就是狩獵女神阿特蜜絲（見左圖左邊第一位）。

赫絲緹亞

赫絲緹亞是克羅諾斯和瑞雅的女兒，也是職司火爐與家務的女神。儘管波賽頓和阿波羅兩人都愛上了她，但她卻緊守處女之身，這在奧林帕斯諸神之中是相當罕見的事。赫絲緹亞曾對著宙斯的頭顱發誓，她會永保貞節，絕不結婚。她和其他希臘諸神還有另一個不同之處，那就是她從不遠遊，始終在奧林帕斯山上平靜度日，因而成為家與家庭的象徵。赫絲緹亞沒有自己專屬的權力領域，但負責照料奧林帕斯山的聖火。她代表家庭穩定，火爐就是她的祭壇。在所有的獻祭場合中，第一項祭品都是獻給赫絲緹亞的。

奧林帕斯山
赫絲緹亞照管奧林帕斯山上的火。奧林帕斯山頂終年雲朵圍繞，希臘人因而認為這座山是諸神的寓所。

赫絲緹亞和火爐
希臘人將家中的火爐布置成聖壇，並在此處崇祀火爐與家務女神赫絲緹亞。

赫克緹

赫克緹（Hecate）是個較不為人所熟知的角色，有的故事認為她是泰坦神的女兒，有些則說她是宙斯的女兒。赫克緹有許多不同面貌。人們將她視為地府女神而加以崇拜；當她以月亮女神的身分出現時，會駕車橫越夜空，朝整個宇宙灑下清冷的光。赫克緹同時也是掌管分娩的女神，人們會祈求她減輕產婦分娩時的痛苦。交叉路對赫克緹而言是神聖的地方，古希臘人經常把肉類等祭品放在三叉路口。

赫克緹三神
人們有時會將赫克緹描繪成三神組女神，她們手中分別持著　支火炬（象徵月亮之火）、一條蛇（象徵永生），以及一把刀（象徵助產術）。

瑟琳娜
人們經常分不清希臘月神瑟琳娜（Selene）和赫克緹。在瑟琳娜的畫像中，通常可看到她頭上有個半月型飾物，風吹動她身上的薄紗，形成拱形布篷環繞著她。

相關參考：豐饒之神84-85, 114-15, 158-59, 214-15, 244-45, 308-09, 310-11．處女之神36-37, 82-83, 86-87

地府

地府往往被視為一個和我們所居世界相對應的國度，其中也有專屬神祇。在大部分的文化中，亡者的靈魂住在地府裡，周遭由河流、高牆或火焰隔離，讓生者無法進入。這些亡靈可能在經過地府之後繼續走向新的生命，但也可能永世留在幽黯世界中與惡魔為伍。

▲ **米特蘭泰庫特利**
阿茲特克人的地府總共分為九層，最底層稱為米特蘭（Mictlan），可怕的米特蘭泰庫特利（Mictlantecuhtli）是地府的統治者。

地府統治者

地府統治者在地府裡擁有至高無上的權力，他的權威和凡間的統治者一樣大，因而成為宇宙中最令人畏懼的神祇之一。地府統治者往往也擔任判官的角色，他們聽取初抵地府的靈魂自述在凡間一生的種種行為，然後據此做出裁決。這些統治者的外貌有極大的差異，有些看起來就像腐敗的屍體，有些則非常黝黑，幾乎讓人看不見形貌。

▲ **黑帝斯**
掌管希臘幽黯地府的統治者和他所統治的王國同名，由於置身於黑暗之中，他的形貌往往讓人無法辨識。

▲ **海爾**
海爾（Hel，參見第99頁）是北歐的亡者統治者，據說她斜臥在是一張名為「疾病」的床上，下身已腐爛，但面孔依舊美麗。

► **閻摩**
在藏傳與漢傳佛教中，閻摩（Yama）是地獄之王，也是審判亡者的判官。根據人們的傳說，閻摩直接聽命於天庭最高統治者。

地府中的生物

光是亡者判官和亡者靈魂，地府就已經夠可怕了，但人們卻在神話故事中想像出各種駭人的惡魔和怪物，讓地府更增添恐怖的氣氛。這些生物存在的目的是為了震懾亡者，或者讓他們受苦。此外，地府大門往往門禁森嚴，讓生者無從闖入，亡者無法逃脫。黑帝斯的看門犬塞柏洛斯（Cerberus），就是這類地府生物中最為知名的。有些故事將他描繪為三個頭，有些則說有五十個頭。

塞柏洛斯

引導亡靈

地府是一個既幽黯又遙遠的地方，一般人無法輕易來到此地，也很難發現它的存在，因此在某些文化的神話裡，有專門負責引導人死後的靈魂前往地府的角色，稱為亡靈領路者。這些領路者的圖像經常出現在棺木周圍或墳墓四周的牆壁上，以確保亡者的靈魂此去一路順遂，平安抵達地府。亡靈領路者擁有各式各樣不同的外形，有些為了快速往返地府而長著翅膀，有的則擁有鳥類的外形。

▲ **荷米斯**

希臘神祇荷米斯護送靈魂到黑帝斯王國。在一些傳說中，他是喜愛惡作劇的神，因此沒有人有能力耍心機或詭計讓他怠忽職守。

▲ **星期六男爵**

星期六男爵（Baron Samedi，見第311頁）是海地巫毒信仰中的重要人物。據說他會在亡靈經過的交叉路口等候，帶他們前往地府。

▲ **卡戎**

古代地府黑帝斯王國的周圍圍繞著冥河——斯提克斯（River Styx）。此河河水幽黑，亡者只要在舌上放一個錢幣當作過河費，擺渡人卡戎（Charon）就會載亡靈過河。

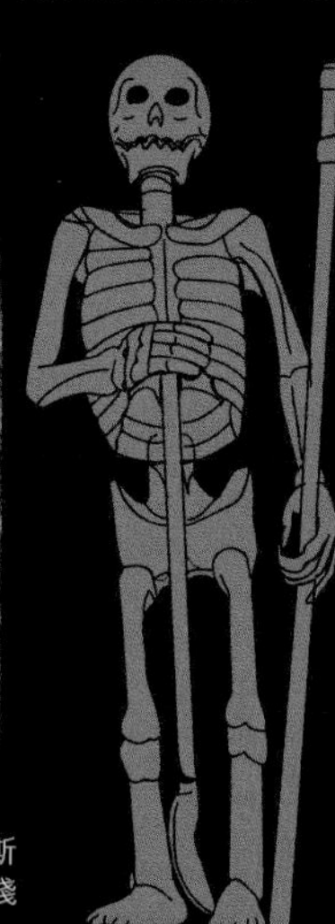

◀ **安庫**

在歐洲西部不列塔尼人的民間傳說裡，安庫（Ankou）用一輛舊的馬車來搭載亡靈。

▶ **修羅托**

根據一些故事的描述，這個外形像狗的阿茲特克神創造了人類，但他非常討厭自己的這件作品，於是接下了帶領亡者到地府的工作。

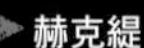

地府女神

許多黑暗女神和地府有關。她們之中有些是地府的皇后，與男神共治地府；有些儘管地位較為模糊，但角色同樣令人震懾；有些甚至會在大地出現。由於大地的光明與地府的黑暗之間有著強烈的對比，因此，許多這類型的女神往往也和太陽、雨水及豐饒有關。

◀ **伊邪那美**

伊邪那美是日本的創世女神（參見第222-223頁），生下火神伽具土時遭到嚴重灼傷，後來成為地府——黃泉國的統治者。

▶ **赫克緹**

赫克緹（參見第41頁）是希臘的月神，也是黑帝斯王國中的鬼之女神，她會帶領一邊號叫一邊舞蹈的亡靈到凡間嚇人。

◀ **瑪利**

在西班牙境內的巴斯克地區（Basque region），瑪利是帶來雨水的豐饒女神，她居住在地府，但會從山洞現身凡間。

▲ **波希芬妮**

這位美麗的希臘豐饒女神遭黑帝斯強行擄走（參見第40頁），後來宙斯下令，波希芬妮一年之中有半年的時間待在地府，另外半年的時間則留在大地，以便幫助農作物生長。

奧菲斯
前往地府的歷程

英雄奧菲斯（Orpheus）因為兩大特質而聞名，其一是他傑出的音樂才華，根據某些故事的說法，他的才藝是向阿波羅學來的。他憑著音樂長才，讓神祇和凡人都為他的魅力而著迷。此外，奧菲斯也有過人的勇氣，一路陪伴傑森去尋找金羊毛（參見第72-73頁）。不過，他最大膽的冒險之旅，是探訪地府的傳奇歷程。

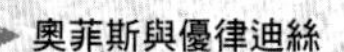

▶ **奧菲斯與優律迪絲**
奧菲斯一直掛慮著妻子優律迪絲，忘了黑帝斯的警告，忍不住回頭一看，優律迪絲因而遭黑帝斯拉回了地府。

神話

奧菲斯的音樂魔力反映了他的神祕出身；至今仍無法確定他來自何方、父母的身分為何。有些傳言誤認為他是阿波羅的兒子（參見第28-29頁），不過根據傳說，他的親生父親來自色雷斯（Thrace），那是許多希臘南方人眼中的蠻夷之地，他的母親則是繆思女神之一。

奧菲斯與黑帝斯

奧菲斯的妻子是仙女優律迪絲（Eurydice）。當他鍾愛的妻子因致命的蛇傷而喪命後，奧菲斯決定前去地府，將妻子帶回人間。過去從來沒有人能從地府活著返回世間，只有力量超乎凡人的偉大英雄海克力斯（參見第46-47頁）才有過這樣的經歷。奧菲斯並不強壯，不過他的音樂才能出眾，嗓音動人，彈奏里拉琴的技藝卓越，人們相信，即使是木石也會受他感動。

奧菲斯到達地府後，為這個黑暗國度的國王黑帝斯和皇后波希芬妮演奏里拉琴。黑帝斯向來不為凡人的請求所動，但此時奧菲斯的悠揚琴聲讓他軟了心腸，答應傾聽這位音樂家訴說他的請求。黑帝斯後來決定讓優律迪絲陪伴奧菲斯返回凡間，條件是奧菲斯在回程的路上絕對不能回頭看他的妻子。

▶ **奧菲斯的地府之行**
根據某些版本的神話故事，地府皇后波希芬妮聽了奧菲斯演奏的音樂後深受感動，於是請求黑帝斯答應，讓奧菲斯能帶著他鍾愛的妻子優律迪絲一同離開地府。

回程

奧菲斯和妻子啟程返回凡間。起先一切順利，他彈著琴，以美妙的琴聲引導妻子離開幽黯的地府，往大地的光亮前行。然而，奧菲斯一直掛慮著妻子，擔心黑帝斯沒讓優律迪絲跟在他身後，於是忍不住回頭偷看她一眼。他一回頭，黑帝斯就撲向優律迪絲，一把將她拉回地府。這時，奧菲斯不得不獨自返回凡間，此後注定四處流浪哀悼亡妻，讓所有聽見他悲戚樂聲的人感動落淚。

奧菲斯和他的音樂

奧菲斯因為演奏的音樂美妙動人而聞名。據說他彈奏里拉琴或歌唱時，河流會改變流向，樹木拔根而起，只為了能更接近他，將他的美妙樂聲聽得更清楚。希臘人愛好文化，因此奧菲斯的音樂天賦讓他在希臘神話中占有特殊的地位。然而，奧菲斯動人音樂的價值不只是單純反映在藝術之上。當他和阿果號（Argo）成員同行時（參見第72-73頁），他用音樂轉移了同伴注意力，讓他們不受賽妊女妖（Sirens）的撩人歌聲所迷惑，因而救了所有人的性命。

▲ **希臘里拉琴**

奧菲斯等音樂家演奏的琴，是有木材共鳴板的七絃里拉琴，又稱為奇塔拉琴。

▲ **奧菲斯的頭顱**

奧菲斯死後，他的頭顱漂浮於色雷斯地區的赫布羅斯河（Hebros）， 一路流向大海。當它抵達蕾絲博斯島時依然唱著歌，因而賦予島上的住民音樂與詩藝等才能。

奧菲斯之死

奧菲斯步入晚年時，隱居於一座洞穴之中，不再需要女人為伴。此時他吸引了許多男性追隨者，他們和他一樣，都是崇拜阿波羅的信徒。奧菲斯教導他們音樂的技巧，並且傳授他從地府之行後學會的奧義。優律迪絲的仙女同伴是酒神戴奧尼索斯的信徒，奧菲斯從地府返回大地的途中，因為回頭看了妻子一眼而再度失去她，讓這些仙女同伴感到非常不滿，而他棄絕女人，一心敬奉阿波羅，更讓她們備感憤怒。有一回，當她們碰巧見到奧菲斯正在為男信徒講學時，群起攻擊他，將他撕成碎片。

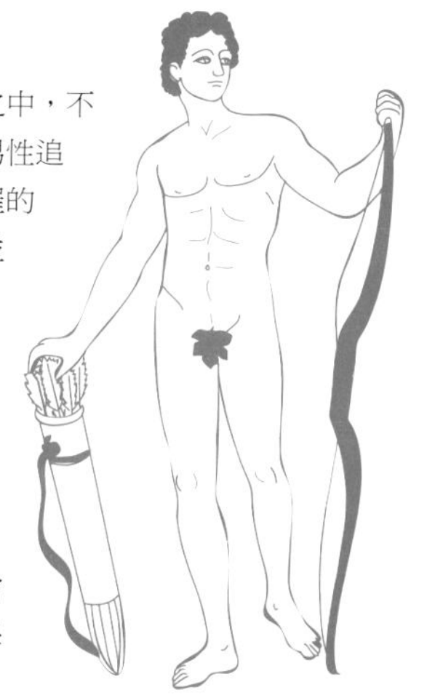

▲ **阿波羅**

奧菲斯崇奉音樂、詩藝和藝術之神阿波羅。阿波羅和戴奧尼索斯是競爭對手，他們的差異極大，可說是南轅北轍。

▼ **奧菲斯之死**

左下圖中的幾位仙女是酒神戴奧尼索斯的崇拜者（參見第35頁），她們在酒後的瘋狂中殺害了奧菲斯。

奧菲斯祕教

奧菲斯的智慧和樂曲在他死後仍繼續流傳。一個興起於蕾絲博斯島（Lesbos）的祕教把他視為崇奉的對象，島上的安提薩城中有一座聖所，居民到此徵詢據說來自奧菲斯的神諭。這個祕教的信徒相信自己能自由進出地府，因而得以逃過死亡。據說奧菲斯的精神也啟發了蕾絲博斯島上的著名詩人，其中尤以生活於西元前七世紀末期的艾爾西俄斯（Alcaeus）和莎芙（Shappho）最為知名。

▶ **莎芙**

抒情詩人莎芙是古代最偉大的女作家。她以女人為對象所寫的情詩，啟迪了後世的詩人，至今仍為人所誦讀。

後世演繹

奧菲斯的故事是熱門神話，為音樂家、詩人和作家帶來靈感，音樂元素也深受歌劇作曲家喜愛，佩里（Jacopo Peri）的《優律迪絲》（1600年）、蒙臺威爾第的《奧菲斯》（1607年）及葛路克（Gluck）的《奧菲斯和優律迪絲》（1762年）都以此為主題。奧芬巴哈的歌劇《奧菲斯地府行》（1858年）也源自於神話，後來尚．考克多根據這部歌劇改編為舞臺劇和電影《奧菲斯》（1949年）。

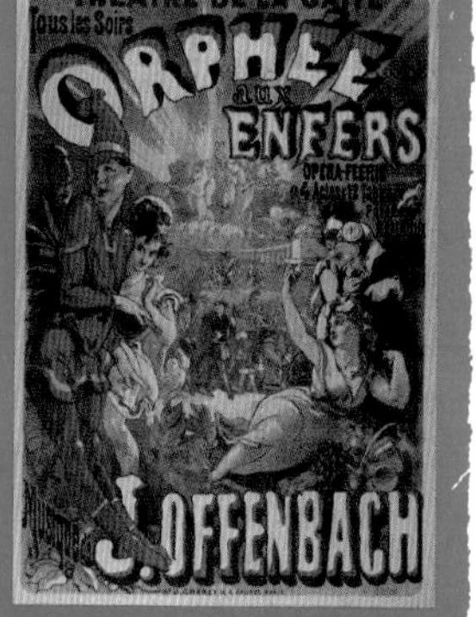

《奧菲斯地府行》的海報

相關參考：愛情故事78-79, 100-03, 116-17, 124-25, 126-27, 140-41, 176-77

海克力斯的十二項勞役

英雄海克力斯以力大無比聞名。他是天神宙斯和凡間女子愛爾克米妮的兒子，宙斯的妻子赫拉對丈夫的這段風流韻事非常在意，連帶將怒氣轉移到海克力斯身上，因此海克力斯一生都受到她的折磨。海克力斯娶了底比斯國王克里安（Creon）的女兒梅嘉拉（Megara）為妻，但赫拉設法讓他在失去理智後錯殺了妻兒。邁錫尼（Mycenae）國王歐里修斯（Eurystheus）為了懲罰海克力斯，於是要求他完成十二項看似不可能達成的任務。

神話

歐里修斯國王指派給海克力斯完成的勞役，包括斬除可怕的怪獸，以及為國王帶回戰利品；這些任務一項比一項艱難，也讓海克力斯踏上一段愈行愈遠的漫長旅程。十二項勞役中的第一項，是前往邁錫尼附近的尼梅亞（Namaea）除去當地的獅子。海克力斯徒手勒死獅子後剝下獅皮，把獅皮當成斗篷。第二項勞役是宰殺住在勒那（Lerna）地區的多頭水怪海德拉（Hydra）。海克力斯發現，每當他砍下海德拉的一顆頭，怪物就會長出兩個新頭顱，於是他要求同伴艾奧勞斯（Iolaos）燒灼怪物頸部的傷口，讓新的頭無法順利長出。第三項勞役是活捉凱里尼亞雌鹿（Keryneian hind），這頭金角鹿是阿特蜜絲女神的專屬聖物，海克力斯追逐了許久，最後終於捉到了牠。第四項任務是生擒艾里曼西野豬（Erymanthian boar），這頭野獸雖然凶猛，但海克力斯卻輕而易舉地完成了任務。

雅典娜來相助

接下來海克力斯執行兩項更需巧思的任務：智慧女神雅典娜此時對他伸出了援手。第五項任務是到以利斯（Elis）清掃國王歐吉士（Augeas）的馬廄。馬廄裡馬糞堆積如山，海克力斯用了點心思，從兩條河引水將馬糞沖刷乾淨。第六項勞役是到邁錫尼西北方的史廷菲利斯湖（Lake Stymphalis），用雅典娜借他的響板驚嚇鳥群，趁鳥兒飛上空中時射死牠們。

▶ 史廷菲利斯湖的鳥群
右圖瓶上的圖像，描繪的是海克力斯以投石器射殺史廷菲利斯湖的鳥群，這種武器比他的木棍和弓箭都來得有用。

◀ 海克力斯和公牛
海克力斯第七項任務的執行目標是克里特島健壯有力的公牛，他使盡了全力，最後總算得以馴服這頭公牛。

遠行他方

接下來的幾件勞役，海克力斯必須離開希臘本土，前往更遠的地方。他的第七項任務是活捉克里特國王邁諾斯的野蠻公牛。之後他奉命前往色雷斯，捕捉戴奧門茲國王（King Diomedes）的食人牝馬。第九、十和十一項任務要求海克力斯盜取寶物。他首先來到黑海南岸亞馬遜人（Amazons）居住地，偷走女王喜波麗妲（Hippolyta）的腰帶，接著帶走住在遙遠西方的巨人格律翁（Geryon）的牛群，然後取得海斯佩麗提絲三女神（參見第48-49頁）的金蘋果。不過和第十二項任務比起來，這些勞役都是小意思，因為接下來他必須前往地府，帶回看門犬塞柏洛斯。最後，海克力斯還是順利達成了這項看似不可能的任務，讓歐里修斯大感驚訝。

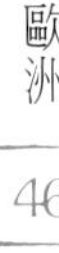

希臘的怪物

海克力斯和柏修斯（參見第54-55頁）等其他希臘的英雄一樣，在對付各種野獸的過程中，面對了形形色色的考驗。這些野獸大多是可怕的怪物，而且令絕大多數人聞之喪膽，其中包括力大無比的尼梅亞雄獅（Nemaean lion），以及像三頭犬塞柏洛斯這類彷彿來自恐怖和夢魘國度的怪物。海克力斯在這些降服野獸的任務裡，展現了他非比尋常的巨大力量，以及超乎想像的過人勇氣。此外，在戰鬥的過程中，他也善用從對手身上取得的利器，例如：將尼梅亞雄獅的獅皮當成斗篷，在箭鏃上塗抹來自多頭怪物海德拉的有毒膽汁。

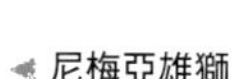

尼梅亞雄獅

海克力斯和尼梅亞雄獅搏鬥時，面對的是敵人的尖爪利齒，因而相當危險，不過，最後他仍打敗對手，取得勝利。

海德拉

海克力斯在艾奧勞斯協助下殺死了頭怪物海德拉。他每砍下怪物一個頭，艾奧勞斯就用火燒灼怪物斷了頭的頸部。

艾里曼西野豬

海克力斯把這頭凶猛的野豬帶到歐里修斯面前，這位國王看見這頭猛獸時十分驚恐，連忙躲進一個大型儲物罐裡。

塞柏洛斯

海克力斯帶回塞柏洛斯，讓歐里修斯看過這條可怕的地府看門犬後，隨即又將牠送回牠的主人黑帝斯的身邊。

英雄的木棒

忒斯皮俄斯（Thespius）是忒斯皮亞（Thespiae）的國王，他因為一頭獅子攻擊他的牛群而深感苦惱。然而，忒斯皮俄斯的屬下無力消滅獅子，海克力斯於是自願幫忙。他從橄欖樹中取來木材，打造一根巨大的木棒，隨後用木棒將獅子活活打死。國王給他的報酬是讓他和五十個女兒中的四十九位共眠。

可怕的武器

海克力斯有一根神奇的木棒，他曾用它打敗過許多對手。這根木棒沈重無比，只有他才能輕易拿在手中，而且使用自如。

海克力斯和涅索斯

海克力斯和第三任妻子黛安妮拉（Deianira）出遊時，遇上半人馬涅索斯（Nessus），涅索斯自告奮勇，願背黛安妮拉過河。在他們渡河途中，涅索斯發現距離海克力斯還有一段距離，趁機強暴了黛安妮拉。不過海克力斯還是發現了，當場用他極具威力的弓箭射死了涅索斯。涅索斯斷氣前告訴黛安妮拉，如果她用他背上的毛為海克力斯編織上衣，她的丈夫將永遠不會移情別戀。一段時日後，黛安妮拉懷疑丈夫外遇，於是讓他穿上這件衣服，但海克力斯一穿上就發現事情不對，衣服的毛料讓他的皮膚起水泡，彷彿被火燒灼似的。極度的痛苦讓海克力斯生不如死，於是要求人們為他舉行火葬。

海克力斯與半人馬的搏鬥

半人馬涅索斯曾在一次搏鬥中敗給海克力斯，因而一心渴望有機會能報一箭之仇。

火葬柴堆

海克力斯火葬時柴堆的煙霧逐漸升上天，宙斯看見他的痛苦，於是將他拉上奧林帕斯山，讓他加入諸神之列。

海克力斯的性格

海克力斯最重要的特質，是他是擁有驚人力氣和大無畏勇氣的英雄。古希臘作家根據他的故事的不同情節，賦予他不同的性格，例如尤瑞皮底斯在《海克力斯的兒女》（*The Children of Heracles*）中，把海克力斯描繪成殺害兒女的悲劇人物，但在另一部作品《阿爾克斯提斯》（*Alcestis*）裡，海克力斯則會喝醉搞笑。索弗克里斯（Sophocles）在作品中討論海克力斯與妻子黛安妮拉的關係，其他作家則著重描繪他的英雄冒險事蹟。

伊斯奇勒斯、索弗克里斯、尤瑞皮底斯。

相關參考：探索與挑戰44-45, 50-51, 52-53, 54-55, 64-67, 72-73, 100-03, 126-29, 294-97

THE GARDEN OF THE HESPERIDES (c.1892)
BY
FREDERIC LORD LEIGHTON P.R.A.(1830-96)

海斯佩麗提絲三女神的花園

歐里修斯國王給海克力斯的十二項勞役（見46-47頁）中，第十一項任務是從海斯佩麗提絲三女神的花園某棵樹上盜取寶貴的金蘋果。三位女神是海斯佩麗絲（Hesperis）和阿特力士（見19頁）的女兒，金蘋果屬於女神赫拉，那是祖母蓋亞送給她的結婚禮物。海克力斯若想達成任務，必須先找到位於大地西方盡頭的花園，並設法殺死負責看守花園的蛇，因為牠相當機警，且從不休息。在某些版本的故事裡，機智的海克力斯說服阿特力士替他完成任務。左圖為英國畫家弗德里克．雷頓（Frederic Leighton，西元1830-1896年）的作品，畫中著重描繪花園之美及其居住者，呈現閒適靜謐的氛圍。

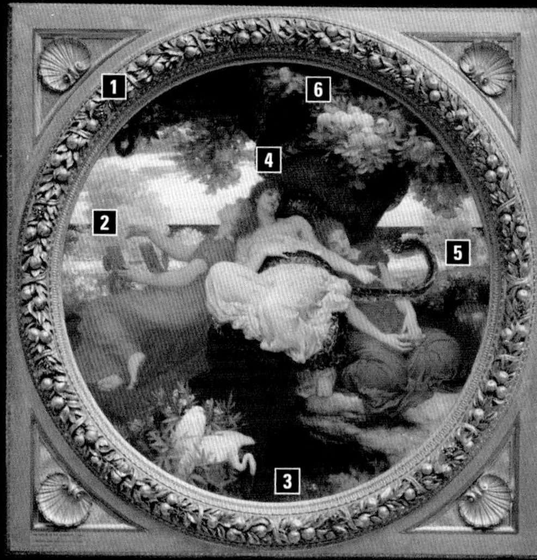

1. 西方的花園

這座花園華美瑰麗，四周有高牆圍繞。關於花園的位置向來有各種不同的說法，有些人認為它位於北方，不過由於海斯佩麗提絲的名字原意為「夜之女兒」，因此多數人主張，這個花園應該位於日落所在的西方。海克力斯經過漫長的跋涉後才來到此地，途中歷經了重重險阻，包括殺死啄食普羅米修斯肝臟的老鷹，讓普羅米修斯得以從苦刑中解脫（參見第26-27頁），以及手刃以活人獻祭的埃及統治者布西里斯（Bousiris）。

2. 音樂和歌曲

海斯佩麗提絲三女神在花園裡過著愜意的生活。她們終日創作音樂，在左頁這幅雷頓的畫作裡，其中一位女神一邊彈奏里拉琴，一邊在琴聲伴奏下歌唱。女神手中的琴共有七條絃，在描繪古希臘音樂家的畫作中，常可見到類似的里拉琴。

3. 警覺的象徵

此畫的前景有兩隻鶴，其中一隻正垂頸啜飲岩石下冒出來的泉水。海斯佩麗提絲三女神經常聚在花園中的水泉旁歌唱，這些水泉湧出的並不是水，而是一種神饌，任何生物只要喝下這種屬於諸神的瓊漿玉液，就能夠永生不死。在基督宗教的藝術中，鶴象徵著警覺，因此在雷頓的這幅畫作裡，鶴是具有反諷意味的安排，牠們提醒了觀者，昏昏欲睡的海斯佩麗提絲三女神並未提高警覺，善盡守護金蘋果的職責。

4. 夜之女兒

雷頓在圖中畫了三位海斯佩麗提絲女神，不過有些故事認為應有四位。最常見的三位海斯佩麗提絲女神的名字分別為：愛格麗（Aegle，意為明亮）、伊里席雅（Erythia，意為鮮紅），以及海斯佩拉里蘇莎（Hesperarethusa，意為暮光），據說最後這個名字結合了兩位仙女之名——海斯佩里雅（Hesperia）和艾里蘇莎（Arethusa）。海斯佩麗提絲三女神失去蘋果後，原來的悠閒生活從此充滿了憂傷與絕望，最後，她們分別變成了柳樹、榆樹和楊樹。

5. 花園裡的蛇

在花園裡協助海斯佩麗提絲三女神看守蘋果的動物名叫拉登（Ladon）。根據某些版本的故事說法，他是一條擁有一百個頭的龍，每個頭都使用不同的語言。不過在左圖中，雷頓將他描繪為一條巨蛇，盤繞著蘋果樹和其中一位女神。拉登從不入睡，不眠不休地守護著這棵蘋果樹和樹上的果實。拉登的出身不詳，有些故事說他是怪物泰風和伊琴娜（Echidna）的孩子，有些則說他是蓋亞的孩子之一，因此也是金蘋果主人赫拉的親人。海克力斯殺死拉登後，赫拉非常哀傷，於是把拉登的遺體化成天龍星座。

6. 金蘋果

宙斯的妻子赫拉是奧林帕斯眾女神中權勢最大的一位。歐里修斯深信，海克力斯不可能順利從具有如此威力的神祇那裡盜取金蘋果這樣貴重的物品，因此當海克力斯達成任務後，歐里修斯擔心以壞脾氣出名的赫拉會暴怒，決定把金蘋果歸還主人。最後在雅典娜協助下，金蘋果又回到花園裡。

弗德里克．雷頓作品
《海斯佩麗提絲三女神的花園》，西元1892年

相關參考：花園216-17, 220-21．蛇與巨蛇28-29, 92-93, 98-99, 100-103, 160-61, 238-39, 298-99, 328-29, 330-31

特修斯與怪物邁諾陶

邁諾陶是一個會吃人的殘暴怪物，他的上半身是牛，下半身是人。克里特國王邁諾斯將他囚禁在皇宮附近的迷宮裡，而且根據邁諾斯和雅典王愛琴斯（Aegeus）之間的協定，雅典每年必須遣送十四名年輕人到克里特，當作獻給牛頭人身的邁諾陶食用的禮物。然而，希臘英雄特修斯（Theseus）決心要消滅這個吃人的怪物，結束這種不合理的暴行。

▶ **特修斯殺死邁諾陶**

牛頭人身怪邁諾陶在搏鬥中差點就打敗特修斯，但特修斯英勇奮戰，最後終於用手中的劍刺死了怪物。

神話

有一次，海神波賽頓送了一頭白色公牛給邁諾斯王，這頭牛稱為克里特公牛。不過，邁諾斯決定留下公牛而不用來獻祭，引起波賽頓不悅。他要求愛神阿芙羅黛蒂讓邁諾斯之妻帕西斐愛上公牛，藉此懲罰邁諾斯，後來帕西斐和公牛生下了嗜吃人肉的牛頭人身怪物邁諾陶。

邁諾斯之子死在雅典人手中，他為了替兒子報仇，對雅典王愛琴斯宣戰，並在這場戰役中獲勝，於是要求雅典每年進貢十四名年輕人給邁諾陶飽餐一頓，做為補償。愛琴斯的兒子特修斯自願成為十四名不幸者之一，打算前往克里特島，趁機殺掉怪物。載著他和其他不幸年輕人的船隻從雅典出發，船上掛著黑帆。特修斯告訴父親，如果成功剷除邁諾陶，他會在回程船上揚起白帆。

特修斯來到克里特島

這些雅典年輕人抵達克里特島後，邁諾斯的女兒阿麗雅德妮（Ariadne）對特修斯一見鍾情。她知道特修斯如果殺死了怪物，需要別人協助才能走出迷宮，於是交給特修斯一支纏著毛線的紡錘。特修斯走入迷宮後，一邊在走過的路上鬆開毛線，藉此在行經的蜿蜒小徑上做記號，在回程時為他指引方向。在迷宮中央，特修斯與邁諾陶正面交鋒，並用父親的金劍殺死了怪物，然後循著阿麗雅德妮給他的毛線，拖著牛頭怪物的屍體往回走，最後終於在迷宮入口處現身。同行的雅典人一見他平安回來，高興得不得了，立刻登船打算啟程返鄉，特修斯也帶著阿麗雅德妮一同離去。然而，他們過於興奮，忘了揚起白帆，讓國王知道特修斯成功達成任務。

▲ **走出迷宮**

在這件古希臘器皿的圖像裡，中央部分所描繪的內容，是特修斯在阿麗雅德妮提供的毛線的引導下，拖著他的手下敗將走出囚禁怪物的迷宮。

悲傷的結局

回程途中，特修斯一行人在納克索斯島（Naxos）靠岸取水。在登船重新啟程時，特修斯把阿麗雅德妮拋棄在島上，和其他人繼續航行。根據一些故事的描述，特修斯之所以這麼做，是因為他在家鄉早已娶了妻子。另外有些故事的說法則認為，戴奧尼索斯一見阿麗雅德妮就愛上了她，於是對特修斯施了魔法，讓他忘了阿麗雅德妮。

後來戴奧尼索斯娶阿麗雅德妮為妻，並送她一頂用七顆星星做成的頭冠。

當特修斯的船駛近雅典城時，愛琴斯焦急地在一座懸崖頂上眺望，等待兒子歸來。當他一看到船上的黑帆，以為特修斯已死，悲傷之餘，縱身跳入海中，永遠無法得知兒子其實早已平安無事。

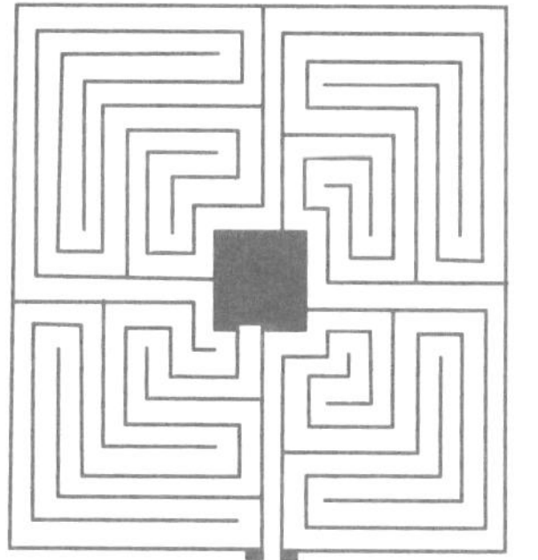

古代迷宮

歐洲花園裡的迷宮有多條路徑可通往中心，但大部分古代迷宮的結構和歐洲花園不同，其中只有一條才是真正可以通往中心的路徑。

迷宮

邁諾斯國王下令建造一座迷宮，以便囚禁牛頭人身怪邁諾陶。他將設計迷宮的工作交給工匠大師戴達路斯（Daedalus）。戴達路斯是遠近馳名的大發明家，據說帆船和裝置在船身的尖銳撞角就是他發明的，克里特戰船因而得以在海戰中所向無敵。至於他所設計的迷宮，也成為古代世界中複雜難解事物的代表。關於迷宮的故事似乎結合了兩個概念：其一是位於克里特島諾索斯城（Knossos）中的宮殿，這是一座確實存在的皇宮，宮內有數百個房間，因而複雜無比；其二是在古代浮雕和錢幣上所描繪的迷宮。

主要人物

在特修斯與邁諾陶的神話故事裡，有許多性格各不相同的人物，其中大多數是心懷好意但卻遭遇悲劇下場的人。例如阿麗雅德妮遭特修斯拋棄，還有愛琴斯的投海自盡，原因是他們只是特修斯的英雄生涯這場大戲裡的配角。這些人物的人生受命運所左右，缺乏個人的選擇與自我的特色。

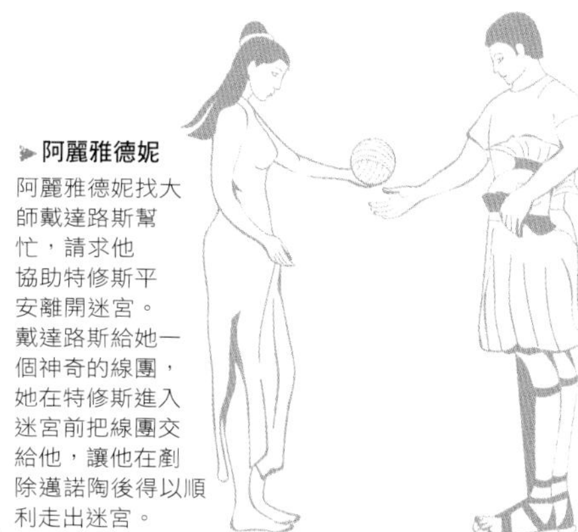

阿麗雅德妮

阿麗雅德妮找大師戴達路斯幫忙，請求他協助特修斯平安離開迷宮。戴達路斯給她一個神奇的線團，她在特修斯進入迷宮前把線團交給他，讓他在剷除邁諾陶後得以順利走出迷宮。

特修斯置身於迷宮深處，揮動手中的金劍，剷除了怪獸。

克里特的公牛崇拜

在關於克里特的神話故事中，公牛占有重要的地位。生下牛頭人身怪物邁諾陶的公牛，是海神波賽頓送給邁諾斯的禮物，表示認可邁諾斯擁有統治該島的王權。在克里特島發現了許多描繪公牛的古代畫像，可見這種動物對島民的習俗和信仰有重要的影響。

公牛頭

下圖這個公牛頭型的容器是以黑石雕刻而成的，時間可追溯至克里特的青銅時代。

雙頭斧

雙頭斧是克里特藝術作品中經常出現的物品。專家認為，這些雙頭斧是根據獻祭時用來宰殺動物的斧頭所繪製的，獻祭則是當地公牛崇拜的儀式。

跳牛

下圖是一幅諾索斯城的濕壁畫，內容描繪一個年輕人在公牛背上翻跟斗，這個高難度的動作，可能是一種運動或是某種宗教儀式。

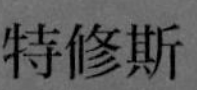

愛琴斯

雅典王愛琴斯一心等待兒子歸來，但當他看見返鄉的船上揚著黑帆時，誤以為兒子特修斯已在克里特遇難。愛琴斯絕望之餘，蹤身跳入懸崖下的大海。他結束自己生命的這個大海，此後就稱為愛琴海。

特修斯

特修斯在父親死後登基成為雅典國王，不久又和友人皮里托斯（Pirithous）踏上闖地府的冒險之旅。當他終於返鄉時，王位已遭人篡奪，特修斯不得不淪為乞丐，如此度過了生命中的最後幾年。由於他殺死女神阿特蜜絲的信徒安提奧琵，女神為了報仇，於是派人殺了他。

特修斯

相關參考：公牛116-17, 156-57, 194-95．悲劇58-59, 70-71, 104-05, 170-71

貝勒羅豐與佩格塞斯

貝勒羅豐（Bellerophon）和大多數希臘神話故事中的英雄一樣，奉命挑戰一個似乎不可能達成的任務——殺死一個名叫奇美拉（Chimaera）的怪物。由於神祇對他伸出援手，以及神奇飛馬佩格塞斯（Pegasus）的協助，貝勒羅豐順利完成任務，消滅奇美拉。然而，這次的勝利卻讓他變得自視甚高，對自己的身分產生了錯誤的判斷，甚至不自量力地想騎著飛馬前往奧林帕斯山上拜訪諸神。雖然貝勒羅豐證明自己是個英雄，但他畢竟還不足以成為神，諸神認為他的這種行為實在過於高估自己，因而對他施以懲罰。

神話

青年英雄貝勒羅豐在家鄉柯林斯（Corinth）因失手殺人而遭放逐。普羅特斯（Proetus）國王統治的提林斯城（Tiryns）接納他，但皇后絲特妮波雅（Stheneboia）卻愛上他。貝勒羅豐拒絕皇后的追求，皇后憤而指控貝勒羅豐引誘她，國王普羅特斯對妻子的話信以為真，貝勒羅豐於是再度遭到放逐。這一回，普羅特斯把他送到利西亞（Lycia），當地的統治者是絲特妮波雅的父親艾奧貝提斯（Iobates）。普羅特斯要求艾奧貝提斯除掉貝勒羅豐，不過艾奧貝提斯不願殺害客人，於是交付貝勒羅豐一件極其艱難的任務：除掉凶惡的奇美拉——一隻結合蛇、山羊和獅子特徵的怪物。

追捕奇美拉

這時雅典娜對這位年輕的英雄伸出了援手，她給貝勒羅豐一匹神奇的飛馬佩格塞斯，有了佩格塞斯，貝勒羅豐就能從空中向怪物俯衝而下，並用劍殺死牠，剷除利西亞國的大害。雅典娜讓貝勒羅豐留下飛馬，貝勒羅豐於是騎著飛馬陸續完成其他許多冒險之旅：打敗奇美拉的父親、除掉危害利西亞的巨人，還擊敗了亞馬遜人（Amazon）的軍隊，這些亞馬遜女人因為像男人一樣善戰而聞名。艾奧貝提斯從此對貝勒羅豐刮目相看，兩人不但成為好朋友，後來這位國王甚至還把女兒嫁給他。不久之後，絲特妮波雅懷恨而死。在一些故事裡，她得知貝勒羅豐結婚後，因絕望而自盡；另外有些故事則認為，貝勒羅豐發現絲特妮波雅對他的不實指控，一怒之下就把她殺了。絲特妮波雅死後，這家人終於得以平靜度日。

貝勒羅豐之死

貝勒羅豐騎著佩格塞斯接連取得勝利，因而變得野心勃勃。他認為飛馬讓他和諸神一樣偉大，因此打算探訪奧林帕斯山。沒有諸神的邀請，凡人是不能上奧林帕斯山的，貝勒羅豐的放肆讓宙斯大為震怒，這位眾神之王於是派一隻蒼蠅叮咬在空中飛行的飛馬，佩格塞斯痛得高舉前腳，貝勒羅豐猛地從馬上跌了下來，墜落地面而死。

◄ 貝勒羅豐和佩格塞斯

根據一些故事的說法，雅典娜把佩格塞斯帶給貝勒羅豐時，這匹馬已馴化，因此人類可以駕馭牠。有些故事則認為，貝勒羅豐發現一匹長著翅膀的野馬，因而必須先馴服牠。

不自量力者

在古代的神話中，世界的階級秩序相當分明，眾神在上，凡人在下，動物位階又更為低下。然而，英雄的位置就顯得有些曖昧不清——他們雖是凡人，但往往父母中有一人是神祇。有時這也讓他們變得不自量力，嚮往超越自己本分的地位；雄心壯志驅使他們奮發向上，但最後卻落得不幸的下場。貝勒羅豐、伊卡魯斯（Icarus）和菲頓（Phaeton）都是因為飛得太高而付出代價的英雄。

▶ **菲頓**

菲頓執意駕駛父親太陽神希利歐斯專用的馬車，結果卻無法控制拉車的馬匹，連人帶車墜落大地，因而送了命。

▲ **貝勒羅豐**

騎乘佩格塞斯來去自如的貝勒羅豐顯得銳不可擋，然而，他的自負卻招來宙斯的怒氣；他想飛升上天，最後反而卻墜落於大地。

▲ **戴達路斯和伊卡魯斯**

偉大的工匠戴達路斯為自己和兒子打造了翅膀，因而得以一嚐飛翔滋味，但伊卡魯斯太靠近太陽，結果蠟製羽翼逐漸融化。

佩格塞斯

佩格塞斯一名與希臘文中的「水泉」有關，根據某個與牠出生相關的故事，牠誕生於遙遠西方的海洋之泉。在結束與貝勒羅豐的冒險之旅後，佩格塞斯飛回奧林帕斯山。有一次，當繆思女神（見25頁）舉行歌唱比賽時，牠讓另一座湧泉希波克瑞尼（意為：馬泉）從赫利孔山冒了出來。

佩格塞斯

◀ **繆思女神**

當繆思女神歌唱時，赫利孔山因為歡喜而膨脹，此時佩格塞斯便會踢踏這座山，讓它再縮回去。後來，在佩格塞斯踢山的地上噴出一道泉水，名叫希波克瑞尼，意為馬泉。

奇美拉

奇美拉的父母都是怪物——父親是半人半龍的泰風，母親是半人半蛇的伊琴娜。牠是古代神話中最怪異的混種怪物，令人害怕的原因之一是牠身上奇特的混合特徵，其次則是因為牠會噴火。奇美拉襲擊艾奧貝提斯的國家時，這位國王雖然派了部屬去對付牠，但全都遭牠噴出的火燒死。

▲ **奇美拉**

奇美拉是一隻非常令人恐懼的生物，牠的背部中央長出山羊的頭和脖子，尾巴部位則是一條蛇。

提林斯城

普羅特斯國王所統治的提林斯城是一個確實存在的地點，位於希臘本土，城中有一處建於西元前兩千年的堡壘遺跡，因此在一千年後希臘神話發展成熟時，此地早已存在。古提林斯城的建築主要採用石材，這些石頭尺寸極為巨大，因此古代的人認為提林斯是由獨眼巨人所建造的城市。

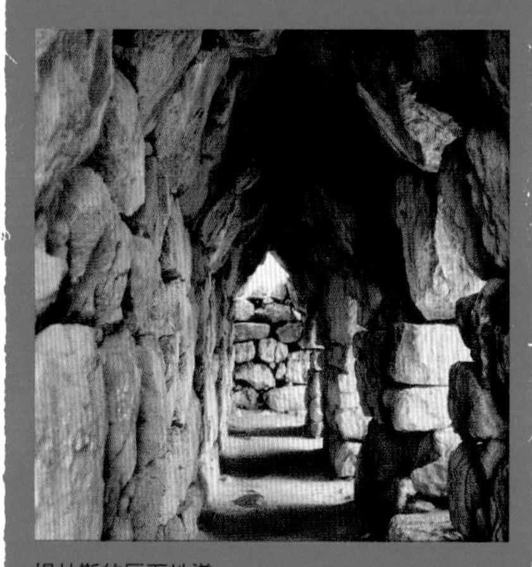

提林斯的巨石地道

相關參考：怪物46-47, 54-55, 64-67, 72-73, 98-99, 106-07, 156-57, 228-29, 274-75

柏修斯與他的英勇事蹟

柏修斯是希臘最偉大的英雄之一，他的父親是宙斯，母親是阿果斯（Argos）國王阿克里西俄斯（Acrisius）的女兒妲娜伊。根據一則神諭預言，阿克里西俄斯將會喪命於孫子手中，阿克里西俄斯為了避免神諭的警示成真，將女兒和孫子柏修斯關進一個木箱裡，丟入大海。箱子漂流至塞里弗斯島（Seriphos）時，國王波里戴克迪斯（Polydectes）救起了他們母子倆，並將柏修斯撫養長大。多年之後，由於波里戴克迪斯的關係，柏修斯踏上了最艱險的旅程，前去取回蛇髮女妖美杜莎（Medusa）的頭。

擊潰美杜莎

柏修斯莽撞地向波里戴克迪斯誇下海口，蛇髮三女妖雖然可怕，他還是有辦法砍下其中一位女妖的頭，當波里戴克迪斯要求他加以證明時，柏修斯決定去消滅美杜莎。然而，美杜莎的目光能把人變成石頭，這項任務倘若沒有神祇的協助是不可能完成的，於是奧林帕斯諸神借給柏修斯幾樣東西，助他一臂之力。他腳上穿著荷米斯的帶翼涼鞋飛到美杜莎的住處，頭戴黑帝斯的隱形頭盔潛入屋內，然後手持雅典娜光亮如鏡的盾牌接近美杜莎，因此得以避開她的目光。接著他高舉赫菲斯特斯的鑽石劍，砍下美杜莎的頭，實現了自己的大話。

▼ **美杜莎的頭**

美杜莎和其他蛇髮女妖一樣，頭上長滿了蛇髮，不過她是這些女妖當中唯一會死的。

▶ **美杜莎之死**

美杜莎的致命目光只有在直視對象時才會發揮作用。雅典娜指點柏修斯，把她的盾牌當作鏡子瞄準美杜莎，然後再用劍刺死她。

▶ **格拉伊三姊妹**

柏修斯戴著黑帝斯的頭盔，悄悄經過格拉伊（Graeae）三姊妹身邊。她們三人共用一隻眼睛和一顆牙齒，一起守護著蛇髮女妖的洞穴。

解救安卓美妲

有些故事說柏修斯殺了美杜莎後，飛馬佩格塞斯（參見第52-53頁）從蛇髮女妖的血中出現，於是柏修斯騎著這匹神奇的馬返鄉。回程途中，他看見腓尼基海邊的岩石上鍊著一名女子，她是衣索比亞國王塞菲伊斯（Cepheus）的女兒安卓美妲（Andromeda）。由於皇后卡西歐皮雅（Cassiopeia）誇耀安卓美妲的美勝過海洋諸仙女，海神波賽頓感覺受辱，震怒之下派海怪前往衣索比亞為害，唯一能讓海怪停止作怪的方式就是將安卓美妲獻給牠。此時柏修斯從空中飛下來殺死海怪，解救了公主。他請求她的父母讓兩人結婚，但卻遭到拒絕，於是他拿出美杜莎的頭顱把他們變成石頭，然後帶著安卓美妲離去。

▲ **柏修斯和安卓美妲**

在這幅柏修斯解救安卓美妲的畫中，英雄柏修斯依然穿著荷米斯的帶翼鞋飛行，不過在另外一些故事版本中則描述他是騎著飛馬佩格塞斯飛過空中的。

▲ **化成石頭**

國王波里戴克迪斯正打算強迫妲娜伊聽從他的命令時，柏修斯在國王面前拿出美杜莎的頭顱，蛇髮女妖的目光一碰上波里戴克迪斯及其部屬，他們登時變成石頭，停在原地動彈不得。

波里戴克迪斯變成石頭

柏修斯消滅蛇髮女妖、擊敗海怪後，結束他的的冒險之旅，最後回到塞里弗斯島上的家。國王波里戴克迪斯早就愛上柏修斯的母親妲娜伊，也曾多次向她求婚，不過妲娜伊始終沒有同意。波里戴克迪斯支開柏修斯，就是希望完成和妲娜伊成婚的心願，不願答應的妲娜伊只好躲進雅典娜神廟，波里戴克迪斯因而派人包圍神廟。柏修斯返家後看到這個情景，憤而對著國王和他的士兵亮出美杜莎的頭顱，將他們全都變成石頭，隨後把諸神借他的利器歸還，並將美杜莎的頭交給雅典娜，後來雅典娜就把這顆頭鑲在她的盾牌上。

阿克里西俄斯之死

柏修斯原本打算回到家鄉阿果斯，但聽說身為妲娜伊之子的他將會殺害外祖父的神諭預言後，決心避走阿果斯。他改變主意前往塞薩利（Thessaly）地區的皮拉斯鳩提斯城（Pelasgiotis，有些故事則說是拉里薩城Larissa），當地的國王裘塔米迪斯（Teutamides）正為剛去世的父親舉行喪禮競賽。柏修斯對比賽躍躍欲試，尤其想參加他最喜愛的擲鐵餅項目。然而，當他擲出鐵餅時，飛偏的鐵餅擊中了一名觀眾。不幸的是，這名當場斃命的觀眾竟然就是他的外祖父阿克里西俄斯。

▲ **被拋棄的妲娜伊和柏修斯**

由於預言預示阿克里西俄斯將會死於孫子之手，這位國王於是把女兒和孫子關入木箱裡，並將箱子拋入海中。

▲ **擲鐵餅者**

柏修斯喜歡擲鐵餅，後來擲鐵餅也成為古希臘奧林匹克競賽中備受歡迎的運動項目之一。

相關參考：探索與挑戰44-45, 46-49, 50-51, 52-53, 64-67, 72-73, 100-03, 126-29, 294-97

被遺棄的孩子

神話英雄的人生往往始於困頓，許多甚至在襁褓期就遭遺棄。父母之所以拋棄他們，有些想逃避未婚生子的恥辱，有些是為了防止預言成真，卻仍逃不過命運，希臘的悲劇英雄伊底帕斯（Oedipus，見58-59頁）就是有名的例子。

諸神的孩子

凡人女子和男神生下孩子後，由於未婚生子的恥辱，或因為家人不想留下她的孩子，身為母親的她，往往必須獨自面對問題。世界各地都有這一類的神話故事，這些擁有神祇父親的孩子遭親人遺棄，後來好心的路人發現他們，將他們視如己出，並且撫養長大。

▼ **安費恩和芝瑟斯**
安費恩和芝瑟斯是宙斯和貝歐提公主安緹歐琵的孿生子，也是底比斯的建城者，據說城內石頭因安費恩的音樂而著迷，自動堆疊成建築。

▲ **迦爾納**
印度英雄迦爾納（見206頁）是太陽神蘇利耶和孔蒂未婚所生的孩子。羞愧的孔蒂將迦爾納丟棄在恆河邊，後來車伕升車發現了他。

▲ **宙斯之子柏修斯**
英雄柏修斯的外祖父將他和母親關入木箱，並丟入大海中（見第54-55頁），後來有幾個牧羊人將他們救了起來。

動物養大的孩子

有些神話中的孩子是由動物撫養長大的。關於他們的傳說，都是在逆境中求生存的故事，而且他們都是由狼這樣的凶猛掠食動物所撫養的，例如羅慕路斯（Romulus）和雷慕斯（Remus）這類的英雄，似乎從他們與動物的互動中獲得了力量。這些故事中有時還會加入神獸等超自然的元素，外型像鳳凰的希牟鳥就是一例。

▲ **波斯的札爾**
英雄羅斯丹（見第170-171頁）的父親因天生白髮而遭拋棄，後來由名叫希牟的神鳥撫養長大。

◀ **希臘女獵人亞特蘭妲**
亞特蘭妲（Atalanta）出生時，她的父親因為她不是男孩而把她拋棄在山坡上，後來，女神阿特蜜絲派了一隻熊去餵養她。

▶ **羅慕路斯和雷慕斯**
這對孿生子是著名的羅馬人先祖。他們的母親遭戰神馬爾斯強暴，生下他們後又將兩人拋棄，後來，一隻狼撫養他們長大。

▲ 韓賽爾和葛蕾特

根據這個日耳曼傳統故事的描述，一個後母說服她貧窮的伐木工丈夫，將他的兩個孩子遺棄在森林裡。兄妹倆在森林遇到一個壞巫婆，但最後逃過了一劫。

歐洲民間故事

歐洲民間傳說中有許多棄兒的故事，內容往往與邪惡的後母怨恨丈夫亡妻的孩子有關。這些孩子被拋棄後經常靠著機智活了下來。在韓賽爾（Hansel）和葛蕾特（Gretel）的故事裡，兄妹倆遇到想吃他們的巫婆，但他們以智取勝，最後把巫婆困在烤爐裡。

▼ 小拇指

在這個來自法國的故事裡，七個棄兒中最年幼的小拇指善用機智，從睡著的巨人身上偷來一步能跨七里格的神靴，讓七兄弟逃過了厄運。

▲ 冰霜之父

在這個俄羅斯的故事裡，一個後母說服丈夫拋棄他的女兒，幸好後來冰霜之父救了這個女孩。不過當繼母的親生女兒去看冰霜之父時，卻慘遭凍死的命運。

厄運的預言

在神話中，有不少父母在得知不幸預言後遺棄了孩子，他們有的是為了救孩子一命，有的則是為了防止預言成真。這些遭遺棄的孩子後來往往有不同的身分，撫養他們長大的善心人士通常家境也不如親生父母。當孩子長大成人之後，無法避免的那一天終於還是來臨，預言也如實應驗。

▼ 特洛伊的帕里斯

帕里斯（Paris）的母親夢見生下一支火炬，造成家鄉特洛伊陷入火海。帕里斯的父親下令殺死他，但母親不忍，只好將他遺棄。帕里斯長大後成為特洛伊沒落（見第60-61頁）的關鍵角色。

▶ 黑天克里須那

黑天克里須那（參見第196-197頁）誕生前，有預言預示他會殺死邪惡的叔叔剛沙，於是剛沙下令殺掉黑天，但黑天的父親用計讓兒子逃過一劫，保住了性命。

▲ 居魯士大帝

據說波斯統治者居魯士（Cyrus）出生後不久，有人預言了他未來的命運，於是他的祖父下令殺掉他，後來一個牧人救了他一命。

伊底帕斯

萊厄斯（Laius）和賈卡絲妲（Jocasta）是底比斯的國王和皇后，他們從德爾菲的神諭得知，自己的親生兒子未來將會弒父娶母。這個預言讓他們驚懼不已，因此兒子伊底帕斯出世後，兩人就將他丟棄在山上，任他自生自滅，於是，古代神話中最具悲劇色彩的故事之一就此展開。這個故事結束時，伊底帕斯的家族徹底毀滅了；他們無法避開厄運，因而成為命運的犧牲者，伊底帕斯也成為悲劇英雄的原型——力圖擁有圓滿人生，卻始終受命運所阻撓。

神話

伊底帕斯遭萊厄斯和賈卡絲妲拋棄在山上後不久，一群牧羊人發現他，把他帶到柯林斯，國王波里勃斯（Polybus）和皇后蜜若琵（Merope）將他視如己出，並撫養長大。有一天，有人告訴伊底帕斯他是個棄兒，於是他去詢問德爾菲神諭，希望找出真相。然而神諭沒有解答他對自己出身的疑惑，只說他命中注定將弒父娶母。

伊底帕斯以為神諭將實現在波里勃斯和蜜若琵身上，於是決心離開柯林斯，外出遠遊。他在旅途中經過一個十字路口，一輛馬車迎面而來，車上的老人命令伊底帕斯讓路，態度蠻橫，激怒了伊底帕斯，兩人起了衝突，最後伊底帕斯殺死了老人。

▲ 襁褓中的伊底帕斯

牧羊人發現伊底帕斯後，把他帶到膝下無子的國王和皇后那裡，他們一直渴望能擁有兒子。

解答謎題

伊底帕斯繼續上路，來到了底比斯。這時底比斯的國王已神祕失蹤，不知去向，同時還有一隻名叫司芬克斯的怪物在城裡找孩子。司芬克斯每天會出一道謎題，如果沒有人能提出正確答案，牠就吃掉一個孩子。在伊底帕斯出現之前，沒人能順利解開謎題。伊底帕斯答對所有問題後，司芬克斯因氣憤而摔斷了脖子，當場斃命。皇后賈卡絲妲是底比斯建城者家族的後裔，伊底帕斯打敗怪物後，不但讓他在底比斯大受歡迎，同時更搏得她的青睞，兩人於是結了婚。

▲ 萊厄斯之死

伊底帕斯和萊厄斯的致命相遇，發生在距離德爾菲不遠處的交叉路口。神諭中關於他的預言，有一部分內容就在此地應驗了。

真相水落石出

伊底帕斯和皇后賈卡絲妲享受了幾年幸福的婚姻，生下了四個孩子：女兒安蒂岡妮（Antigone）和伊絲米妮（Ismene），兒子伊提歐克里斯（Eteocles）和波里尼西斯（Polynices）。然而，在這段愜意的時光過後，先知提瑞西阿斯揭開了事實，讓伊底帕斯發現關於自己生命的駭人真相：他在十字路口殺死的駕車老者，正是他的親生父親萊厄斯，他在底比斯娶的妻子，則是自己的母親賈卡絲妲。皇后得知真相後因絕望而自盡，伊底帕斯則以賈卡絲妲衣服上的胸針刺瞎自己的雙眼。之後，他離開底比斯，四處流浪度過餘生。在他的家人中，只有女兒安蒂岡妮安慰他，不因他做的事而排斥他。

伊底帕斯成為盲眼乞丐流浪多年後，來到雅典附近的克羅納斯（Colonus），根據神諭預言，他將在此結束生命。雅典國王特修斯歡迎他留下，但伊底帕斯的兒子希望他能回到底比斯，他們說他若返鄉將會為底比斯帶來好運。伊底帕斯沒有理會兒子的要求，逕自走入克羅納斯的一處聖穴，就此消失，展開他前往地府的最後旅程。

▲賈卡絲妲

皇后賈卡絲妲得知自己竟錯嫁兒子伊底帕斯，悲痛不已，最後選擇上吊結束生命。

伊底帕斯的家人

伊底帕斯所屬的王室家族，和底比斯城的政治密不可分。伊底帕斯刺瞎雙眼出城後，他的兩個兒子伊提歐克里斯和波里尼西斯年紀仍小，由賈卡絲妲的弟弟克里安暫代王權，直到兩兄弟長大，足以治理國家為止。不料，兩個王子彼此鬥爭殘殺，克里安於是又重新掌權。他致力為底比斯謀取福祉，但以統治手段殘酷而聞名；即使對待已和自己兒子海蒙（Haemon）訂親的安蒂岡妮也毫不留情，當安蒂岡妮因為支持哥哥波里尼西斯而違背克里安的要求時，他將她活埋在地穴裡。

司芬克斯的謎題

司芬克斯對底比斯人提出的謎題如今已為人所熟知，然而，當時的人們第一次聽到時，並沒有人答得出來。這個謎題最普遍的版本如下：「什麼東西在早晨時有四條腿，白天時有兩條腿，到了晚上卻有三條腿？」伊底帕斯猜出正確的謎底是人——人在嬰兒時期用四肢爬行，成年時用兩腿直立行走，老年時則需藉助枴杖，因而有了第三條腿。

▶司芬克斯

古代的司芬克斯擁有各種不同的外貌，不過在希臘傳說中，司芬克斯擁有女人的頭臉，獅子的身體和腿，同時還有鳥類的羽翼。

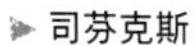

▲安蒂岡妮

伊底帕斯的女兒安蒂岡妮不但始終支持著父親，在哥哥波里尼西斯叛變出走後（參見右欄），也挺身支持他。

▲克里安

克里安企圖弭平家族間的紛爭與悲劇，他的態度堅決，同時採取相當激烈的手段，因而成為暴君的典型代表。

底比斯城

伊底帕斯和兩個兒子的故事雖然是家族悲劇，卻和貝歐提地區底比斯城的歷史有密切關係。底比斯統治家族的祖先歷史，可追溯到建城英雄卡德莫斯的神奇事蹟。後來，當波里尼西斯遭弟弟伊提歐克里斯罷黜時，他逃到阿果斯尋求國王艾卓斯特斯（Adrastus）的協助，與其他五個叛離底比斯的人聯合對伊提歐克里斯宣戰，點燃了名為「七將攻底比斯之役」的戰火。最後聯軍慘敗，兩兄弟也都身亡，卡德莫斯以降的王室血脈就此終結。

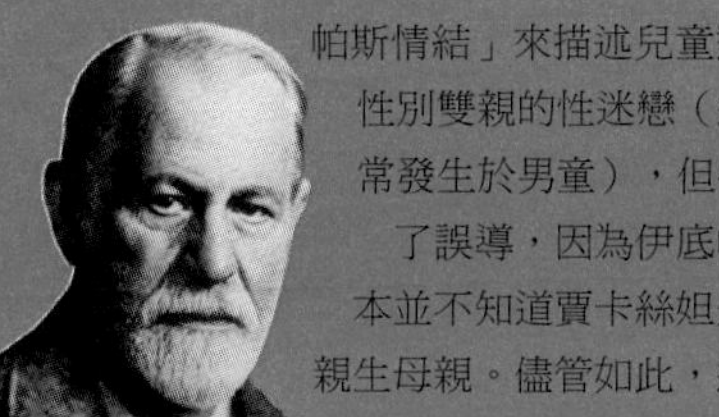

▶卡德莫斯

卡德莫斯殺死了一頭住在底比斯平原地區的龍，並將牠的牙齒種在地上，結果從這些龍牙裡長出了一大群人，他們就成為底比斯人的祖先。

伊底帕斯在克羅納斯

根據神諭預言，伊底帕斯將死在憤怒女神（參見第32頁）所屬的聖地。克羅納斯就是這樣的地方，同時也是通往地府的入口之一，因而更顯出此地的特別。伊底帕斯來到克羅納斯後，當地下了一場大雷雨，他認為這是來自宙斯的徵兆，象徵他的大限之期來到，於是不顧底比斯人的期待，走入了地底，朝來世前進。希臘劇作家索弗克里斯（西元前496-406年）就誕生在這個地區，他在《伊底帕斯在克羅納斯》（*Oedipus at Colonus*）劇中敘述了這些故事。

◀成為盲眼乞丐的伊底帕斯

盲眼的伊底帕斯流浪於各地時，在一旁引導他的是女兒安蒂岡妮。在所有家人中，安蒂岡妮是唯一對他始終保持忠誠的人。

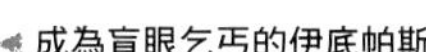

佛洛伊德和伊底帕斯

自從心理分析先驅佛洛伊德（Sigmund Freud, 西元1856-1939年）提出「伊底帕斯情結」一詞後，他與伊底帕斯神話有了密切的關係。他用「伊底帕斯情結」來描述兒童對相反性別雙親的性迷戀（通常較常發生於男童），但卻造成了誤導，因為伊底帕斯原本並不知道賈卡絲妲是他的親生母親。儘管如此，這個詞後來已廣泛應用於心理學和文學研究之中。

西格蒙．佛洛伊德

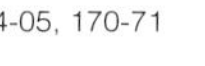

相關參考：悲劇50-51, 70-71, 104-05, 170-71

特洛伊戰爭

荷馬的偉大史詩《伊里亞德》描繪希臘和特洛伊之間長達十年的戰爭。開啟戰端的原因，是特洛伊王子帕里斯和希臘國王米奈勞斯（Menelaus）的妻子海倫私奔，希臘人為了奪回海倫，展開了長途遠征。兩方英雄壯烈犧牲之際，奧林帕斯山的男女諸神俯瞰人間的戰場，各自選邊支持並且介入戰事。最後，希臘人贏得勝利，帶著海倫重返家鄉。

神話

特洛伊之戰開戰後，兩軍勢均力敵。雙方都有優秀的將領——特洛伊王子赫克特（Hector），以及希臘將軍阿加曼農（Agamemnon）。雙方也各有知名的士兵和戰士——特洛伊有帕里斯，希臘則有阿基里斯和機智的奧德修斯。此外，雙方也都有來自男女諸神的支持——阿芙羅黛蒂和波賽頓支持特洛伊人，阿波羅、雅典娜和赫拉則對希臘人伸出援手。於是，僵局持續多年，小爭戰不斷，但始終無法分出真正的勝負。

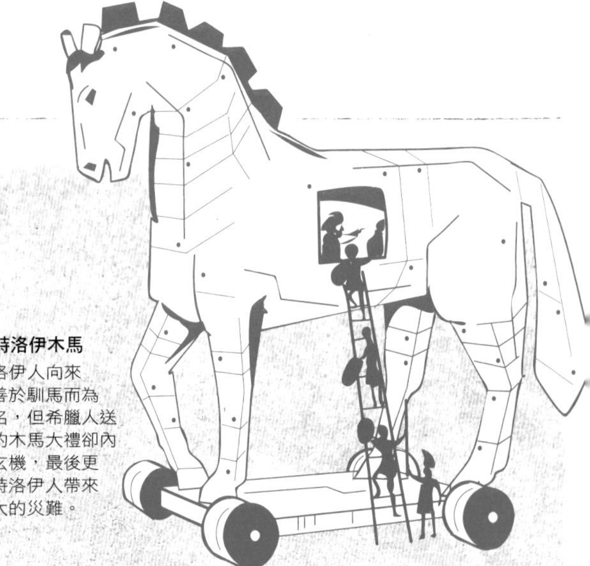

▶ **特洛伊木馬**
特洛伊人向來以善於馴馬而為聞名，但希臘人送來的木馬大禮卻內藏玄機，最後更為特洛伊人帶來巨大的災難。

阿基里斯和帕卓克路斯

就在希臘二位將領起內訌時，戰爭達到了高潮。阿加曼農先前被迫放棄一名小妾，後來搶了阿基里斯的一位情人當成自己的情婦，阿基里斯為此氣憤不已，率軍退出戰場，於是特洛伊人逐漸占了上風。阿基里斯的好友帕卓克路斯（Patroclus）為了奪回主控權，徵得戰友的同意，換上阿基里斯的盔甲，代為領軍出戰。特洛伊士兵一看到希臘最精銳的部隊返回戰場，而且是由阿基里斯領軍，於是逐漸喪失信心，希臘人因而大有進展。然而，就在他們即將獲勝時，赫克特殺死了帕卓克路斯。

▲ **戰場上的士兵**
上圖的版畫屬於希臘的瓶飾圖畫風格，畫中描繪特洛伊人企圖對希臘戰船採取火攻，希臘人則以長矛來保衛自身的安全。

希臘人大有斬獲

帕卓克路斯之死，讓阿基里斯重新振作，再度披掛上陣。他殺死赫克特，拖著他的屍體繞行特洛伊的城牆。隨後，諸神鼓勵希臘人讓偉大的弓箭手腓羅克利提斯（Philocretes）加入戰局，神射手一箭射死了帕里斯，對特洛伊人造成心理上一大打擊。希臘人接著又從特洛伊神廟盜走特洛伊人的好運象徵——雅典娜的神像。最後，諸神協助奧德修斯想出空心木馬的好點子。希臘人讓部分士兵躲在木馬裡，其他人把木馬放在特洛伊的城門前，佯裝撤軍離去。特洛伊人把這匹巨大的木馬拖進城裡，天色變暗後，希臘士兵從馬腹裡出現，打開城門，讓希臘軍隊一湧而入，特洛伊城就此毀滅。

帕里斯的判決

引發特洛伊戰爭的事端發生在艾德山（Mount Ida），當時赫拉、雅典娜和阿芙羅黛蒂三位女神到此探訪特洛伊王子帕里斯，因為傾軋女神伊里絲（Eris）給三位女神一個金蘋果，蘋果上刻著「給最美麗的人」，三位女神都認為金蘋果屬於自己，於是宙斯命令荷米斯帶三位女神到帕里斯面前，由他決定誰最美麗。三位女神都想以賄賂影響帕里斯的判決。雅典娜答應讓他在戰場上所向無敵，赫拉承諾給他權力，阿芙羅黛蒂則表示要給他世上最美麗的女人海倫。帕里斯決定接受阿芙羅黛蒂的禮物，但海倫已嫁給斯巴達國王米奈勞斯，當她和帕里斯私奔後，希臘和特洛伊之間的戰爭就此爆發。

▲ 三位女神

帕里斯最後判定，三位女神中最美麗的是愛神阿芙羅黛蒂，結果也引發了雅典娜和赫拉的憤怒。

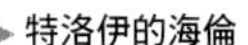

▶ 特洛伊的海倫

關於海倫拋下家庭而出走的原因有許多種不同說法，包括：心地不好、受到脅迫，以及阿芙羅黛蒂對她施展了魔法。

各路英雄

特洛伊戰爭的故事有許多英雄人物，他們也是史詩中的主角。這些英雄大多驍勇善戰，但在荷馬筆下，他們的性格格外有趣。其中許多人相當重視榮譽與名聲，如阿基里斯和阿加曼農為女妾所起的爭執，就是因為阿加曼農搶走阿基里斯的女人，讓他的名譽受損。此外，從荷馬的作品中我們也可看出聰明才智在戰場上的重要性，如奧德修斯就是以足智多謀而聞名的。

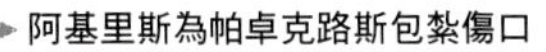

▶ 阿基里斯為帕卓克路斯包紮傷口

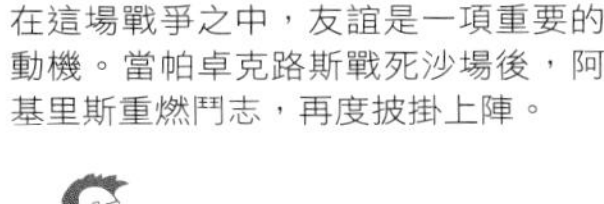

在這場戰爭之中，友誼是一項重要的動機。當帕卓克路斯戰死沙場後，阿基里斯重燃鬥志，再度披掛上陣。

▲ 阿加曼農帶著卡珊德拉返鄉

戰爭結束後，希臘人攻破了特洛伊城，阿加曼農帶走特洛伊國王普萊昂（Priam）的女兒卡珊德拉（Cassandra），當成戰利品。

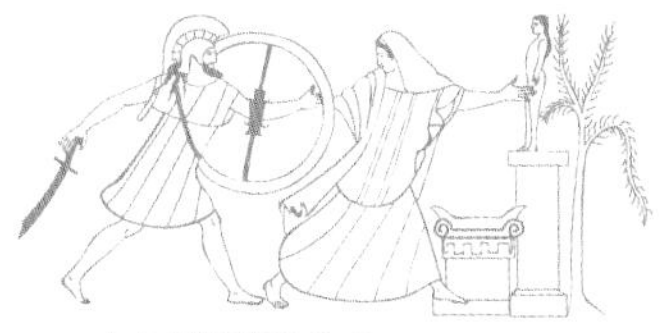

▲ 米奈勞斯緊追海倫

上圖中，米奈勞斯正在追逐妻子海倫。在《伊里亞德》裡，他被描繪成一位會為正當目標奮戰的高尚國王。

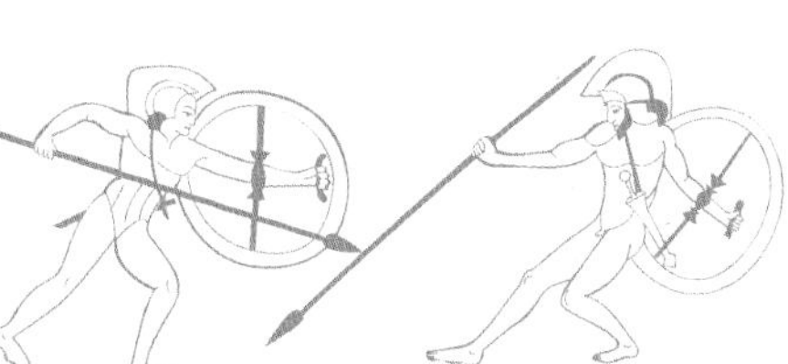

▲ 赫克特與阿基里斯對決

阿基里斯和赫克特的對決，是這場戰爭的關鍵。赫克特一死，特洛伊人失去他們最偉大的將領之一，信心因而大為動搖。

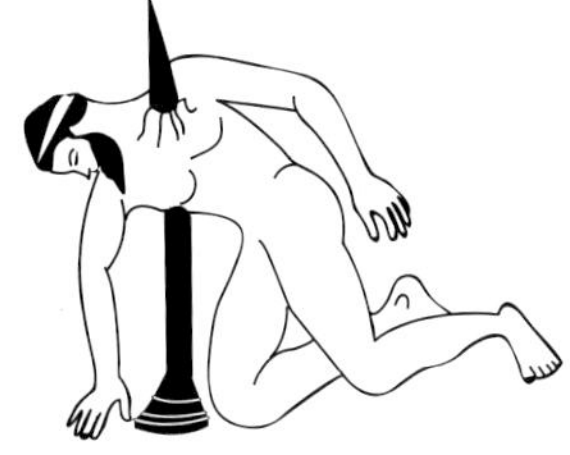

▲ 艾亞斯自盡

艾亞斯（Ajax）是一名傑出的戰士，他雖然安然度過這場戰役中，後來卻在與奧德修斯發生爭辯後發狂自盡。

> 雅典娜與赫拉
> 齊奏雷鳴，
> 向黃金滿貫的
> 邁錫尼國王致敬。
>
> 荷馬，《伊里亞德》第十一卷

古城邁錫尼

儘管史詩《伊里亞德》裡所描述的是一個神話故事，但其中所有人物的出身地，都是在古希臘確實存在的地點。例如，邁錫尼位於伯羅奔尼撒（Peloponnese）東北方，據說是阿加曼農的家鄉。這座城邦在青銅器時代晚期是個軍事強權，十九世紀時，德國考古學家亨德利希．謝里曼（Heinrich Schliemann）挖掘出此城的遺址，並在遺址當中發現極為精美的珠寶和工藝品，時間約可追溯至西元前2000年。儘管沒有證據足以支持謝里曼的說法，但他仍宣稱這些珠寶與工藝品全都屬於阿加曼農。

◀ 黃金面具

這個從邁錫尼出土的黃金面具由手工打造而成，謝里曼稱之為「阿加曼農面具」，但它可能屬於任何一位早期邁錫尼國王。

相關參考：戰爭18-19, 98-99, 104-05, 116-17, 118-19, 126-27, 170-71, 176-77, 206-07

赫克特之死

阿基里斯殺死赫克特後，將這位手下敗將的屍體放在戰車後方，連續拖行十二天之久。眾神因悲憐赫克特而伸出援手，設法讓他的屍體不致於遭到破壞。

史詩《奧德賽》

荷馬的第二部史詩《奧德賽》，述說希臘英雄奧德修斯（羅馬人稱為尤里西斯）在特洛伊戰爭（見60-61頁）之後，重回綺色佳的返鄉之旅。他在途中遭遇許多危險，包括恐怖怪物及妖嬈女子，每次交手，他都充分發揮智慧與機靈，因而平安度過。不過他最大的挑戰，是在返鄉後發現許多認為他已死的追求者，對他的妻子窮追不捨。

希臘船

古希臘的船隻二旁裝置著成排的槳，船上同時還備有風帆。奧德修斯駕駛的應該是利用風力前進的船隻。

神話

奧德修斯離開特洛伊後，和他的水手來到食蓮者之國（the Lotos Eaters）。此地居民過著慵懶閒適的生活，他們熱情邀請這些訪客享用能忘卻過去的果實，奧德修斯顧不得船員不想離開，強迫大家回船上。

後來他們遇到獨眼巨人塞克羅普斯族。一位名叫波利菲摩斯（Polyphemus）的獨眼巨人將奧德修斯和他的同伴關在山洞裡，還吃掉其中幾個人。巨人問奧德修斯叫什麼名字，這位英雄回答「烏第斯」（Outis，意即：沒有人）。奧德修斯不斷幫獨眼巨人倒酒，讓他喝得醉醺醺的，然後用灼熱的木樁戳瞎他的眼睛。當波利菲摩斯痛得大喊：「烏第斯（沒有人）想殺我！」時，其他獨眼巨人聽見他的叫喊，但不以為意；他們以為他醉了，並未前來搭救，奧德修斯一行人因而得以脫身。後來波利菲摩斯向父親海神訴苦，於是波賽頓引來狂烈的暴風雨，阻礙奧德修斯的航程。

乘風而行

到了下一個停泊處，風神伊歐勒斯（Aeolus）送奧德修斯一個裝著各種風的袋子，讓他在回家途中能掌握航向，但他的手下好奇袋子裡究竟裝些什麼，於是打開袋子，所有的風都跑了出來，將船吹離了航道。他們來到萊斯楚貢巨人（Laestrygonians）的地盤，遭巨人砸爛大部分船隻。隨後他們來到魔女瑟西（Circe）居住的島，瑟西把水手都變成豬，奧德修斯因為吃了荷米斯的草藥而沒變形。瑟西發現奧德修斯能抵抗她的魔法，又把他的手下變回人，並建議他前往地府瞭解自己的未來。奧德修斯來到地府，透過幻象看見敵人入侵並占領家鄉，於是急著趕回家。

這段旅程比他想像的更為漫長。奧德修斯先遇上賽妊女妖，她們以動人的歌聲來魅惑經過的水手，但奧德修斯要求船員塞住耳朵，因而平安通過。隨後他們必須經過六頭的吃人怪獸席拉（Scylla）及漩渦克里波狄斯（Charybdis）。奧德修斯不得不犧牲六名船員，交給席拉，因為六頭怪席拉一次只能用其中一個頭吃一個人，但克里波狄斯卻能一次就把所有人捲入漩渦。（文接第66頁）»

奧德修斯

奧德修斯和所有希臘英雄一樣，擁有強健的體魄。不過他還擁有過人的機智，讓他得以克服漫長旅途中所遭遇的種種險阻。

怪物和阻礙

奧德修斯的返鄉之旅遭遇了各式阻礙。萊斯楚貢巨人砸爛了船隊的所有船隻，只有奧德修斯的船逃過一劫。另一個巨人波利菲摩斯把他們關進山洞後，奧德修斯和手下把自己綁在巨人飼養的綿羊肚子上，隔天巨人放羊出去吃草時，這些希臘人因而得以逃走。在瑟西的島上，奧德修斯的水手被變成了豬，返鄉的旅程因而又耽擱了。

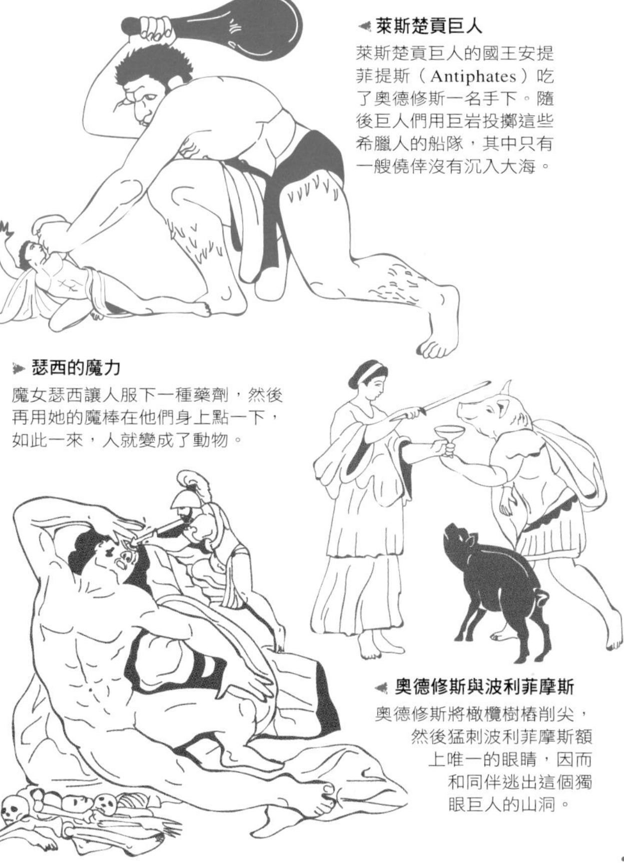

◀ **萊斯楚貢巨人**
萊斯楚貢巨人的國王安提菲提斯（Antiphates）吃了奧德修斯一名手下。隨後巨人們用巨岩投擲這些希臘人的船隊，其中只有一艘僥倖沒有沉入大海。

▶ **瑟西的魔力**
魔女瑟西讓人服下一種藥劑，然後再用她的魔棒在他們身上點一下，如此一來，人就變成了動物。

◀ **奧德修斯與波利菲摩斯**
奧德修斯將橄欖樹樁削尖，然後猛刺波利菲摩斯額上唯一的眼睛，因而和同伴逃出這個獨眼巨人的山洞。

亡者國度

奧德修斯前往地府探查自己的未來。他首先向先知提瑞西阿斯請益，先知告誡他，不要傷害希利歐斯的牛群。後來他遇見母親安提克麗雅，母親告訴他妻兒在家鄉受苦的情形。此外他還遇見了阿基里斯（參見第60-61頁）的亡魂。最後他逐漸感覺恐懼，不安地離開了地府。

▶ **阿基里斯**
阿基里斯的亡魂告訴奧德修斯，他寧願活在世間做一個卑微的苦力，也不願成為亡靈的統治者。

險惡海旅

希臘人是主要居住在大小島嶼和濱海地區的民族，因而造就了許多傑出水手。他們非常瞭解在海上航行時會遭逢什麼樣的危險，即使在多數時候都相當平靜的地中海也不例外。水手必須隨時留意逆風、危險的漩渦或急流，以及凸出的岩礁，如奧德修斯就必須面對波賽頓派來的暴風，還有急流或其他更怪誕驚人的危險。這些險阻中，有的像賽妊女妖的誘人歌聲一樣令人迷惑，幸好瑟西事先已警告奧德修斯，務必抗拒賽妊的歌聲。

> 過去沒有人能一邊聆聽我們雙唇間傳出的甜美嗓音，一邊駕著黑船划過這個小島。
>
> 《奧德賽》第九卷

▲ **奧德修斯和賽妊女妖**
奧德修斯要求水手塞住他們的耳朵，但下令把他綁在桅杆上，這樣他才不會受賽妊歌聲所迷惑。

▼ **克里波狄斯**
這個惡名昭彰的漩渦讓所有經過的船隻失事，但奧德修斯設法通過它和席拉女妖間的狹窄地帶。

旅程繼續

奧德修斯隨後來到太陽神希利歐斯放牧牛群的島嶼。儘管先知事先已告誡過他們，但奧德修斯的船員還是宰殺了幾頭牛。希利歐斯向宙斯告狀，於是宙斯用雷電劈打奧德修斯的船，船身四分五裂，船員也全數喪命，緊緊抓住船身殘骸的奧德修斯是唯一倖存的人。

諾希卡

諾希卡公主和朋友在海濱時，看見赤裸著身子且疲憊不堪的奧德修斯，諾希卡於是拿衣服讓他穿上。

海浪將奧德修斯沖上卡莉普娑（Calypso）女神的島，女神希望他留下來與她為伴，他在當地生活了七年，但最後抗拒了長住的誘惑，繼續踏上歸途。後來他再度遇上船難，來到另一處海灘，這個小島由菲亞錫（Phaeacians）國王艾爾西諾斯（Alcinous）統治。雅典娜讓諾希卡（Nausicaa）公主遇見奧德修斯，兩人互相吸引。奧德修斯很想和她在一起，但對妻子和故鄉綺色佳的思念，讓他再次啟程。

潘妮洛普的追求者

奧德修斯歷經滄桑返抵綺色佳後，傷痕累累且垂垂老矣。他發現家裡住滿想追求妻子的人，他們以為奧德修斯已死，希望娶他的妻子潘妮洛普，占據他的土地和財富。這些人享用他的食物，占好客的潘妮洛普便宜，就像他在地府預見的景象裡那些惡意侵入者一樣。潘妮洛普不想再婚，推託只要完成手上的紡織工作，就會宣布她選擇的對象。當她不得不做決定時，她表示，只要能拉開奧德修斯那把威力強大的弓，她就願意下嫁。奧德修斯和其他追求者一同加入競賽，不過沒有人認出他，因為他只向兒子泰勒馬科斯（Telemachus）透露身分。現場只有奧德修斯拉開了弓，這時潘妮洛普認出他就是她的丈夫。在泰勒馬科斯的協助下，奧德修斯殺死所有追求者。儘管他深愛潘妮洛普，但經過如此漫長的旅行之後，他發現自己已無法在綺色佳好好安定下來。不久，他又策劃了另一趟的旅程，期盼經歷更多的冒險。

奧德修斯和卡莉普娑

卡莉普娑允諾奧德修斯將會讓他不會衰老，而且能夠長生不死，奧德修斯也很想與她長相廝守，不過，最後他還是打造了一艘木筏，重新踏上返回綺色佳的旅程。

綺色佳

奧德修斯在家鄉綺色佳登岸之後，喬裝成乞丐，以便探查家中的情形。他發現妻兒尚在人世，不過卻遭遇了麻煩。追求潘妮洛普的人相當多，而且這些人不斷逼她表態，希望能娶她為妻。他們堅信奧德修斯已死，因而認為自己所提出的是正當的要求。儘管如此，他們的行為仍不可原諒。對希臘人而言，熱忱待客是最高尚的美德，但這些追求者卻利用了潘妮洛普的美德，並且完全不尊重她的感受。這樣的行為，是奧德修斯和兒子泰勒馬科斯最後選擇將他們殺死的合理原因。

潘妮洛普的紡織工作

每天晚上，奧德修斯忠心的妻子會將白天織的布解開一部分，藉此拖延完成的時間，因為一旦完成紡織工作，她就必須從要求與她結婚的追求者中做出選擇。

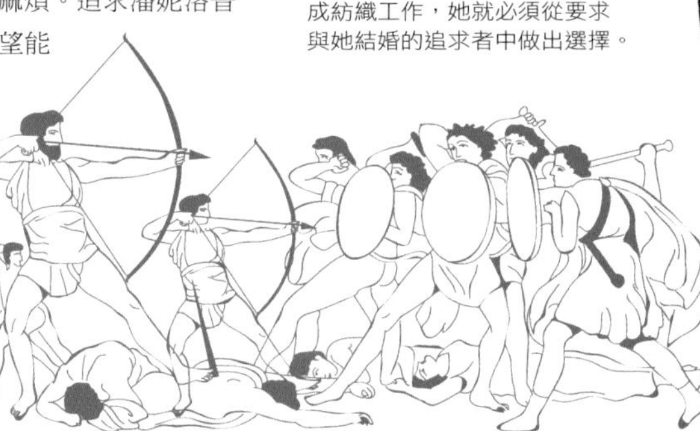

追求者的下場

奧德修斯和泰勒馬科斯聯手攻擊追求潘尼洛普的人。這些追求者躲在盾牌之後打哆嗦，最後一個接一個地倒下。

諸神的介入

奧林帕斯山的諸神不但左右了特洛伊戰爭的戰情，同時也介入奧德修斯的冒險旅程。每當奧德修斯冒犯某位神祇，他的返鄉之旅就會受到耽擱；波賽頓、希利歐斯和宙斯都曾出面干擾他的旅程。奧德修斯刺瞎波利菲摩斯的眼睛逃出山洞，在駕船離開前，對著這個獨眼巨人大聲說出自己真正的名字，波利菲摩斯後來告訴父親波賽頓自己失明的原因，海神於是引來一連串的暴風雨，讓奧德修斯的船失事。奧德修斯的屬下宰殺希利歐斯的牛隻後，宙斯也對他們施以懲罰。儘管荷米斯曾協助奧德修斯逃過瑟西的魔法，但始終保護和指引這位機智英雄的是女神雅典娜。

▲ **希利歐斯和他的馬車**
奧德修斯的屬下大啖太陽神的牛隻，太陽神施展魔力，讓牛肉發出吼叫，彷彿仍有生命似的。在史詩中，荷馬稱太陽神為海比力昂。

▲ **神祇的保護**
雅典娜是奧德修斯的守護之神。她說服卡莉普娑讓奧德修斯離開、安排他遇見諾希卡公主，並且建議他在面對妻子的追求者之前，先隱藏自己的身分。

一些氣節高尚之事，
尚有待成就，
如此才能有資格成為
與諸神抗衡的人。

但尼生（Alfred, Lord Tennyson）
《尤里西斯》（*Ulysses*），西元1842年

波賽頓

荷馬

荷馬是西元前八世紀左右的盲眼詩人，後人認為《奧德賽》和《伊里亞德》都是他的作品。關於荷馬的生平我們所知甚少，有些學者認為，這兩部史詩其實是荷馬之前許多詩人的創作，這些故事經過一代又一代的口傳與修改，最後由荷馬記錄下來。這兩部史詩作品，以極為高明的手法結合了故事情節、人物描寫，以及如詩的文字，荷馬因而至今仍被視為世上最偉大的作家之一。

荷馬

現代版的《奧德賽》

奧德修斯的冒險深受喜愛。荷馬的史詩是開放式結局的精采故事，因此其中的素材一再由後人以嶄新的方式改編。卡桑札基（Nikos Kazantzakis，西元1883-1957年）的長詩《奧德賽：現代續篇》（1938）就是現代版之一，描述奧德修斯的新歷險。喬埃斯（James Joyce，西元1882-1941年）的小說《尤里西斯》（1922），也運用這個故事的概念，安排主角利奧波德．布盧姆（Leopold Bloom）在故鄉都伯林展開一場漫遊之旅。

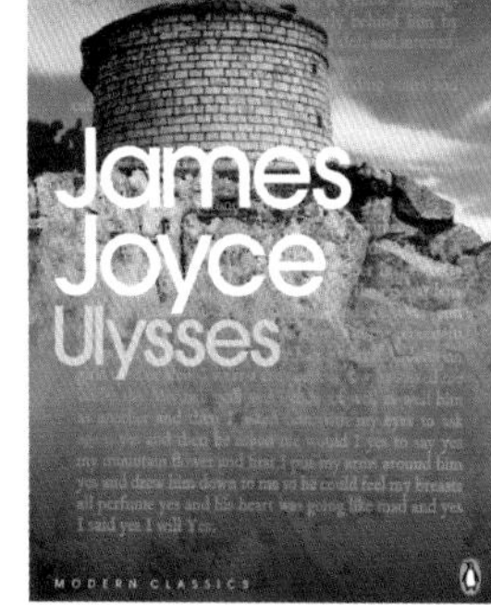

▶ **喬埃斯的《尤里西斯》**
布盧姆的漫遊之旅發生於一天之間。這一天，他所遇見的人和經歷的事，都呼應著許多希臘神話故事的情節。

相關參考：旅程34-35, 44-45, 120-21, 220-21．古代的怪物46-47, 52-53, 54-55, 72-73

古代的非傳統英雄

古希臘神話當中有許多不按常理行事的人，他們通常是凡人，但擁有無比的權力，如國王或王子。他們欺騙其他凡人，濫用天賦，對別人的熱情對待未加以珍惜，有時甚至還會侮辱眾神。人類由於有許多規範，才能擁有和諧的社會或信仰生活，因此這些非傳統英雄最後往往會受到嚴厲的懲罰，讓其他想違反社會或宗教規範的人有所警惕。

伊克希昂

塞薩利地區的拉庇斯國王伊克希昂（Ixion）是一個投機取巧的騙子。他想娶伊歐尼斯（Eioneus）的女兒狄雅（Dia），因而綁架了她，隨後同意在婚禮上將嫁妝交給女孩的父親。然而，他並不想花這一大筆錢，因此在婚禮當天為伊歐尼斯設下一個殘酷的陷阱。他在王宮附近挖了一個坑，坑裡放滿滾燙的煤塊，等不知情的岳父抵達時，伊克希昂就把他推進坑裡。伊克希昂犯下這件殺害親人的暴行後，所有人決定將他流放，但宙斯卻為了某個原因而悲憫他，邀請他參加奧林帕斯山的一場盛宴。伊克希昂即使來到諸神的國度，依然不守本分，試圖引誘宙斯的妻子赫拉。宙斯對伊克希昂侮辱妻子貞節的行徑做出懲罰，他把伊克希昂綁在一個灼熱的輪子上，在地府裡永遠轉個不停。

◀ **伊歐尼斯遇害**

伊克希昂把伊歐尼斯推入致命的火坑，讓他因而身亡，這個舉動違反希臘人最看重的美德之一——熱情待客。

▼ **伊克希昂的刑罰**

有些故事將綑綁伊克希昂的輪子描述為太陽圓盤，另外一些故事則認為，那是地府中一個永世旋轉的輪子。

◀ **伊克希昂引誘赫拉**

宙斯發現伊克希昂的意圖後設下陷阱，讓伊克希昂和一個形似赫拉的雲朵交歡。這場交合後來孕育了半人馬的祖先珊陀洛斯（Centaurus）。

薛西弗斯

柯林斯的建城者薛西弗斯（Sisyphus）犯下了許多種罪行，其中包括殺害賓客，以及引誘姪女。他因為自己的所作所為而被放逐至地府，卻仍企圖逃過死亡。起先，他想將死亡之神桑納托斯（Thanatos）監禁起來，但沒能成功。隨後，他又指示妻子不要為他舉行葬禮。當黑帝斯送他返回凡間接受葬禮時，他卻拒絕再回到地府。由於他不自量力，妄想自己將會變成不死之身的神祇，因而受到了懲罰。他必須把一塊巨岩推上山，但每回岩石一上到山頂，隨即又會滾下山，於是薛西弗斯必須永遠重複這件工作。

▶ 桑納托斯

桑納托斯是夜晚與黑暗之子，在希臘神話中，他是令人恐懼但卻鮮少出場的神祇。

◀ 推動巨石的薛西弗斯

在古今藝術家與作家的眼中，薛西弗斯和他所承受的嚴厲刑罰，形成一個具反諷意味的象徵，代表艱辛、無意義且永無終止的工作。

坦達洛斯

坦達洛斯（Tantalus）統治呂底亞地區的西琵洛斯（Sipylus），也是宙斯之子，因此獲准與眾神共餐，但他卻濫用特權。有些故事說他到處散播諸神祕密；有些則說他偷走神饌送給凡人。在最極端的版本裡，他為了測試諸神，讓他們吃下自己兒子的肉。後來他受到的懲罰是必須永遠忍受口渴與飢餓。他被迫站在池子裡，上方是結實纍纍的果樹，每當他想喝水，池裡的水就會消失，他想摘果子，樹枝就變得更高，於是從他的名字Tantalus就衍伸出tantalize（折磨）一詞。

◀ 坦達洛斯受的刑罰

諸神一向慷慨，摘不到的果子則代表完全相反的態度。坦達洛斯侮辱了奧林帕斯山的諸神，這是恰如其分的懲罰。

米達斯

弗里基亞（Phrygia）王國的國王米達斯（Midas）曾對酒神戴奧尼索斯（參見第34-35頁）的信徒西雷諾斯伸出援手，因此酒神答應實現米達斯的任何願望。米達斯一時貪念大起，要求酒神讓他觸碰的每樣東西都變成黃金。然而，當他的食物和飲料也都變成黃金時，他只好請求酒神收回禮物。有一天，他在鄉間遇上牧羊神潘恩（Pan）和阿波羅，他們為了誰是比較優秀的音樂家而爭執不下，後來米達斯判定潘恩技高一籌，惹惱了阿波羅，阿波羅讓他長了一對驢耳，米達斯此後不得不用頭巾纏著頭，但他有一雙可笑的耳朵的消息依舊洩露出去了，最後他只好飲牛血自盡。

◀ 米達斯和女兒

關於米達斯的神話有不同版本，其中有些描述國王米達斯一碰觸到自己的女兒，她就變成一座黃金雕像。

▼ 米達斯、潘恩與阿波羅

儘管其他聽眾認為阿波羅的音樂才能比潘恩優越，但米達斯卻認為潘恩技高一籌，於是招來阿波羅的憤怒。

相關參考：懲罰26-27, 50-51, 54-55, 70-71, 154-55, 218-19, 288-89

古代的非傳統女英雄

在希臘的神話體系裡，有許多非傳統女英雄捲入了各式複雜的謀略之中，其中大多數都與復仇有關。這些女子之所以涉及這些紛爭，有些是由於本身的嫉妒心作祟，例如愛諾（Ino）和克莉坦娜絲（Clytemnestra）就是其中兩個例子；另外有些則是因為缺乏高尚女性應具備的道德與社會價值觀。此外，她們其他為非作歹的行為，大部分都是諸神介入凡間事務後所帶來的結果。這些非傳統女英雄與他人的死亡經常有直接或間接的關係，她們本身往往也會以自盡來結束自己的故事。

菲卓拉

菲卓拉（Phaedra）是克里特國王邁諾斯與皇后帕西斐的女兒，特修斯（參見50-51頁）成為雅典國王後娶她為妻，但她卻愛上希波萊特斯。希波萊特斯的母親是亞馬遜女王安提奧琵，她曾是特修斯的情婦，根據某些故事的描述，諸神安排菲卓拉愛上希波萊特斯，藉此懲罰特修斯殺死安提奧琵。菲卓拉向希波萊特斯求愛卻遭斷然拒絕，她因而告訴特修斯，希波萊特斯想強暴她。憤怒的國王對兒子大為反感，請求諸神懲罰這個年輕人。波賽頓聽到特修斯的請求後，掀起一陣風暴，讓希波萊特斯從馬車上墜落而死。菲卓拉聽到繼子之死，悲傷之餘也上吊自盡了。

▲ **菲卓拉和特修斯**

菲卓拉和雅典國王注定失敗的婚姻，導致後來希波萊特斯的死亡。菲卓拉的哥哥杜凱力恩（Deucalion）明知特修斯和安提奧琵之間的戀情，卻還是把妹妹嫁給了特修斯。

▲ **希波萊特斯之死**

波賽頓召喚暴風雨時，一頭形似公牛的怪物從海面上現身，特修斯之子希波萊特斯的馬匹飽受驚嚇，希波萊特斯因此被甩下馬車，遭馬車拖曳而死。

哈辛

法國偉大劇作家尚．哈辛（Jean Racine，西元1639-1699年）撰寫了幾部以古代為主題的悲劇，其中之一就是《菲卓拉》（*Phèdre*）。他認為悲劇是人類處境固有的元素，不幸事件並非讓人們陷入悲劇處境的必要因素。哈辛的劇作情節簡單，但擅長讓人物以充滿詩藝之美的語言分析自己的情緒，他筆下的《菲卓拉》，情節略有不同，菲卓拉誤以為特修斯已死才愛上希波萊特斯，哈辛藉此來強調女主角的高尚情操。

哈辛

克莉坦娜絲

克莉坦娜絲是邁錫尼國王阿加曼農的妻子，兩人育有四個孩子：伊菲珍妮雅（Iphigenia）、伊蕾克特拉（Electra）、克麗索忒米斯（Chrysothemis），以及奧瑞斯提（Orestes）。阿加曼農將伊菲珍妮雅奉祀諸神，以求遠征特洛伊（參見第60-61頁）的希臘船隊能一路順風。克莉坦娜絲得知女兒死訊後誓言報復，趁阿加曼農出征期間讓情人埃吉斯托斯（Aegisthus）接掌王位，阿加曼農返鄉時，又和情人設計殺害阿加曼農和他的追隨者。她的兒子奧瑞斯提逃過死亡陷阱後流亡國外，後來殺死母親，為父親報仇。克莉坦娜絲死後，她的亡魂在憤怒女神協助下企圖懲罰兒子，但眾神（在有些故事中是凡人法庭）最後判定：奧瑞斯提的弒母之舉是正當的。

▲奧瑞斯提的懲罰

上圖中，憤怒女神懷中抱著克莉坦娜絲的屍體，用雷電攻擊奧瑞斯提。後來，奧瑞斯提忠心的姊姊伊蕾克特拉在旁照顧他，為他療傷，協助他的傷口復原。

◄阿加曼農遇害

克莉坦娜絲和情人埃吉斯托斯用網子困住阿加曼農，然後殘暴地用斧頭將他砍死。根據一些故事的描述，阿加曼農風塵僕僕從長征歸來後，打算沐浴洗去身上的塵土，在此毫無防備的情況下遭到妻子的謀殺。

愛諾

貝歐提王艾瑟馬斯（Athamas）和涅菲麗（Nephele）結婚後，為了卡德莫斯王（參見第59頁）的女兒愛諾拋棄妻子。愛諾痛恨丈夫前妻的兒女弗里克索斯（Phrixus）和赫莉（Helle），想出計謀除掉他們。她在穀倉下點火烘乾所有種子，讓種子無法發芽，造成飢荒。艾瑟馬斯派使者到德爾菲向神論尋求協助，愛諾賄賂神諭使者，要他回答必須用弗里克索斯獻祭。當艾瑟馬斯動手準備殺死兒子時，赫拉派會飛的金山羊載走他的兒女。弗里克索斯保住一命，赫莉卻從羊背上滑落，溺死海中，那片海域因而名為赫莉海（如今稱達達尼爾海峽）。涅菲麗希望艾瑟馬斯得到報應，因此在一些故事中，赫拉派遣復仇女神之一讓他和愛諾發狂，後來愛諾被迫跳崖，因而溺斃海中。

►諸神主持正義

赫拉對艾瑟馬斯和愛諾的行為感到憤怒，加上涅菲麗希望他們受到報應，於是派遣復仇女神之一緹希芬妮（Tisiphone）去折磨這對罪有應得的夫妻。

丹納烏斯的女兒們

丹納烏斯（Danaus）是波賽頓的孫子，他有五十個女兒，他的兄弟伊吉普托斯（Aegyptus）則有五十個兒子。這對兄弟在父親死後為爭奪父親的土地而爭吵，最後伊吉普托斯提議讓他的兒子和丹納烏斯的女兒結婚，兩家結成一家。然而，曾有神諭告知丹納烏斯，伊吉普托斯打算殺害他和他的女兒，於是丹納烏斯帶著家人逃跑了。伊吉普托斯得知後緊追不捨，在阿果斯城包圍他們，直到他們因斷糧而不得不接受婚事。丹納烏斯給每個女兒一根髮夾，要她們都用髮夾殺死丈夫，其中有四十九個女兒照父親的話做了，結果死後為此罪行受到嚴厲的懲罰。

►永世的懲罰

這些殺死自己丈夫的女兒死後來到了地府，被迫取水填滿一個大水缸。然而，由於這個水缸不斷漏水，她們的工作因而永無終止之日。

相關參考：懲罰26-27, 50-51, 54-55, 68-69, 154-55, 218-19, 288-89

阿果號英雄

傑森和阿果號英雄的傳說，是所有神話中最偉大的遠征尋寶故事之一，故事的主角傑森是希臘東北方的艾爾可斯（Iolcus）的王子。傑森小時候，叔叔皮里亞斯（Pelias）篡奪了王位，將傑森的父親伊森（Aeson）囚禁起來。傑森的母親艾爾希米德（Alcimede）偷偷把傑森送走，將他託付給半人馬凱戎撫養。傑森長大成人後回去找叔父皮里亞斯，要求取回屬於他的王權，皮里亞斯對傑森提出一個條件，只要傑森能從柯爾基斯（Colchis）國王艾伊提斯（Aeëtes）那裡盜取金羊毛並帶回國內，他就會交還王位。

神話

為了前往柯爾基斯，傑森訂製一艘名為阿果號（Argo）的船。船身所用的木材中，有一根樹幹來自德多納（Dodona）宙斯神諭所裡的神聖橡樹，因此這艘船特別堅固。傑森說服了許多希臘的頂尖英雄和他一同搭乘阿果號出征，包括海克力斯、波里杜西斯（Polydeuces）、庇里俄斯（Peleus）和奧菲斯。這群英雄同行，組成了後來知名的「阿果號英雄」。

▲ 哈琵女妖

名為哈琵的女妖是一群非常可怕的怪物，她們有堅硬的喙和鳥爪，還有具有毒性的鳥糞。

危險和阻礙

他們一路上遭遇各種阻礙，包括因迷人女子而耽誤旅程，也有海上的險難。首先，蘭諾斯島（Lemnos）讓他們耽擱了幾個月的行程，因為島上只有女人，沒有男人。後來成員之一海勒斯（Hylas）遭水澤仙女拉下井而失蹤，海克力斯擔憂他下落不明，離開阿果號去搭救好友。其他的阿果號英雄接下來仍需面臨許多危險的挑戰。他們必須和國王艾米克斯（Amycus）比賽拳擊，艾米克斯是幾乎戰無不克的強悍拳擊手，幸好有善於此技的波里杜西斯應戰，據說拳擊就是他發明的。後來，他們又遇上飽受哈琵（Harpies）折磨的盲眼先知菲尼斯（Phineus）。哈琵是女頭鳥身的妖怪，又稱為宙斯的獵犬，這些可怕的怪物啄瞎菲尼斯的眼睛，而且一再搶走他的食物。阿果號的兩位英雄趕走了哈琵，讓菲尼斯感激不已，因而協助阿果號英雄航過夾撞岩石，這是他們在抵達柯爾基斯之前必須克服的難關之一。

在柯爾基斯的挑戰

柯爾基斯國王艾伊提斯不想失去金羊毛，於是對傑森提出一項挑戰：他必須馴服一對噴火公牛，隨後用公牛拉犁，並將蛇牙當作種子播種。不料蛇牙長出一大群戰士攻擊傑森，幸好艾伊提斯的女兒女巫米蒂亞（Medea）愛上了傑森，對他伸出援手，傑森才能順利達成任務。然而米蒂亞的父親艾伊提斯仍不願把金羊毛交給傑森，米蒂亞於是建議奧菲斯演奏音樂，讓守護金羊毛的毒蛇入睡，傑森終於取得金羊毛，隨即啟程返鄉。回程中，他們再度經歷了重重艱辛，包括席拉海怪、克里波狄斯漩渦、賽妊女妖，以及巨人塔洛斯（Talos）。塔洛斯以巨岩投擲船隻，但米蒂亞用致命的目光將他殺死。最後，傑森終於返抵艾爾可斯，並取回了王位。

▼ 阿果號啟程

傑森十分聰明，邀請希臘最英勇的英雄和他同行。在艾爾可斯人民的歡呼下，這些英雄啟程，航向充滿艱險的征途。

主要人物

古代文獻中所列的阿果號英雄名單有幾種不同的版本，但每個版本裡都包括多位最傑出的古希臘英雄，例如海克力斯、帕卓克路斯、庇里俄斯，以及孿生兄弟卡斯托爾（Castor）和波里杜西斯。有些版本中也列上女獵人亞特蘭妲，她是成員中唯一的女戰士。大多數成員都身強體健，而且也都善用武器，不過，如果沒有米蒂亞的巫術和奧菲斯的音樂，他們這些能力可能也派不上用場。

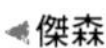
◀傑森

在一些故事中，傑森取得金羊毛後，快樂地統治著艾爾可斯。另外有些故事則認為，詭計多端的米蒂亞毀了傑森的生活。

▲米蒂亞

米蒂亞是地府女神赫克緹的祭司，她運用自己的巫術協助傑森通過了考驗。

◀奧菲斯

在阿果號英雄的艱險旅程中，奧菲斯動人的音樂幫助他們度過許多的難關。

這些英雄如此耀眼
彷彿雲端的星辰。

羅得島的阿波羅尼奧斯
（Apollonius of Rhodes）
《阿果號英雄記》第一卷（*Argonautica I*）

金羊毛

底比斯國王艾瑟馬斯和皇后生了一個兒子弗里克索斯，也和情婦愛諾生了幾個孩子。愛諾想盡辦法要害死弗里克索斯，讓自己的孩子繼承王位，於是弗里克索斯的母親涅菲麗安排他騎上一隻會飛的金山羊，遠離危險，逃往柯爾基斯。柯爾基斯國王艾伊提斯歡迎弗里克索斯的到來，但希望弗里克索斯能把金山羊送給他。他把這頭金山羊獻祭給戰神艾瑞斯，祭司將金羊毛展示在一座花園裡，由一條永不入眠的蛇守護著。派遣傑森取回金羊毛的皮里亞斯，正是弗里克索斯的堂哥。

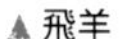
▲飛羊

這隻山羊是精力充沛的飛行者，牠完全不需休息，載著弗里克索斯，一路從底比斯一直飛到據說位於世界盡頭的柯爾基斯。

海上險阻

傑森和阿果號英雄必須面對的諸多險阻，是當初奧德修斯從特洛伊返回綺色佳（見第64-67頁）時也曾經歷過的。這兩位英雄都遇到了以歌聲迷惑過往水手的賽妊女妖，以及席拉海怪與克里波狄斯漩渦。此外，傑森還必須通過夾撞岩石。所有來自天候、航行的挑戰，以及來自海上的各式險阻，讓阿果號諸位英雄返鄉的航程，比奧德修斯的返鄉之旅更為漫長。他們的旅程經過了黑海、多瑙河、亞得里亞海，以及地中海等地區。

▲夾撞岩石

這一對會移動的巨岩據說位於黑海入口。每當有船隻要從兩塊岩石間通過時，它們就會彼此靠近以夾撞船隻。

▲賽妊女妖

賽妊總是以她們動人的歌聲來魅惑水手。阿果號英雄遇見賽妊女妖時，奧菲斯不斷演奏里拉琴，用他的琴聲來壓過她們的歌聲。

▲席拉

海洋仙女忒提絲（Thetis）協助阿果號通過席拉海怪。任何經過梅西納海峽的水手都會成為席拉飽餐的目標。

阿果號

阿果號由造船師阿格斯（Argus）打造而成，船首擁有雅典娜女神所賦予的預言能力，因此能夠帶領傑森和他的同伴度過一連串致命的危難。此外，阿果號的船槳不只一排，所以能夠以高速前進。

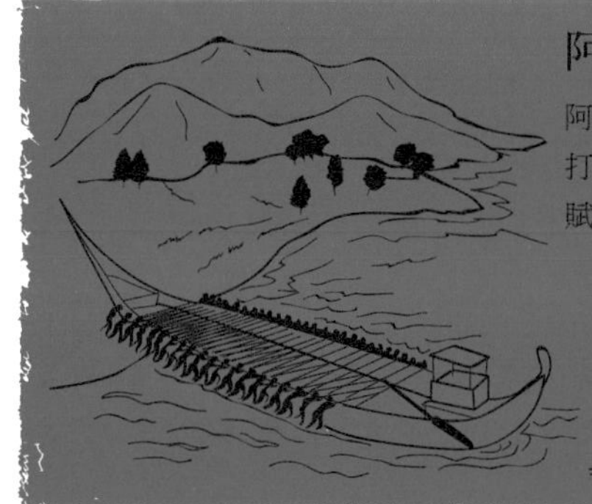
具有神奇船首的船

相關參考：探索與挑戰44-45, 46-49, 50-51, 52-53, 54-55, 64-67, 100-03, 126-29, 294-97

米蒂亞

傑森和米蒂亞離開時，艾伊提斯在後緊追不捨。米蒂亞下令殺死弟弟阿普西托斯（Apsyrtus）並丟入海中，艾伊提斯為了撿拾兒子屍塊，不得不停下船來。

羅馬的男女諸神

伊特魯里亞人是比羅馬人更早居住於義大利北部的住民，因此羅馬人沿用了許多伊特魯里亞的神祇，並融入羅馬人的觀念與信仰。羅馬征服各地後，這些神祇又與羅馬各領地的神祇特色相互結合，其中又以希臘的影響尤為重要。許多羅馬神祇和古希臘的神祇非常相似，他們通常擁有不同的名字，有時傳說也各不相同。

▲ **維納斯**

信徒主要在春季敬拜維納斯。維納斯最熱忱的信徒是即將出征的羅馬軍人，這一點也許會令有些人感到訝異。

神祇三巨頭

古羅馬人特別尊崇朱比特、朱諾（Juno）和米娜娃（Minerva），合稱為三巨頭。朱比特本是伊特魯里亞人的天空之神提尼亞（Tinia），後來結合希臘天神宙斯（見24-25頁），宙斯如羅馬皇帝般統治諸神，朱比特因而成為「最好最偉大」之神。朱諾是朱比特之妻，米娜娃則是智慧、藝術和工藝女神。

◄ **朱比特**

朱比特和宙斯一樣，是全能的天空之神，以雷電做為武器。

► **朱諾**

朱諾被認為與希臘女神赫拉的角色相當，她是掌管女性、婚姻和兒童的女神。

▲ **米娜娃**

米娜娃和希臘女神雅典娜（參見第36-37頁）有許多相同特點，不過她對羅馬人而言是較疏遠的神祇。

羅馬女神

在羅馬的神祇世界中，眾女神的角色差異很大。女灶神薇絲塔（Vesta）是擁有最多崇拜者的女神，不過所有女神都有各自的紀念節慶，以及信徒眾多的神廟。她們原是義大利人的女神，但後來羅馬人又賦予她們希臘女神（見40-41頁）的特質。薇絲塔是赫絲緹亞的對等神祇，古老的大地女神席瑞絲（Ceres）被視為狄蜜特的羅馬版，黛安娜是光明和月亮女神，被視為是阿特蜜絲的對等神祇，至於維納斯在愛神的角色上，則近似於阿芙羅黛蒂（見38-39頁）。

▲ **薇絲塔**

所有羅馬人都敬奉這位女灶神。他們隨時保持爐灶乾淨，同時也經常加以裝飾，希望女神會為住宅與家人帶來好運。

▲ **黛安娜**

黛安娜受到許多女信徒的尊敬與崇祀，她是職司狩獵和野地的女神，同時也是兒童與分娩女神。

▲ **席瑞絲**

席瑞絲和大地、生長及地府有關，在希臘也有一些人崇奉她，同時也會強調她與狄蜜特之間的關連。

羅馬男神

羅馬人處理男神和女神的方式一樣，他們沿用義大利先祖傳下來的男性諸神，隨後再為他們添上希臘神祇的特質。不過，羅馬人偶爾也會引進少數希臘男神，阿波羅（參見第28-29頁）就是其中一例，因為他們沒有相對等的男神。儘管如此，他們仍試圖讓所有神祇都具有羅馬人的特質，例如他們所描繪的神祇都穿戴羅馬服飾或盔甲，而且大多擁有正直的美德，這和缺乏道德觀念的希臘諸神有很大的不同。

丘比特

丘比特（Cupid）是愛神或欲望之神，羅馬詩人經常提到他，但他的信徒不多，這點和希臘對等神愛洛斯不同。

阿斯克里琵俄斯

「最佳醫生」阿斯克里琵俄斯是醫藥之神，無論在古代的希臘和羅馬，他都同樣受到人們的歡迎。

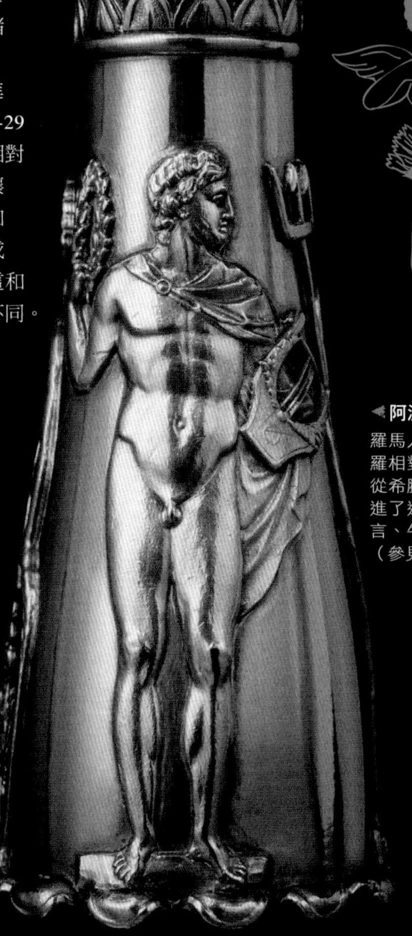

阿波羅

羅馬人早期沒有和阿波羅相對等的神祇，因此從希臘的眾神之列中引進了這位掌管音樂、預言、牛隻及光明的神祇（參見第28-29頁）。

巴克斯

他是葡萄樹與蜂蜜之神，也是希臘戴奧尼索斯（見34-35頁）的對等神，據信與古羅馬時期的酒神與豐饒之神萊柏（Liber）有關。

馬爾斯

長久以來，馬爾斯在義大利被尊奉為戰神以及農耕之神，地位僅次於神祇三巨頭。他的希臘對等神是戰神艾瑞斯。

墨丘利

墨丘利（Mercury）是古代的貿易、交易與交通之神，在他身上，能看到許多希臘諸神信使荷米斯的特質。

涅普頓

羅馬人不擅長航海，涅普頓（Neptune）原是水澤與河流之神，後來羅馬人將他定位為海神，與希臘海神波賽頓（參見第30-31頁）相對應。

沃爾坎

火神和冶煉之神沃爾坎（Vulcan）是希臘神祇赫菲斯特斯的羅馬對等神。沃爾坎原本是火山之神，同時也被奉祀為防火之神。

伊涅阿斯以及羅馬的起源

伊涅阿斯是特洛伊王子，父親是凡人安凱西斯，母親是愛神維納斯。他是一位偉大的英雄和領袖，由於預言、冒險和神祇介入等各種因素的影響，伊涅阿斯在逃離特洛伊城後，最後落腳於羅馬。事實上，伊涅阿斯並未親自參與羅馬的建城過程，不過羅馬人仍將他視為他們的祖先。偉大的羅馬詩人維吉爾（約西元前70-19年），曾以史詩作品《伊涅阿斯紀》（*Aeneid*）來頌揚伊涅阿斯卓越而不平凡的一生。

神話

有人告訴伊涅阿斯兩則將改變他一生的預言。第一則預言的內容是他將會成為偉大王朝的創建者，第二則預言說他將毀滅北非的迦太基（Carthage）。特洛伊戰爭（參見第60-61頁）後，他展開旅程，最後卻逐步應驗了命運。旅途中，伊涅阿斯帶著在戰爭中受傷的父親安凱西斯同行，但父親後來不幸過世。伊涅阿斯和友人橫越愛琴海，探訪凶暴的獨眼巨人的國度，順利逃出後又繼續航程。與維納斯為敵的女神朱諾不希望伊涅阿斯抵達目的地，命令風神伊歐勒斯掀起風暴，打翻伊涅阿斯的船，結果海浪將伊涅阿斯和他的同伴沖上迦太基附近的海岸。

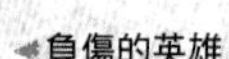

負傷的英雄

伊涅阿斯在特洛伊戰爭當中英勇奮戰，但遭到希臘英雄戴奧米狄斯（Diomedes）所傷。赫克特死後，伊涅阿斯成為特洛伊軍隊的領袖。

從迦太基到義大利

伊涅阿斯一到迦太基就被帶到伊莉莎（Elissa）女王的宮廷，由於維納斯的介入，兩人墜入情網。不過，當諸神信使墨丘利提醒他命運的預言後，伊涅阿斯離開了迦太基，悲傷的伊莉莎因絕望而自盡。伊涅阿斯在庫米城（Cumae）附近的義大利西岸登陸。庫米城是女先知「庫米的希貝兒」（Cumaean Sibyl）的家鄉，她住在地府入口附近。伊涅阿斯前往地府想再見到父親，但希貝兒讓他看了羅馬城未來的景象，這讓伊涅阿斯認為自己應繼續踏上開創羅馬民族的旅程，於是前往位於臺伯河（River Tiber）岸的拉丁姆地區（Latium）。

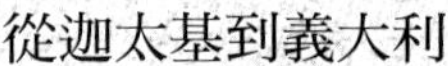

伊涅阿斯和安凱西斯

伊涅阿斯在旅途中扛著受傷的父親，但安凱西斯在抵達西西里前就去世了，伊涅阿斯在西西里為他舉行盛大的喪禮競賽。

拉丁姆地區

伊涅阿斯抵達後見了國王拉丁努斯（Latinus），兩人約定讓伊涅阿斯迎娶國王的女兒拉薇妮雅（Lavinia）。不過拉薇妮雅早已和盧提利（Rutilians）國王圖爾努斯（Turnus）訂婚，於是圖爾努斯對他們宣戰，雙方鏖戰數月，最後伊涅阿斯殺死圖爾努斯，統一了兩國。從此拉丁姆人、盧提利人，以及伊涅阿斯從特洛伊帶來的追隨者和平共處，後來逐漸融合為羅馬人的先祖，羅慕路斯、雷慕斯，以及羅馬的建城者，都是他們的後裔。

迦太基的黛朵

以黛朵（Dido）之名聞名的伊莉莎，是泰瑞（Tyre）國王賽凱伊斯（Sichaeus）的妻子。國王死後，伊莉莎的哥哥取得王位，她於是離開泰瑞，最後來到北非一處海岸。她詢問當地居民是否能讓她使用一塊土地，大小約一塊牛皮足以覆蓋即可。當地人同意後，她把牛皮切成許多細條狀，然後接成一長條，因而取得一大塊土地。她在這裡建立了迦太基，快樂地治理這個國度，直到伊涅阿斯離開她前往拉丁姆，一切才有了改變。

◀ **伊莉莎之死**
伊涅阿斯離開之後，伊莉莎爬上火葬用的柴堆，以刀自戕而死。她的人民稱她「黛朵」，意思是「勇者」。

▲ **伊涅阿斯的船隻**
風神伊歐勒斯掀起了狂風暴雨，將伊涅阿斯的船隻吹到了迦太基。在整趟旅程中，伊涅阿斯不斷受到命運和諸神的影響力所左右。

伊涅阿斯的傳人

伊涅阿斯是羅馬神話體系中相當重要的人物，原因之一是羅馬人將他視為自己民族的開國先祖，另一個原因則是他的母親是維納斯，羅馬人因而能夠透過他而將族裔上溯至諸神。這個傳承關係對羅馬人而言具有非常重要的意義，因為如此一來，無論在義大利本土或境外的帝國地區，羅馬人的統治者相較於各領地的統治者或地方君主，擁有更具正統性的優越地位。此外，有些舉足輕重的羅馬家族也宣稱自己的血脈直接傳承自伊涅阿斯和諸神，凱撒大帝（約西元前100-44年）的家族就是著名的例子之一。

▶ **凱撒**
凱撒是羅馬軍事將領以及執政官，在其家族中，有人自稱是伊涅阿斯之子阿斯坎尼士（Ascanius）的後裔。

庫米城的希貝兒

希貝兒是一群善於預言的女人，通常住在大地和地府交界的邊境或眾神與人類往來之處，同時利用與諸神接近的地利之便來預言未來。她們之中，住在庫米的那一位是最為人所知的希貝兒之一，她是個明豔動人的年輕女子，阿波羅曾經為她動情，並且答應她，如果她願報之以情，他將會送她一件禮物。庫米的西貝兒要求阿波羅讓她永生不死，但後來卻又拒絕了阿波羅的追求，於是阿波羅將她變成永生不死的老婦。當伊涅阿斯登門求教時，據說她大約已有700歲，老態龍鍾的模樣相當令人同情。

▲ **庫米的希貝兒**
庫米的希貝兒在剛剛成為先知時是一位美麗的年輕女子，當時無論諸神或凡人都拜倒在她石榴裙下。

◀ **伊涅阿斯和希貝兒**
伊涅阿斯從庫米城附近的入口進入地府，展開冥界之旅，此時由希貝兒擔任他的嚮導，為他帶路。

羅慕路斯和雷慕斯

孿生子羅慕路斯和雷慕斯的母親是灶神的貞女祭司，也是一位公主，她的父親是遭篡位的亞伯隆加（Alba Longa）國王。她因為違背貞節的誓言，被判處沈入臺伯河溺死之刑。後來一隻母狼發現這對兄弟，以自己的乳汁餵養他們，直到一位牧羊人看見兄弟倆後領養了他們。這對孿生子長大後得知身世，為了取回亞伯隆加的王權而戰，後來又在臺伯河岸建立了羅馬城。

母狼哺育羅慕路斯和雷慕斯

相關參考：旅程34-35, 44-45, 64-67, 120-21, 220-21

伊涅阿斯成神

伊涅阿斯死後，他的母親維納斯女神取得朱比特的許可，在他頭上塗抹神酒仙饌，讓他得以晉升諸神行列，稱為「當地的朱比特」（Jupiter Indiges）。

守護之神

在羅馬人的神話體系裡，除了與希臘奧林帕斯眾神相關的幾大主神之外，他們還有不少與日常生活關係更為密切的神祇；許多羅馬人會在一般住家裡設立小型的神壇，奉祀其中一些神祇，通常以守護神為主。這些守護神會照顧家中的成員，以回報人們在自家祭壇所供奉的祭品。此外，有些守護神也有較大型的國廟，例如灶神薇絲塔就是其中之一，羅馬人將這些神祇供奉在國廟之中並加以祭祀，祈求他們保佑羅馬的城邦與帝國。

守貞女神

女灶神和永恆之火的守護者薇絲塔是原初之神薩杜恩和豐收女神歐普絲（Ops）的女兒；她和姊姊朱諾與席瑞絲不同，只想守貞不想結婚。一回，她在西柏莉（Cybele）女神舉行的宴會上不小心睡著了，生育力之神普里阿普斯看見後慾火難耐，正想靠近薇絲塔時，羊人西雷諾斯的驢子在薇絲塔耳邊高聲嘶鳴，她立刻驚醒，其他賓客也趕來查看情況。普里阿普斯的計畫失敗了，但薇絲塔卻保住了貞節，於是後來在崇敬薇絲塔的節慶裡，信徒會為驢子戴上花冠。根據有些故事的描述，薇絲塔的信徒將爐火和裝著純淨的水的陶罐當成聖物。赫絲緹亞（見41頁）常被視為薇絲塔的希臘對等神但在羅馬人的信仰裡，人們對女灶神的重視程度遠高過於希臘人。

▲ **西雷諾斯**

西雷諾斯有扁平的鼻子和厚厚的嘴唇，他老是喝得醉醺醺的，而且常在騎驢時從驢背上滾下來。

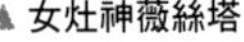

▲ **女灶神薇絲塔**

薇絲塔往往被描繪為一位手持權杖的年輕女子。薇絲塔節是人們為了榮耀她而設立的節慶。當天，薇絲塔的神廟會敞開大門，方便人們獻上犧牲加以祭祀。

薇絲塔的神廟

薇絲塔是羅馬人的家庭守護神，也是國家的守護者，因此他們在家中和神廟裡都會為她獻上犧牲加以奉祀，以表達對她的崇敬。這座神廟是一座圓形的建築，之所以採用圓形結構，可能是仿照史前時期的民宅建築形式，由此可知，這座神廟的存在時間已相當久遠。神廟內殿燃著火焰，既代表薇絲塔，同時也象徵著羅馬的興盛與永恆存在。負責照料殿內火焰的是一群稱為「薇絲塔貞女」的女祭司，任何人都不得將火焰帶離神廟。

羅馬的薇絲塔神廟

吉尼斯守護精靈

羅馬人相信，每個男人都有一位吉尼斯精靈守護他的一生，這個精靈的外型是有翅膀的人形，或是手持豐饒角的男子，他像守護天使一般，負責照顧被守護人的福祉。男人在生日和好運時會獻上葡萄酒、香料或鮮花，祭祀自己的吉尼斯精靈。吉尼斯精靈掌管被守護者的住處與婚姻，確保他的身體健康及繁衍子嗣的能力。據說男人、祖先、家庭、特定地點，甚至羅馬城都擁有屬於自己的吉尼斯精靈。至於女人則受朱諾尼（Junones）精靈守護，他們是朱諾女神的侍從。

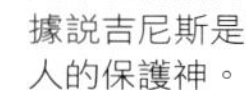
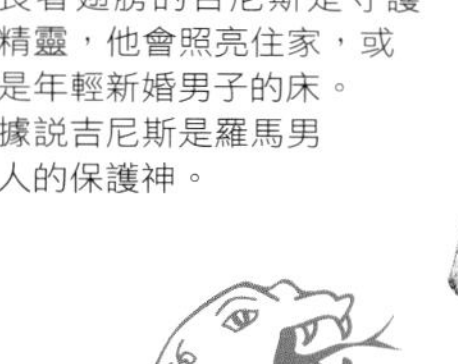

帶著火炬的有翅精靈

長著翅膀的吉尼斯是守護精靈，他會照亮住家，或是年輕新婚男子的床。據說吉尼斯是羅馬男人的保護神。

以蛇為象徵

在許多羅馬民宅中都能發現蛇出沒的痕跡，這些無害的蛇悄悄進出屋子內外，因此牠們經常成為守護神吉尼斯的象徵。

民宅中的神壇

拉雷斯兄弟是家庭之神，羅馬人會在住家神壇和爐灶前奉祀他們。他們往往被描繪成跳舞的年輕人，手中拿著一個角杯和一只碗，一旁還有做為他們象徵的蛇。

佩涅提斯

佩涅提斯又稱為「內神」，他們和拉雷斯兄弟一樣，也是保護羅馬住家的孿生神。他們往往被描繪成年輕男子，每個家庭都會有他們的神像。佩涅提斯（Penates）這個名字和拉丁文 penetralia 的字根相同，penetralia 的意思是食品儲藏室，因此他們是掌管餐桌和食物櫥櫃的神。羅馬家庭在餐桌旁圍坐準備用餐時，一家之長會在家人進餐前，先用部分食物供奉佩涅提斯。據說佩涅提斯是源自特洛伊地區的神祇，伊涅阿斯（見78-79頁）定居義大利中部時，把佩涅提斯一起帶了過來，因此這對神祇後來也成為羅馬城的守護神。

食品儲藏室之神

佩涅提斯是儲藏室和住家的守護之神。在一些羅馬人的家庭裡，人們習慣在用餐前把佩涅提斯的神像從家中的神壇移到餐桌上。

拉雷斯兄弟

在特定的日子和家庭的重要聚會時，羅馬人會奉祀數種泛稱為拉雷斯（Lares）的精靈。有些拉雷斯是徘徊於交叉路口的惡精靈，因此凡人必須獻上供品來取悅他們；有些拉雷斯是善良的鄉間精靈，他們帶來豐收的穀物。受到最多信徒崇拜的拉雷斯精靈，應該是宅心仁厚、負責守護羅馬人家庭的拉雷斯兄弟。他們是一對孿生神，母親是瘋狂女神梅妮雅（Mania），父親是諸神信使墨丘利。不過拉雷斯兄弟和狩獵女神黛安娜也有相當密切的關係；據說他們會向黛安娜借用獵犬，以便趕走可能危害信徒住家的竊賊和罪犯。羅馬人除了在家中供奉拉雷斯兄弟的神像外，還會在大門前掛上梅妮雅的圖像，以便將壞人擋在門外。

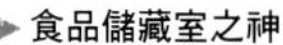

宙斯之子

卡斯托爾和波呂克斯是一對備受羅馬人喜愛的孿生神，他們被尊為士兵與水手的守護神，也合稱為狄歐斯居里（Dioscuri，意為宙斯之子）。

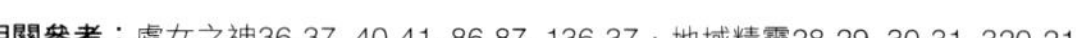
相關參考：處女之神36-37, 40-41, 86-87, 136-37．地域精靈28-29, 30-31, 320-21

豐饒之神

對羅馬人來說，確保廣大的人口能夠擁有穩定而足夠的食物供應，是非常重要的事。因此，羅馬人有許多神祇專門負責守護葡萄種植者、牧人、農民，以及其他為人們提供食物的人。這一類的守護神包括：保護家畜家禽免受野狼摧殘的盧波庫斯（Lupercus）、豐收女神歐普絲，以及掌管葡萄樹和麥田的萊柏（Liber）。這些神祇大多在羅馬帝國建立之前就已存在於義大利，後來羅馬人才將他們納入羅馬神話體系中的諸神之列。

◀ 澤費洛斯和芙羅拉
這對夫妻都能幫助植物生長，不過芙羅拉卻擁有較多信徒。在芙羅拉節時，人們還會舉行名為芙蘿拉利亞的節慶比賽來榮耀她。

▶ 春天的花朵
芙羅拉賜予人類最大的禮物，是許多不同品種的花朵種子。在春季時，羅馬人會特別感念這份禮物。

芙羅拉

芙羅拉（Flora）是春天、花朵和豐饒女神，經常被描繪成手持花束的迷人仙女。芙羅拉原本害羞孤僻，但西風之神澤費洛斯（Zephyrus，又稱為法沃尼斯〔Favonius〕）偶然間遇見她，因為她的美貌而動心，於是將風往她吹去。芙羅拉嚇得拔腿就跑，但風神還是抓住她，並與她交歡。芙羅拉的故事有個很好的結局，因為澤費洛斯後來娶她為妻，兩人過著幸福的日子。他們兩人結婚，結合了讓土壤肥沃及讓氣候溫和的二種能力，因此繁花盛開，所有植物欣欣向榮。

薩杜恩

薩杜恩是希臘神祇克羅諾斯的羅馬對等神，也是羅馬人的創始神祇之一。他原是奧林帕斯山上的神祇，但和朱比特起了爭執，朱比特因而把他逐出眾神的居所。薩杜恩藏身義大利時，定居之處就是後來稱為拉丁姆的地區，這個地名的拉丁文 Latium 是「躲藏」之意。據說他在臺伯河畔建造了一個村莊，這就是日後羅馬城所在的位置。在稱為黃金時代（見26-27頁）的興盛時期，薩杜恩在這裡教導當地人如何耕作土地、種植葡萄和釀酒。為了榮耀薩杜恩，人們在每年的十二月舉行屬於他的節慶，節慶期間，羅馬人的主人和僕人會互換角色。

◀ 手拿鐮刀的薩杜恩
薩杜恩是農耕之神，往往被描繪成手持鐮刀或長柄鐮刀的模樣。由於葡萄可用來釀酒，因而木桶象徵他葡萄種植者的身分。

大母神

大母神又名好女神，有時候，人們又會把她視為歐普絲、法鄔娜（Fauna）和自然女神西柏莉。有些人認為，她是弗諾斯（Faunus，參見右文）的母親，是個端莊、害羞，而且具有預知能力的女神，不過她只會把預言告訴女人。人們相信她原本是個凡人，有一天，因為喝了太多葡萄酒而酩酊大醉，弗諾斯看見她酒醉的模樣，一怒之下殺了她，她死後不但變成神，而且成為羅馬城的特別守護神。不過，大母神若以西柏莉身分出現時，往往扮演著性慾女神的角色。

石榴

手鼓

酒罐

西柏莉的象徵物
自然女神西柏莉同時也是豐饒女神，因此，石榴、豐饒角（cornucopia）和酒罐都是她的專屬象徵物。在屬於西柏莉的節慶裡，信徒們會一邊敲打手中的鈸和手鼓，一邊不停地瘋狂跳舞。

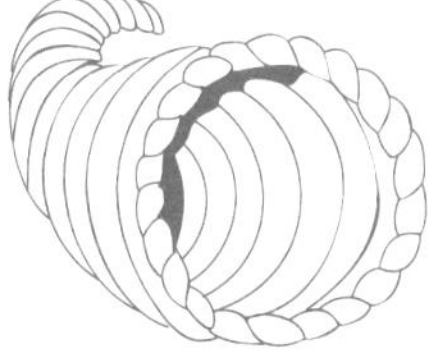
豐饒角

鈸

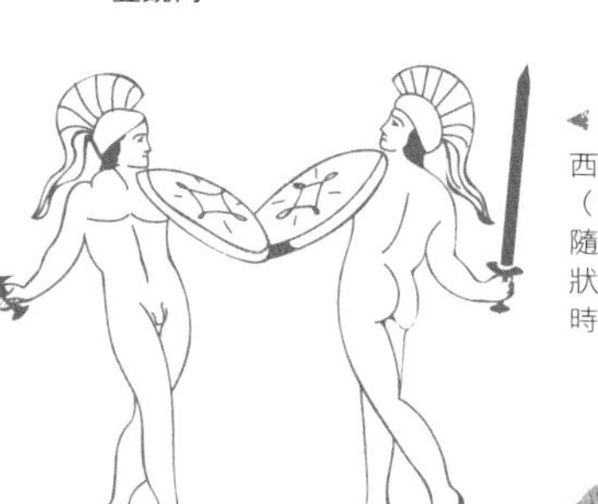
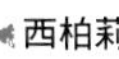

科利班特的戎裝持械舞蹈
西柏莉的信徒稱為科利班特（Corybantes），他們通常會隨著音樂狂舞，最後進入迷醉狀態，藉此來榮耀西柏莉。有時他們還會用劍彼此互砍。

西柏莉
自然女神西柏莉通常駕馭著一輛輪車，負責拉動輪車的動物是獅子，象徵強大的自然之力完全在她的掌控之中。

弗諾斯

弗諾斯被尊奉為農業的守護神和牧人的保護者。有一天，他看到赫丘力士（Hercules，亦即希臘英雄海克力斯）和情人歐姆斐樂（Omphale）在一起，弗諾斯對歐姆斐樂一見鍾情，決定跟蹤這對情侶。到了晚上，赫丘力士帶著歐姆斐樂在山洞裡過夜，他也跟了進去，趁著夜深人靜，悄悄躺在歐姆斐樂身旁。當他伸手觸摸她時，摸到的竟是毛茸茸的胸膛和壯碩的手臂，原來這對戀人在夜裡互換了衣服。此時赫丘力士一把將弗諾斯推下床，和歐姆斐樂兩人笑得樂不可支。

赫丘力士和歐姆斐樂
歐姆斐樂是呂底亞地區的一位皇后，她對赫丘力士一往情深。

弗諾斯
自從弗諾斯發生了和赫丘力士與歐姆斐樂之間的插曲，他喜歡信徒裸體來崇祀他。

波蘿娜和佛騰諾斯

果樹女神波蘿娜（Pomona）是一位美麗迷人的仙女，而且相當善於園藝。佛騰諾斯（Vertumnus）則是主管所有變化的神祇，他執掌的範圍十分廣泛，包括季節的變換，以及植物的開花結果。有一天，波蘿娜正在修剪樹枝，佛騰諾斯見到他後，深深為她所吸引。身為變化之神，佛騰諾斯於是決定變身為各種不同的樣貌來吸引波蘿娜，並向她示愛。然而，無論他偽裝成什麼模樣都無法引起波蘿娜的注意。最後，他只好現出真正的面貌，沒想到波蘿娜立刻就愛上了他。

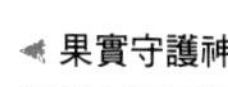
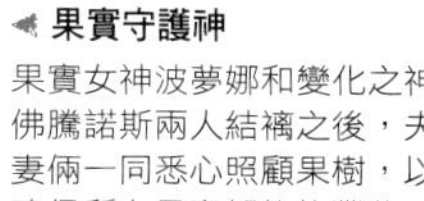

果實守護神
果實女神波蘿娜和變化之神佛騰諾斯兩人結褵之後，夫妻倆一同悉心照顧果樹，以確保所有果實都能夠豐收。

相關參考：豐饒之神40-41, 114-15, 158-59, 214-15, 244-45, 308-09, 310-11

潘恩和思琳克絲

潘恩是牧人和畜群之神，他最為人所知的特點就是無窮的性慾，以及讓人驚惶失措的本事；驚慌（panic）一字就是從他的名字（Pan）衍生而來的。潘恩經常躲在樹叢間偷窺眾仙女的活動，有時她們若拒絕他的求愛，他會不停追逐她們。有位仙女思琳克絲（Syrinx）就是他垂涎的對象之一，她不但美麗，而且腳步飛快，但潘恩仍在她身後一路追逐，最後在河邊捉住她。思琳克絲為了擺脫潘恩，請求河之女神將她變成一叢蘆葦，後來潘恩拿這些蘆葦做了世界上的第一支排簫，從此排簫就成為牧人的樂器。

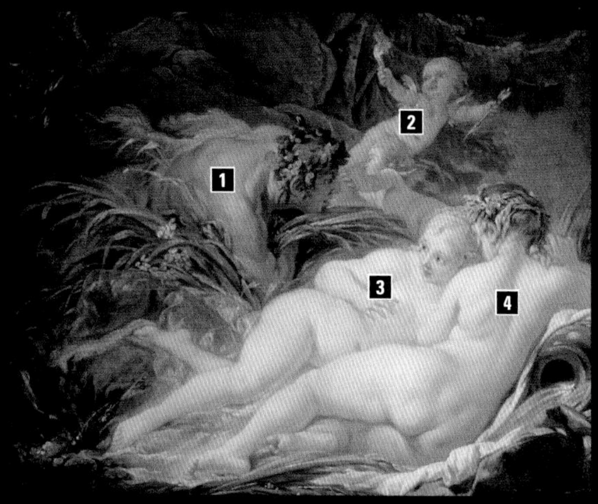

1. 欲求不滿的神

潘恩的外貌半人半獸，頭和上半身是男人，但有山羊的下半身和腿，有時頭上還有羊角和羊耳。左圖是法國畫家布雪（Francois Boucher，西元1703-1770年）的作品，畫中潘恩頭戴杉葉環，象徵他追求的對象之一琵緹絲（Pitys），她在擺脫他時變成杉樹。儘管許多人拒絕他的粗魯求愛，但他宣稱所有酒神女信徒（參見第35頁）都曾與他交歡。

2. 欲望之神

愛洛斯是欲望之神，在古希臘神話的畫作中，經常可看到他用欲望之箭射擊他選中的目標。他背上的翅膀讓他來去自如，因此當牧人之神潘恩追逐仙女時，他也能跟在一旁。在左圖中，愛洛斯一手拿著箭，另一手持點燃的火炬，象徵他讓潘恩燃起對思琳克絲的熊熊欲望。

3. 阿卡迪亞仙女

思琳克絲是生活在阿卡迪亞（Arcadia）仙境的仙女，據說是處女之神阿特蜜絲的信徒，因此誓言守貞。當潘恩追逐她時，她一路從萊克昂山（Mount Lycaeum）跑到拉登河（River Ladon）。在一些故事中，思琳克絲是這條河的女兒，因此她跑到此地來向河神求救。

4. 河之女神

思琳克絲跑到河邊時，既害怕潘恩的追趕，也擔心萬一逃不過潘恩之手時，將引起阿特蜜絲的憤怒，於是她高聲求救，河之女神也回應了她。在這幅畫中，河之女神擁著思琳克絲保護她，同時正要將她變成蘆葦。側臥的女神身旁有一只壺，水從這只壺中像河一般流洩而出。

布雪，《潘恩和思琳克絲》（*Pan and Syrinx*），西元1759年

相關參考：河神208-09, 244-45, 300-01．處女之神36-37, 40-41, 82-83

▲ **索爾與蛇怪尼德霍格搏鬥**

在北歐的神話體系裡，蛇是諸神和英雄的敵人。上圖中，殘暴無比的蛇怪尼德霍格（Nidhogg）從海中升起，但大神索爾（Thor）揮舞他著名的雷神之槌攻擊尼德霍格。

歐洲北部

在遙遠的歐洲北部，早期文化創造了大量的迷人神話，內容涵蓋了宇宙創世過程、諸神生活，以及眾神的冒險事蹟。這些偉大的故事精采無比，後來也將影響力傳至各地。

西元八世紀末至十一世紀初，丹麥、挪威和瑞典等地的維京海盜無情劫掠歐洲西部沿岸，並駕駛單帆長船進行大膽的海上探險，威震四方。這些北歐人發明稜角分明的書寫系統——盧尼文（runes），不過早期並未創作出偉大的文學作品。儘管如此，他們擁有豐富的口頭傳說，創造了世界數一數二的動人神話。

北歐諸神與英雄

偉大的北歐神話探討重大的主題，例如宇宙創世、諸神的戰爭與愛情，以及世界末日的來臨。北歐人想像出不同族類的獨特神怪，包括巨人和侏儒，這些神話人物居住在不同世界裡，與稱為「米德嘉德」（Midgard）的人類世界並行。北歐諸神文化豪邁尚武，凡人世界與神界在瓦爾哈拉（Valhalla）交會，這裡是諸神領袖奧丁（Odin）的大殿，凡人英雄死後的靈魂也會在這裡獲得天庭的獎賞。

北歐諸神的故事主要透過口頭傳說代代相傳。雖然早在西元八世紀就有修士記錄了部分的神話，但大多數故事直到十三世紀才開始有文字的紀錄。當時北歐人已移入冰島拓殖，記下北歐史詩神話與傳說的也是冰島作家，其中最偉大的作品包括《散文埃達》（*Prose Edda*）以及《詩體埃達》（*Poetic Edda*）。《散文埃達》的作者為斯諾里．斯圖魯松（Snorri Stuluson），書中記錄他四處蒐集的北歐神話；《詩體埃達》作者的文筆讓這部神話的內容更精采豐富，可惜早已佚名。另外還有些冰島作家寫下了長篇故事，以融合神話與歷史的散文體，記述了北歐顯赫家族的故事。

維京長船
維京人的家鄉斯堪的那維亞地區缺乏適合耕作的良田，因此，他們駕著長船遠征各地，尋找新的領地。這些長船速度飛快，船身呈流線型，製作精良且十分堅固，具有向上彎翹的龍形船首，因而也被稱為「龍船」。

古代維京人的墜子
這個銀製的小墜子上雕刻了一個頭像，他可能是某位維京人的英雄或北歐諸神之一。此外，他頭上戴的頭盔還帶著繁複的紋飾。

重要的影響

北歐神話和文化的影響綿延了數個世紀。來自歐陸的盎格魯－薩克遜人在西元五世紀時定居於英格蘭，他們傳誦的故事衍生自斯堪的那維亞，有時故事場景就在斯堪的那維亞，其中最負盛名的例子就是偉大的盎格魯－薩克遜史詩《貝奧武夫》（*Beowulf*），內容是關於丹麥人和基特人（Geats）的英雄傳奇與屠殺怪物的故事，神奇而迷人，其中的基特人可能就是瑞典人。中世紀時，北歐神話也傳到日耳曼南部，影響了詩人與劇作家，如齊格非（Siegfried）就是從北歐豪傑西格德（Sigurd）的故事衍生而來的。

其他傳統

在此同時，歐洲北部其他地區也發展出自成一格的神話體系，芬蘭就是傳統最豐富的地區之一。芬蘭有許多關於宇宙創世與原初諸神冒險歷程的故事，內容龐雜，經過口頭傳說而世代相傳，十九世紀時，才由芬蘭學者艾里亞斯．羅恩洛特（Elias Lönnrot）記錄整理成長篇史詩《卡勒瓦拉》（*Kalevala*）。這部述說神話的偉大傑作，如今成為芬蘭人民族認同的象徵，同時也翻譯成許多外國語言，這個北歐小國的神話讀者因而也遍布全世界。

北歐的起源

正如所有的創世神話一樣，北歐地區關於世界起源的故事試圖解釋自然現象。目前所見保存年代最久遠的北歐神話故事，來自於冰島作家的作品。在現實生活中，冰島本身就是一個同時擁有冰河與冒煙火山的地方，因此，這些作家也將他們的創世故事背景設在冰與火共存的國度。國之北是冰與雪遍布之地，國之南是熾熱的火源和火焰之地，在這兩股完全相反的力量互動之中，出現了第一批巨人，生命也隨之誕生。

▲ 歐德姆布拉

原初母牛歐德姆布拉的乳房源源流出四道泉水般的乳，餵養了巨人，讓他們長得健壯，也讓他們變得殘暴。

神話

天地初始，只有名為金努恩加溝（Ginnungagap）的廣大虛無。漸漸的，虛無兩側各自出現了一個國度，南方的穆斯貝爾海姆（Muspelheim）是熱和火之地，北方的尼福爾海姆（Niflheim）是寒與冰的地域。兩地之間的中央地帶，穆斯貝爾海姆的熱氣和尼福爾海姆的寒氣交會，於是冰開始融化，融化的冰逐漸形成巨大的怪物——名為尤彌爾（Ymir）的冰霜巨人。

巨人和歐德姆布拉

尤彌爾沈睡時，因為穆斯貝爾海姆的熱氣吹拂而流汗，汗水中出現其他冰霜巨人：左臂下是一對男女巨人，腿部是一個六頭男巨人。冰繼續融化，形成巨大的母牛歐德姆布拉（Audhumla），她舔食冰雪，啜飲融冰化成的水，乳汁餵養第一批冰霜巨人。在她舔食的冰上漸漸出現一個巨人的頭，隨後露出身體，三天後，冰雪中出現完整的巨人。就這樣，一群冰霜巨人定居在尼福爾海姆。母牛從冰上解放的巨人名叫布利（Buri），布利之子布爾（Bor）和另一位巨人波索爾（Bolthorn）之女貝絲特拉（Bestla）結婚，生下了奧丁、維利（Vili）和維（Ve），三人以奧丁為首，是北歐最早的神祇。

▲ 梣樹

世上第一個男人阿斯克和女人恩布拉，據說是由一棵梣樹和一棵榆樹創造出來的。

世界誕生

尤彌爾一再騷擾奧丁三神，彼此間爭戰不斷，最後三神聯手殺死尤彌爾，尤彌爾的血淹死所有冰霜巨人，他的孫子柏格密爾（Bergelmir）和妻子搭上一艘以樹幹打造而成的船逃離險境，在名叫尤頓海姆（Jotunheim）的地方落腳。奧丁三神用尤彌爾的身體創造了大地，將他完好的骨頭變成山脈，將他的血液變成河流、湖泊和海洋，他的頭顱則成為天空的大圓頂。他們還將來自穆斯貝爾海姆的火花拋上空中，因而創造了太陽、月亮和星辰，隨後又用梣樹創造了第一個男人阿斯克（Ask），用榆樹創造出第一個女人恩布拉（Embla）。

創世之神

北歐神話中的創世之神奧丁、維利和維，是最早的阿薩爾（Aesir），意即天空之神。他們住在宇宙最高處一個名叫阿斯嘉德（Asgard）的碉堡裡，三人聯手和另一個神族打了很長的一場戰爭。他們的對手是大地之神或合稱為瓦納爾（Vanir）的豐饒諸神，領袖是海神尼約德（Njörd），以及他的兩個孩子弗雷爾（Freyr）和弗蕾亞（Freyja）。這場戰爭陷入僵局，後來雙方同意停戰並互換人質。阿薩爾族送來愚鈍的荷尼爾（Hoenir）和明智的密米爾（Mimir）當人質，但瓦納爾族對交換的人質感到不滿，竟砍下密米爾的頭送回阿薩爾族。始終追求智慧的奧丁好好保存密米爾的頭，並對著它唸咒語，此後密米爾的頭顱就成為奧丁的智囊。

◄ **阿薩爾神族**

阿薩爾神族三位領袖中的奧丁（原意為：狂暴）擁有變身的能力，在戰場上也具有超凡的力量，是北歐神話中最重要的人物。相形之下，陪伴奧丁闖蕩的維利（原意為：意志）和維（原意為：聖地）則成為個性較不鮮明的陪襯角色。

▲ **斯雷普尼爾**

奧丁騎乘一匹有八條腿的灰馬斯雷普尼爾（Sleipnir），牠向來以最好、速度最快而聞名，讓奧丁在戰場上占了不少優勢。

> 奧丁聰明過人，是他人效法的榜樣。
>
> 斯諾里．斯圖魯松，《伊林格傳奇》（*Ynglinga Saga*）西元1225年左右

▼ **北歐長矛**

長矛是北歐戰士最常使用的武器之一。奧丁持有一支名為昆古尼爾（Gungnir）的長矛，讓他得以瞄準目標從不失手。

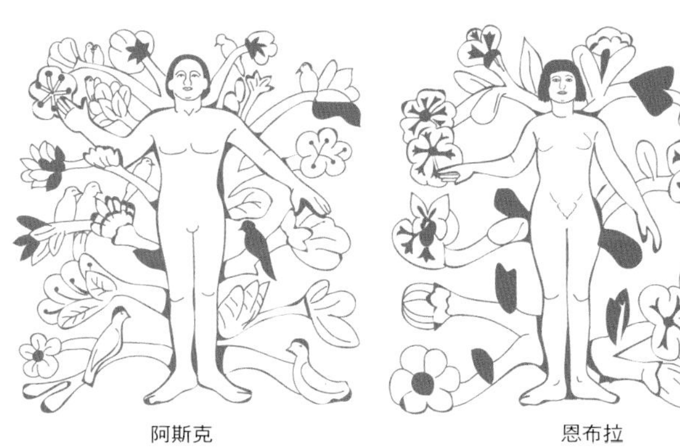

阿斯克　　恩布拉

阿斯克和恩布拉

大部分的創世神話都會描述一對原初男女的起源，而所有的人類都是他們的後裔。在北歐的神話故事裡，奧丁、維利和維沿著海灘漫步時看見兩棵樹，他們用梣樹創造了第一個男人阿斯克，又用榆樹創造第一個女人恩布拉，然後三位神祇分別賜予這對男女一樣禮物。奧丁將生命吹入他們的體內，維利給予他們思想和情感，維讓他們擁有視覺和聽覺。阿斯克和恩布拉居住的住所，是奧丁三位神祇為他們在米德嘉德（Midgard，意為中土）打造的，保護這個家的圍牆是用尤彌爾的眉毛建造而成的。後來，阿斯克和恩布拉就成為所有人類的祖先。

盧尼文

古代北歐作家用盧尼文在石頭上刻寫，這是一種由直線和斜線構成的文字，據說是奧丁發明的，他用長矛刺穿自己，並自懸在世界之樹伊格卓索（Yggdrasil）上，九天後這些字母出現在眼前，他才把自己放下。人們相信盧尼文擁有特殊的魔力，有些刻有盧尼文的石頭則結合了銘文和神話的圖像。下圖石上描繪的是奧丁和哥特王埃爾曼納里克（Ermaneric），埃爾曼納里克一家和奧丁有所糾葛，最後他的兒子也因而喪命。

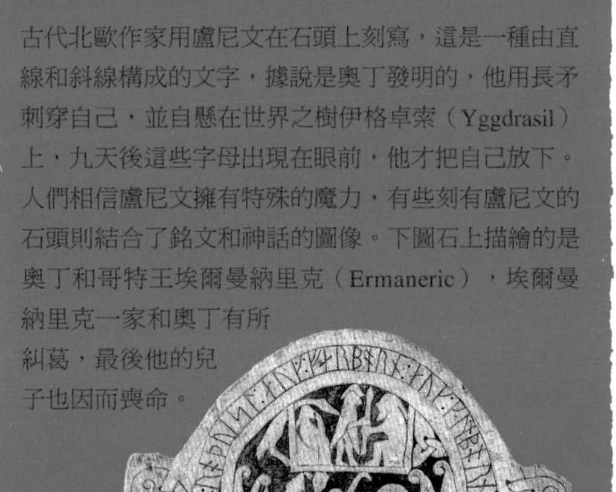

刻有盧尼文的石頭

相關參考：歐洲創世故事16-17, 100-03．樹92-93, 124-25, 340-41

北歐的宇宙

在古代北歐神話的想像中，宇宙是由一連串各不相同的地區或世界所組成的，每個地區或世界，都是某個巨人或侏儒等不同族類的專屬家園，全都由一棵巨大梣樹的根部或枝幹所支撐，這棵樹因而又稱為伊格卓索 —— 世界之樹。在不同版本的故事裡，這些世界的相關細節有所不同，但世界之樹卻是其中必會出現的共同元素。

神話

從地府最深處到天庭最頂峰，整個宇宙都由伊格卓索支撐。關於這棵樹如何支撐北歐宇宙各個部分，古代作家的看法仁智互見，但一致認為這棵樹是宇宙的支柱。

樹根部位

伊格卓索的根部有三條巨大的樹根。根據一些故事的描述，其中一條支撐北歐主要神祇阿薩爾族的家 —— 阿斯嘉德；其他故事則說阿斯嘉德位於空中，由樹幹所支撐，藉由一座像彩虹般的橋 —— 比弗洛斯特（Bifröst）與其他世界相通。第二條樹根支撐著冰霜巨人的冰凍家園 —— 尤頓海姆；智慧之神密米爾被砍下的頭就埋在附近，密米爾井也在這裡，井水充滿知識和智慧。第三條樹根延伸到冰之國度尼福爾海姆，這是在宇宙成形之前就已存在的地區之一（見90頁），區內唯一的熱源是從地下湧出的溫泉赫瓦格密爾（Hvergelmir），附近則是地府女王海爾（Hel）的居所，人們認為地府是惡徒的最終居處。

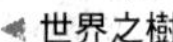

◄ 世界之樹
在世界之樹伊格卓索的神話中，包含了不少動物意象。許多動物生活在世界之樹的枝葉之中，另外還有一隻老鷹棲息於樹頂最高的枝椏上。

► 北歐的宇宙
世界之樹伊格卓索的枝幹環抱整個宇宙，巨蛇尼德霍格（Nidhogg）住在樹根。

樹枝部位

伊格卓索的中心是米德嘉德 —— 人類的世界。此地位於宇宙的中央，有些故事描述米德嘉德和阿斯嘉德間以比弗洛斯特橋相連，橋上由神祇海姆達爾（Heimdall）守護，只有諸神和英雄亡魂才能過橋前往奧丁位於阿斯嘉德的住所 —— 瓦爾哈拉。伊格卓索支撐的其他世界包括：黑暗精靈的家 —— 斯瓦托菲姆（Svartelfheim）及光明精靈的家 —— 吉姆列（Gimle）。

不同的說法

在一些描述北歐宇宙的神話中，關於這些世界的地理位置也有不同的說法。其中有一個版本主張尤頓海姆位於米德嘉德的東邊，和人類世界之間隔著河流與森林，吉姆列則被描述為一座位於空中的光亮大廳。北歐作家開始受到中世紀基督宗教文化的影響後，吉姆列被視為天堂，光明精靈也開始擁有一些基督宗教天使的特質。

世界之樹的動物

世界之樹的名稱伊格卓索原意為「奧丁的馬匹」；在北歐詩人詩意的文筆下，奧丁把自己掛在樹上求取盧尼文智慧一事（參見第91頁），被描繪成他騎乘於這棵樹上。此外，這棵樹也是許多動物的居所。一隻老鷹和一隻隼棲息於最高的枝椏上；許多蛇蜷居於根部，由一條巨蛇或巨龍所統御；樹的中間部位住著一隻松鼠和四頭公鹿。松鼠在樹身爬上爬下，將巨蛇的惡毒訊息傳達給樹頂的老鷹，讓巨蛇和老鷹永遠對對方懷有敵意。至於公鹿則會食用伊格卓索的枝葉，牠是天然的樹木修剪員。

▲ **拉塔托斯克**
巨蛇住在樹根部位，松鼠拉塔托斯克（Ratatosk）收到巨蛇的無禮訊息後，爬上樹頂，將訊息傳遞給住在高處枝椏的老鷹。

▼ **公鹿戴恩**
世界之樹上住著四頭公鹿，有些作者為牠們命名為戴恩、德瓦林、頓尼爾和杜拉索爾。

▲ **鷹和隼**
老鷹住在樹的頂端，在牠的雙眼之間棲息著一隻隼，名叫維德佛尼爾（Vedrfölnir）。老鷹振翅時為世界帶來了風。

► **蛇**
龍或巨蛇尼德霍格居住在伊格卓索的樹根部位。根據一些故事的描述，在牠神祕的地底居所裡，還有其他許多蛇類同伴。

比弗洛斯特橋

諸神和人類的世界由一座彩虹橋相連接，這座橋在米德嘉德的空中閃著微光。冰島作家斯圖魯松稱這座橋為比弗洛斯特，這個名字源自於一個動詞，意思是「閃閃發光」。當世界末日到來時，南方火之國度穆斯貝爾海姆的戰士將會走過彩虹橋，向阿斯嘉德的眾神宣戰，屆時海姆達爾會吹響號角，召集諸神參與這場最後的決戰（見98-99頁）。

◄ **海姆達爾**
海姆達爾是阿斯嘉德的看守人，站在比弗洛斯特頂端守衛著橋。

尼德霍格的國度

尼德霍格是一條巨蛇或龍，他統治的國度位於世界之樹伊格卓索的根部。這是一個混沌不明的區域，裡頭充滿著危險，同時也遍布著奇特的寶物，其中最重要的是從密米爾之井流洩而出的智慧。密米爾井是樹根地區的三口井之一，另外兩口井比較危險，其中之一是命運之井，由掌控人類壽命的諾恩女神（Norns）所守護，另一口是毒藥之井，北歐地府裡的海爾之河就是從這裡發源的。尼德霍格爬行於這些黑暗地區間，以人類屍體為食，同時也嚙咬伊格卓索的樹根。

► **世界之蛇**
尼德霍格盤繞在世界之樹伊格卓索的根部，牠持續不斷地嚙咬樹根部位，企圖摧毀這棵樹，但始終無法達成願望。

> 尼德霍格在此吸吮亡者的屍體，
> 你還想見識這個國度嗎？
>
> 佚名，《女先知烏娃的預言》（*Völuspá*）

相關參考：樹90-91, 124-25, 340-41．蛇與巨蛇28-29, 48-49, 98-99, 100-03, 160-61, 238-39, 328-29

北歐諸神

北歐的主要神祇是宇宙第一批居民巨人族（參見第90-91頁）的後裔，其中最古老且地位最崇高的是奧丁，其他諸如雷神索爾、美與光明之神巴德爾（Balder）等眾多神祇，都是奧丁的子嗣。至於一些包括變身神洛奇（Loki）在內的男女諸神，雖然也是巨人族後裔，但各自傳承於不同的祖先。此外，北歐神話中還有許多神祇並不屬於主要神祇的系譜，他們自成一系，其中包括不少豐饒之神，例如氣候之神弗雷爾，以及他的姊妹愛神弗蕾亞。

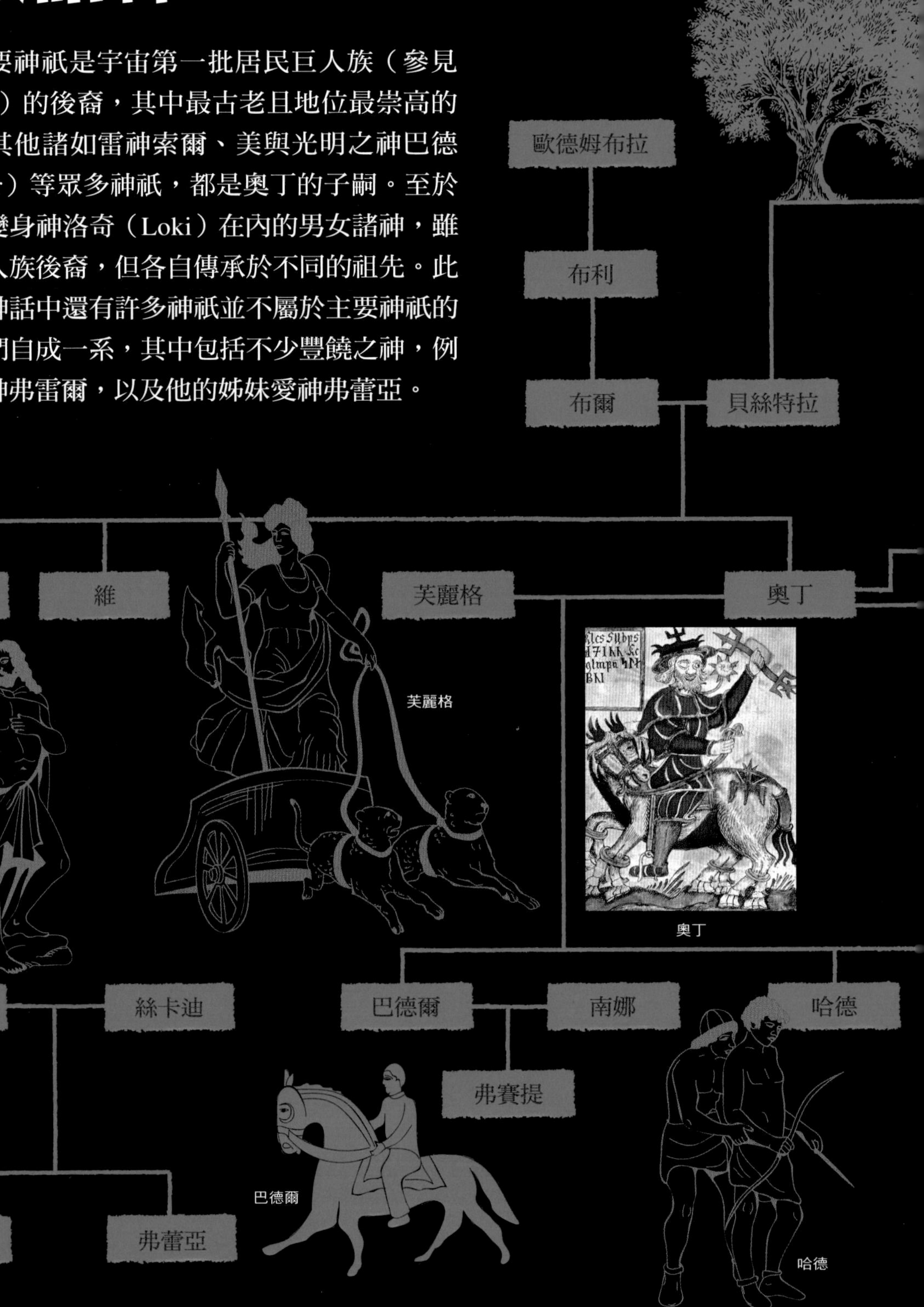

芙麗格

弗雷爾

奧丁

巴德爾

哈德

尤彌爾
巨人族
芬厄爾
西格恩
洛奇
安格爾波達
納爾威
瓦利
海爾
芬厄爾
約孟剛德
洛奇
大地
格莉德
希芙
維達爾
希芙
索爾
提爾
曼尼
摩迪
索爾
赫爾莫德
布拉基
伊登
提爾
布拉基
伊登

洛奇

洛奇是北歐萬神殿裡的惡作劇之神。他是西格恩（Sigyn）女神的丈夫，象徵著失序、惡行惡狀以及非理性，而且總是會對其他希望促進宇宙秩序與和諧的神祇加以阻撓。根據一些故事的描述，洛奇也會介入人類的生活，凡人之所以會擁有欲望和情感，並因而引起生活中的種種問題，據說也都該歸咎於洛奇。洛奇的性需求旺盛，而且擅長變身，至於他的把戲與花樣更是包羅萬象，從無傷大雅的玩笑到冷血謀殺，全都包含在內。

洛奇的把戲

洛奇是奧丁的兄弟，他娶了三個妻子，生下了許多孩子，但仍不因此而滿足，不斷運用自己的變身能力，和多位女神、巨人、凡人及動物分別發生風流韻事。洛奇也很貪吃，擁有驚人的食欲，有一次，他看見侏儒歐特（Otr）抓了一條鮭魚，竟為了一嚐鮭魚而殺了歐特。不過，有時他也會運用巧計來幫助諸神。例如，索爾的雷神之槌遭巨人索列姆（Thrym）偷走時，他想出一個取回槌子的計謀。當時索列姆答應歸還槌子，但條件是必須讓弗蕾亞女神嫁給他，於是洛奇建議索爾化身弗蕾亞，穿上新娘禮服參加婚禮。婚禮開始前，索列姆一拿出槌子，索爾立刻就從他手中搶了回來。

◀ **變形者**

洛奇通常被描繪成擁有人類的外形，但他的變身範圍很大，可偽裝成跳蚤、蒼蠅、鮭魚和海豹等樣貌，還曾變成一隻鳥去竊取弗蕾亞的羽毛大衣。

▲ **洛奇和希芙**

洛奇剪下玉米女神希芙（Sif）的金髮之後，大地的玉米再也無法成熟。於是，希芙的丈夫索爾威脅要殺掉洛奇。

▲ **好手藝的北歐侏儒**

北歐的侏儒是手藝精巧的工匠。當索爾因洛奇剪掉希芙頭髮而揚言報復時，這位惡作劇之神說服一位侏儒，協助他為女神打造新的頭髮。

巴德爾遇害

哈德在洛奇協助下，將槲寄生枝幹做成的飛鏢瞄準哥哥巴德爾。他原本很開心，但得知竟殺死自己的哥哥時，悲痛不已。

巴德爾之死

巴德爾（Balder）是奧丁和芙麗格（Frigg）的兒子，也是眾神之中最俊美的。一天晚上，他夢見自己即將死亡，芙麗格知道他的夢境後，出面要求所有動物、樹木、花草等世間萬物答應她，絕對不會傷害她的兒子。然而，當她這麼做時，卻遺漏了槲寄生，忘了讓這種植物也做出同樣的承諾。從此以後，眾神以為任何東西都無法傷害巴德爾，因此經常把他當成標靶來擲飛刀或射箭。有一天，他們又對著他投擲石塊、樹枝等各種東西，洛奇從芙麗格那裡套出巴德爾無法抵抗槲寄生的祕密，於是用槲寄生的樹枝削成一支飛鏢，隨後把飛鏢放到盲眼神哈德（Höd）手中，並協助他瞄準巴德爾。結果這支飛靶射穿了巴德爾的心臟，讓他當場喪命。

> 他的外表俊俏，性格邪惡，
> 而且詭譎多變，令人難以捉摸。
>
> 斯圖魯松，《散文埃達》，西元1220年左右

槲寄生

長青植物槲寄生在冬季結果，因而常被視為新生的象徵，但諷刺的是它殺死了諸神最鍾愛的巴德爾。

洛奇受到的懲罰

洛奇造成巴德爾的死，諸神用他兒子的腸子綑綁他，女巨人絲卡迪（Skadi）把蛇放在他頭頂上，蛇的毒液一滴滴不斷向他滴下。

其他文化中的惡作劇者

許多神話體系裡都有愛惡作劇的角色，他們喜歡作弄其他神祇或引起極大的騷動。這些人物往往對食物或性愛慾求不滿，並以作弄人為樂。這類的惡作劇者雖然經常帶來許多歡樂，但就像洛奇的許多作為一樣，他們的玩笑有時卻可能造成嚴重的後果。有些惡作劇者也是立下英勇事蹟的英雄，如印度神祇哈奴曼（見第202頁）就是一例；有些則可能是文化英雄，將生火、烹調和醫藥等文明技能傳授給人類。

恩基

恩基是美索不達米亞的創世之神，同時也是個惡作劇之神。他的性慾永無窮盡，甚至連自己的女兒和孫女也不放過。

哈奴曼

哈奴曼是印度風神伐由之子，他曾嘗試吞下太陽。儘管他年輕時喜愛惡作劇，後來卻成為羅摩王（參見第200-203頁）忠誠的追隨者。

安那斯

人們認為西非的蜘蛛神安那斯（參見第252-253頁）教導人類生火等各種技能，但他同時也是一個無可救藥的搗蛋鬼。

郊狼

郊狼出現在許多北美洲的神話故事之中。郊狼非常喜歡惡作劇，有一次甚至還吹熄了月亮的光。

相關參考：惡作劇者60-61, 100-03, 252-53, 272-73, 286-87, 288-89, 310-11, 340-41

末日之戰

在北歐神話裡，關於末日之戰的故事和其他北歐神話故事是截然不同的，因為它是一個尚未發生的事件的預言。這場戰役稱為拉格納洛克（Ragnarök），意即「諸神的末日」，在浩大的末日之戰中，萬物將全數遭到毀滅，世界也將終結。最後的戰役結束後，少數倖存者將開創一個新世界，另一個創世循環也將重新展開。

神話

末日之戰之所以發生，肇因於洛奇的惡行。他害死美之神巴德爾後遭到囚禁（參見第97頁），一條蛇不斷將毒液滴到他的臉上，後來他的妻子西格恩不忍他受苦，在蛇嘴下方放了一個盤子盛接毒液。巴德爾是善與美的源頭，此時他既已死亡，邪惡之事也開始充斥大地，所有的一切逐漸走向末日，這就是拉格納洛克的前兆。

世界毀滅

根據神話，有一天，洛奇將會掙脫枷鎖，和許多其他致命精怪聯手挑戰諸神，並向諸神開戰。和他站在同一陣線的包括他的怪獸兒女——巨狼芬厄爾（Fenrir）和塵世巨蟒約孟剛德（Jörmungand），另外還有地府女神海爾。海爾會從地府帶來一群怪物，冰霜巨人和烈火巨人也會加入洛奇的隊伍。沒多久，巨人、侏儒、諸神、凡人、怪物，以及所有生物都將捲入這場大戰之中。這場戰役的戰況將會非常激烈，而且沒有任何一方會獲得勝利，善惡兩方終會毀滅，最後，整個浩瀚宇宙中，將只剩下堆積如山的屍體，唯一倖存的生物是烈火巨人蘇爾特（Surt），以及少數凡人和動物，他們因為藏匿在世界之樹伊格卓索的枝枒間而逃過一劫。蘇爾特點起一場燎原的野火來焚燒屍堆，以確保沒有其他的倖存者，讓宇宙從此擺脫所有的怪物，以及惡魔、精靈等族類。這場大火將持續燃燒多年，隨後大地將會沉入海中。

▶ **維京戰士**
古代北歐人又稱為維京人，他們是好戰的民族，因此，他們將世界末日想像成一場浩大的戰役，似乎是相當理所當然的事。

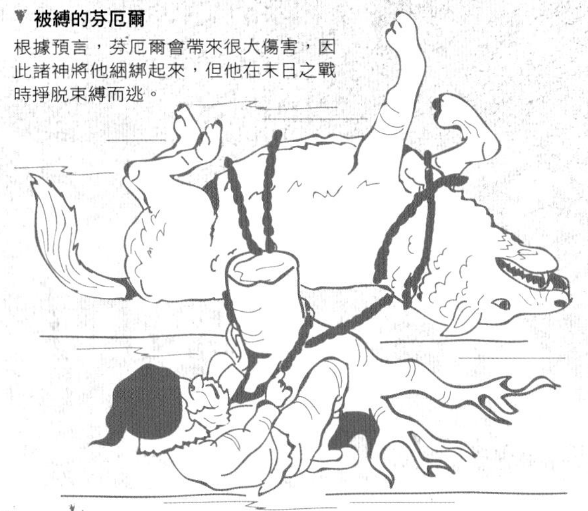

▼ **被縛的芬厄爾**
根據預言，芬厄爾會帶來很大傷害，因此諸神將他綑綁起來，但他在末日之戰時掙脫束縛而逃。

新的開始

最後，大地將從海中再度升起，並且重新變得生氣蓬勃、綠意盎然。一對人類伴侶將從世界之樹的枝枒中走出來，男人名叫立夫（Lif，意為：生命），女人名叫立夫索拉瑟（Lifthrasir，意為：渴望生命），他們兩人會重組新的家庭，讓人類在大地上繁衍子嗣。在地府飽受折磨的美之神巴德爾，以及弟弟盲眼之神哈德（見97頁）也將復活，巴德爾成為新宇宙的統治者，一切生命都已重新來過，因此所有邪惡也不復存在。

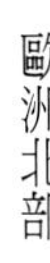

瓦爾哈拉

瓦爾哈拉是奧丁的大廳，原意為「英靈之殿堂」，奧丁在此召見在人間因戰爭而犧牲的北歐戰士英靈，並以珍貴的珠寶和武器獎賞他們。大廳兩側有成排的盔甲，戰士英靈在廳內大啖野豬肉，大口暢飲瓦爾基麗（Valkyries）送來的蜂蜜酒。此外，他們也在這裡接受訓練，為末日之戰做準備。

維京胸針

瓦爾基麗

在奧丁與戰士的宴會中，為眾人在酒杯中斟上蜂蜜酒的女性神祇，統稱為瓦爾基麗。

宇宙毀滅者

與拉格納洛克這個可怕事件相關的人物不少，其中包括約孟剛德和海爾，最後正邪兩方都將喪命於這場戰役之中。根據預言，巨狼芬厄爾會先吃掉奧丁，然後遭奧丁的兒子維達（Vida）殺死。有些神祇則趁此機會處理宿怨。諸神信使海姆達爾將與洛奇對仗，因為有一回洛奇打算盜取弗蕾亞的項鍊，但海姆達爾卻破壞了他的計畫，於是兩神在末日大決戰時將會對打，最後同歸於盡。

約孟剛德

拉格納洛克的一場關鍵戰事，是威猛的雷神索爾和米德嘉德之蛇約孟剛德的對峙，最後雙方都在此戰役中喪生。

拉格納洛克和啟示錄

古代冰島作家將拉格納洛克描述為一場導致宇宙結束的大戰。學者認為，這些描述和基督教作家筆下的《聖經》啟示錄有諸多相似之處。在拉格納洛克來臨之前，將會有長達三年的冬季，屆時人類將殘殺自己的親人，野狼將吞下月亮，森林崩塌，猛烈的暴風雨肆虐，創世之前存在的混沌狀態將再度出現。拉格納洛克結束後，生命又會重新開始。在《聖經》之中也談到同樣的主題，因此北歐作家可能是受啟示錄的影響而寫下這樣的故事。

重生的象徵

在許多神話故事當中，蛋經常象徵著在一切徹底毀滅之後的重新復活。

啟示錄中的騎士

在基督教的啟示錄當中，善與惡雙方將進行一場宇宙大戰，四位加入這場戰役的騎士，分別代表：瘟疫、戰爭、飢荒，以及死亡。

蘇爾特

烈火巨人蘇爾特將率領來自穆斯貝爾海姆的軍隊加入戰事，他們會殺死許多神祇，蘇爾特也會殺死豐饒之神弗雷爾。

地府的統治者

海爾是洛奇的另一個怪物孩子，她將會帶領一支由怪物組成的軍隊，加入這場最後的戰役。

> 兄弟彼此爭鬥，相互屠殺，
> 姊妹之子放肆
> 破壞親人之間的情誼。
>
> 佚名，《女先知烏娃的預言》

相關參考：戰爭18-19, 60-61, 104-05, 116-17, 118-19, 126-27, 170-71, 176-77, 206-07

史詩《卡勒瓦拉》

《卡勒瓦拉》（*Kalevala*）是芬蘭的民族史詩，內容主要來自於芬蘭東部的傳統口傳詩歌。全詩述說宇宙創世的過程，以及芬蘭人（即卡勒瓦拉）和北地人（即波赫約拉，Pohjola）兩國之間對立的故事，同時也描述威納莫伊南（Väinämöinen）、伊爾瑪瑞南（Ilmarinen）和連孟凱南（Lemminkäinen）三位芬蘭英雄追求北地國公主的經過。

神話

故事要從伊爾瑪（Ilma）說起。伊爾瑪就是蒼天，早在時間開始之前就存在，她有個女兒名叫盧諾塔爾（Luonnotar）。盧諾塔爾在母親創造的雲朵之間不停漫遊，多年之後，終於因為筋疲力竭而跌落海中。

威納莫伊南與巨人

盧諾塔爾在海中漂浮了七百年。在她不知情的狀況下，輕柔包圍她的海水讓她懷了身孕，但她懷孕期非常長，她的孩子威納莫伊南在子宮裡還沒誕生就已變成老人。威納莫伊南出世後，游過大洋，來到一片土地，就是後來的芬蘭，他在這裡為自己打造家園。後來出現了名叫約克海南（Joukahainen）的巨人前來挑戰，他們先是激烈爭吵，但在後來的競賽中，擁有音樂天賦的威納莫伊南打敗了巨人，贏得迎娶巨人妹妹艾諾（Aino）的機會，但艾諾不願嫁給一個老人，寧願溺死也不接受這樣的安排。於是威納莫伊南決定前往北地國度波赫約拉去找個妻子。

▶ 威納莫伊南

《卡勒瓦拉》的主角威納莫伊南是個老人，也是非比尋常的英雄，他擁有堅定不移的決心，以及卓越的音樂才華。

艱鉅的任務

前往北地國的旅程漫長又艱險，但威納莫伊南還是抵達了當地，並會見統治者羅希（Louhi）。羅希答應他，如果他能打造出一個三寶磨（sampo），就把女兒嫁給他。三寶磨是一種可以製造鹽、麵粉和黃金的神奇研磨器，世上從沒出現過這樣的機器，但威納莫伊南同意一試。他準備返回芬蘭打造三寶磨，但在回程的路上遇見羅希的女兒——北國之女，他問她就算沒有三寶磨，是否仍願意嫁給他。北國之女答應了，條件是他必須完成其他幾件更不可能的任務：剝下石頭的皮、把一顆蛋打結、用鈍刀撕開一根頭髮，以及用紡梭打造出一艘船。

羅希派了幾位精靈來妨礙威納莫伊南，讓他無法達成任務，威納莫伊南請求手藝精湛的工匠弟弟伊爾瑪瑞南幫他打造三寶磨。伊爾瑪瑞南費了一番工夫後成功鑄造出三寶磨，隨後又被指派更多任務，包括在充斥毒蛇的土地上犁田。當他一一完成後，羅希終於願意把女兒嫁給他。威納莫伊南請弟弟協助時，忘了原來的約定是打造出三寶磨的人才能娶北國之女，於是在愛情路上再度嚐到失敗的滋味。（文接第102頁）»

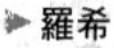

▶ 羅希

羅希是北地國的統治者，擁有飛行能力等各不相同的魔力，因而令人敬畏不已。如果後來她沒有失去三寶磨的話，威力將更為強大。

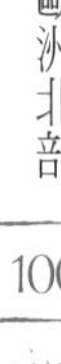

主要人物

《卡勒瓦拉》集結了許多芬蘭傳說，其中有不少角色，威納莫伊南是貫穿各個故事的人物。故事結尾時，他把樂器康特勒琴（kantele）留在人間，象徵芬蘭文化綿延不絕。他的弟弟伊爾瑪瑞南是個鐵匠兼術士，連孟凱南則是史詩中的惡作劇人物，他在尋找妻子的過程中有許多韻事，這是神話中惡作劇者的典型作為，但為了和羅希之女結婚，他勇敢前往地府，殺死了陀涅拉之鵝（Swan of Tuonela）。

伊爾瑪瑞南
伊爾瑪瑞南面對的任務之一，是在毒蛇猖獗的田地上犁田。他在北國之女指點下鑄造了特殊的犁，同時運用自己的魔法制住了巨蛇。

> 她的英雄兒子慢慢甦醒，
> 從沉睡中回神，並開口說話，
> 迷人的語調再度響起。
>
> 艾里亞斯．羅恩洛特，《卡勒瓦拉》，西元1849年

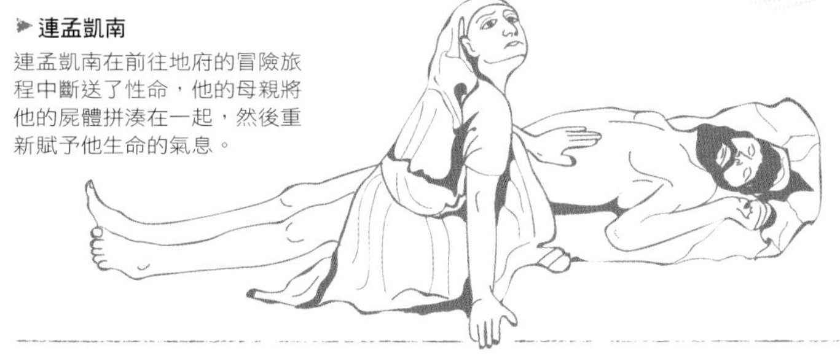

連孟凱南
連孟凱南在前往地府的冒險旅程中斷送了性命，他的母親將他的屍體拼湊在一起，然後重新賦予他生命的氣息。

芬蘭的創世故事

盧諾塔爾漂浮在大洋時，一隻鴨子飛了過來，在她露出水面的膝蓋上產下幾顆蛋，隨後坐在她的膝上孵蛋。當盧諾塔爾動了一下身體，鴨子受了驚嚇飛走，蛋滾落一旁裂了開來，世界就從這些蛋裡誕生了，其中一半的蛋殼黏在一起，形成天空，另一半創造了大地，蛋黃和蛋白則分別化成太陽與月亮。

原初之鴨

盧諾塔爾
這個創世神話的造物主並不是主動創造世界的，鴨子的蛋破裂而形成世界也是出於意外。在其他的版本裡，在她膝上下蛋的是一隻老鷹。

艾里亞斯．羅恩洛特

史詩《卡勒瓦拉》的編纂者艾里亞斯．羅恩洛特（西元1802-1884年）是一位芬蘭醫師，他收集芬蘭人的民間詩歌、諺語和傳統故事，將這些作品集結成一部關於威納莫伊南及其同伴的史詩。當時芬蘭仍屬於俄羅斯的版圖，羅恩洛特提倡使用芬蘭語，對凝聚芬蘭人的民族認同感有很大的貢獻。

艾里亞斯．羅恩洛特

三寶磨

據說三寶磨是一種能製造鹽、麵粉和黃金的研磨器，是由許多奇特組件組合而成的古怪器具。伊爾瑪瑞南經過摸索後製造出十字弓、船、小母牛和犁，隨後又把這些成品全數丟回火焰裡，最後終於鑄造出三寶磨。三寶磨具有兩種象徵意義：其一代表迎娶羅希女兒的聘金，另一個則代表芬蘭人的財富。

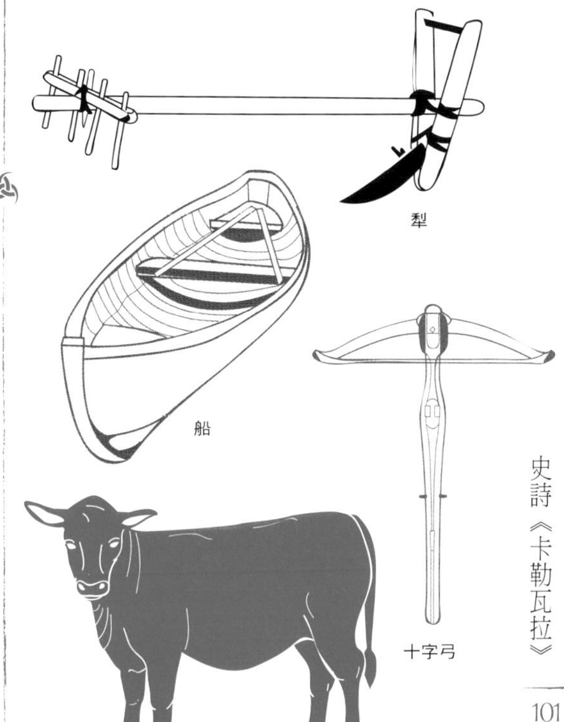

犁

船

十字弓

小母牛

索回三寶磨

伊爾瑪瑞南和羅希的女兒相處的時間並不長。他們兩人才剛結婚，北國之女就因為欺負一位名叫庫萊沃（Kullervo，參見下一頁）的魔法師而遇害。伊爾瑪瑞南想再娶羅希的另一位女兒，但羅希並不答應，伊爾瑪瑞南因而重返芬蘭，三寶磨則由北國人占有。

羅希和她的子民把三寶磨留在北地國後，三寶磨所帶來的財富也由他們享用，威納莫伊南和伊爾瑪瑞南認為並不公平，兩人決定，既然不能在北國找到老婆，至少該把三寶磨偷回來，讓自己家鄉的同胞享受好處。於是兩兄弟揚帆朝北方前進，同時帶著冒險家及喜歡惡作劇的連孟凱南同行。連孟凱南曾到波赫約拉追求羅希的一位女兒，也曾被指派過一些任務，其中之一就是殺死地府裡的陀涅拉之鵝，不料卻因此喪生冥府，後來是他的母親挽回了他的性命，因此連孟凱南想利用這次行程找羅希報仇。前往北國的航程中，這三位英雄抓了一隻魚，威納莫伊南用魚的脊骨製成一件康特勒琴，這個豎琴般的樂器具有神奇的魔力，能迷惑聽眾，讓他們入睡。

◄ **逃出重圍**
暴怒的羅希變身成一隻巨鳥緊追不捨，威納莫伊南和他的同伴不得不與她搏鬥。

▲ **最後的航程**
根據史詩的描述，威納莫伊南最後乘著小舟出海，迎著太陽灑下的光芒上升，來到位於大地與天空之間的某個中途國度，總有一天會再回來。

當他們三人抵達北國時，威納莫伊南用康特勒琴演奏一曲，羅希和她的屬下全都進入夢鄉。然後，三位英雄很快拿到三寶磨，隨即啟程回航。不幸的是此時連孟凱南開始放聲高唱凱歌，竟把羅希和她的人馬全都吵醒了。

羅希極為憤怒，派出暴風將他們的船摧毀，她自己也變成可怕的吃人怪鳥在後緊追不捨。就在一片混亂中，三寶磨損壞了，破成碎片，有些殘骸更沉入了海底。

威納莫伊南努力撿起剩餘的所有三寶磨碎片，雖然他和弟弟都知道他們無法再重新打造一個，但仍希望這些帶有法力的殘骸也許還能為人民帶來財富。後來，威納莫伊南將這些碎片全都留給芬蘭人，此時的他年歲已高，心知自己的力量已大不如前，於是他再度出海，遠離此世。不過，據說當人民有難時，他一定會再回來。

芬蘭的自然精怪

芬蘭的湖水深邃、林木蓊鬱，地景變化劇烈，有時環境甚至頗為嚴峻。早期的詩人和說書者想像出許多象徵這片土地精神與特色的自然精怪，呼應其地理環境。這些精怪中有許多都為人所熟悉，其中之一是森林之神塔比奧（Tapio），他是呼應地景的典型代表人物。根據一些故事的描述，塔比奧的鬍子由樹木構成，眼睛是深不見底的湖泊。他和芬蘭的關係十分密切，因此芬蘭有時也被稱為塔比奧拉（Tapiola）。普勒沃寧（Pellervoinen）也是這類自然精怪之一，他是收穫之神，負責照管田野和草原。

◄ **塔比奧**
在《卡勒瓦拉》故事中，連孟凱南請求塔比奧協助他在森林裡捕捉伊希（Hisi）的麋鹿，這是追求羅希的女兒的任務之一。

► **普勒沃寧**
普勒沃寧是負責掌管豐饒的精靈，在史詩《卡勒瓦拉》故事一開始時就出現。他將種子灑在濕地和荒原，孕育了芬蘭的茂密森林。

瑪莉亞塔的故事

《卡勒瓦拉》史詩的結尾是瑪莉亞塔（Marjatta）的故事。瑪莉亞塔原本是一位處女，她在吃下某種漿果後懷了身孕，隨後生下了一個男孩。由於這個孩子是非婚生子女，威納莫伊南打算將嬰兒殺害，不過，天空之神烏戈（Ukko）聽說威納莫伊南過去的某些行為後，認為瑪莉亞塔的兒子應該取代威納莫伊南，成為芬蘭的統治者。

▲ **漿果**

在芬蘭語中，漿果（marja）和瑪莉亞塔或瑪莉亞的拼法接近。根據《卡勒瓦拉》，漿果叫住瑪莉亞塔，求她將果子摘下來。

► **瑪莉亞塔和嬰兒**

瑪莉亞塔之子的誕生，代表一個新時代的到來；瑪莉亞塔的故事也將《卡勒瓦拉》的故事帶往另一個全新的方向。這也是基督宗教信仰傳入芬蘭的象徵。

庫萊沃的不幸遭遇

庫萊沃的繼父把他和妹妹賣給別人當做奴隸。庫萊沃為北國之女工作，遭受她的種種折磨。有一天，北國之女在他烘烤的麵包裡偷偷放進一塊石頭，庫萊沃在切麵包時弄壞了他的魔法刀，心中非常憤怒，一氣之下詛咒這位惡毒的女主人，並且把她的牲口全都變成野生動物，最後這些動物將她撕成碎片。庫萊沃在返家途中遇到一位女孩，雙雙墜入情網並且交歡，但不久之後他們發現兩人竟是親生兄妹，女孩於是自盡而亡。後來庫萊沃終於找到他的母親與繼父，將他們殺死，最後結束了自己的性命。

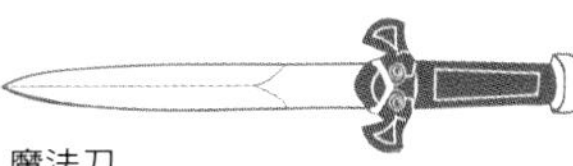

魔法刀

► **庫萊沃**

庫萊沃的悲劇故事充滿張力，這位前程大好的英雄人物並不曾犯下什麼錯誤，但卻不斷受到命運的殘酷對待。

西貝流士

西貝流士（Jean Sibelius，西元1865-1957年）是芬蘭最著名的音樂家，他深受祖國傳統詩歌啟迪，其中尤以《卡勒瓦拉》的影響最深。他的作品包括：交響詩《波赫約拉的女兒》，還有以庫萊沃故事為本的合唱交響曲。透過這些作品，西貝流士與芬蘭民族意識有緊密的連結。

西貝流士

> 只待這個惡毒的女主人一踏入牛棚就開始攻擊她並將她殺死，隨後再將她邪惡的身體撕碎。
>
> 羅恩洛特，《卡勒瓦拉》，西元1849年左右

陀涅拉

陀涅拉是芬蘭的地府，由陀尼（Tuoni）和陀涅塔爾（Tuonetar）統治。這裡既黑暗又寂靜，周圍環繞著濃密的灌木叢、深邃的森林，以及暗沉而冰冷的河流。有了這些障礙，想逃離陀涅拉並不容易，來到這裡的人多半也會被怪獸蘇爾瑪（Surma）吃掉，僥倖逃過蘇爾瑪的魂魄則必須喝下忘憂酒，消除在世間的一切記憶。唯一拜訪陀涅拉的凡人連孟凱南在此遭水蛇殺死，屍體被陀尼之子撕成碎片。

◄ **陀涅拉之鵝**

連孟凱南為了完成他的任務，必須射中在陀涅拉邊界黑暗河流中游動的天鵝。

相關參考：歐洲創世故事 16-17, 90-91．復仇 18-19, 38-39, 46-47, 70-71, 150-51, 294-97

英雄事蹟
與騎士精神

羅馬帝國衰亡之後的那段期間，亦即西元第五世紀左右，歐洲的神話與傳說發展蓬勃。由於新的統治者開始以武力征服來擴張領土，和軍事有關的英雄事蹟以及騎士精神隨之廣為流傳，許多舞刀弄劍的英雄也成為故事的主角，他們身強體健、自信高傲、勇氣十足，有時甚至必須對抗超自然的力量。在這些故事中當然也有女英雄，她們歷經千辛萬苦，在男人主宰的世界中留下了可歌可泣的故事。

狄特里希的冒險故事

狄特里希（Dietrich）是中世紀日耳曼傳說中的人物，據說以東哥德國王狄奧多里克（Theodoric，西元454-526年）為本，年輕時曾經歷多次冒險。有一回，他去拯救遭侏儒族國王勞林（Laurin）擄走的少女肯伊爾德（Kunhild），奮戰後打敗了勞林，但卻手下留情，於是勞林送他一柄幾乎無懈可擊的精美寶劍作為回報。另一回，巨人格林（Grim）與配偶希爾達（Hilde）四處搶奪民眾，狄特里希將格林殺死，但女巨人卻抓住他的同伴希爾達勃朗特（Hildebrand）。狄特里希一再將希爾達劈成兩半，她都神奇地復原，希爾達勃朗特建議他把腳硬伸入她切開的身體之間，最後總算殺死她，希爾達勃朗特也重獲自由。

▶巨人格林

許多歐洲北部的傳說當中都提到了巨人（見33頁），他們通常都相當恐怖、強壯、好戰，但卻不怎麼聰明。狄特里希用寶劍和格林搏鬥時，歷經好長一段時間，最後才終於殺死了巨人。

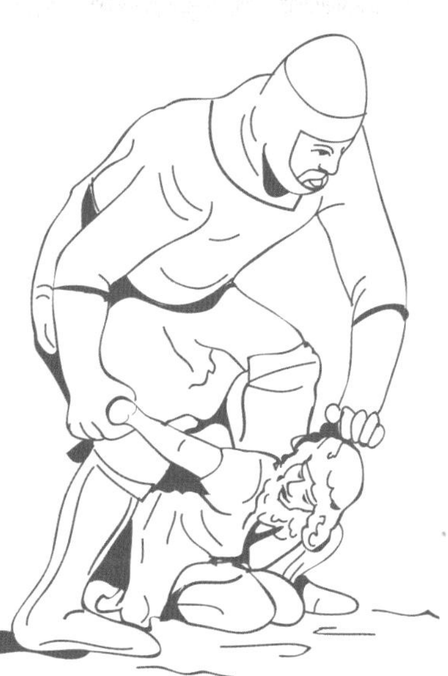

◀狄特里希與勞林

侏儒族以精妙的武器與卓越的打鬥技巧來彌補身材上的劣勢。即使像狄特里希這樣強壯、勇敢的人，侏儒勞林依然是位極為難纏的對手。

**長劍**

從西元五世紀開始，攻擊力道強勁的長劍就是歐洲地區經常使用的武器之一。戰鬥時，人們通常以兩手持劍，用力揮出致命的重擊。

哈都勃朗特之死

為了取得義大利的統治權，狄特里希必須打敗當地統治者奧多亞塞（Odoacer）。戰鬥之前，奧多亞塞陣營幾位戰士提出挑戰，希望和狄特里希的同伴一對一決鬥，其中，有一位奧多亞塞的年輕跟班，指定想和狄特里希的護衛希爾達勃朗特對決。希爾達勃朗特詰問這位挑戰者，發現他竟是自己多年前失散的兒子——哈都勃朗特（Hadubrand），在他還在襁褓時期，父子倆就不曾再見過面。哈都勃朗特從小就聽說父親早已死亡，即使希爾達勃朗特拿出家傳的金戒指讓兒子檢視，哈都勃朗特仍不願相信父親居然健在。最後，雙方都動了氣，兩人展開惡戰，哈都勃朗特不幸身亡。

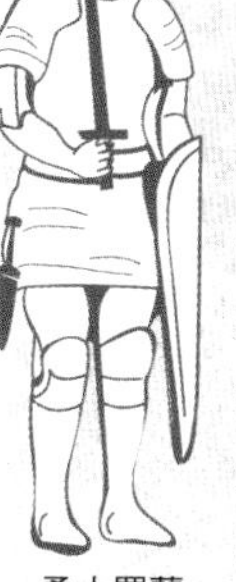

▲ 金戒指
希爾達勃朗特拿出他的戒指給兒子看，這個舉動反映了在中世紀時期的歐洲，父親會將寶物傳給兒子的傳統。

◀ 希爾達勃朗特與哈都勃朗特
希爾達勃朗特年長且較有經驗，在這場悲劇性戰鬥中，最後因戰鬥技巧略勝一籌而殺死自己親生兒子。

▲ 隆瑟佛之役
在隆瑟佛隘口（Roncevaux Pass）經過漫長的激戰之後，騎士羅蘭終於請求援軍的支援，但當查理曼大帝趕到隘口時，雖然擊敗了敵軍，卻已來不及拯救羅蘭的性命。

羅蘭與奧立佛

勇士羅蘭

西元八世紀及九世紀初，查理曼大帝統治歐洲的法蘭克王國。他的騎士團中有一位名叫羅蘭（Roland）的英雄以英勇善戰而著稱。根據傳說，有一次羅蘭與另一位騎士捉對廝殺長達五天，但始終不知道對方身分，最後當他知道對手原來是他最好的朋友奧立佛時才罷手。後來在西元778年的隆瑟佛之役（Battle of Roncevaux）中，羅蘭負責率領大軍的後衛部隊，他沒有留意奧立佛在情勢緊急時勸他吹響號角求援的忠告，因而在戰場中捐軀。

谷德倫及其追求者

尼德蘭公主谷德倫（Gudrun）是赫特爾（Hetel）的女兒，也是歐特溫（Ortwin）的姊妹。她拒絕了齊格非（Siegfried）和哈穆特（Hartmut）兩人的追求，但另一位英勇的武士荷威格（Herwig）卻得到佳人芳心。齊格非發現這件事後對荷威格發動攻擊，赫特爾和歐特溫為此也披上盔甲，上馬趕去與荷威格併肩作戰。此時，哈穆特發現兩位主要競爭者正忙於戰鬥，於是前往赫特爾的城堡擄走了谷德倫。當哈穆特和他的族人想盡辦法逼迫谷德倫下嫁給哈穆特時，個性剛烈的公主絲毫不肯妥協，因此被迫做下人的工作。齊格非後來得知哈穆特的意圖，和荷威格休戰，最後赫特爾、荷威格、齊格非三位武士結盟，一同出發去拯救谷德倫。

▼ 谷德倫遭人擄走
谷德倫在哈穆特和他的手下的脅迫之下被帶走，後來更和他家中的傭人一起做奴僕的工作。

相關參考：巨人族16-17, 64-67, 96-97．悲劇50-51, 58-59, 70-71, 170-71

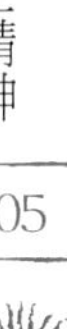

貝奧武夫

偉大的盎格魯－撒克遜詩篇《貝奧武夫》，內容描述英雄貝奧武夫的生平故事。這是一部頌揚榮譽、英勇和義氣等美德的作品，全詩從貝奧武夫年輕時期開始說起，當時他是基特族的戰士（基特族位於現今瑞典南部），力大無比，而且勇氣十足，因而能夠打敗最凶惡的對手。隨後故事敘述這位英雄如何斬除為丹麥人帶來威脅的怪獸。後來，他成為基特族的國王，統治國家很長一段時間，直到最後的挑戰來臨時，終於光榮犧牲。

神話

貝奧武夫年輕時來到丹麥遊歷。多年來，丹麥王赫羅斯加（Hrothgar）和百姓不斷遭名叫格倫德爾（Grendel）的怪獸騷擾，他在夜裡闖入宮廷殺死熟睡中的武士，並把屍體帶走當作食物。貝奧武夫得知後自告奮勇，希望能對付怪獸，於是設了一個陷阱捕捉格倫德爾，讓他受了致命的重傷，最後還將怪獸殺死。赫羅斯加國王十分欣喜，送給貝奧武夫許多禮物。

格倫德爾的母親

格倫德爾死後，他的怪物母親因憤怒而攻擊赫歐羅特（Heorot）當地人民，以示報復。格倫德爾的母親住在湖中，貝奧武夫潛入渾濁的水底向她提出挑戰。這場惡鬥一直僵持不下，因為他的劍無法刺穿怪物布滿鱗片的厚毛皮。後來他設法由怪物的武器中取來一件兵刃，以致命一擊殺死怪獸，讓丹麥重歸平靜。貝奧武夫勝利後回到基特族領土即位為王，展開長達五十年的統治。

貝奧武夫與噴火龍

貝奧武夫年老時還必須面對另一隻怪獸，這回怪獸攻擊的是基特人，讓他不得不重披戰袍。有一隻巨龍千百年來始終守衛著某個墓丘裡的寶物，後來一個小偷進入墓穴，從寶藏中盜走一件珍貴的酒杯，氣極敗壞的巨龍暴跳如雷，四處橫行。

貝奧武夫於是率領最英勇的武士迎戰怪物。他帶了一件厚重的金屬盾，保護他不受巨龍噴出的火焰所傷，但他的佩劍無法刺穿怪物的鱗甲。他麾下的武士一個接一個棄他而去，忽然間，巨龍一把抓住貝奧武夫的咽喉。

此時，忠心的武士維格拉夫（Wiglaf）仍然守在貝奧武夫身邊，他一劍刺入巨龍腹部，貝奧武夫同時以匕首攻擊巨龍，兩人共同努力之下，巨龍力量變弱，終於倒下死去。怪獸雖已殺死，但他先前噴出的炙熱毒氣已使貝奧武夫身受毒害，也躺在地上奄奄一息。貝奧武夫臨終之際宣布維格拉夫為其繼承人，並將自己所擁有的寶藏、武器和盔甲全都贈予這位年輕英雄，因為只有他堅持到最後，協助貝奧武夫解決這場紛爭。

▼怪獸終結者貝奧武夫

貝奧武夫與怪獸格倫德爾搏鬥時，竟一把將怪物的一隻手臂扯了下來，因而展現了他異於常人的超凡力量。

各種怪獸

在《貝奧武夫》和歐洲北部的其他神話故事中，怪獸所擁有的力量往往超乎一般人類武士。這些怪物藏身於幽暗之處，例如格倫德爾的母親棲息在湖底；他們的外形也相當恐怖，足以嚇壞大多數的人類。例如：龍擁有厚而帶鱗片的外皮，絕大部分的武器都無法刺穿；怪獸會噴火，不但炙熱，而且還帶有毒性。人們通常將怪獸的外形描繪成像蛇一般的模樣，不過有些還有翅膀。一般來說，想像出這些生物，是為了強調藝高人膽大的戰士打敗怪獸的英勇事蹟。不過，在《貝奧武夫》中，詩句之間還帶有些許基督宗教的意涵；怪獸被視為和英雄對抗的未開化或異教生物，而英雄則有神召，而且是正義的化身。

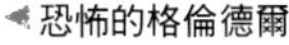

◄ **恐怖的格倫德爾**

怪獸格倫德爾通常被人們描繪成醜惡的野獸，他會將捉來的丹麥百姓帶到位於水底的巢穴，然後再一一吃掉。

處處可見巨龍肆虐，殘暴的怒氣為害四方，
這可怕的破壞者，基特人民恨之亟欲鏟除。

《貝奧武夫》，西元第十一世紀

▲ **屠龍**

貝奧武夫與維格拉夫兩位英雄聯手才消滅了攻擊基特人的巨龍。維格拉夫始終待在領導者身旁沒有離開，顯示他才是真正的英雄，勇敢又忠誠，足以繼承基特族王位。

寶藏

國王會將盎格魯－撒克遜詩篇中提到的戒指或珠寶等賞賜給麾下最勇猛的戰士，偉大的國王過世時，人們也會以部分寶藏陪葬。西元1939年，英格蘭東部沙頓福（Sutton Hoo）出土一處年代已久的舟塚，發掘至今所知最大規模的這類寶藏。墓塚屬於某位不知名東盎魯國王（可能是瑞德華德〔Redwald〕，西元627年左右），出土文物同時有基督宗教與異教物品，顯示信仰的融合。

盎格魯－撒克遜錢幣

盎格魯－撒克遜頭盔

▲ **沙頓福寶藏**

除了鍍金的青銅頭盔、錢幣與金質皮帶扣（如上圖），沙頓福出土的陪葬品，還包括一把飾有寶石的劍、一支權杖、一些銀盤，以及不少酒器。

盎格魯－撒克遜人

西元前五世紀羅馬人離開後，不列顛南部由來自北日耳曼與丹麥的入侵者所統治，這些入侵者後來統稱為盎格魯－撒克遜人，語言屬於日耳曼語系，稱為盎格魯－撒克遜語或古英語，後來演變為現代英語。盎格魯－撒克遜的僧侶與學者以古英文寫作散文、謎語、一部名為《盎格魯－撒克遜編年紀》（*Anglo-Saxon Chronicle*）的史書，以及敘述英雄事蹟和宗教題材的詩作。

《貝奧武夫》抄本，西元第十世紀

相關參考：龍108-09, 170-71, 216-17, 218-19, 226-27, 260-61

指環的傳奇

斯堪的那維亞的英雄西格德（Sigurd），即是後來日耳曼版本中的齊格非，他的故事結合了冒險、戰爭以及愛情，出現的角色包羅萬象，有英雄、侏儒，還有會變身的妖怪。西格德是沃爾松（Volsung）家族的成員，這個家族雖然與神祇奧丁（參見88-89頁）有親族關係，不過全部都是凡人。關於西格德的英雄事蹟以及魔戒的傳說有一系列內容相當豐富的故事，因而也激發後代藝術家、作家和作曲家的無盡想像。

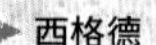

神話故事

西格德是西格蒙（Sigmund）之子，西格蒙是奧丁的後裔，也是英雄行為的奉行者，他戰死沙場時，奧丁把他留下來的佩劍壓成碎片，他的妻子赫裘迪絲（Hjordis）為兒子保留了這些碎片。赫裘迪絲再嫁後，西格德由瑞金（Regin）撫養長大，瑞金是技藝精湛但不太可靠的鐵匠，他的兄弟是龍法夫納（Fafnir）及變身怪歐特。

安得瓦利的寶藏

有一天，歐特變成水獺去捉鮭魚，惡作劇之神洛奇（參見96-97頁）因喜歡牠光滑的毛皮而殺了牠，歐特的父親赫瑞德瑪（Hreidmar）既難過又生氣。後來洛奇、奧丁和荷尼爾在旅途中投宿他家，他將眾人困在大廳，要求他們以足以鋪滿水獺皮的黃金做補償。洛奇出發去找黃金，發現富有的侏儒安得瓦利（Andvari）的寶藏，其中有一只戒指能讓人增加幾倍財富，不過侏儒在交出戒指前下了咒詛。洛奇帶著黃金回赫瑞德瑪的家，三位神祇重獲自由，但法夫納為了寶藏殺害了父親赫瑞德瑪。

◄ 金銀財寶

安得瓦利所守護的寶藏，包括各式黃金指環、胸針、頸飾、項鍊，以及其他珠寶，這些物品全都是維京人十分珍愛的寶貝。

► 西格德

西格德因浸浴於龍血之中而變得刀槍不入。不過，他在浸泡龍血時，肩上貼著一片葉子，於是留下了一處弱點。

西格德與指環

瑞金想奪取寶藏，要求西格德挑戰法夫納。這位鐵匠用西格蒙的武器殘片熔鑄成一柄可殺死法夫納的新劍，然後指示西格德以龍血洗浴，並將法夫納的心臟放在龍血裡烹煮後食用。西格德依照瑞金的話做，但當他因燙傷而把手指放進嘴裡時，舌頭一碰到法夫納的血就發生了奇蹟，他竟能聽懂鳥類說的話。牠們警告他，瑞金打算殺他，於是西格德砍下瑞金的頭，自己獨吞寶藏，其中包括安得瓦利下了詛咒的指環，後來它為西格德帶來了不幸。西格德愛上一位名叫布林希兒（Brynhild）的瓦爾基麗女神（參見99頁），將戒指送給她，但女巫格琳希兒（Grimhild）讓西格德喝下藥湯，他忘記之前的婚約，愛上女兒谷德倫。布林希兒發現西格德背叛她後將他殺害，但又懊悔不已，縱身跳入火化遺體的柴堆中。

主要人物

西格德故事中的主要人物，最早出現於十三世紀以古斯堪的那維亞文寫成的《沃爾松格傳奇》（*Volsunga Saga*）。差不多同時期或稍晚的日耳曼詩作《尼貝龍根之歌》（*Nibelungenlied*）中也重述了這個故事，不過主角的名字都已更換：古斯堪的那維亞的侏儒安得瓦利換成阿貝利希（Alberich）；瑞金換成米莫（Mime）；谷德倫換成克蕾姆希兒（Kriemhild）；西格德換成齊格非。儘管如此，兩部作品中的主角仍保有基本的特質：西格德英勇，瑞金技術精良但小心眼，布林希兒美麗而多情。這些主角同時也保留了人間與神界的關係：西格德是奧丁家族的成員，布林希兒則是瓦爾基麗女神之一。

▲ 瑞金

鐵匠瑞金（上圖左）兩度為西格德試鑄新劍，但後來都告失敗。上圖描繪的是他在鐵砧上測試西格德的新寶劍。

▲ 布林希兒

美麗的布林希兒拒絕奧丁的誘惑，大神因而讓她睡在火圈當中。西格德救出布林希兒，然而他們兩人的愛情故事最後並沒有好的結果。

◀ 法夫納

法夫納和他另外幾位兄弟一樣，也是變身怪。他在殺死自己的父親赫瑞瑪德後，化身為一條龍，以便守護所有得來的寶藏。

具有法力的物品

在古代歐洲的一些文化當中，人們相信珠寶和武器等金屬物品都具有某種神奇的法力。製作這類物品顯然需要某些特殊技巧，包括看似神奇的熔煉、鑄造、鍛製……等程序。人們認為，金工匠師擁有隨意讓物質變化外形的能力，也像洛奇和歐特一樣，有能力改變自己的外形。當統治者將佩劍或戒指贈送給某位部屬時，對人們來說，他們賜予手下意義重大的禮物。擁有這類物品的人暗自相信它們具有的力量，這些力量能增進他們的勇氣、氣力與堅忍耐力，而這些特質都是戰爭中重要的致勝要素。

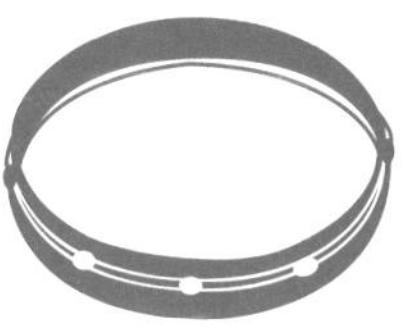

▲ 金指環

在古代的歐洲，男人和女人一樣會用珠寶打扮自己，這可展現他們的權力與財富。

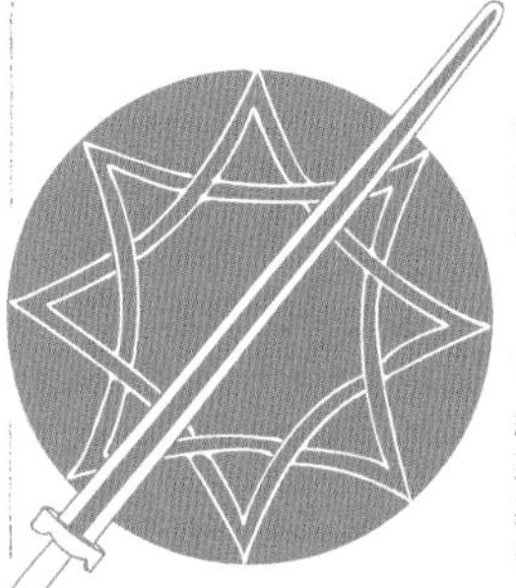

◀ 維京人的劍與盾

對維京人來說，擁有以最高標準打造的武器十分重要，因為可提升攻擊時的成功機會。

▶ 帶有犄角的頭盔

維京人沒有這種帶角的頭盔，後來日耳曼文重述古斯堪的那維亞神話的版本中，反而經常見到它。

晚近的詮釋

冰島的英雄故事在十九世紀相當受到歡迎，許多作家一再改寫西格德與指環等故事。1876年，威廉．莫里斯（William Morris，西元1834-1896年）寫了史詩《沃爾松家的西格德》，而這類作品中最具影響力的應是華格納指環系列的四部歌劇《尼貝龍根的指環》，其中前兩部《萊茵的黃金》和《女武神》交代了背景故事，包括指環的鑄造，以及布林希兒被放入火圈中沉睡；後兩部《齊格非》與《諸神的黃昏》，描述齊格非和他的不幸結局。

◀ 渥丹

奧丁在華格納歌劇中稱為渥丹（Wotan），出現在指環系列前三部。左圖是法蘭茲．貝茨（Franz Betz）所飾演的渥丹。

相關參考：愛情故事44-45, 78-79, 100-03, 116-17, 124-25, 126-27, 140-41, 176-77

掌管大地的神祇

許多神祇都和大地及其帶來的福祉等各種面向有關，不過其中有些特別照顧大地，是大地的守護者。這一類的大地之神通常扮演宇宙之母的角色，他們參與創世過程，同時也滋養創世之後出現的各種物種。此外，他們也庇護懷孕及分娩時期的凡人女子。因此，許多大地女神經常受到婦女的祭祀，這些崇拜儀式有時是祕密進行的，嚴禁男性參與。

大地之母

在許多文化中，大地是女性角色。她往往因為某位男性天神而受孕，從而創造出生命或各種生物。在一些神話當中，地球本身就是由大地之母的身體構成的。大地之母以母性女神的身分照料她創造出來的生物，並以親善的態度面對所有人類。儘管如此，如果人們做出罪大惡極的行為，或違背她的心意，她也可能會對所有的大地子嗣動怒。

▼ **蓋亞**
根據一些故事，希臘的大地女神蓋亞生下第一批神族，其中最知名的是泰坦族（參見16-17頁）。

► **母親大地**
在許多北美原住民神話中，母親大地和她的伴侶父親天空一起監督創世過程。在某些文化裡，人們認為她生下第一批人類。

► **婆提毗**
婆提毗（Bhudevi）是印度教的大地女神，大神毗濕奴的野豬化身伐羅合（參見196-197頁）曾由海中救起她。

▼ **科阿特立庫**
科阿特立庫（Coatlicue）是阿茲特克大地女神，有些阿茲特克人認為南美洲是她構成的。

▲ **婆利蒂毗**
婆利蒂毗（Prithvi）是古代印歐語系當中的大地女神，有時會化身為母牛的外形，後來逐漸與印度教的婆提毗合而為一。

► **莫蔻莎**
斯拉夫文化中的女神莫蔻莎（Mokosha）是豐饒之神，負責掌管土地和女性，同時也是分娩女神，以及一般女性的保護者。

男性大地之神

有時男性神祇也會代表大地。這些男性大地之神所扮演的角色，通常和大地女神略有不同。他們雖然可能也參與了創世過程，不過通常較具威嚴，身分較接近是統治全宇宙的國王或皇帝，而不是世界的呵護或照料者。他們可能也擁有強烈的性衝動，例如，埃及的大地之神蓋伯（Geb）必須與他的姊妹努緹（Nut）分開，才能形成天空與大地。（參見236-237頁）

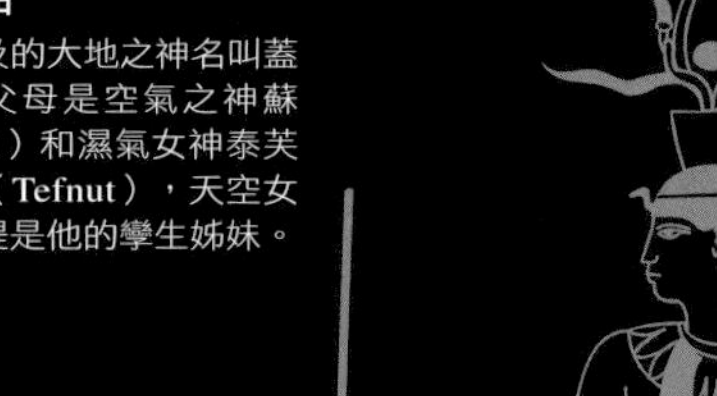

▶蓋伯

古埃及的大地之神名叫蓋伯，父母是空氣之神蘇（Shu）和濕氣女神泰芙努特（Tefnut），天空女神努緹是他的孿生姊妹。

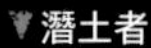

▼潛土者

在許多北美洲原住民神話裡，潛土者（Earth Diver）以烏龜或其他潛入水中的動物外形出現，牠們從海底取來土壤，因而形成大地。

▶土地公

直到今天，人們仍會在田間、樹下的小廟裡或在井邊祭祀中國的大地之神——土地公。據說他會保護信眾的菜圃和田地平安。

◀納蓋提科

納蓋提科（Nagaitco）是位於加州的原住民族凱特族（Kato）的創世者及大地神靈，他與伴侶及忠實的狗共同組成神話中的先祖三人組。

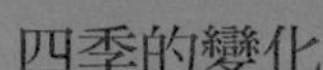

四季的變化

在大多數已進入農耕文化的神話故事當中，都會有負責掌管大地和土壤豐饒肥沃的神祇，他們不但影響作物的生長，同時也職司四季的更迭節奏。由於他們擁有確保食物來源不虞匱乏的能力，因此在播種和收穫等重要的時刻，人們都會為他們獻上豐富的貢品。

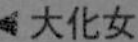

◀大化女

對美洲的原住民族納瓦荷人來說，大化女是他們的創世者，也是四季的掌控者，她在冬天時變老，春天時回復年輕。

▶波希芬妮

波希芬妮是希臘的豐饒女神，每年，她會在冥府裡度過冬天，在春天時重新回到地面上，讓農作物得以生長。

▲西柏莉

西柏莉是豐饒女神，有時人們也稱之為「大母神」（Magna Mater）。她原本是土耳其人的母神，不過在希臘也廣為人知，在羅馬也有人加以崇祀。

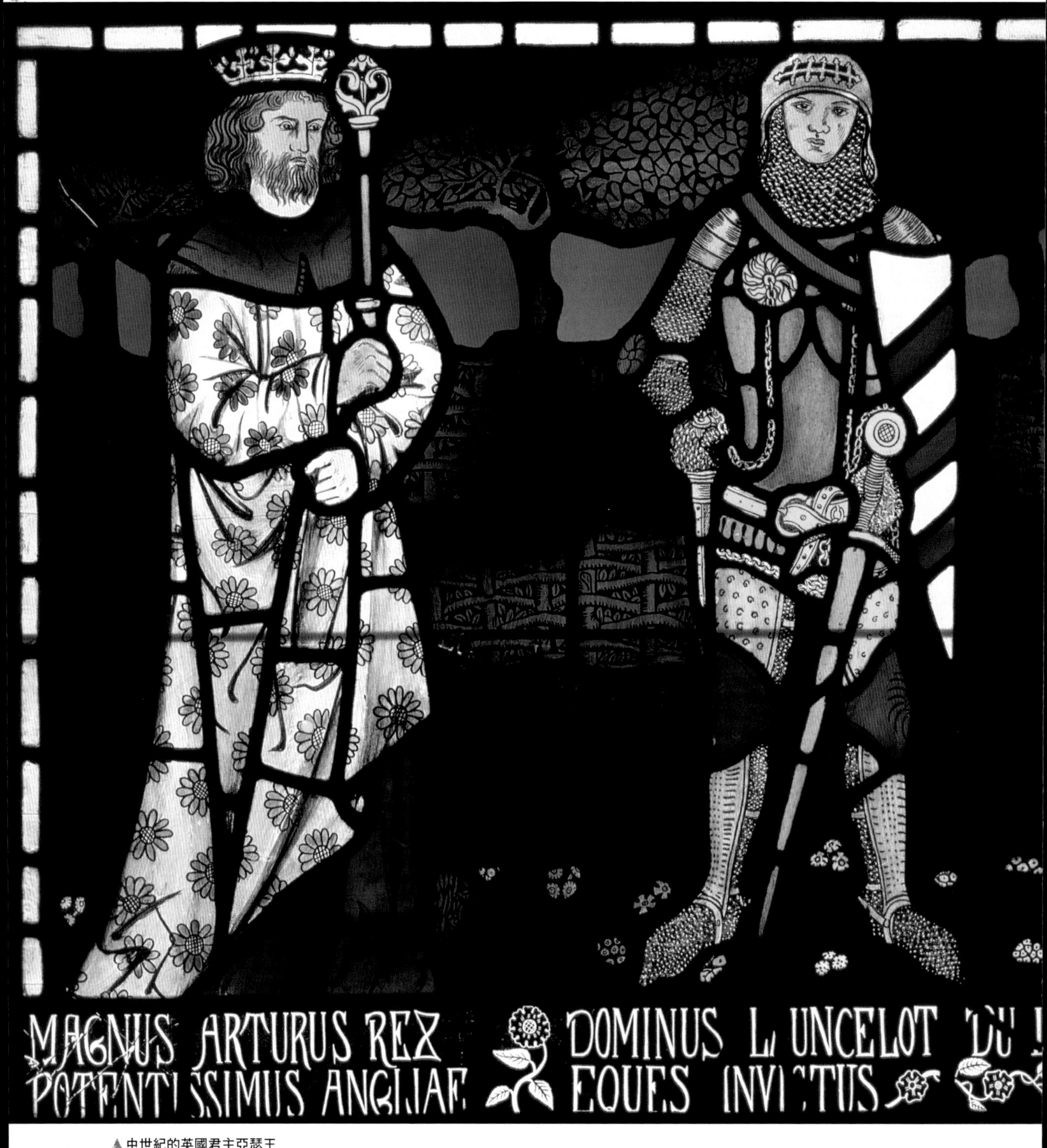

▲ **中世紀的英國君主亞瑟王**

亞瑟據說是較早期的國王，但人們往往將他視為英國中世紀的理想君主，並在畫中讓他穿著中世紀服飾，上圖的彩色玻璃就是一例。這是維多利亞時期著名藝術家威廉·莫里斯（西元1834-1896年）的作品，完成於西元1862年。

歐洲西部

古凱爾特人是歐洲的早期居民，在許多已流傳千年以上的神話傳說中，都可看出來自凱爾特人的影響。他們的神話內容涵蓋極廣，包括早期性格不明顯的神祇及後來的英雄傳說，至今依然令人著迷。

古凱爾特人由許多部族組成，可能發源於中歐。從西元前五世紀開始，直到西元前三世紀羅馬勢力興起之間，凱爾特人遍布於歐洲大陸，儘管並未形成帝國，但從西班牙到土耳其之間的廣袤土地裡，到處都有他們的聚落。隨著羅馬帝國的拓展，凱爾特人不得不逐漸遷往歐洲邊緣，尤其是愛爾蘭、威爾斯、蘇格蘭及法國西部部分地區成為早期凱爾特神話的發展核心，當地的神話歷經數百年的傳承，至今不衰。

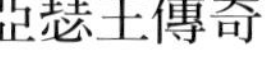

▲ **暗林之丘的墓葬遺址**
上圖的遺址位於安格爾西島（Isle of Anglesey，約西元前2000年），人們認為，類似這個遺址的古代墓葬土丘具有法力，有些人甚至將墓地入口視為通往異世界的大門。

凱爾特神話

早期凱爾特人並未留下文字紀錄，羅馬征服者將凱爾特人描述為好戰又野蠻，儘管這種觀點可能極為偏頗，但他們確實記載了大量關於早期凱爾特諸神的資料。我們對這個古老民族及其信仰所知有限，不過考古學者發現了一些當時墓葬土丘之類的遺址，這些遺跡正是當地傳說的發源地，因此有助於對他們的瞭解。再更晚期，大約西元十一至十四世紀間，威爾斯與愛爾蘭僧侶用文字記下他們所知的凱爾特神話，內容包括：愛爾蘭諸神、芬因（Finn）和庫丘林（Cúchulain）等愛爾蘭英雄，以及《馬畢諾奇》（*Mabinogi*）書中所記載的威爾斯神話故事，為凱爾特神祕而迷人的神話世界開啟了幾扇窗。這些神話故事講述了魔法與巫術、驚人的變身、奇特的巨怪，以及前往時間停滯、人們永保年輕的「異世界」（Otherworld）的旅程。千百年來，這些故事在人們口中一再傳誦，同時激發了許多以歐洲西部語言創作的詩文作品。

◀ **凱爾特之鼎**
在許多古凱爾特神話中，鼎扮演重要的角色。左圖的剛德斯卓普大鼎（Gundestrup Cauldron）完成於西元前一世紀，飾有許多萬獸之王瑟納諾斯（Cernunnos）的形象，發現於凱爾特文化圈邊緣的丹麥。

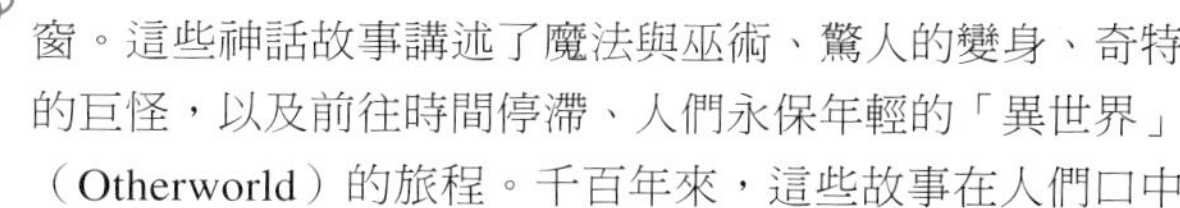

亞瑟王傳奇

歐洲西部另一個體系的傳說是關於亞瑟王的故事，大約在中世紀時首次出現。亞瑟王是傳說中一位不列顛的君王，他的故事可能以西元五或六世紀時一位真實的國王或部落酋長為藍本，不過至今仍缺乏有力的證據。從蒙茅斯的傑佛瑞（Geoffrey of Monmouth, 卒於西元1155年）開始，許多作家都寫下亞瑟王及其追隨者的事蹟。這些早期的故事版本差異甚大，不過全都把亞瑟王描述為一位英勇且有美德的君主，但卻遭到自己的親人莫德雷德（Mordred）背叛。後來的亞瑟王傳奇則進一步增加故事的題材：圓桌武士、尋找聖杯，以及與國王跟隨者相關的次要情節。

中世紀時期，不列顛及不列顛以外地區的詩人和散文作家全都對亞瑟王及其部屬的故事十分著迷，這些故事合稱為「不列顛軼事」（Matter of Britain）。著名的作家如法國詩人薛提昂．德妥耶（Chrétien de Troyes）和英國散文家湯馬斯．馬洛理（Thomas Malory），他們除了記錄亞瑟王和其他騎士的相關傳說外，也在其中添加了一些情節。在這樣的記錄過程中，有些圓桌武士的故事愈來愈豐富，有時甚至變得比亞瑟王本身的故事還更有分量。例如：神祕的綠騎士的領袖高文爵士（Sir Gawain），還有後來與亞瑟之后桂妮薇兒（Guinevere）墜入情網的蘭斯洛（Lancelot），都是最有名的例子。儘管經過數百年，世界各地的人們至今仍欣賞著這些不同版本的故事。

古凱爾特人的神話與傳說

古凱爾特人分布的地域非常廣泛，西起不列顛，向東經過法國和德國，一直延伸至歐洲中部。雖然古凱爾特人沒有文字書寫系統，不過他們仍發展出高度開發的文化，而從出土的墓葬與具宗教性質的遺址中更可看出，他們曾崇祀許多不同的男女諸神。後來，羅馬人征服了古凱爾特人絕大部分的土地，他們留下一些描述凱爾特人的諸神與宗教儀式的相關文字紀錄，同時也將許多神祇與自己的信仰相結合。

神槌手

在凱爾特文化圈許多地區都可見到蘇瑟勒斯（Sucellos），其中以高盧（現在的法國）和不列顛最常見。蘇瑟勒斯是「神槌手」（the Good Striker）之意，人們常將他視為農業與森林之神，但重要性至今不明。他通常被描繪為長髮、蓄鬍，左手拿大槌子，這是他的主要特徵，但其中含意眾說紛云。有人認為它可能是武器，有人認為是某種工匠用具，或只是這位神祇的力量象徵。蘇瑟勒斯出現在圖畫中時，配偶南托蘇薇妲（Nantosuelta）女神通常會出現在他身旁。她手上拿著一個碟子（應是儀式用具），以及頂端呈屋子形狀的長棍（這可能代表她是家居生活之神）。

◄ **蘇瑟勒斯的象徵**
蘇瑟勒斯掌管葡萄的收成，有時，他會帶著壺或桶子，以便儲存葡萄製成的酒。

▲ **南托蘇薇妲**
女神南托蘇薇妲負責管理的範圍，可能和豐收、幸福以及家庭生活有關。

◄ **蘇瑟勒斯的槌子**
蘇瑟勒斯通常手上拿著一根鎯頭或槌子，這是他擁有「神槌手」稱號的由來。

▲ **瑟納諾斯**
瑟納諾斯又稱為鹿角神，人們往往將他描繪為萬獸之神，因此身旁圍繞著許多的動物，例如：公牛、野豬和蛇等。

鹿角神

瑟納諾斯（Cernunnos）是個頭上長著牡鹿犄角的男子，有時還有鹿的蹄子和耳朵，因而又稱鹿角神。根據人們描繪，他通常蓄著長髮和鬍子，還會佩戴頸圈或頸飾，這在凱爾特文化中代表出身貴族。瑟納諾斯在歐洲凱爾特世界裡廣受人們崇拜，他像古希臘神話的潘恩一樣，可能是位「放縱」的神祇（參見86-87頁）。此外，頭上的角象徵他是豐饒之神，為了強調這點，他也和豐饒之角、水果及盛裝穀物的容器一起出現，因而象徵他身分的雙重意涵——生育力的旺盛，以及農地的多產。

頸圈或頸飾

雷神

塔拉尼斯（Taranis）是天空之神，也是不列顛地區凱爾特人的主要神祇；西元一世紀羅馬人入侵不列顛時，他顯然廣受人們崇拜。拉丁語系的作家描述他是一位戰神，將他和朱比特相提並論；塔拉尼斯和朱彼特間的共通特徵是他們都掌管雷電。凱爾特人還有一位天空之神負責掌管太陽，象徵物是輪子或圓盤。有時人們認為這位輪之神等同於塔拉尼斯。根據羅馬人的觀察，塔拉尼斯的崇拜儀典中有殘酷的儀式。凱爾特人為塔拉尼斯獻上犧牲，祭品有時還包括活人，他們被放進木船中活活燒死或丟入泥沼中淹死。這種崇拜儀式可以證實：塔拉尼斯雖是天空之神，同時也和結合羅馬與凱爾特文化的冥府之神迪斯．帕特（Dis Pater）有所關連。

塔拉尼斯之輪

轂輪不但象徵太陽的光芒，同時也代表太陽的運轉，在凱爾特文化圈裡，則用來代表太陽及其神祇，塔拉尼斯因而可能也包含在內。

天空之神

左圖這位天空之神，手中拿著轂輪以及雷電霹靂，可能象徵著他已結合了凱爾特人的塔拉尼斯，以及入侵者羅馬人的天空之神朱比特。

諸神的閃電

凱爾特人認為，雷擊和閃電是眾神在進行超自然活動的證據，因此他們也將遭閃電擊中的地點視為神聖之地。

火與光之神

貝勒努斯（Belenus）是凱爾特的光明之神與太陽神，又稱貝勒或貝勒斯，這幾個名字都含有一個共同的元素，意思是「光明」或「閃耀」。貝勒努斯是歐洲各地普遍崇拜的神祇，不列顛、奧地利和義大利等地雖然相隔甚遠，但都可發現崇祀他的祭壇。他也和療癒及太陽有關，人們認為他對等於阿波羅（參見28-29頁）；有些貝勒努斯的神壇設在泉水旁，信徒來此飲用泉水以治癒病痛，這和阿波羅崇拜相近似。不列顛的凱爾特人在春季舉行貝爾坦（Beltane）祭典，慶典中必須生起火堆，表示白晝增長且天氣轉好，這可能與對貝勒努斯的崇拜有關。

太陽神

環繞貝勒努斯臉部的線條，可能代表著太陽神所散發出來的溫暖，以及耀眼的光芒。

三神組

凱爾特人對於成三出現的事物十分著迷。他們想像出有三只犄角的公牛，以及有三張臉或三個頭的神祇。威爾斯人和愛爾蘭人創作三行詩（triad），這是一種以三行文字描寫三個概念的詩作體例。在凱爾特的傳說故事中，往往會提到某人有三個兒子或三個女兒；男女諸神也會以三個為一組結合在一起。在許多凱爾特的塑像和浮雕上，也可見到三位女神站在一起，這三位女神或稱為「三聖母」，在凱爾特人眼中，她們似乎擁有特別的能力；她們同時代表人類的生育力和土地的生產力，而且也主宰著人們的生活與健康。此外，她們似乎也象徵著人類的生命歷程，因為這三位女神在許多時候會以不同年紀的女性外形出現。

三神組

在凱爾特的浮雕上，往往可以看到帶著籃子的三位女神，籃中通常裝著各種水果或蔬菜，象徵著大地的富饒與多產。

相關參考：大地之神16-17, 110-11, 142-43, 196-97, 236-39, 250-51, 308-09, 314-15, 330-31

厄爾斯特故事集

愛爾蘭最有名也最引人入勝的神話故事之一，講述的是關於愛爾蘭北部厄爾斯特（Ulster）人民的事蹟。在這些合稱為厄爾斯特故事集的神話中，主角庫丘林是一位大無畏的戰士，他在作戰時兩眼發光，口中放聲嘶吼，手中的長矛幾乎無堅不摧，進入一種近乎發狂的狀態，因而讓人聞之喪膽。與他相關的故事描述他與眾不同的童年時期，還有他與厄爾斯特宿敵愛爾蘭的康諾特王國（Connaught）的長期抗爭，其中包括戲劇性的一對一戰鬥，以及最後壯烈成仁的過程。

神話

厄爾斯特的康科瓦爾國王（King Conchobar）有一隊隨身侍從，這一百五十名男孩經過訓練後將成為戰士。他的姪子庫丘林也想成為隊員，不過母親認為孩子年紀還小而反對。庫丘林由於沒有入選而氣憤，自行離家加入，不料其他男孩取笑他弱小，還欺負他，他因暴怒而發狂，頭部愈來愈燙，周圍出現紅光，隨後開始嘶吼，結果攻擊他的人嚇得發抖後都逃走了。康科瓦爾對年幼的姪子留下深刻印象，立即將他編入麾下的部隊。

庫丘林長大後想追求艾莫（Emer），據說她是全愛爾蘭最美麗的女人。然而，艾莫的父親弗高（Forgall）不答應這件婚事，他認為女兒應許配給更優秀的人，於是遊說康科瓦爾把庫丘林派到蘇格蘭，去向著名的女戰士史卡莎（Sgatha）學習軍事策略。庫丘林學成歸國後，弗高不願接待他進城，於是他爬上城牆，帶走了艾莫。

費迪亞德之死
費迪亞德受人誘騙加入宓芙的陣營，將庫丘林逼進某個峽灣，但終究還是死在庫丘林手中。

庫利的棕牛
公牛是力量或財富的象徵，因此宓芙偷走了厄爾斯特的公牛，以便向丈夫報仇。

庫丘林參戰

康諾特皇后宓芙（Maeve）有一隻長著白色犄角的公牛，這是她最珍貴的寶物。有一天，這頭牛跑到她丈夫艾利爾（Ailill）的牛群裡，於是她偷走厄爾斯特最好的牲畜之一——庫利的棕牛。厄爾斯特人想要報復，但受古老的詛咒所苦，運氣不好時就會生病。只有庫丘林免於詛咒，因為他的父親是太陽神盧烏（Lugh）。他和康諾特幾位優秀鬥士進行一對一挑戰並擊敗他們，然後登上戰車，殺氣騰騰地衝向敵軍，殺死許多人。

宓芙繼續派出援軍，庫丘林之友費迪亞德（Ferdiad）也為敵營作戰。庫丘林再次準備上戰場，但各種徵象卻顯示了不好的預兆。他的美酒變成鮮血，還看見女孩邊哭邊清洗染血的衣物。庫丘林明白，他的死期近了。儘管如此，他還是盡力消滅無數敵人，包括費迪亞德。最後，一支長矛刺穿他的身體。他拖著受傷的身軀來到一顆立石旁，將自己綁在石上，這樣死後仍能挺起身子站好。隨後飛來一隻烏鴉停在他肩頭，據說那是死之女神莫莉根（Morrigan，見175頁），英雄就此闔上了眼。

庫丘林名字的由來

庫丘林本名為瑟丹達（Sedanta），母親是名叫黛克蒂尼（Deichtine）的凡間女子，父親是愛爾蘭的太陽神盧烏。庫丘林小時候，康科瓦爾邀請他參加鐵匠庫蘭（Culann）舉辦的宴會，他抵達時已經遲到，並在庫蘭的護衛犬攻擊他時，赤手空拳將狗打死。為了平息鐵匠的怒氣，庫丘林提議在庫蘭養另一隻狗前充當他的護衛，因而被命名為「庫丘林」，意思是庫蘭的狗。

◄ **猛犬之死**
人們認為狗是既強壯又忠心的動物。庫丘林殺死庫蘭的猛犬後，開始和狗產生了關連。

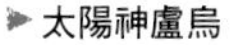

► **太陽神盧烏**
庫丘林的父親是愛爾蘭的眾神之王，他是偉大戰士，也擅長藝術，後來將力量和權勢都傳給自己兒子

瑟丹達緊緊抓住猛犬的腿，
猛然將狗頭狠狠
摔在院子裡的石板上。

厄爾斯特與康諾特

愛爾蘭神話講述了幾個傳說中的民族侵略國土的過程，如飛波爾格族（Fir Bolg）將愛爾蘭分成五省：厄爾斯特、倫斯特（Leinster）、康諾特、明斯特（Munster），以及米斯（Meath）。多年後，厄爾斯特和康諾特成為勁敵，偉大的愛爾蘭史詩《奪牛記》（*Táin Bó Cuailgne*）記載了兩地間的敵對關係。這部作品大約完成於西元八世紀，內容包括許多愛爾蘭英雄故事，如宓芙的公牛遭丈夫奪走，她又偷走厄爾斯特的牛等。

▲ **康科瓦爾王**
這位厄爾斯特的統治者既有權威又有智慧，據說他的父親是德魯伊德教的祭司。

▲ **宓芙王后受到警告**
雖然有人事先已警告過宓芙皇后他們將會戰敗，但她還是偷走了庫利之牛，因而開啟了康諾特人與厄爾斯特人之間的戰端。

不幸的黛爾德

黛爾德（Deirdre）的悲劇故事和康科瓦爾王有關。她是國王屬下吟遊詩人之女，根據預言，她會變成絕世美人，因此國王讓她與外界隔絕，打算等她長大後娶她為妻。一天，她看見國王剝下牛犢的皮，一旁有渡鴉啜飲牛血，她告訴旁人將來想嫁給髮像鴉一般黑，臉像牛血一樣紅，身體如雪般白的人。

康科瓦爾的騎士中一位名叫涅蘇（Naoise）的年輕人就是她形容的模樣，他們兩人墜入情網，為愛私奔。後來康科瓦爾將他們騙回，殺死了涅蘇，試著說服黛爾德嫁給他，但她選擇自我了斷。

▲ **黛爾德與涅蘇**
黛爾德與涅蘇兩人為了逃避康科瓦爾王的追捕，渡海來到蘇格蘭。不過即使他們遠遁到這裡，依然逃不出康科瓦爾王的勢力範圍。

◄ **富格斯．麥羅埃赫**
在凱爾特神話中，厄爾斯特偉大戰士富格斯．麥羅埃赫（Fergus mac Róich）經常出現。康科瓦爾派他押送黛爾德與涅蘇回國，後來，善妒的統治者在湖上殺死他。

相關參考：戰爭18-19, 60-61, 98-99, 104-05, 118-19, 126-27, 170-71, 176-77, 206-07．公牛50-51, 156-57, 194-95

芬尼亞故事集

在愛爾蘭的神話傳說當中，有很大一部分講述的都是偉大的英雄芬因・麥庫爾（Finn mac Cool），以及他和夥伴芬尼亞戰士的故事，這些傳說形成了所謂的芬尼亞故事集（Fenian Cycle）。芬因是一名戰士，也是狩獵者，根據許多故事的記載，他還是一位預言家，能夠預見未來。他為了對抗愛爾蘭的敵人挺身而出，由於能力高強，有時人們認為他就是古凱爾特的神祇盧烏。

神話

芬因年紀很輕時就獲得高深的智慧。當時他的名字還叫旦納（Demhne），遇見詩人兼德魯伊德祭司的先知芬因（Finn the Seer），跟在他身邊學習。有一天，詩人在多年努力後捕獲智慧之鮭（Salmon of Knowledge），要求旦納為他烹調，但不准旦納吃魚。旦納聽從指示去做，但煮魚時燙到手，下意識將發痛的拇指放進嘴裡。後來他把這件事告訴先知，詩人說，命中注定你該吃這條魚，從今以後你就改名叫芬因。芬因吃了這條智慧之魚後有了深厚的知識及預言的能力。根據傳說，當他吸吮拇指時，就已將鮭魚所帶有的智慧召喚出來了。

芬因・麥庫爾

戰士芬因是一位受人愛戴的領袖，只要他舉起權杖對部屬下令，他們會立刻挺身而出，與他並肩作戰。

愛爾蘭的守護者

芬因長大後成為出色的運動員、獵人和戰士，再加上天賜的智慧，於是擁有了獨特力量。他在鄉間行善，用威力強大的寶劍削出山隘，斬除大蛇。他驅逐許多企圖入侵愛爾蘭的民族，還打敗幾位超自然的對手，例如來自異世界的惡毒噴火樂師艾倫・麥米利安（Aillén mac Midgna）。艾倫原本每年都會前往位於達拉（Tara）的宮殿，用他的音樂讓守衛入睡，然後放火燒毀宮殿。達拉當地一籌莫展的武士於是請求芬因出手相助。芬因擬出了一套計畫，打算和艾倫鬥智。他從自己的矛取得解藥，讓他不會昏睡，然後躺在地上，等到艾倫來時將艾倫刺死。

芬因變身

人們時常將芬因與鹿聯想在一起。他能化身為成年牡鹿，他的配偶賽德佩（Sadbh）則會變為牝鹿前來與他相會。

芬因的晚年生活

芬因愛上小他很多歲的圭蘭妮（Grainne），她也已被許配給芬因。然而，圭蘭妮並不想嫁給老先生。她深愛的是一位名叫戴爾麥（Diarmaid）的年輕人。戴爾麥是芬因的部屬，圭蘭妮對他下了咒，讓他愛上自己，隨後兩人一起私奔，在一起過了一段幸福快樂的日子，直到戴爾麥遭野豬殺死，兩人才被迫分離。芬因後來的經歷包括：以戰士身分英勇作戰，或因智慧和治病能力而接受他人拜訪。此外還有一些故事敘述他的韻事，其中一位年輕女子拒絕了他，因為兩人過去曾發生過關係；這位女子象徵著已逝的青春。後來芬因遭五名男子攻擊而死，因為僅憑一人力量不足以將他擊倒。在其他版本裡，他喪生於名為艾列赫・麥道杜恩（Aichlech mac Dubdrenn）的戰士手中。

神話的多重面貌

在芬因與夥伴的故事裡，不但有許多個性鮮明的角色，還有其他各種主題，例如他的智慧來自何方等，為整套故事帶來神奇的魔力。至於跟隨芬因的夥伴，個個都是英雄，其中許多人因為勇氣十足或力大無比而著稱，其中包括：芬因之子歐辛（Oisín）；高爾．麥摩那（Goll mac Morna），這位偉大的鬥士有時也成為芬因的對手；戴爾麥，他是眾多女子的最愛；科南（Conán），這個不懷好意的傢伙有時還是個搗蛋鬼。這些人物全都住在野外，生活於正常社會的邊緣地帶，並受到不會出現於一般世界的超自然力量所影響。芬因與他這群勇猛的戰士，經常被人們拿來和亞瑟王與圓桌武士（見126-127頁）相提並論。

▲歐辛

歐辛是知名吟遊詩人，以歌謠敘述芬尼亞戰士的故事，讓聽眾為之著迷。令人感傷的是當他由青春之鄉（見120頁）重回人間時，他的青春、皇后及王國都已不復存在。

▲眾神之酒

根據某個故事版本的說法，芬因擔任為眾神侍餐的工作時，曾偷偷喝了一小口眾神的酒，因而獲得了智慧。

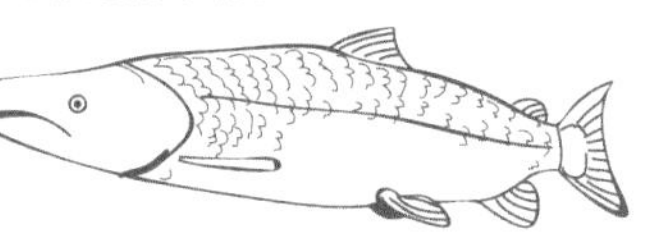

▲智慧之鮭

先知芬因耗費了長達七年的時間來捕捉住在波恩（Boyne）池裡的智慧之鮭。然而，當他終於捕獲時，命中注定要吃這條魚的卻是芬因．麥庫爾。

▲戴麥爾與圭蘭妮

剛懷孕的圭蘭妮很想吃一種神奇的漿果，但那棵果樹下有巨人守護著。後來戴麥爾殺死了巨人，為圭蘭妮摘取漿果。

▲馬南南．麥里爾

馬南南．麥里爾（Manannan mac Lir）是愛爾蘭的海神，他以海浪抵擋入侵者的攻擊，因而和芬因都被人們視為愛爾蘭的保護者。

芬尼亞故事集的文本

芬尼亞故事集當中的故事，曾出現在許多早期的作品裡，例如完成於西元九世紀至十六世紀之間，在愛爾蘭與蘇格蘭的修道院或城堡中集結的韻文或散文。起先，人們認為這類文本中有些記載的是歷史上確實存在的人物，後來，芬因與其部眾的事被視為單純的神話傳說。專門描述芬因冒險事蹟的書籍，包括十二世紀的作品《老人對話錄》（*The Colloquy of Old Men*），以及十五世紀初的愛爾蘭羊皮紙手抄本《利斯摩爾之書》（*The Book of Lismore*）。由於歐辛被視為愛爾蘭最具傳奇性的詩人，人們一度認為這些早期文本當中的詩句都是由他本人所創作的，因此，芬尼亞故事集又稱為歐辛故事集（Ossianic Cycle）。

《利斯摩爾之書》

相關參考：英雄46-49, 60-61, 64-67, 78-79, 104-05, 120-21, 126-29, 206-07, 254-55, 260-61

奇幻的國度

在古老的凱爾特文學裡，有許多故事都曾描述人們拜訪奇幻國度的經歷。這些地方和人們所居住的世界距離並不遙遠，但卻是迥然不同的天地。居住在異世界裡的居民永遠不會老，他們的日子開心而愉快，完全沒有痛苦與失望；在他們生活的國度裡，時間被壓縮了，一眨眼就是人間千百年的歲月，來訪的凡人往往不曾察覺時光的流逝。儘管異世界的生活既平靜又恬適，但來到此地的凡人，終究還是渴望能重新回到自己的家鄉。

青春之鄉

歐辛是芬因．麥庫爾的傑出兒子（參見第118-119頁），也是保衛愛爾蘭的芬尼亞戰士的成員之一。有一回，他在打獵時遇見一位騎著白馬的美女。這位美女名叫妮亞芙．金奧爾（Niamh Chinn Óir，意為：金髮的妮亞芙），是青春之鄉（Tir na nÓg）的女王，她向歐辛表達愛意，希望他能一同回到她的國度。歐辛在前往奇幻國度的途中殺死了一位巨人，同時為了顯示他的英勇，把巨人送給妮亞芙當作聘禮。他們兩人快快樂樂共度了數百年的光陰，但歐辛終究抵擋不了思鄉的心情，決心回愛爾蘭去看看。他回鄉之後才發現，自從他離開後，許多人事物都和過去不一樣了。妮亞芙曾提醒歐辛，在愛爾蘭時千萬別下馬，但當他看見有人在搬石頭需要幫忙時卻忘了妻子的交代，他一下馬，腳一碰地的瞬間就變老了，隨即離開了塵世。

▲歐辛

歐辛是一位戰士，擁有變身的能力，同時還是芬尼亞的詩人，許多芬因．麥庫爾與夥伴的冒險故事，都是以歐辛的角色來傳述的。

▶青春之鄉的女王

金髮的妮亞芙是一位美麗無比的年輕女子，經常騎馬越過愛爾蘭。在她統治的國度裡，人們不會衰老，也不會生病。然而那裡的時光飛快，數年光陰瞬間即逝。

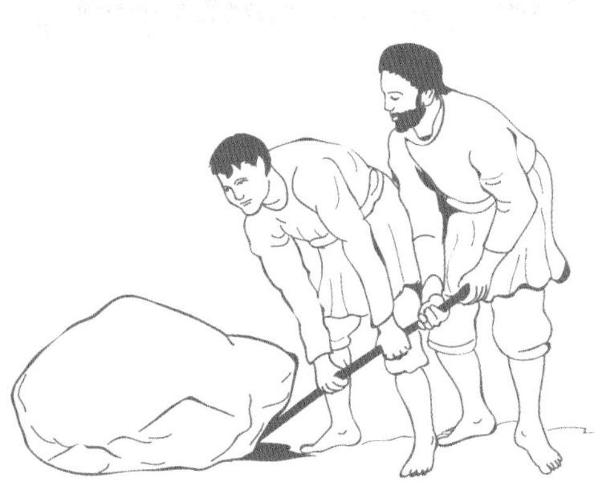

◀歐辛與巨石

歐辛騎馬經過，看見兩個人正費力想搬起一塊大石頭。當他離鞍下馬想要幫忙時，腳才一落地，頃刻之間就老了三百歲。

女人國

梅爾・頓（Máel Dúin）是個私生子。有一天，他得知父親原來是遭入侵者殺害，於是出發去尋找殺父凶手。他和十七位同伴造訪許多島嶼，每個地方都住著特別的居民，包括巨鳥、鬥馬及其他不尋常的生物。後來他們來到女人國（Land of Women），此地的女王和梅爾頓結婚，並讓女兒嫁給他的部屬為妻。他們在女人國待了三個月後都想重回故鄉，但每次揚起帆準備啟航，女王就會拋出繩索綁住梅爾頓的手，將所有人拖回港口。最後，一名水手抓住女王拋出的繩索，並讓同伴砍斷他的手，他們才終於成功逃離。

◀ 女人之島
梅爾頓和他的同伴們發現了一座島嶼，島上清一色只有女性居民，她們十分渴望來訪的男性願意留下來和她們一起生活。

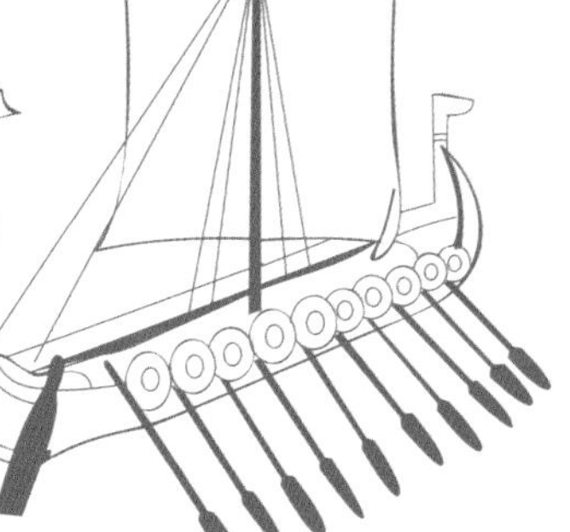

▶ 凱爾特的船
梅爾頓和夥伴駕船出海遠行。他們的船和維京人的船相類似，船上有帆，兩側備有槳，因而在無風時也能保持前進。

▲ 智慧之泉
依據傳說，在應許之地裡有一個噴泉水池，任何人只要飲下池裡的泉水，就能得到神祕的知識。

▲ 聖布倫丹的航海之旅
愛爾蘭的聖徒布倫丹是西元六世紀的人物，他四處雲遊，據說在某次航程裡，將鯨魚誤認為島嶼，把船停在鯨魚身上。

應許之地

探險家最渴望探尋的地方，應該算是遠在大海之外的應許之地——提爾泰恩吉（Tir Tairngire）。那是一處天堂，日子無憂無慮，訪客還能在此獲得法術。有些人認為，提爾泰恩吉的統治者應是馬南南・麥里爾，他是海神，也是偉大的戰士，但其他文獻認為，他只是帶著兒子蒙根（Mongán）到過應許之地，在那裡待了幾年，學到許多祕術。另一位去過應許之地的是天主教聖徒布倫丹（Brendan），當時他和十四位同伴一同搭乘小船出海探險。除了提爾泰恩吉之外，據說布倫丹在漫長的航程裡也曾拜訪許多奇特的島嶼，甚至可能多次遠征冰島。

海底國

海底國是一個隱沒於海中的城市或國家，許多凱爾特傳說都曾提到它，其中最有名的是位於不列塔尼外海的伊斯（Ys）的故事。伊斯是一座繁榮的城市，賢明的國王古朗隆・穆爾（Gradlon Meur）修築了堅固的堤岸，讓此地不受海浪侵襲。不過，古朗隆有一個名叫達荷特（Dahut）的邪惡女兒。關於她打開水道閘門的原因，不同版本的故事說法不一，有的說她喝醉了，有的說她受了另一個邪惡的人鼓吹，但無論哪一個版本，閘門一開，海水隨即湧入，伊斯永遠消失於波濤之中。有些人認為，這座城市雖然從陸地消失了，但在海底那個奇特的國度裡，仍有生物生活於其中。

▲ 沒入海中的城市
根據伊斯的相關傳說，人們若沿著不列塔尼海岸航行，都會聽到來自海底城市的教堂鐘聲隨著陣陣海浪傳了出來。

相關參考：旅行34-35, 44-45, 64-67, 78-79, 220-21

聖布倫丹遇見猶大

聖布倫丹是西元六世紀的愛爾蘭航海探險家。根據傳說，有一回聖布倫丹遇見了猶大，猶大告訴聖布倫丹，每逢聖日，上主都讓他免受地獄刑罰的折磨。

馬畢諾奇

《馬畢諾奇》（*Mabinogi*）又稱《馬畢諾奇昂》，敘述古代凱爾特諸神與英雄，是威爾斯神話與傳說的寶藏，最早的文字紀錄可追溯到西元十二世紀，全書共分四組主題：達費德（Dyfed）王子浦伊爾（Pwyll）的冒險與異世界之旅、海神利爾（Llyr）之子布蘭（Brân）與馬納維丹（Mananwydan），以及布洛度薇特（Blodeuwedd）的故事。除了《馬畢諾奇》外，有些角色在其他轉述版本裡有更多的故事發展，布蘭就是其中一例。基督宗教的作家稱他是「有福的布蘭」，並認為他是將基督信仰傳入威爾斯的人。

花朵變成的妻子

雷・勞・葛非斯（Lleu Llaw Gyffes，原意為聰明的巧手者）是阿瑞安赫德（Arianrhod）的兒子，阿瑞安赫德不願讓兒子娶凡人為妻，因而在他身上下了詛咒。雷的舅舅格威戴恩（Gwydion）是一位法師，他決定對自己的外甥伸出援手，於是向另一位法師格威內斯的馬茲（Math of Gwynedd）請求協助。他們兩人合力施展法術，用繡線菊、金雀花和橡樹的花朵打造出一位美麗的女子，名叫布洛度薇特。他們原本希望布洛度薇特能成為雷的妻子，但她卻愛上了另一名男子葛隆・佩比（Gronw Pebyr）。葛隆後來殺了雷，雷死後變成一隻老鷹，飛上橡樹，後來格威戴恩前來解救他，將他變回人形。雷於是設法找到葛隆，把他殺死，並成為格威內斯（北威爾斯）的國王。

▼ **布洛度薇特**

布洛度薇特的名字原本是「花顏」之意，一來代表她懾人的外貌之美，二來則象徵她是由野花組合而成的。

► **魔法橡樹**

凱爾特人認為橡樹有魔力，德魯伊德祭司以橡木製作魔杖，並在儀式中使用長在橡樹上的槲寄生。

◄ **布洛度薇特受到處罰**

格威戴恩發現布洛度薇特背叛他們，於是將她變成一隻貓頭鷹。

有福的布蘭

布蘭又稱為班迪吉德弗蘭（Bendigeidfran），在古代英格蘭與威爾斯作家以各種不同文體寫成的故事裡，經常可以看到關於他的不同描述。起先他被描述為海神，人們曾見到他騎在浪頭之上。後來，他被描述為力量強大的不列顛國王與領導者，在他有生之年，正是不列顛與愛爾蘭處於交戰狀態的年代。布蘭率領的人數雖然比敵軍少，而且後來他還身受重傷，但他的勇氣和力量仍協助不列顛擊敗了愛爾蘭王。戰爭結束之後，布蘭告訴部屬他將不久於人世，並命令他們砍下他的頭帶回不列顛，如此一來，他還能保佑人們在未來對抗入侵的敵人。返回倫敦的路途上，布蘭的頭仍與他的同伴不斷交談，令他們驚異不已。後來，他們將他的頭埋在倫敦，讓他能繼續守護眾人。

▲毒矛

普通的武器無法對布蘭造成傷害，但是在與愛爾蘭的戰役中，他遭抹了毒藥的矛所傷，最後因此喪命。

▲巨人布蘭

布蘭是一國之君，據說是個擁有超凡力量的巨人。他有一個魔法大鼎，能讓死者復生，但這個鼎最後落入了愛爾蘭人的手中。

►迪納斯布蘭堡

迪納斯布蘭堡位於北威爾斯蘭戈倫地區（Llangollen），如今只剩若干石頭及泥土工事的遺址，據說這裡就是巨人國王布蘭的家。

芮安娜與浦伊爾

達費德的王子浦伊爾愛上美麗的芮安娜（Rhiannon），不過她的家人希望她嫁給葛瓦爾（Gwawl）。浦伊爾和芮安娜後來還是結婚了，因為沒有經過芮安娜父母的同意，兩人的婚姻也無法獲得他們的承認。不久，夫妻倆生了兒子，芮安娜的家族偷走了嬰兒，並誣指她殺死自己親生兒子。浦伊爾為了懲罰她，要她像馬一樣以四肢跪在地上，任何路過的人都能要求騎在她背上。這期間，浦伊爾去找一位尊貴的鄰居，這位鄰居馬廄裡的小馬不斷被偷，不知去向。浦伊爾在馬廄外守衛，抓到偷走小馬的怪獸，並在打鬥間砍下怪獸的手臂。當他又回到馬廄時，發現自己的孩子就躺在乾草堆中。浦伊爾於是把孩子帶回家交給芮安娜，並為孩子命名為庇里德瑞（Pryderi），意思是「留心」。

▼芮安娜

浦伊爾第一次看到芮安娜時，她騎在白馬上，深深吸引了他。芮安娜與馬有密切的關連，因為她是凱爾特馬之女神埃波娜（Epona）的人形化身。

▲庇里德瑞

出現在《馬畢諾奇》每個故事的庇里德瑞為人正直，他的角色影響了人們後來對亞瑟王傳奇中帕齊法爾（Perceval）的描述。

相關參考：樹木90-91, 92-93, 340-41．馬52-53, 172-73

亞瑟王與圓桌武士

亞瑟王與圓桌武士的傳說故事，數百年來為無數作家開啟了無限的想像空間；許多不列顛、日耳曼和法國的作者，都曾講述各種版本的相關故事，儘管版本不同，但他們全都不約而同地在各自的作品裡將亞瑟王描寫成一位睿智、正直而且英勇無比的統治者。透過這位完美的君主與他勇猛的武士的具體行動，這些故事頌揚了榮譽感、騎士精神，以及大無畏的勇氣。

傳說故事

亞瑟是私生子，父親是不列顛王尤瑟．潘卓崗（Uther Pendragon），母親是康瓦耳（Cornwall）皇后伊潔恩（Ygern），他從小遠離父母，被祕密扶養長大。不過尤瑟王給了亞瑟一個機會，讓他成為繼承人。國王把一柄劍插入石塊中，公開宣告，只要能將劍毫髮無傷從石頭中取出來，就有資格成為未來的不列顛王。許多騎士嘗試想把劍拔出來，但都徒勞無功，有一天，亞瑟經過此地，輕易就取出了石中劍。後來，這把劍在亞瑟的某次決鬥時受損了，湖女又給他另一把神奇的削鐵劍。在亞瑟王傳奇中，湖女是個神祕且難以捉摸的角色。

► 亞瑟王
人們經常將這個神話中的統治者描繪為堅定有力、體格健壯，且嫻熟搏鬥技巧。亞瑟王是騎士黃金時代的領導者，也是理想中的君王。

亞瑟王與眾武士

亞瑟是領導有方、值得敬重的國王。他深愛美麗的桂妮薇兒，並娶她為后。他的隨從中有許多英勇武士，他們圍坐在卡默洛特（Camelot）城堡裡著名的圓桌旁共同商討國政，後來許多武士去尋找聖杯的下落（參見128-129頁）。聖杯是耶穌死前所用的酒杯，據信是歷史上最重要的基督教聖物之一。最後只有加拉哈德（Galahad）、帕齊法爾（Perceval）和博爾斯（Bors）達成這項任務。在某些故事版本裡，他們終於找到聖杯，並送到耶路撒冷。

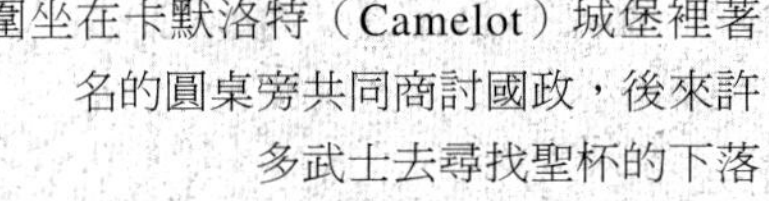

◄ 石中劍
取出石中劍原本是一件幾乎不可能的任務，只有一位英雄能做得到。當亞瑟拔出劍後，人們對他莫不信服，他也因而名正言順登基為王。

亞瑟之死

此時，城堡裡出現了問題。亞瑟最倚重的騎士之一蘭斯洛和皇后桂妮薇兒互生情愫，產生一段祕密戀情，亞瑟發現後，趕走了最要好的朋友。隨後，亞瑟之子莫德雷德決心挑戰父親的權勢。激戰中，雙方都有許多武士喪生；亞瑟王和莫德雷德雖得以倖免，但又和其他活著的武士繼續無情地搏鬥。最後，亞瑟殺死謀反的兒子，自己也身受重傷。他知道自己將不久於人世，於是駕船航向阿瓦隆（Avalon，意為：蘋果之島），陷入死亡般的漫長睡眠。據說，當不列顛遭遇大難而需要偉大領袖時，他將會回來重新掌理國家，因此又被稱為永恆之王。

主要角色

亞瑟王的傳奇中提及許多角色，有些是善良的勢力，有些則企圖破壞亞瑟王位於卡默洛特城堡裡的宮廷。除了大多數騎士外（參見右欄），善良勢力裡有一位重要的角色，那就是魔法師、預言家及亞瑟的導師——梅林（Merlin）。德行有瑕疵的角色包括蘭斯洛，這位充滿騎士精神的武士有個道德上的嚴重缺陷——他愛上了皇后桂妮薇兒。此外，蘭斯洛也辜負了亞瑟，因為國王與兒子作戰時，他來得太晚，來不及伸出援手。在某些版本的故事裡，桂妮薇兒因懊悔而遁入修道院，蘭斯洛得知後也成為修士。

桂妮薇兒皇后

與桂妮薇兒皇后有關的眾多傳說裡，對於她背叛亞瑟王而愛上蘭斯洛一事，不同版本的責難程度也各不相同。

莫德雷德與亞瑟

這場兒子和父親為了爭奪卡默洛特王位而發生的爭戰，後來以一場單打獨鬥的兩人廝殺做為了結，最後莫德雷德喪生，亞瑟則受到致命的重傷。

帕齊法爾

帕齊法爾出身高貴，在亞瑟王宮廷中證明了自己的能耐，成為武士之一。在聖杯傳奇中，他被描述為天真、「單純的傻瓜」。不過正是這種純真讓他配得上聖杯，並抗拒康卓莉（Kundry）的誘惑。康卓莉是謎樣的人物，奉命前來引誘他，讓他分心放棄尋找聖杯。帕齊法爾的故事讓華格納寫出《帕西法爾》（*Parsifal*），劇中帕西法爾治癒了聖杯守護者安弗塔斯（Amfortas）的致命傷。

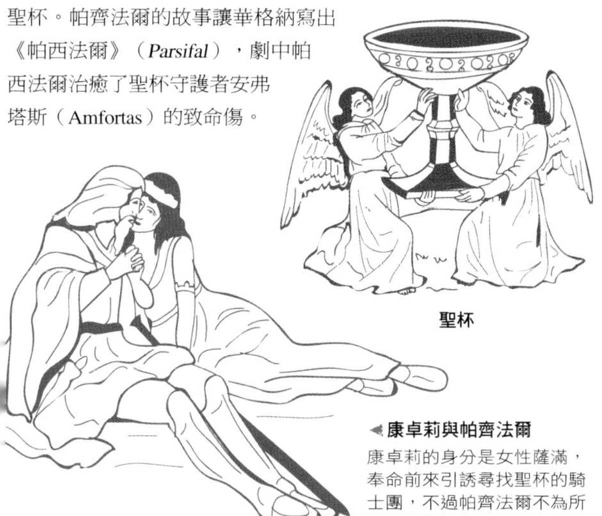

聖杯

康卓莉與帕齊法爾

康卓莉的身分是女性薩滿，奉命前來引誘尋找聖杯的騎士團，不過帕齊法爾不為所動，她的任務未能成功。

眾武士

圓桌武士傳說中的武士都是充滿騎士精神的男子漢，他們彼此平等相待，對女性彬彬有禮，協助陷於急難之中的人。他們藝高人膽大，殺死怪獸，打擊不法。關於他們的事蹟有許多故事，如加拉哈德追尋聖杯；亞瑟姪子高文的冒險；佩林諾（Pellinore）的探險；還有天真的帕齊法爾的功績。另外還有些故事講述騎士的愛情，有些故事則描述他們陷入政治爭端之中。

蘭斯洛

充滿活力的蘭斯洛是湖女撫養長大的。湖女給他一個盾牌，上面畫著三條橫紋，他在戰鬥時因而得以擁有加倍的力量。

加拉哈德

加拉哈德是蘭斯洛之子，他保持單身，而且心地純潔。尋找聖杯的路程既遙遠又累人，不過他的確擁有找到聖杯的資格。在找到聖杯後不久，加拉哈德就去世了。

圓桌

關於亞瑟王在卡默洛特的圓桌，許多故事說法不盡相同，有的甚至說它可容納一百名以上的騎士圍坐。儘管如此，有幾項重要原則大致相同，如每位騎士都同樣傑出；其中有一張特別的椅子稱為「危險的位子」，依照傳統會空下來，因為傳說坐上這椅子的騎士會在找到聖杯後死去，圓桌的時代也將隨之結束。

圍坐於圓桌旁的武士

相關參考：武器18-19, 46-47, 104-05, 124-25, 194-95, 198-99, 258-59, 262-63

126-127頁）中最動人也流傳最久的篇章。聖杯據說是耶穌在最後晚餐時所用的酒杯，但根據另一種說法，聖杯是他在十字架上受刑時承接他滴下來的血的器皿。後來，聖杯不知為何輾轉來到不列顛，一段時間後又消失無蹤，大地也變得荒蕪，因此尋找聖杯並恢復不列顛的富饒多產，就成為亞瑟王的武士最重要的任務，不過，其中只有最聖潔、最有德行的武士才能成功完成任務。關於聖杯的故事有許多版本，下方圖象取自不列顛藝術家伯恩－瓊斯（Sir Edward Burne-Jones，西元1833-1898年）的織錦畫系列作品。

伯恩－瓊斯，《追尋聖杯》，西元1890-1895年

1. 聖杯

根據傳說，耶穌釘死於十字架後，亞利馬太（Arimathea）的聖約瑟埋葬了基督的屍體，隨後將聖杯帶到不列顛，交由佩雷斯王（King Pelles）保管照料。佩雷斯王又稱為漁夫之王（Fisher King），後來他的父親受傷，大地變得貧瘠荒蕪。卡默洛特城堡的武士們相信，只有重新找回聖物，才能讓大地再度回復往日的富饒。

2. 小教堂

聖杯存放在一間小教堂裡，位於漁夫之王的城堡之內。據說聖杯由幾位天使負責守護，一旦德行高尚的騎士找到這座小教堂，這些守護天使就會為他提供食物，並以這神聖的器皿盛酒供他飲用。在某些版本的故事裡，人們甚至認為，當騎士完成尋找聖杯的旅程來到此地時，基督會親自以聖杯招待他們。

3. 開啟的門扉

小教堂的門扉開啟，顯示某位騎士已接近旅程的終點。為了讓追尋聖杯的任務畫下句點，騎士首先必須脫下頭上的頭盔，放下手邊的武器，表示他是為了和平而來的。然後他必須提出正確的儀式性問題，例如：「聖杯是什麼？」以及「聖杯為誰服務？」在這幅圖中，這麼做的那位騎士正是加拉哈德爵士。

4. 天使的幻象

三位天使站在小教堂之外。當騎士逐漸靠近教堂時，天使會出現在他的眼前，代表騎士接下來即將經歷的過程非常神聖，而且充滿神蹟。圖中站在右側的天使，手中似乎拿著加拉哈德卸下的矛。在某些關於基督釘死在十字架上的傳說裡，基督的身體側面也遭矛所傷，而在許多聖杯的故事裡，也常出現一支長矛將血滴入聖杯中的情節。

5. 加拉哈德爵士

亞瑟王的所有騎士之中，加拉哈德爵士是最聖潔的一位；在晚期的傳說版本裡，大多數的故事內容都描述找到聖杯的人是加拉哈德。加拉哈德的母親是漁夫之王的女兒艾蓮（Elaine），父親是蘭斯洛爵士。蘭斯洛原本也差點找到聖杯，但因為愛上了亞瑟王之妻桂妮薇兒，德行有所瑕疵，因而無法成功。本圖中，加拉哈德爵士身旁圍繞著許多高聳的百合，象徵他聖潔的特質。

6. 博爾斯爵士

加拉哈德爵士追尋聖杯時，有許多同伴和他一起行動，其中包括他的叔叔博爾斯。當加拉哈德年紀很小時，博爾斯爵士曾暗自祈禱，希望姪子長大後能成為像蘭斯洛爵士一樣的優秀騎士，而且能看到聖杯。這趟追尋之旅結束後，博爾斯爵士是唯一安然回到卡默洛特的騎士。

7. 帕齊法爾爵士

有些傳說認為聖杯是加拉哈德爵士找到的，在這一類的故事裡，人們將帕齊法爾爵士描述為加拉哈德爵士的忠實夥伴，而且他在來到小教堂之後不久就過世了。不過根據有些早期傳說版本的說法，真正的英雄是帕齊法爾爵士；這些文獻中描述，帕齊法爾爵士曾經成功抵達小教堂兩次，不過第一次來到此地時並未提出正確的儀式性問題，因此遭天使拒絕，無法進入教堂。

8. 開滿花的大地

由於加拉哈德爵士找到聖杯，荒蕪已久的不列顛大地終於又重新開滿花朵。土地再度恢復富饒，將聖杯傳奇和古凱爾特傳說中的類似魔法器皿連結在一起，例如大鼎，還有豐饒羊角。這些神奇的器物帶來豐饒與繁盛，只要能夠擁有它們，一切彷彿得以重生。

相關參考：追尋與挑戰44-45, 46-49, 50-51, 52-53, 54-55, 64-67, 72-73, 100-03, 294-97

▲ **湖水與溪流中的誘人精靈**

在中歐的溪流與湖泊裡，據説住著知名的水之精靈，他們會演奏甜美迷人的音樂，誘惑毫無防備的過路行人進入他們的水中世界。上圖中，美麗的農村少女正因樂聲的吸引而來到河邊。

中歐與東歐

許多神話與民間故事在中歐與東歐相互交融，因而更有魅力，
這種現象反映了此地自然環境的豐富，
以及包括泛靈信仰與基督宗教等各不相同的信仰傳承。

中歐與東歐的範圍西起捷克共和國，東至俄羅斯，其中有各種不同的民族和傳統。許多住在中歐與東歐西部的民族認為他們根源於凱爾特，不過此地區最重要的神話系統屬於斯拉夫人。西元五世紀至七世紀期間，原本世居住於保加利亞、斯洛伐克東部及鄰近地區的斯拉夫人逐漸從家鄉向外擴張，最後遍布於歐洲其他地區。

▲ **復活節彩蛋**
復活節的彩蛋是捷克共和國的傳統習俗。時至今日，這些彩蛋雖然象徵基督的復活，不過在基督宗教傳入之前，它們原本是重生的象徵。

早期斯拉夫神話

早期斯拉夫人的信仰與神話，著重於善惡的觀念以及祖先的角色。人們認為，人類的生命是介於光明與黑暗之間的掙扎，而死者則是能夠保衛家庭的精靈；這些祖靈雖然住在異世界，但卻可以透過祭司來加以聯繫，此時祭司的角色與其他文化中的薩滿相類似。

早期斯拉夫人還擁有許多神祇，他們大多掌管自然世界裡的各種力量與元素，其中最具威力的是天之神與光之神史瓦羅格（Svarog）。史瓦羅格有兩個兒子，名叫戴茨伯（Dazhbog）和史瓦羅齊克（Svarozhich），分別統治太陽和火。雷神霹隆（Perun）與風神史特里伯（Stribog）也是斯拉夫諸神之中相當重要的角色。此外，他們還有一對合稱為蘿札妮琪（Rozhanitsy）的豐饒女神，負責掌管農作物的生長與收穫。

除了上述諸神，中歐與東歐的神話還充滿超自然物種，他們是具有法力之地的專屬精靈。中歐與東歐的鄉間地區幽暗，滿布著古老林地、深邃湖泊及無數溪流河川，難怪擁有許多這類的森林和水之精靈。在當地許多神話中，湖水裡盤據著水之精靈和其他類似的怪物。他們會引誘人們進入水中，危害不少旅客。森林裡的精靈也同樣危險，他們誘惑行人離開原路，迷失於林木之間。

邪惡的精怪

中歐與東歐也是許多超自然物種匯聚之處，他們的威力強大，有時非常邪惡，其中女巫、狼人和吸血鬼的聲名遠播，甚至已傳到距離家鄉十分遙遠的地方。西元九世紀和十世紀時，基督宗教成為斯拉夫人主要信仰，這些精怪因而被視為大敵。基督宗教的傳道士排斥這些古老的神祇和精靈，不過許多斯拉夫人卻輕易將新舊信仰結合為一：他們以十字架驅除吸血鬼，以原本異教徒象徵重生與更新的彩蛋來慶視復活節。

▲ **伊爾曼湖畔的薩德柯**
在俄羅斯民間故事裡，名叫薩德柯（Sadko）的窮人在伊爾曼湖（Lake Ilmen）畔彈奏古斯里琴（又稱里拉琴）。海之王聽了琴聲後十分欣喜，薩德柯在他協助下贏得賭注，從湖中捕捉長金鰭的魚，因而發了財。

不死的科舍伊

在斯拉夫神話及傳說中，科舍伊（Koschei，意為：老骨頭）是人們熟知的邪惡角色。他和芭芭．雅嘎（Bába Yagá，參見134-135頁）一樣，被人們認為是惡魔的擬人化身。這個以骷髏外形現身的角色讓人如此害怕，是因為他總是欺負無力抵抗的年輕女子，而且人們相信他是不可能被消滅的。關於科舍伊最著名的故事，描述他終於遇上對手，這是一位女王，更是一位英勇戰士，她為了解救遭擄走的丈夫，在科舍伊之後緊追不捨。

神話故事

從前，有一位俊美的年輕王子名叫伊凡。有一天，他騎馬行過鄉間，看到一處戰場上散布著數百具屍體，一問之下，才知道這些士兵是不死的科舍伊的軍隊，女王戰士瑪麗亞．莫瑞芙娜（Márya Morévna）擊敗了科舍伊，並讓他成為俘虜。不久，伊凡遇到女王，兩人一見鍾情並結了婚，婚後就住在瑪麗亞．莫瑞芙娜的宮殿裡。過了一陣子，女王必須再度外出作戰，離開前她帶伊凡去宮中某房間裡看一個上鎖的櫃子，告訴他無論如何都不能打開櫃子的門。

◀ **王子伊凡與科舍伊**
科舍伊遭女王瑪麗亞．莫瑞芙娜監禁後，由於沒有水和食物而變得相當虛弱。不知情的伊凡給他水，他重新獲得力量，因而掙脫束縛。

科舍伊擄走伊凡

瑪麗亞．莫瑞芙娜出門後，伊凡始終無法抗拒打開櫃子看看裡面有什麼東西的念頭。於是他取來鑰匙，將櫃子打開，發現裡面有個老人被鐵鍊綁在柱子上，看起來相當衰弱。老人懇求伊凡，希望能讓他喝一點水，伊凡覺得老人很可憐，因而給他一些水。沒想到老人喝下水後立刻破壞鐵鍊，逃出宮中，同時抓走了伊凡。

瑪麗亞．莫瑞芙娜得知事情經過後，隨即上馬去拯救丈夫。早就等待她前來的科舍伊，在女王還來不及發動攻擊前就出手將她切成支離破碎。此時瑪麗亞．莫瑞芙娜幾位會變身的兄弟，化身成隼、渡鴉與鷹，將生命之水灑在她破碎的屍體上，讓她重新復活。這時科舍伊騎上他快如閃電的駿馬，帶著伊凡逃走。

救出伊凡

瑪麗亞．莫瑞芙娜知道，只有女巫芭芭．雅嘎擁有能追上科舍伊的快馬。女王急忙去找女巫，芭芭．雅嘎送她一匹毫不起眼的雄駒，怎麼都看不出牠能追上科舍伊。不過，當瑪麗亞．莫瑞芙娜一跨上馬，牠神奇地變成了快馬，不久就追上擄走她丈夫的人。瑪麗亞．莫瑞芙娜一把揪住伊凡，很快調轉馬頭又疾馳而去，科舍伊緊追在後。他們穿過森林，後來一顆石子絆倒科舍伊的馬，騎在馬上的主人隨即摔落在地。瑪麗亞．莫瑞芙娜迅速回身，取出寶劍一刀刺穿了怪物，並用火燒掉他的屍體，讓他再也無法現身害人。隨後瑪麗亞．莫瑞芙娜和伊凡夫妻兩人回到宮廷，從此過著平靜的生活。

主要角色

瑪麗亞．莫瑞芙娜和伊凡是相當正直的人物，不過科舍伊也是非比尋常的角色。根據某些故事，他之所以能保持不死之身，是因為他讓身體和靈魂分開，將靈魂藏在一根針裡，然後又放進一顆蛋內，再將蛋放入一隻鴨子體內，鴨子又藏在野兔身體裡，野兔關在鐵箱中，鐵箱藏在一棵橡樹裡，橡樹長在孤島上。透過這一層又一層的防護，科舍伊因而確保自己得以不死，例如，萬一野兔被剖開了，鴨子還能飛走。不過，有的說法認為，如果對著他的頭把那顆蛋敲破，他就會死。另外還有其他說法認為，只有將科舍伊的屍體燒掉，才能真正殺死他。

我是不死的科舍伊。沒有人殺得了我。我的靈魂藏在一個遙遠的地方。

▲戰士女王

瑪麗亞．莫瑞芙娜是戰士，也是女王。她擁有強人的力量、權威與變化多端的謀略，這些特質協助她打敗科舍伊。

▲伊凡王子

伊凡是傳說故事中常見的典型俊美、年輕的王子。在這個故事裡，他表現出喜愛冒險、大膽、善良又深情等特質，卻因為自己的好奇心而身陷危難。

一再出現的角色

民間故事往往擁有反覆出現的模式：由主角或動物串連不同的故事。在其他版本的傳說中，科舍伊擄走瑪麗亞，於是伊凡動身去救她。他聽說芭芭．雅嘎有一匹神駒，便來到女巫家中。芭芭．雅嘎承諾，如果他能照顧馬匹三天，她就願意把馬借他。伊凡在前來女巫家途中曾發揮仁慈之心，答應了鳥、蜜蜂及母獅的請求，因此他在這幾隻動物的協助下完成了任務，然後偷走芭芭．雅嘎的雄駒，解救了瑪麗亞，並殺死科舍伊。

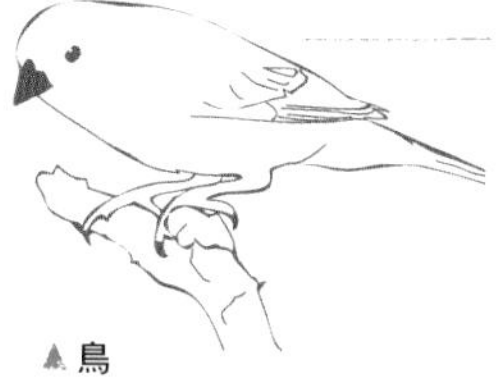

▲鳥

鳥兒求伊凡不要吃她的蛋，伊凡答應了。後來她協助伊凡看守芭芭．雅嘎的馬匹。

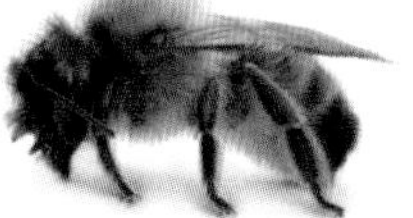

▲蜜蜂

蜜蜂請求伊凡不要取走牠的蜜，為了回報伊凡，她將馬匹驅趕在一起，以免走失。

►母獅

母獅協助伊凡，將馬匹帶回到馬廄裡，因為伊凡曾答應她的要求，放過她的幼獅。

故事的採集

像這一類描述伊凡與科舍伊傳奇的俄羅斯神話故事，原本只侷限在某些村落或城鎮的居民間口耳相傳，許多俄羅斯人並不知道自己的國家擁有這麼豐富的神話傳統。十九世紀時，學者開始造訪鄉村，聆聽當地人說故事，並將他們講述的故事記錄下來。這類民間故事採集者中有一位名叫亞歷山大．阿方那西耶夫（Alexander Afanasiev，西元1826-1871年）。許多俄羅斯權貴不想讓這些被視為「原始」的文化普遍流行，因而反對阿方那西耶夫所做的一切，但俄羅斯神話與傳說能保存至今，主要還是得歸功於阿方那西耶夫的採集作品。

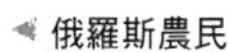

◄俄羅斯農民

古代的俄羅斯農民過著苦日子，因此在他們的傳統故事中，往往有許多主題是經過危險的追尋或艱鉅的旅程最後終於成功的過程，瑪麗亞的故事就是其中一例。

相關參考：永生不死 68-69, 156-57, 216-17, 218-19．女巫134-35

女巫傳說

斯拉夫人的祖先對於惡靈、未知世界，以及森林中的種種危險感到相當不安，這些焦慮經常也反映在他們的民間傳說裡，其中有許多故事都和女巫有關。人們認為，女巫是住在這些危險森林裡的壞女人，她們傷害無辜，破壞人們的家人關係或社會和諧。在這一類的邪惡角色裡，最重要的是芭芭．雅嘎，這位女巫不但出現在俄羅斯的傳說中，在中歐各地類似的故事裡，同樣也能看到她的影子。儘管名字稍有變化，但不變的主題是她嗜食幼童的口欲永遠無法得到饜足，以及許多受害者企圖以智慧來打敗她的過程。

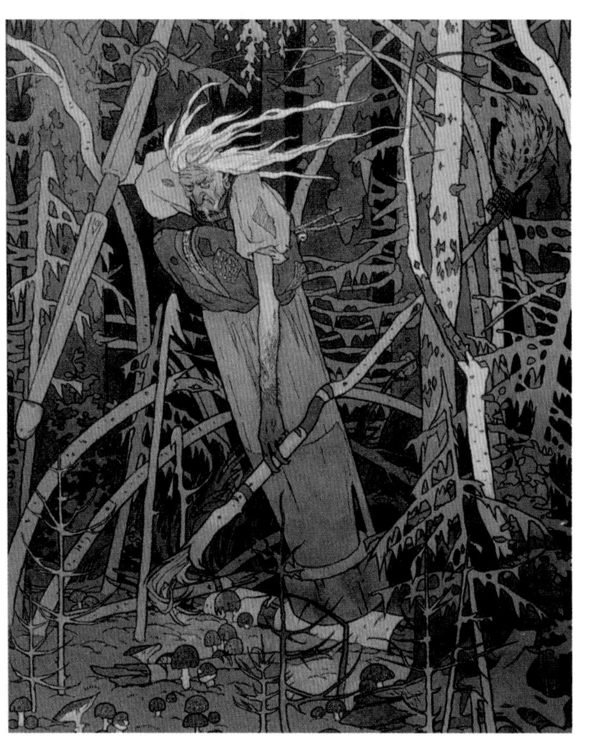

▲ 芭芭．雅嘎

這位邪惡的老女巫利用她的臼和杵在森林中來去自如。她會躲在樹叢之間，等著襲擊路經此地的不知情受害者。

芭芭．雅嘎

在一些故事裡，名叫芭芭．雅嘎的女巫被描述為臉上滿布著皺紋的老婦人，她靜靜坐在木板凳上，或是坐在火爐邊取暖。出外旅行時，她會站在一個大臼裡，用杵推動臼讓自己橫越天際，並且在飛行時引起暴風雨。她還喜歡抓幼嫩的小孩來大吃一頓，因而會特別留意他們的蹤影。有些人相信，女巫的眼神能把人變成石頭，等她把人帶回家準備大塊朵頤時，她會讓他們再變回肉體。芭芭．雅嘎用吃剩的骨頭為自己蓋了一間房子，房子不但恐怖，而且還有魔法，即使相隔遙遠的人都會受到驚嚇。房子外面的圍籬也用她殺害的小孩的頭骨做為裝飾，她還會像點燈籠一樣，將這些頭骨全都點亮。

◀ 恐怖屋

芭芭．雅嘎的房子基座底下有一對雞腳，只要女巫一聲令下，房子不但會跑，還會追逐人類。

◀ 祈願玫瑰

根據一些芭芭．雅嘎的傳說，如果送玫瑰給她，她就會滿足人們的願望。儘管如此，大部分的故事還是提醒人們，信任女巫是一件相當危險的事。

瓦西麗莎

瓦西麗莎（Vassilisa）是個小女孩，和年邁的雙親住在村子裡。她的媽媽病得很重，過世前交給她一個魔法玩偶，只要讓玩偶吃好吃的東西，它就會給瓦西麗莎一些建議。後來，瓦西麗莎的爸爸再婚，後母和後母的女兒不喜歡她，讓她做各種粗重的家事。有一天，家裡需要一支小蠟燭來點亮屋裡的燈，後母派她去向芭芭．雅嘎要一些。不料女巫沒有給瓦西麗沙小蠟燭，反而要她完成許多不可能的任務，例如從混在一起的豆子和罌粟籽中挑出豆子。在玩偶的協助下，她成功達成女巫交付的任務，但芭芭．雅嘎不斷要她做更多工作，她找不出別的方法逃走，只好趁著晚上女巫睡著時偷偷溜走，並且從女巫的圍籬上取走一個發光的骷髏頭。

▲ 沒有本事的烏鴉

根據不同版本故事的說法，瓦西麗莎逃走之後，女巫變成一隻烏鴉，並失去她原來的所有法力。

► 女巫的貓

芭芭．雅嘎的黑貓飽受她的虐待，因此協助瓦西麗莎逃離女巫的魔掌。

▲ 瓦西麗莎和骷髏頭

瓦西麗莎帶著她從芭芭．雅嘎圍籬上偷來的骷髏頭回家，骷髏頭骨的眼睛閃閃發光，照在她的後母和後母的女兒身上，將她們全都變成了灰燼。

瑪麗亞莎

從前有個小女孩叫瑪麗亞莎（Mariassa），繼母叫她去向芭芭．雅嘎借針線。幸好小女孩先去找姑姑，因而學會如何避免被女巫的狗咬傷，以及如何和女巫的貓說話。女巫想囚禁她時，她問貓該從哪裡逃出去，貓指點小女孩，逃走時記得帶一條毛巾和一把梳子。當她逃出芭芭．雅嘎的房子後，聽見女巫逐漸接近，於是將毛巾丟在地上，毛巾竟變成一條河，她又把梳子丟在地上，梳子變成一片森林，就這樣困住了芭芭．雅嘎。

▲ 芭芭．雅嘎追逐瑪麗亞莎

女巫困在快速流動的河水裡，但她用杵划動的速度不夠快，因而無法追上瑪麗亞莎。

燒死女巫

當基督宗教傳入中歐與東歐地區後，女巫被視為替惡魔工作的邪惡女人。人們將許多疑似巫婆的女性綁在木柱上，隨即點燃火堆，將她們活活燒死，實際上，這些女人絕大多數都和巫術沒有任何關係。在中歐，人們在五月節時會製作女巫模型並加以焚燒，這是至今依然普遍可見的習俗之一。這項風俗，以及許多慶祝春天來臨的儀式，也是為了紀念這些不幸的犧牲者而舉行的。

上圖為十六世紀木刻版畫，畫中人們正打算燒死女巫

相關參考：女巫132-33．森林136-37, 258-59, 340-41

樹林和水域的神話

在斯拉夫人居住的土地上，遍布著蓊鬱的森林與薄霧籠罩的湖泊，有些是天然的，有些是人工的。自古以來，人們一直相信這些地方擁有各自專屬的獨特精靈，其中有些是令人害怕的生物，它們具體反映了旅行者心中的不安，因為旅行者總是擔心會在樹林中迷路，或是在渡湖時溺水。即使是對當地森林和湖泊瞭若指掌的鄉村居民，對這些精靈同樣也充滿了畏懼。

神話般的場景

中歐與東歐地區和其他文化一樣，認為濃密的森林以及湖泊、溪流和瀑布等地都具有特殊能量，也是精靈居住的地方。

露莎卡

露莎卡（Rusalka）是迷人的水之精靈，以美妙歌聲聞名。她們可能源自於豐饒精靈，與特定的湖泊有關，也和水能孕育生命的能力有關。根據後來的傳說，她們是幼年早夭的兒童靈魂，或是女子投水自盡後的魂魄，歌聲經常迷惑過往行人。有個故事描述一位露莎卡因愛上凡間王子而離開水域，她必須放棄聲音才能在陸上生存，不過她仍甘之如飴，過了一段開心的日子。好景不常，她的愛人為了一位凡間女子棄她而去，露莎卡只能再度投入水中，從此消失無蹤。

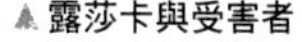

露莎卡與受害者

有些凡間男子受露莎卡的歌聲迷惑，因而投入水中，希望與她長相廝守，最後卻走向溺斃的命運。

德弗札克

捷克作曲家德弗札克（西元1941-1904年）的著名歌劇《露莎卡》，描述一位水之精靈因愛上凡人而離開家園。

狼人

在中歐與東歐的傳說當中經常提到狼人，他們是會變身為狼的人類，作惡多端，而且嗜血，每逢滿月時會在夜裡出現，獵捕沒有防備的人。據說出生時帶有胎記的嬰兒可能會變成狼人，另外有些人則認為，某些植物可以驅走狼人，例如黑麥、槲寄生，以及一種名叫牛扁（wolfbane）的藥草等，都具有這樣的功能。

狼人

水之精靈

水之精靈及水怪就像露莎卡一樣住在湖裡，尤其是磨坊的水塘中。東南歐有個傳說，敘述一位水怪幫助凡人的故事。從前有一位年輕的磨坊工愛上了磨坊主人的女兒，但磨坊主人希望女兒能嫁給當地城堡的有錢人。有一天，兩位情敵動手打了起來，磨坊工被推入旁邊的水塘裡，在水中遇到一個水怪，磨坊工演奏小提琴給水怪聽，兩人變成好朋友，因此磨坊工要離開水底時，友善的水怪送給他一枚魔法戒指，戒指將會幫配戴的人實現三個願望。後來，磨坊工達成想娶磨坊主女兒的心願，全都歸功於池塘裡的好心水怪。

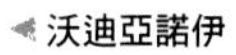

沃迪亞諾伊

沃迪亞諾伊（Vodyanoi）是最為人熟知的俄羅斯水之精靈，他和好心善良的水怪不一樣，是個危險的傢伙，路人常在他的引誘下進入他位於水中的巢穴，因而慘遭淹死。

鯉魚

水之精靈會經常檢查池塘裡的魚種，並且要求鰻魚進行固定的遷徙。每當漁夫想捕捉鯉魚時，他們會將一小撮菸草放在水裡，以便取悅水之精靈。

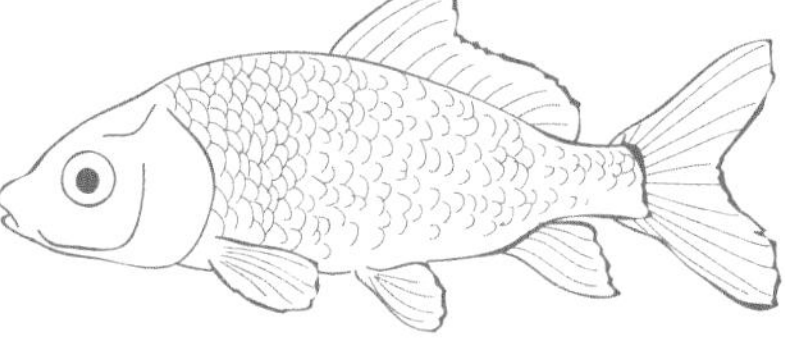

薩德柯的魯特琴

薩德柯是一位吟遊詩人，他的生活一直過得相當艱辛，身邊最珍貴的財產是一把古斯里琴（又稱里拉琴），因此成為彈奏這把琴以音樂維生的音樂家。

吟遊詩人薩德柯

薩德柯故事的音樂主題吸引了俄羅斯的作曲家林姆斯基－高沙可夫（Nikolai Rimsky-Korsakov，西元1844-1908年）創作了一齣歌劇。

薩德柯

根據一個流傳很廣的斯拉夫傳說，吟遊詩人薩德柯接受一位水之精靈邀請，前往他的宮殿演奏，所有水之精靈隨薩德柯的音樂起舞，跳個不停，但後來薩德柯累得幾乎無法再彈奏下去，一位聰明的水之精靈告訴他，只要弄斷魯特琴上的絃，舞蹈就會停止，之後，海神為了答謝他的演奏，就會送他一個太太，不過他必須挑選最後那位，而且絕不能碰這位許配給他的女人。薩德柯依照指示選了海神提出的最後一人，而且睡覺時離得遠遠的。不過他的右腳在夜裡不小心碰到那位女子，當他醒來時，驚訝地發現自己竟獨自躺在河岸邊，而且右腳已殘廢。

林鴿

樹林和水這兩種魔力，在斯拉夫的林鴿傳說中合而為一。從前，有一位老樵夫被他的壞老婆下了毒，因為她想嫁給自己愛上的另一個英俊年輕人。樵夫死後沒多久，這個女人和情夫結了婚，還辦了一個奢華的婚宴。起先，他們兩人過著快樂的日子，但樵夫的墳墓周圍卻長滿雜草，而且還長出一棵小橡樹。這個女人只要路過樵夫的墳墓，就會有一隻住在橡樹上的林鴿咕咕叫，指責她的不是。每次她聽見林鴿的叫聲，都覺得那是遭自己謀害的前夫在低聲說話，她因此覺得痛苦不已，最後只好投河自殺。

林鴿的叫聲

在民間傳說中，鳥類通常會說話，因為牠們的歌聲具有人聲的特質。樵夫之妻因為滿心罪惡感，即使是鴿子的咕咕聲，聽來也像是在指責她。

樵夫

對斯拉夫民族而言，森林是提供燃料與建材的重要來源，因此，在與森林相關的傳說故事裡，樵夫是經常出現的角色。

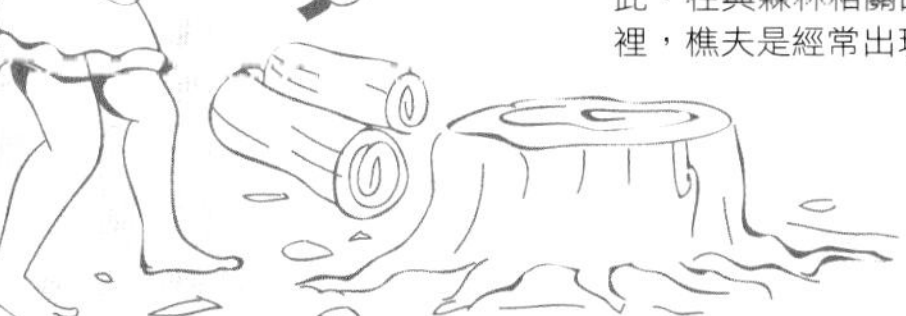

相關參考：地域精靈28-29, 30-31, 82-83, 320-21．森林134-35, 258-59, 340-41

與愛情有關的男女諸神

世界上大多數的神話體系當中都有職司愛情的神祇，其中有些是從原本掌管土地豐饒的男神或女神演變而來的。許多愛神本身擁有相當複雜的性關係，他們一方面追求自己的風流韻事，另一方面也會鼓勵其他人發展戀情，有時甚至還會惡作劇，讓完全不合適的兩人墜入情網。此外，還有另外一些愛神較關注女性，當女性經歷懷孕或生產過程時，他們會在一旁加以指引。

▼ **愛洛斯**

愛洛斯是戰神艾瑞斯以及愛神阿芙羅黛蒂（見38-39頁）的兒子，也是希臘的愛慾之神。他會射出金箭，讓中箭的人彼此相愛。

◀ **丘比特**

在羅馬人的神話中，丘比特等同於希臘的愛洛斯。他激發許多愛情故事，其中凡人女子賽姬（Psyche）原是他想作弄的對象，但她長得非常美麗，連丘比特也愛上了她。

▶ **伽摩**

印度教的伽摩（Kama）是毗濕奴和吉祥天女的兒子，他是一位俊美的弓箭手，騎乘於鸚鵡背上，後來和羅蒂（Rati，意為：熱情）結為連理。

▲ **塞馬拉**

峇里島的愛神塞馬拉（Semara）住在「浮天」（Floating Sky），這是位於大地上方的六層天界之一。塞馬拉為人們將愛轉化成肉體的歡愉，因此人類才會想要擁有小孩。

▲ **濕婆**

印度的濕婆神（Shiva，見194-195頁）有時雖被視為禁慾者，但也和情慾有關，並以林伽（Linga，陽具）的形式接受崇祀。

▶ **溫格斯**

根據傳說，愛爾蘭的神祇溫格斯（Oenghus）會對戀愛中的人伸出援手。他自己愛上了一位美麗的天鵝之女，於是變成天鵝的外形去找她。

▲ **阿芙羅黛蒂**

希臘愛神阿芙羅黛蒂（見38-39頁）因為美麗的外貌，以及與凡人或諸神的韻事而著稱，身邊常跟著她的兒子愛洛斯。

◀ **維納斯**

維納斯是羅馬的愛之女神，原是春天的豐饒之神，也是園丁的守護之神，後來逐漸與阿芙羅黛蒂合而為一。

▲ **伊南娜**

伊南娜（Inanna）這個名字屬於早期美索不達米亞的愛神（見154-155頁），又稱伊斯塔或亞斯塔蒂，也用於許多以她為名的蘇美人城市。

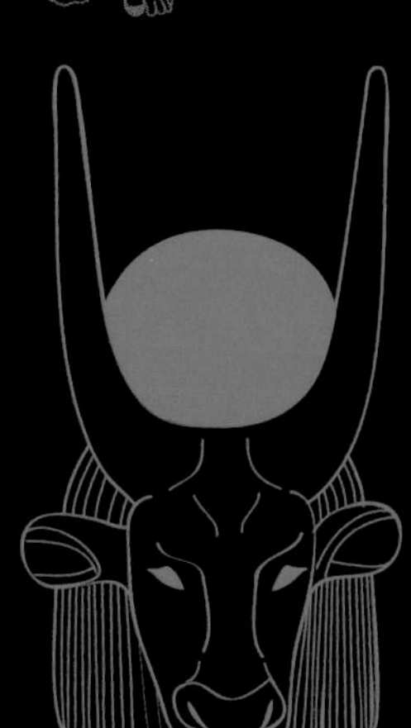

▲ **哈托爾**

埃及的女神哈托爾（Hathor，見224頁）經常化身為一頭母牛，她是女性的保護者、戀愛者的守護神，也是掌管受孕和分娩的女神。

◀ **巴斯泰**

巴斯泰特（Bastet，見245頁）原是一個好戰、獅身外形的角色，若化身為性感的家貓出現時，就成為埃及的性愛女神，有時甚至會和她的小貓一起出現，象徵生育力女神的身分。

▲ **伊斯塔**

伊斯塔（Ishtar）是巴比倫的愛神，也是戰爭與豐饒女神。迦南與埃及人將她視為亞斯塔蒂（Astarte）來崇拜。她勇敢又漂亮，有時被視為金星化身。

◀ **弗蕾亞**

古代北歐女神弗蕾亞的名字就是「女士」之意，她與愛情的關係密切，擁有許多情人，對象包括凡間的國王，以及許多神祇。

▶ **索奇奎特薩爾**

索奇奎特薩爾（Xochiquetzal）是阿茲特克人的花之女神，也是掌管愛情與分娩的女神。她的配偶索奇匹利（Xochipilli）是花之神。

火鳥

在斯拉夫神話中，人們將火鳥描述為美麗的生物，牠的尾巴極長，紅、黃、橘的羽毛交錯，宛如通體著火般光采耀眼。任何人只要看見了火鳥，就會激發無盡的想像，並因而想將牠據為己有。然而企圖捕捉火鳥並不容易，真正抓到火鳥的人，通常必須面對隨後接踵而來的重重難關。

神話

從前有一位國王擁有一片豐美的蘋果園，園中有一棵會長金蘋果的樹，讓他特別自豪。然而，他發現每天夜裡總會少了幾顆金蘋果，因此命令一位馬僮晚上看守那棵蘋果樹。馬僮名叫伊凡，他在果園守衛的第一個晚上，一隻火鳥飛了進來，偷走了幾個金蘋果。伊凡想抓住火鳥，不過牠的動作非常靈巧，伊凡只來得及在牠飛走之前抓下一根羽毛。他將羽毛呈獻給國王，國王讚嘆不已，於是指派伊凡負責尋找火鳥，並將牠捉回來。

捕捉火鳥

就這樣，伊凡踏上追捕火鳥的旅程。他出發後不到幾哩路就遇到一隻灰狼，灰狼教他捕獲火鳥的方法。牠告訴伊凡，將一些起司浸在啤酒裡，當成誘餌撒在地上引誘火鳥。伊凡照著灰狼的指示去做，火鳥吃下浸過啤酒的起司後果然醉了，就這樣，伊凡順利捕獲了他奉命追尋的獵物。隨後，伊凡爬上狼背，灰狼載著他回到國王的宮殿。國王看見後非常高興，將火鳥關在一個特製的黃金籠子裡。

◀神話般的城堡
像國王這種神話中的人物，通常會住在神話般的城堡裡，除了火鳥之類的想像生物外，一般人無法隨意進入其中。

▶火鳥
在藝術家的創作中，火鳥經常被描繪成以紅色和橘色為主色調的動物，外形像孔雀，尾巴很長，上面飾有眼睛形狀的圖樣。

伊凡與葉蓮娜

過了不久，國王再度給伊凡出了另一道難題。在大海另一頭的遙遠國度，有一位名叫葉蓮娜（Yelena）的公主長得非常美麗。國王想娶公主為妻，因此命令伊凡為他把公主帶回國內。這一回，灰狼再次幫了伊凡大忙。牠帶領他找到葉蓮娜，隨後載著伊凡與葉蓮娜一起返國。

旅途上，伊凡和葉蓮娜墜入情網，同時面臨左右為難的困境，因為葉蓮娜是國王想娶的人。這次，灰狼再度想出辦法來協助伊凡。當他們回到王宮，灰狼露出他變身怪的真實身分，並且變成一位美麗的公主，當伊凡帶她來到國王面前時，國王隨即向她求婚，「狼公主」一答應婚事，國王立刻帶著她趕往教堂。然而，當國王想要親吻新娘時，公主變回灰狼，國王因過度驚嚇而死。

國王死後，伊凡成為這個國家的統治者，同時也娶了他鍾愛的葉蓮娜。他十分感激火鳥，因為這一連串的冒險正是由牠開始的，而在旅程最後結束時，他不但娶了妻子，而且還登上王位，於是國王伊凡釋放了火鳥，還牠自由，對於園中的金蘋果經常失竊也就睜隻眼閉隻眼。

◀ **伊凡與葉蓮娜**

這對年輕的戀人坐在灰狼背上，披星戴月趕回國內。伊凡與葉蓮娜的故事向來都是藝術家相當喜愛的題材。

▶ **貪得無饜的國**

據說火鳥會為主人帶來幸福，因此國王希望將火鳥留下來，不過，這個說法最後沒有在他身上應驗。

主要角色

關於火鳥的故事有許多版本，但故事的主角大致相同：火鳥、伊凡、國王、灰狼，還有葉蓮娜，其中有個經常出現的情節，就是葉蓮娜違背了自己的心願，答應國王求婚，因此伊凡和灰狼將她擄走。在一些故事裡，葉蓮娜對伊凡的愛，讓她避免走入一場不該發生的婚姻。而在另外的版本裡，伊凡是國王的兒子之一，國王要求他必須通過捕捉火鳥的考驗，才能成為繼承人。伊凡成功完成任務，但他的兄弟因為他贏得公主而將他殺害，幸好灰狼用法術讓伊凡再度重生。

超自然的世界

在火鳥的傳說中，動物和植物的世界充滿超自然的力量，對事件的結局具有重大的影響力。其中最明顯的就是火鳥，牠一開口就會吐出珍珠，身上的羽毛如火焰般耀眼。蘋果也被認為具有特殊力量，人們吃了它們就能擁有青春與活力，因此，火鳥竊取蘋果，象徵牠偷走了國王的權力。此外，故事中的灰狼和其他故事中的狼不同，牠不但不邪惡，還利用本變身能力幫助了伊凡。

◀ **擁有魔法的狼**

狼是一種複雜的象徵，牠既讓人聯想到死亡與邪惡的國度，同時又以良善及克服困難的身分出現在故事之中。

▲ **永保青春的蘋果**

故事中的蘋果樹會長出金蘋果，不僅象徵著力量與青春，同時也代表著危險和愚昧。

史特拉汶斯基

伊格爾．史特拉汶斯基（Igor Stravinsky，西元1882-1971年）是二十世紀最具影響力的作曲家之一。他原本為傳統斯拉夫主題的芭蕾舞創作音樂，後來以繽紛的管弦配器和強烈的節奏而聞名，因而奠定自己的風格，並為音樂開創新局。他為巴黎的俄羅斯芭蕾舞團創作了舞劇《火鳥》（*Firebird*，西元1910年），透過藝術將傳統的斯拉夫傳說呈現在全球觀眾面前。

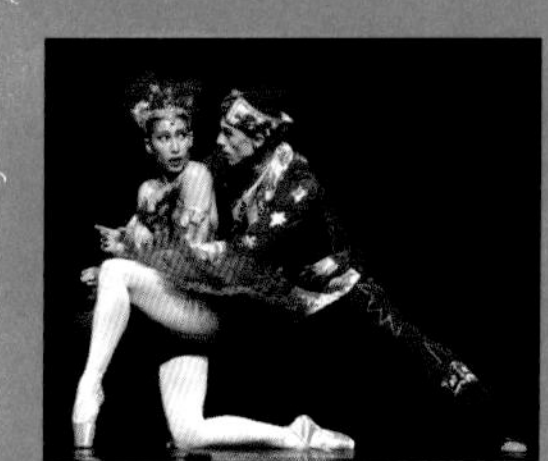

現代演出版的《火鳥》

斯拉夫的動物神話

斯拉夫神話體系中有許多神奇的動物，火鳥只是其中之一。這些動物有些具有特殊能力，有些反映了鄉間的危險或自然界的奇特力量。在傳統斯拉夫故事常可見到我們熟悉的鳥類和動物，牠們在民間傳說中扮演了特殊的角色，例如：以狡猾著稱的狐狸、跑得飛快的馬、會變身的狼，以及敵人來襲時會以啼叫來警告國王的黃金小公雞。

▶ **忠心的小公雞**

有隻黃金小公雞會在敵人入侵時向國王提出警告，俄羅斯作曲家林姆斯基－高沙可夫就曾以這隻小公雞做為主角，創作了一齣歌劇作品。

▲ **不太有智慧的熊**

熊向來十分強壯，但有時動作緩慢且容易受騙。牠們曾是歐洲大陸相當常見的動物，也時常出現在斯拉夫民族的傳說之中。

> 塔尖上的小雄雞，仔細觀察周遭的火光，只要發現任何危機，立刻叫醒可靠的守衛。
>
> 普希金，〈小金雞的故事〉（*The Tale of the Golden Cockerel*），西元1834年

相關參考：鳥類 172-73, 236-37, 258-59, 286-87, 298-99, 306-07

斯拉夫的眾多威神

古斯拉夫民族住在俄羅斯及附近地區，他們擁有眾多掌管大地的的神祇。這些神祇力量無比巨大，管轄範圍也相當廣泛，上至雷神霹隆（Perun）所統治的天空，下達馬提・敘拉・任利亞（Mati Syra Zemlya）負責的地底深處。斯拉夫人崇敬這些神祇，為他們獻上祭品，同時還有諸神專屬的特定紀念日，結合了節慶與虔誠奉獻。雖然他們的神話透過口頭傳說來傳承，這些動人的故事在基督宗教傳入後，仍有許多繼續流傳了下來。

霹隆

霹隆是雷鳴與閃電之神。他原本是一位戰神，力量極為驚人，但同時也代表了善的力量。當太陽受到暴風雨的雲層威脅，並掩映於烏雲的陰影之後時，霹隆會用霹靂將烏雲驅散，讓太陽重新露臉，確保大地上的生命得以繼續繁衍。斯拉夫人相信，人類一直受到來自地府之神維列茨（Veles）的威脅；他總是偷走牲口、強擄百姓，或做出其他壞事。在這種時候，霹隆會以霹靂來攻擊維列茨，讓惡神趕快逃回他的避難處。後來，基督宗教的傳教士來到斯拉夫地區時，霹隆所具有的一些特質被轉化到一位先知的身上，這位先知就是以利亞（Ilyal，或拼作Elijah）。

▲ 天空之神

除了武器和老鷹，霹隆也和許多其他象徵物有關，其中最重要的就是石頭和金屬，這兩樣物品是斯拉夫人用來製作武器的原料。

▲ 世界之樹

在斯拉夫的神話體系當中，人們以一棵巨大的橡樹來代表世界，地府則位於樹的根部。霹隆的象徵是一隻老鷹，坐在橡樹最高的枝頭上。

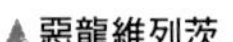

▲ 惡龍維列茨

根據斯拉夫人的想像，地府之神維列茨是一條龍或巨蛇，大多數時候，他都盤蜷著身子，靜靜待在神聖橡樹的根部。

光明之神

太陽帶來賦予生命的光與溫暖，古代斯拉夫人經常將太陽與善之神拜勒伯聯想在一起，特別是經歷漫長、寒冷、幽黑的夜晚之後。

黑暗之神

申諾伯是黑暗之神。在每年的陽光「衰退」期間，夜晚變得更長，白晝愈來愈短，此時就是申諾伯威力最強大的時期。

拜勒伯與申諾伯

斯拉夫神話中有兩位古老的神，一位是善之神拜勒伯（Byelobog），一位是惡之神申諾伯（Chernobog）。在一些創世故事裡，兩位神祇共同創造宇宙，後來發生了爭執，因而陷入永無休止的對抗，每隔一段時間就會相互攻擊。由於善與惡之間的衝突是永恆存在的，這兩位神祇似乎和波斯的阿胡拉瑪茲達與阿里曼（見168-169頁）十分相像，甚至可能是由這對波斯神衍生而來的。

善之神特別受到人們崇拜，因為他是太陽神戴茨伯（見285頁）最出色的同伴之一。人們認為拜勒伯也是陽光與溫暖之神，如果供奉他他會保護麥子，確保有好收成。有時他會被描繪成蓄著白鬍子的和善老人，有時則被畫成一道強烈的光。

馬提．敘拉．任利亞

斯拉夫人的大地女神名叫馬提．敘拉．任利亞，意思是濕潤的母親大地。一般而言，她並沒有特定的形體，不過，在崇祀她的信徒腳下的沃土，據說就是她的魂魄展現後的具體樣貌。儘管她通常缺乏明確的形象，但人們認為她活力豐沛，充滿了生命力，而且還會協助土壤中的一切冒出生命。在某些特定的場合中，她會化身變為人形；根據傳說，她會變成婦人，膚色如大地般深沈，身著傳統服飾，前往人們家中拜訪，並為他們賜福。在大地女神現身的神聖日子（通常是五月一日和六月二十四日），所有人都不能耕作土地。人們奉祀她的方法，是在地面挖一個洞，將麵包和酒等祭品放入洞裡。

麥穗

馬提．敘拉．任利亞除了象徵土地的豐饒與肥沃外，據說也會化身為生長於大地上的所有作物，尤其是成熟的麥穗。

拯救喀蘭亞茨

洪水逐漸升高，庫侖特將他的手杖（其實是藤蔓）遞給喀蘭亞茨，將他從水中拉出，讓他得以脫離險境。

庫侖特

庫侖特（Kurent）是斯拉夫人的酒神。根據一個流傳很廣的神話，大地第一批人類住在谷地裡，七條源自同一個蛋的河水滋養了谷地，讓人們衣食無虞。後來人們貪心想要更多的水，於是打破了蛋，結果引來大洪水，所有人都淹死了，只有名叫喀蘭亞茨（Kranyatz）的巡夜人被庫侖特救起。喀蘭亞茨和酒神爭論該由誰統治大地，並在重重考驗後取得勝利。然而他過於驕傲，爬上諸神的山頭，吃下諸神的食物，喝下庫侖特給他的酒，最後諸神將喝醉的喀蘭亞茨趕下山，他也失去原有的力量。

庫侖特的面具

在斯洛伐尼亞，人們舉行庫侖特凡節來慶祝春天來臨，並在節慶的嘉年華裡，戴上描繪成庫侖特的羊皮面具。

相關參考：天空之神 24-25, 114-15, 158-59, 160-61, 162-63, 188-89, 236-39, 252-53, 266-67, 294-97, 318-19, 338-39

西亞與中亞

數百年來，《聖經》一直是我們瞭解古代巴比倫、亞述與其他中東大城的主要知識來源。根據〈舊約〉的權威描述，這些城市的統治者暴虐無道，野心勃勃地試圖侵略鄰國，鎮壓其他擁有不同宗教信仰的民族。這些城市所信奉的是多神崇拜的信仰，和一神論的猶太教截然不同，或許因為如此，《聖經》對當地社會抱持著懷疑的觀點。

直到十九世紀，我們對古代西亞地區的文化才有更深入的認識。考古學家開始認真探索巴比倫、亞述、烏爾（Ur）和烏魯克（Uruk）等古城的泥磚遺址，同時解讀從遺址中大量出土的楔形文字泥板。這些研究為西亞古文明帶來新的面貌，人們發現，當地社會文明的發展遠比原先想像的更高，在數學、天文學、醫學和法律等方面都有相當傑出的成就。此外，考古學家也更瞭解這幾個古城居民的信仰，發現更多當地流傳的故事，對古代伊拉克及其鄰近地區的文化樣態，也有了更豐富完整的描繪。

從某些角度來看，西亞神話似乎相當符合《聖經》中的成見。部分故事的內容極為殘酷無情，有些習俗則讓其他地區的人不以為然——例如神妓的設置。儘管如此，西亞仍有許多神話非常引人入勝，例如創世傳說、地府遊記，以及偉大英雄的事蹟，其中最有名的，莫過於在神話中追求永生的國王——吉爾伽美什（Gilgamesh）。

這些故事既刺激又有趣，其中許多內容和世界創世過程或諸神間的戰爭有關，而且與其他文化的神話雷同度之高，超乎想像。其中相似度最高的是大洪水的故事，這個主題在

人就算擁有再多豐功偉業，
亦不過是風中的蘆葦。

美索不達米亞諺語

世界各地的神話傳說中經常出現。

在西亞的洪水神話中，有一位具有族長身分的人名叫烏塔那匹茲姆（Utnapishtim），他打造了一艘船，希望能逃過憤怒的神引發的大洪水。這和〈舊約〉中諾亞方舟的故事如出一轍；烏塔那匹茲姆甚至也將各類種的動物帶上了他的船，確保每種生物都能倖存。

這些影響久遠的故事，大多以巴比倫文或阿卡德文（Akkadian）寫成，如今和孕育神話故事誕生源頭的古文化一樣廣為人知。伊拉克的考古遺址近來因為戰爭而遭到嚴重的破壞，這些神話故事，將可能因而成為古西亞文化流傳最久遠的文化遺產了。

不過西亞和中亞的神話傳統不僅限於烏爾、烏魯克、亞述和巴比倫等大城，在這片廣闊大陸的另一邊，古代土耳其一帶的西臺人（Hittites），以及阿拉伯半島上的諸民族也都各自擁有豐富多樣的神話。古波斯也不例外，先知瑣羅亞斯德（Zoroaster）就曾描述波斯人的宇宙觀，那是一個由智慧神阿胡拉．瑪茲達（Ahura Mazda）和邪惡的對手阿里曼（Ahriman）不斷相互對抗的世界。此外，蒙古人自家鄉向西遷徙時，也帶來許多偉大的英雄史詩和令人嘆為觀止的冒險故事。

從西臺人掌管氣候的神祇，到波斯的智慧之神，西亞和中亞地區形形色色的文化與神祇相互交融，因而擁有世上最令人目眩神迷的神話體系之一。這些彼此各不相同的古代神話傳說如此豐富、多元，讀者隨時都能從中發現新奇而有趣的元素。

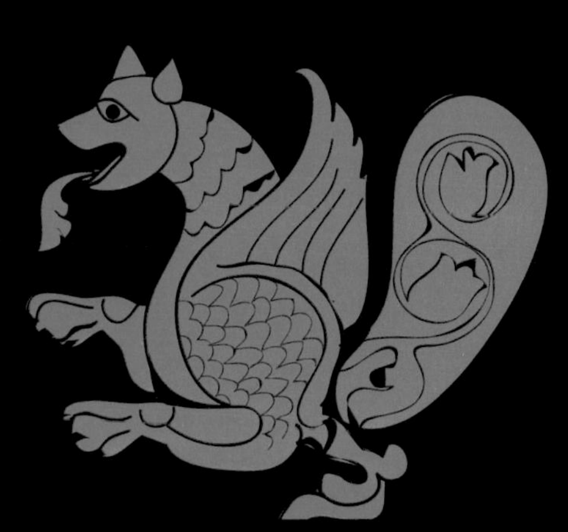

▶ **亞述浮雕**

在亞述帝國的宮殿和神廟裡，有許多浮雕石像的裝飾，浮雕的主題大多是神話中的神獸。亞述人將這些神獸視為守護者，認為牠們能護衛建築，避免邪惡力量進入。右圖這隻有翅膀的公牛就是其中一例。

西亞

西亞是世界上最早出現城市的地區，當地農業發達，貿易興盛，
同時發展出文字書寫和系統化的宗教，
其文化的繁盛多元，也反映在此地的神話故事中。

西亞也稱為中東，這個地區最早的幾個大城市大約興起於西元前2600年的美索不達米亞一帶，這是位於底格里斯河（Tigris）與幼發拉底河（Euphrates）之間的地區，相當於今日的伊拉克。當時烏爾、烏魯克、巴比倫和亞述等城市的政治體系已發展成熟，而且相當具有影響力；以氣勢宏偉、泥磚砌成的塔廟為基地的宗教系統也已高度組織化。由於貿易與課稅系統發達，美索不達米亞人為了記錄私有財產發明了一套極為複雜的書寫文字。他們以蘆葦做成的筆將楔形文字書寫在潮濕的泥板上，泥板面積不大，方便手持，寫完後將泥板放進窯裡烤硬，或直接放在陽光下曬乾。

▲ **烏爾的塔廟**

上圖中的塔廟建於西元前十四世紀，位於今日的伊拉克境內。美索不達米亞地區的塔廟外形都與此廟相似，在龐大的建築外面有階梯，階梯可通往高臺，祭司在此舉行神祇祭祀儀式。

祭司與國王

在古代的美索不達米亞地區，宗教組織和政治系統交融並行。由於王權被視為來自上天所賜予的權力，祭司因而對政權擁有很大的影響力，統治者也被視為神。此外，祭司擁有良好的讀寫能力，後來更在泥板上刻寫宗教和文學作品。由於泥板耐久的特質，儘管在大自然中曝曬了數百年，大多數仍完好無缺地流傳下來，板上的文字依舊清晰可辨，使我們得以瞭解早期神話中許多精采的故事。

美索不達米亞最早的城市都是獨立的城邦，但有些會成立帝國，以便擴展勢力，例如巴比倫或亞述。這些地方的神話相似，但語言不同，神的名字也因而不同，如伊南娜（Inanna）是愛神也是豐饒之神、戰爭之神，在巴比倫稱為伊斯塔（Ishtar），太陽神烏圖（Utu）則叫做沙馬什（Shamash）……等。從神廟檔案中發崛、整理出來的泥板上記述了許多傳說故事與冒險的經歷，分別屬於上述諸神或具有半神身分的英雄。由於部分泥板佚失，故事通常只有片段，內容並不完整，但拼湊出來的情節至今仍令人興趣盎然，英雄吉爾伽美什的史詩就是其中最為人所知的故事之一。

主要中心

巴比倫是蘇美帝國最具權力的城市，前後共有兩次的全盛時期，分別在西元前1800年和西元前600年。尼布甲尼撒（Nebuchadnezzar，西元前605-562年）在位時，巴比倫盛極一時，有宮殿及古代七大奇景之一的空中花園。無論神廟或獻給女神伊斯塔的城門，巴比倫建築的結構在在令人驚嘆，同時也顯示出宗教勢力的龐大。與巴比倫難分軒輊的是位於亞述的亞述帝國（西元前880-610年），當地抄寫員的紀錄，保存了許多鄰近城市的神話。

西亞還有其他的早期文明與神話中心，例如位於敘利亞北部的烏加利（Ugarit），繁盛時期約在西元前1500至1200年；還有西元前1450年，西臺人在土耳其建立的強盛帝國。這兩個文化當中都有豐富的神話，也有著名的氣候之神——烏加利的風暴神巴力（Baal），以及西臺的氣候之神特舒卜（Teshub）；流傳至今的神話內容儘管有所缺漏，但仍相當吸引人。

▶ **巴比倫石製界標**

巴比倫人在土地邊界放置石製界標，以表明土地擁有者的身分，石上刻有保護邊界的神祇的象徵符號，以右圖為例，那是代表月神辛（Sin）的新月符號。

埃努瑪・埃利什

阿卡德的創世故事稱為《埃努瑪・埃利什》（*Enuma Elish*），意思是在蒼穹之上時，這首史詩也正是從這句話展開的。《埃努瑪・埃利什》的神話刻在七塊泥板上，內容描述最早的幾位神祇從幾場原初之水中出現的創世故事，其中名為瑪督（Marduk）的神祇後來成為宇宙的主宰，他下令開啟人類的創世過程，並且建立了第一座城市——巴比倫。

神話

世界初始，世間只有淡水之神阿普蘇（Apsu）和鹹水女神提阿抹（Tiamat），四下一片靜寂。他們倆結合後繁衍了幾代的神祇，最後誕生了天神安努（Anu），以及足智多謀的大地之神兼水神愛雅（Ea）。

▶ **巴比倫神**
醫藥女神古拉（Gula）是天神安努的女兒。人們認為她也是邊界保護神，因而在石製界標上常可見到她的圖像。

諸神的戰爭

新一代的神祇既年輕又活潑，然而阿普蘇和提阿抹卻渴望回到世界初始的寂靜，不由得心生惱怒。阿普蘇提議將其他神祇全部殺死，但提阿抹不忍心毀掉自己親手創造出來的神。最後，阿普蘇決定自己動手，不料愛雅得知阿普蘇的意圖，先下手將他殺了，隨後自命為水神。

▲ **巴比倫人**
農業是巴比倫人賴以維生的根源。在他們的創世神話中，人們描述了第一個男人盧魯如何灌溉土地，人類因而得以在不毛之地上耕種的故事。

瑪督出現

愛雅與他的配偶當克娜（Damkina）共同孕育了一個兒子，就是力量之神瑪督。瑪督把玩各種風時，在提阿抹管轄的水域上引發了暴風雨。提阿抹勃然大怒，決定一併為丈夫阿普蘇的死報仇，於是召集了各式怪物，同時命令神祇金古（Kingu）攻擊瑪督。雖然有些神祇擔心如此一來將引發激烈大戰，因而試圖阻止提阿抹，但她仍一意孤行。此時願意對抗提阿抹的只有瑪督，於是諸神賦予瑪督凌駕眾神之上的最高權力。

創世

瑪督集結了四種風，命令它們朝提阿抹的嘴內吹風，讓她像氣球般膨脹，然後射箭穿破她的身體。瑪督擊敗提阿抹後成為世界的統治者，他將提阿抹一半的身體變成天空，將她的唾液變成帶來雨水的雲朵，又將她另一半的身體變成大地，乳房變成山脈，從她雙眼中流出美索不達米亞的兩大河流——底格里斯河和幼發拉底河。此外，瑪督還下令建造巴比倫城，並用金古的血創造了第一個男人盧魯（Lullu）。盧魯和子孫挖掘渠道灌溉巴比倫附近的土地，人類因而得以繼續繁衍興盛。

▲ **祭司獻祭**

上圖中，祭司在巴比倫至高無上之神瑪督和智慧之神那比（Nabi）的象徵物之前禱告。

敬神的城市

在早期美索不達米亞一帶的城市，宗教提供人們瞭解宇宙的方法，因而在居民生活中占有舉足輕重的地位，巴比倫的情況如此，其他城市也是如此。這些城市都有各自專屬的保護神，例如巴比倫的保護神是瑪督，烏爾的保護神是月神南娜（Nanna）。人們將這些神祇供奉於神廟之中，由祭司透過頻繁的獻祭來與諸神維持良好的關係，以祈求五穀豐收。神廟通常是這些城市裡最宏偉的建築，每間神廟更擁有許多土地和家畜，祭司因而也掌握了所屬城市中的食物供應與經濟狀況。

巴比倫

著名的巴比倫是美索不達米亞最有權力的城市之一，西元前1900到1550年間逐漸繁榮強盛，之後更成為大帝國的中心。巴比倫城中有一座高聳的塔廟，塔廟向來與諸神的關係深遠，壯觀宏偉的城門更彰顯了巴比倫與諸神之間的緊密連結。城門上裝飾許多上釉的彩磚，描繪的是跟隨戰神伊斯塔的神獸。

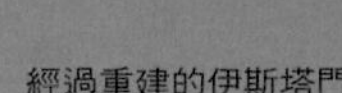

經過重建的伊斯塔門

主要神祇

《埃努瑪．埃利什》就像許多創世神話一樣，有一對最早出現的神——阿普蘇和提阿抹，然後共同孕育出幾個世代的神祇。這些神祇有的繁衍了後代，有的相互爭鬥，有的像提阿抹和金古一樣，成為創世的起源。阿普蘇死後，金古成為提阿抹的配偶，率領她的軍隊合力對抗瑪督。另外有些神祇扮演了不同的角色，其中最重要的就是瑪督，他是屠龍者、戰士、國王，同時還是正義的執法者，這些不同的角色，大多與巴比倫居民息息相關。

▲ **提阿抹**

提阿抹是世界初始之母，她和配偶阿普蘇兩人象徵在世界井然有序之前，一切不受控制的混沌狀態。

◀ **金古**

金古成為提阿抹的支持者，取得具有統治宇宙至高權力的天機書板。瑪督殺了金古後，將天機書板據為己有。

瑪督

巴比倫人將瑪督視為巴比倫城的創建者，同時更尊奉他為至高無上之神。根據巴比倫創世神話的描述，瑪督與巴比倫城之間的關係，開始於該城的建立。當至高無上之神瑪督與提阿抹激戰並取得勝利後，他希望將榮耀獻給天堂，於是在愛雅原先的居所上直接改建自己的宮殿，並且用提阿抹派來對付他的野獸身體製成雕像，逐一排列在愛雅神廟的入口通道。隨後，瑪督又要求其他諸神在大地上建立一個偉大的城市。

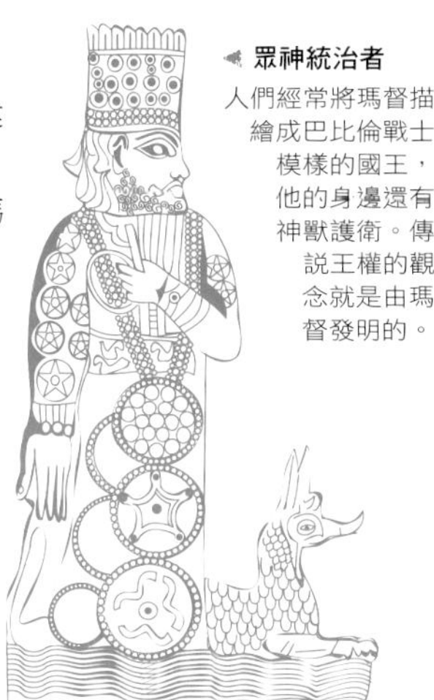

◀ **眾神統治者**

人們經常將瑪督描繪成巴比倫戰士模樣的國王，他的身邊還有神獸護衛。傳說王權的觀念就是由瑪督發明的。

他籠罩於恐懼之中，
頭上頂著無比的光輝。
他啟程，獨自上路，
為了對抗強大的提阿抹
勇往直前。

《埃努瑪．埃利什》

相關參考：亞洲創世故事162-63, 168-69, 190-91, 212-13, 222-23

伊斯塔門上的神龍

這是獻給巴比倫之神瑪督的龍，時間可追溯至尼布甲尼撒（Nebuchadnezzar，西元前605-562年）統治時期，由上釉的彩磚拼繪而成，裝飾於伊斯塔門上。

伊南娜

美麗的愛神伊南娜在巴比倫稱為伊斯塔，她掌管生活的許多領域，同時也是維持宇宙法律之神，有一個神話就曾提到她從父親恩基（Enki）那兒偷走法律書板。伊南娜的哥哥是太陽神烏圖（又稱為沙瑪什），還有一個孿生姊姊叫艾蕾許吉卡兒（Ereshkigal）。除了與吉爾伽美什的浪漫相遇外（見155-157頁），與伊南娜相關的著名神話，是她和牧羊神杜木基（Dumuzi，又稱為塔穆茲Tammuz）的婚姻，以及她的地府遊記。

伊南娜的婚姻

伊南娜是性愛女神，擁有致命的魅力，吸引許多的追求者，甚至曾遭凡人蘇卡雷圖達（Shu-kale-tuda）強暴，後來蘇卡雷圖達因而被處以死刑。在眾多渴望成為她配偶的追求者中，有兩位競爭最為激烈，其中之一是牧羊人杜木基，另一個則是農業之神安奇杜（Enkidu），他同時也是農民的保護神。伊南娜的哥哥太陽神烏圖有權決定誰能成為他的妹婿，他認為伊南娜應嫁給杜木基。然而，伊南娜並不滿意這個決定；她中意安奇杜光滑的亞麻披風，討厭杜木基蓬亂的羊毛斗篷。不過杜木基努力為自己辯駁，他說牧羊人能製造牛奶、乳酪和羊毛，對世人來說，這些東西比安奇杜種植的穀物更有用，他甚至還把自己和烏圖相提並論，終於贏得伊南娜的芳心。兩人結婚後，伊南娜讓杜木基成為烏魯克的君王。

◀ **烏圖**
太陽神烏圖的特徵是全身散發出的明亮光芒。他用手上鋸子狀的刀劈開山脈，在黎明時升起。

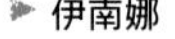

▶ **伊南娜**
伊南娜是豐饒女神，也是性愛女神，人們描繪她的形象通常是大腿與臀部渾圓，身上佩戴著首飾。

◀ **美索不達米亞的首飾**
美索不達米亞各個城市裡有許多手藝高明的工匠，他們用黃金和其他貴重金屬打造出精緻的首飾，供人們在婚禮等各種儀式或場合佩戴。當伊南娜前往地府時（參見下一頁），必須一件件取下身上的各種首飾與配件。

伊南娜之死

艾蕾許吉卡兒是伊南娜的孿生姊姊，也是她的對立面——伊南娜是光明的女神，艾蕾許吉卡兒是黑暗的女神，住在地府之中。伊南娜因為非常思念姊姊，決定前往地府去探望艾蕾許吉卡兒。出發前，她告訴女僕妮修布魯（Ninshubur），如果她三天內沒有從地府返家，就去尋求眾神協助。當伊南娜進入亡者的國度後，她被要求每通過任何一道門，都必須脫下身上的一件衣物或首飾。地府裡共有七道門，當伊南娜終於見到姊姊艾蕾許吉卡兒時，她的身上已是一絲不掛。她上前擁抱艾蕾許吉卡兒，但地府的惡魔認為她想把姊姊帶回地面，因而抓住了她，並將她殺死。

▲ **地府**

地府由艾蕾許吉卡兒和丈夫那格爾（Nergal）統治，那格爾是一頭醜陋、貪婪的公牛。美索不達米亞的地府是許多惡魔居住的黑暗世界，惡魔抓住伊南娜，用鉤子把她吊起來。

▲ **拯救伊南娜**

計謀之神恩基用他指甲裡的汙垢創造出兩個人，並讓這兩個人帶著一杯生命之水，前往地府救伊南娜。

▼ **美索不達米亞的惡魔**

伊南娜最後終於獲准離開地府時，她的身後跟著好幾個艾蕾許吉卡兒的惡魔，他們奉命外出尋找到伊南娜的替身，並帶回地府。

伊南娜的復活

伊南娜離開人間後，愛情從大地上消逝，世界也黯然失色。過了三天，她的女僕妮修布魯前去尋求眾神的協助，希望他們能拯救困在地府的伊南娜。然而，眾神知道任何人只要進入地府後，幾乎沒有生還的機會，其中有些神祇甚至還暗自希望伊南娜就此留在地府裡，因而紛紛拒絕妮修布魯的請求。後來，計謀之神恩基（巴比倫人稱之為愛雅）想出了解決的方法。他創造了兩個沒有生命機能的人——沒有內臟、性別和頭腦，派他們帶著裝滿生命之水的杯子前往地府。伊南娜喝下他們帶來的這些水後再度復活了，並在艾蕾許吉卡兒協助下重返人間。

杜木基之死

伊南娜離開地府之前曾答應亡者的審判者，她會找到一個替身，送回地府來遞補她的位置。返家途中，伊南娜遇見了妮修布魯，但她不願妮修布魯為她而死。後來伊南娜發現，丈夫杜木基竟趁她不在時和女神葛休提娜娜（Geshtinanna）偷情，盛怒之下，她決定將丈夫當成替身送去地府，以示懲罰。儘管烏圖把杜木基變成蛇藏了起來，但來自地府的惡魔還是找到了他。最後眾人達成共識，從此以後杜木基和葛休提娜娜每年輪流在地府裡待半年，如此一來，他們兩人再也見不到面。

► **香柏**

對牧羊人杜木基以及愛神伊南娜的崇拜者來說，香柏是神聖的植物。杜木基本身就象徵著乾季時香柏樹裡隱含的汁液。

◄ **牧羊神**

因為杜木基是牧羊人和牲畜的守護之神，大地上缺他不可，因此，每年有六個月的時間，他可以離開地府重回大地。

相關參考：愛神38-39, 138-139, 180-81, 244-45, 310-11．懲罰26-27, 50-51, 54-55, 68-69, 70-71, 218-19, 288-89

吉爾伽美什的史詩

吉爾伽美什是烏魯克的國王，他的故事源自於遠古時代，是至今最古老且廣為流傳的傳說。這個故事以史詩形式呈現，由於刻寫在西元前七世紀左右亞述的幾塊泥板上，因而得以保存下來，不過故事本身的歷史卻可上溯至西元前3000年左右。史詩中的主題包括：英雄主義、友誼、對永生的追求，加上吉爾伽美什等幾位性格獨特的人物，為世世代代的讀者帶來難以取代的美好閱讀經驗。

神話

吉爾伽美什是烏魯克的統治者，殘暴又無情，他逼男人為奴、婦女為妾。苦不堪言的人民無力反抗他的暴政，轉而祈求眾神的幫助，因此眾神指派名叫安奇杜的野蠻人前去征服吉爾伽美什。吉爾伽美什找來神妓誘惑安奇杜，試圖藉此馴服他。這個女人將安奇杜帶到烏魯克接受教化，但他們在那裡參加一場婚禮時，安奇杜看到吉爾伽美什竟想和新娘上床，於是要求和吉爾伽美什決鬥。他們倆身強體壯、勢均力敵，經過漫長的纏鬥後，最後明白不可能打敗對方，因而互相擁抱並成為好友。

兩個暴君

如此一來，烏魯克人民生活在兩個暴君的統治下。眾神於是又派出噴火怪獸烏巴巴（Humbaba）來對付他們。吉爾伽美什和安奇杜得到太陽神沙馬什的幫助，一番搏鬥後殺死了怪獸。眾神又改派充滿魅力的伊南娜（巴比倫人稱為伊斯塔）前去引誘吉爾伽美什，他卻拒絕了伊南娜，憤怒的伊南娜向諸神抱怨，眾神改派出天堂之牛，但仍敵不過安奇杜和吉爾伽美什。此時諸神認為，安奇杜和吉爾伽美什必須有人為殺害烏巴巴和天堂之牛付出代價，最後裁定安奇杜非死不可。

◄ **天堂之牛**

在古代的史詩中，常可見到英雄或凡人殺死擁有強大力量的超自然界怪物，例如這個故事中的天堂之牛。

► **吉爾伽美什**

吉爾伽美什主要的個性特質，就是他超乎凡人的力量，以及堅強的意志。這個雕像以強而有力的手抓住了獅子，正好表現出他的特質。

永生的追尋

安奇杜的死，讓吉爾伽美什不得不面對自己終將死亡的命運。他知道烏塔那匹茲姆是大洪水後唯一的生還者，並且獲得了永生不死的能力，於是前去拜訪烏塔那匹茲姆，希望能找到永生的祕密。烏塔那匹茲姆告訴吉爾伽美什，諸神之所以引發大洪水，是對人類罪惡的懲罰，幸虧水神恩基（巴比倫神話中稱為愛雅）在烏塔那匹茲姆夢中現身，指點他事先造船，他才得以逃過一劫。烏塔那匹茲姆勸吉爾伽美什接受自己身為凡人的命運，不過他還是告訴他，在地府的某個湖底有一種植物，吃了它就能青春永駐。吉爾伽美什前往地府找到了這株植物，卻在回程時讓蛇偷走了。此時吉爾伽美什終於明白自己的追尋終究只是徒勞，因而接受了自己的命運。

主要人物

儘管史詩的場景是確實存在的地點——美索不達米亞一個名叫烏魯克的城市，但其中大部分主要角色都和超自然界有關。奉命前來對抗吉爾伽美什的怪物巨大又嚇人，因為牠們全都來自天上：野蠻人安奇杜是大地女神寧呼爾薩格（Ninhursag）創造的，天堂之牛則是天神安努派遣而來的。至於吉爾伽美什本身則橫跨了兩個世界：他的母親是天空女神寧松（Ninsun），父親里古爾邦達（Ligulbanda）擁有一半神的血統。吉爾伽美什來自父母的複雜血統，是他被描述為半神半人的原因。

◄ 安奇杜的出現

吉爾伽美什曾在夢裡看見一顆星星從天而降，他和幾位友人想合力舉起它卻失敗了。這顆星星正代表著安奇杜的出現。

▲ 烏塔那匹茲姆

吉爾伽美什來訪時，烏塔那匹茲姆已經垂垂老矣。他告訴國王，大洪水時，他如何將世界上各種動物召集到船上以躲避洪水。

▲ 烏巴巴

烏巴巴是住在森林裡的怪獸，他因為會噴出致命的火焰而更加令人畏懼，即使是安奇杜一開始也不願意和烏巴巴對決。

眾神

男女諸神在《吉爾伽美什》史詩中扮演了重要的角色，他們與世間凡人直接對話，在決定性時刻採取行動。他們也利用不太明顯的方式來影響事情的發展——在夢中預言未來，包括烏巴巴被殺和安奇杜的死亡，都曾在夢中出現預兆。儘管諸神權力強大，他們還是有失算的時候——派遣怪物打敗吉爾伽美什的算盤落空，伊南娜企圖色誘的計畫最後也告失敗。

▲ 沙馬什

太陽神及戰神對國王口授律法，他曾幫吉爾伽美什殺死烏巴巴。

▲ 恩利爾

風神恩利爾（Enlil，上圖右）廣受人們的崇拜。森林保護者烏巴巴遭安奇杜殺害後，恩利爾決定安奇杜必須為此償命。

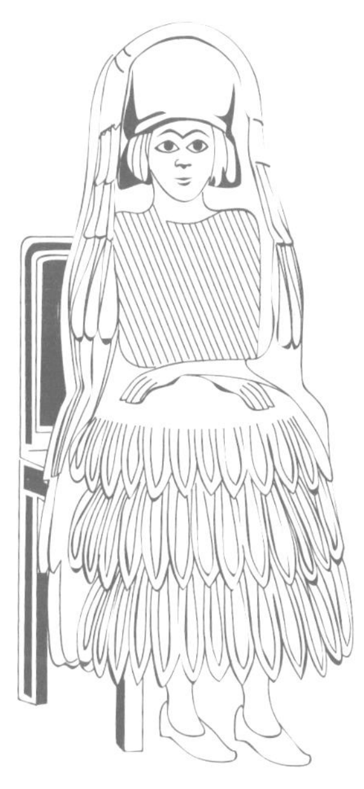

► 伊南娜

美貌絕倫的伊南娜是性愛女神，幾乎所有男人都無法抗拒她的魅力，唯獨吉爾伽美什對她的主動示意不屑一顧，讓伊南娜因而感到憤怒不已。

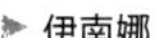

▲ 烏魯克

史詩中曾提到，烏魯克人以泥磚建構神廟與城牆，上圖中的遺址位於西亞的幼發拉底河附近，有些可上溯至西元前4000年左右。

▲ 泥板

學者將許多以阿卡德文書寫的泥板碎片拼湊在一起以重新建構古老的史詩，《吉爾伽美什》即為一例。

神話的各種版本

好幾個古代故事都提到吉爾伽美什，因此這位君主可能真有其人，後來才成為神話主角。這些故事的文本都殘缺不全，但仍可拼湊出他的生平：其中有的提到天堂之牛，有的描述安奇杜的地府之旅，都以阿卡德文（屬閃語系，西元前三世紀至1000年間通用於美索不達米亞）寫成。目前保存最完整的版本，收藏於亞述王亞述巴尼拔二世（Ashurbanipal II，西元前668-27年）位於尼尼微（Nineveh）的圖書館，儘管內容仍有缺漏，但比其他故事完整得多。

相關參考：友誼60-61, 200-03．永生追尋68-69, 132-33, 216-17, 218-19

烏加利古城的神話

烏加利古城興起於現在的敘利亞西岸附近，過去此地稱為迦南（Canaan）。在西元前1200年遭入侵者破壞前，烏加利在長達數百年的歷史裡都是一個相當重要的城市。二十世紀時，人們在古城遺址中發現了數千塊的泥板，其中有些描述了城市居民信奉的男女諸神。在這些泥板上記載的神話裡，許多都提到了雨神和雷神巴力（Baal）、他的妹妹豐饒女神阿娜特（Anat），以及父親至高無上的天神伊勒（El）。

巴力奪權

巴力是偉大的天神伊勒的兒子，因此屬於烏加利眾神行列中高人一等的尊貴家族。伊勒的權力是亙久不變的，但當他逐漸衰老時，巴力在天空的權力愈來愈大，漸漸成為掌控下雨、打雷和閃電的神祇。然而，巴力的優勢地位受到其中一位兄弟漾（Yamm）的挑戰。漾是海神，他要求父親伊勒將原本屬於巴力的珍寶全都賜給他，並派使者抓住巴力，將他監禁起來，當成奴隸。後來一位手藝高明的工匠庫薩．瓦－哈席斯（Kothar wa-Hasis）救出巴力，還為他打造了兩根神奇的棍棒。漾躲開了巴力使用棍棒的第一擊，但卻敗在他的第二擊之下，隨後巴力把漾撕成碎片，並將屍塊撒向四處，終於成為伊勒眾子之中擁有最大權力的人。

▼ **漾**
人們相信，海神漾會出現在海水衝激而成的浪花上或危險的激流之間。對人類來說，海神漾是個象徵混沌、失序以及危險的角色。

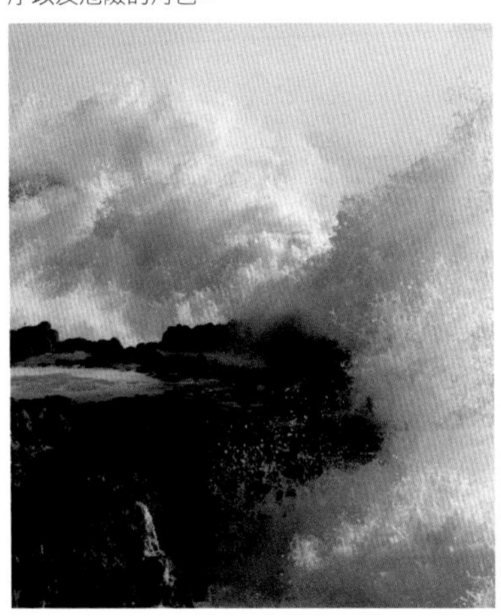

▲ **烏加利的泥板**
烏加利流傳下來的作品保存於泥板上。謄寫員趁泥板仍濕軟時，用蘆葦筆在上面加以書寫銘刻，然後放在太陽下曬乾。現存的泥板上有些還有巴力的小幅圖像。

► **巴力**
在右圖中，至高無上之神巴力在頭上戴著一種圓錐狀的頭飾，其中一手握著矛，另一手持著棍棒並且高高舉起，隨時準備對敵人發動攻擊，打倒對手。

巴力的宮殿

巴力雖然打敗了兄弟漾，也獲得至高無上的權力，但還沒有自己的宮殿。他向妹妹阿娜特抱怨，提醒她，其他兄弟都像人間國王一樣擁有豪華宮殿。阿娜特代表巴力來到伊勒面前，請求賜予巴力一座宮殿，但伊勒支吾其詞，沒有得到太太亞舍拉（Athirat）的同意，他不能答應這項要求。伊勒深知亞舍拉絕不會輕易同意，因為所有的兒子裡，她向來最不喜歡巴力。至高無上的天神後來想到一個說服亞舍拉的好計謀，他召來庫薩．瓦－哈席斯，命令他為巴力打造精緻的家具和裝飾品，亞舍拉看見後，才同意讓巴力擁有一座宮殿，以便陳設這些精美的物品。

烏加利遺址

位於烏加利古城內的王宮和其他建築，主要由石頭和木頭建築而成，不過如今只剩下斷垣殘壁。

黃金杯

烏加利古城裡的工匠所製作的黃金首飾和工藝品相當精緻，令人讚嘆不已。後人在巴力神廟遺址出土了許多日用品，其中包括下圖這件黃金浮雕杯。

巴力的歸來

巴力的宮殿建築完工後，他狂傲地出言挑戰死神摩特（Mot），這些話穿過宮殿裡敞開的窗戶，傳到了摩特的耳中。死神摩特欣然接受了挑戰，他穿過窗戶進入宮殿，一口吞下巴力，將他帶出宮殿，回到地府裡。巴力從人間消失後，天上不再降雨，大地乾旱嚴重。當其他眾神知道雨神巴力遭摩特帶到地府後，個個都相當憂心，巴力的父親伊勒以及妹妹阿娜特更是焦急不已，於是阿娜特動身去拯救哥哥。她來到地府，用手中的刀和簸箕攻擊摩特，然後放火燒了摩特，再用石磨將他磨成粉末，並撒向各處。巴力因而得以重返大地，並以雨水滋潤地上萬物。

至高之神伊勒

創世之神伊勒又稱為「諸神與人類之父」，是烏加利諸神的統治者，就像其他至高之神一樣，在神話中的角色隱晦，難以捉摸。

可怕的阿娜特

女神阿娜特是雨神巴力的妹妹，負責掌管人類的性愛，以及迦南地區的土地肥沃。不過她同時還有陰暗的另一面——暴虐，嗜血，人們對此也相當熟悉。阿娜特非常在意武器的重要性，有一回，她甚至企圖偷走凡人戰士阿哈特（Ahat）的弓箭。巴力知道阿娜特的所作所為後非常生氣，好長一陣子不肯降雨。還有一次，阿娜特屠殺了烏加利附近兩個城市的居民，隨後又邀請軍隊前往她的宮殿參加宴席，並且在他們飽餐之後，用鐮刀砍下士兵的頭顱。這一連串的攻擊行動看似缺乏動機，但當時迦南的居民認為，這些行為就像某種獻祭，也許能讓土地更為肥沃。

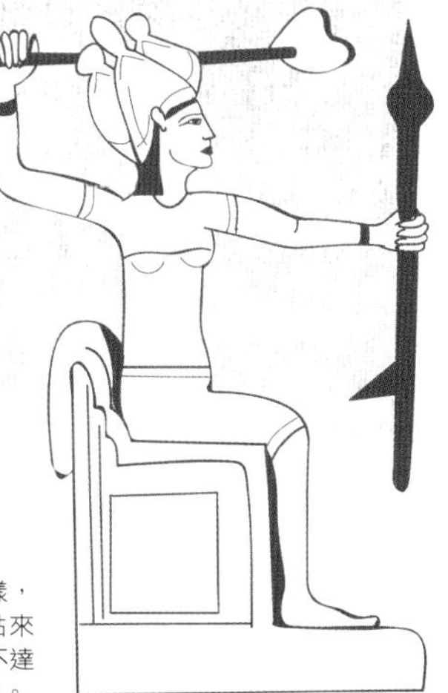

阿娜特

阿娜特常被描繪為全身作戰裝備的模樣，她同時掌管戰爭和豐饒，從這個觀點來看，她和亞斯塔蒂（Astarte）及美索不達米亞尊崇的伊南娜（見154-55頁）很像。

相關參考：兄弟相爭240-41．王權之爭200-23, 206-07, 260-61

西臺神話

西臺人大約在5000年前定居於安納托利亞（Anatolia，現今的土耳其）地區。西元前2000年左右，他們統治的帝國國力強盛，勢力範圍已擴展到地中海地區。由於西臺人在征服其他地區時採納了各個民族的神話，他們的神話體系中因而擁有為數眾多的神祇，光氣候之神就有許多位。在西臺神話中流傳最廣的故事，講述的是眾神之間的彼此抗衡，以及他們如何影響凡人的命運。

庫馬爾比

偉大的神阿拉魯（Alalu）是宇宙的主宰，其他眾神以阿拉魯的朝臣首領為首，臣服於阿拉魯。不過在阿拉魯領導九年之後，眾神發動了叛亂，推舉阿拉魯的兒子——天空之神安努取而代之。九年之後，眾神再度騷動，發動第二次的叛變。這一回，安努的兒子庫馬爾比（Kumarbi）打敗他，證明自己是眾神之最。庫爾馬比獲勝的方式是咬下父親的生殖器，但當他吐出不小心吞下的安努精液時，從中誕生了另一群神祇，其中包括威力強大的暴風雨之神特舒卜。特舒卜很快篡奪了父親所有的權力，儘管後來庫馬爾比數次企圖奪回，卻始終無法打敗強大的暴風雨之神。

◀ 角杯

安努卸下眾神之王王位後，庫馬爾比成為領袖，其他諸神將他的角杯斟滿，向他致敬。角杯是用來飲酒的器皿，有時會做成動物形狀。

◀ 特舒卜

暴風雨之神特舒卜結合了戰爭與氣候之神的角色，使人民維持溫飽，並保護他們不受敵人的侵犯。

▲ 西臺的宴會

西臺人以盛宴迎接春天來臨。據說特舒卜在宴席上打敗伊盧揚卡後，才得以將春天的氣息帶到人間。

特舒卜和巨蛇

特舒卜擁有極大的權力，但即使是他也免不了會嚐到敗績。有一回，他與巨蛇伊盧揚卡（Illuyanka）搏鬥時屈居下風，惱羞成怒地向其他神求助。女兒伊娜拉（Inara）得知後為他想出了好計策。她和她的凡人情人修巴西亞（Hupasiya）為伊盧揚卡舉辦一場宴會，供應上等的佳餚，以及大量的啤酒及葡萄酒。巨蛇家族狼吞虎嚥，結果喝下太多酒精渾身無力，又因吃得太脹無法鑽回他們的洞穴，這時修巴西亞趁機將伊盧揚卡逼到角落綑起來，隨後特舒卜現身，用他的雷電武器殺死了巨蛇。

▶ 伊盧揚卡

這條巨蛇擁有無堅不摧的強大破壞力。像他這樣驚人的動物，甚至還打敗了諸神中最強的神祇。

消失的神祇

根據一則流傳很廣的神話，有一天，海神因為覬覦權力而決定綁架太陽神。他用網子捕捉太陽神，將他囚禁於儲藏用的罐子裡。太陽神消失後，大地上的所有生命都停滯了，溫度急速下降，五穀不生，六畜不旺，連諸神都冷得打寒戰。於是眾神紛紛尋找太陽神的蹤跡，但就是遍尋不著，其中特舒卜的兒子特勒皮努（Telepinu）差點就找到了，結果也遭海神監禁起來。最後，眾神舉辦一次盛大祭典，並說服海神放了太陽神。從此以後，西臺人便開始固定為諸神獻祭。

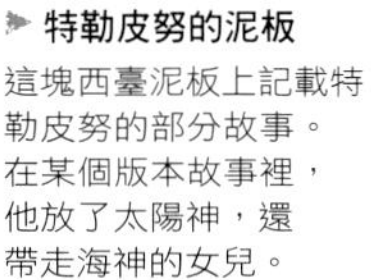

特勒皮努的泥板
這塊西臺泥板上記載特勒皮努的部分故事。在某個版本故事裡，他放了太陽神，還帶走海神的女兒。

財富的象徵
對西臺人來說，家畜占有舉足輕重的地位，其中尤以公牛最為重要。阿普兩個兒子所瓜分的公牛，象徵著阿普的富有。

兄弟分家

在一些西臺的早期傳說當中，有一個關於富人阿普（Appu）的故事。阿普雖然富有，但因為沒有子女而怏怏不樂，於是向太陽神祈求，並且獲得了神的應允。不久，阿普得到的不是一個兒子，而是兩個，他和妻子將兒子分別命名為朗（Wrong）和萊特（Right）。起先，兩兄弟相處和睦，但後來朗變得愈來愈獨立，因而希望兄弟能夠分居。他告訴萊特，既然眾神都是各自分開居住的，他們也該這麼做。萊特同意他的提議，於是兩兄弟決定平分他們的財產，其中包括父親留給他們的兩頭公牛。沒想到朗耍手段欺騙了對方，讓自己得到比較強壯的那隻牛。太陽神看到這一切的過程，於是就把萊特的牛變得比朗的牛更為強壯。

六十個孩子

從前，在土耳其的古城卡涅什（Kanesh），有一個皇后生了三十個兒子。由於孩子太多，不堪負荷，她決定將他們全都送走。皇后把兒子放在一艘船上，任船隻在河上漂流，後來諸神發現這艘船，救了這些孩子，將他們撫養長大，並改變了他們的外表，讓他們看起來像神而不像人類。這期間，皇后奇蹟似地又生下了三十個女孩，但這回她親自撫養她們長大。三十個男孩成人後想見親生母親一面，開始四處尋找她。他們來到卡涅什，投宿在一家客棧裡，客棧的老闆聽了他們兄弟的故事後告訴他們，這裡的皇后有三十個女兒，以前也曾生下三十個兒子。這群年輕人去找皇后，皇后不但不認得他們，還希望他們能娶她的三十個女兒，不過這些男孩因為擔心亂倫而拒絕了。

卡涅什的遺跡
卡涅什古城位於土耳其的庫特皮（Kultepe），這個古城曾是附近地區相當重要的貿易中心，因此曾出現在好幾則早期的西臺神話裡，然而，古城如今只剩下一堆泥磚的遺跡。

相關參考：蛇與巨蛇28-29, 48-49, 92-93, 98-99, 100-03, 238-39．被遺棄的孩子56-57, 78-79

偉大的天神

古代的蒙古人和突厥人相信萬物有靈，認為自然界中存在著許多神靈，也就是所謂的「騰格里」（tengri），其中地位最高的天神叫做長生天（Mongke Tengri），有時就稱為騰格里。騰格里是創造人類與世界的創世者，他保護人類不受惡靈傷害，同時也能控制各種不同的自然力量，並且影響土地的肥沃。

► 長生天
騰格里是威猛的天神，手中揮舞著他的武器，對抗威脅人類生命的惡魔和惡靈。

神話

在蒙古關於大地的創世傳說中，提到了位階最高的騰格里——霍爾穆斯達（Qormusta），以及佛陀釋迦牟尼。佛陀也是蒙古諸神之一，相傳霍爾穆斯達交給釋迦牟尼一把黃色的泥土，土裡含有珍貴的石頭，釋迦牟尼把泥土投入永恆的大海之中，讓海水接合，形成遼闊的陸地。這個時候，一隻龜從深海之中突現，偷走了大地。釋迦牟尼明白，只有殺死烏龜才能讓大地重見光明，讓土地成形，然而，他是個愛好和平的出家人，實在無法下手殺害烏龜。騰格里試著說服他，只有犧牲烏龜，成千上萬的生命才得以在大地上生長，他這麼做絕對是正確的。於是，釋迦牟尼消滅烏龜，世界也隨之成形。

最早的人類

大地形成之初，上面只有動物居住，因此騰格里打算創造第一個男人和第一個女人，讓他們繁衍後代。他花了許多時間來塑造人類的外形，讓他們愈來愈接近完美，隨後又在兩人身上覆蓋柔軟的毛髮。有一天，騰格里對自己的創作終於感到滿意了，決定取來不死之泉的水，讓初次誕生的第一對男女得以永生不死。離開之前，他擔心兩個人類的安危，於是指派貓和狗在一旁守護他們。然而，就在他離開去取泉水的時候，地府之神伊里克汗（Erlik Khan）出現了，他以一碗牛奶把貓誘開，用一片肉將狗引走，然後在那兩個人類身上撒尿，玷汙了騰格里的創造物。

◄ 墓石
早期突厥人將死者埋在騰格里創造的大地之下，並在地面上豎立墓石，標示墓地所在的位置。左圖是西元六世紀左右的墓石。

貓和狗

騰格里取水回來後，發現伊里克汗弄髒了他創作出來的人類，非常生氣，尤其是貓和狗沒有善盡保護男人和女人的職責，更讓他感到震怒，於是命令貓把人類身上的毛髮都舔下來，然後黏到狗的身上，以示懲罰。貓把人身上的毛髮幾乎都舔了下來，只留下伊里克汗沒玷汙的頭髮，以及發出腥臭味的下體毛髮。貓完成任務後，騰格里把不死之泉的泉水澆在人類身上，希望讓他們得到永生，然而，他這趟旅程的目的終究還是失敗了，因為人類已讓伊里克汗的卑劣行為給汙染了。

原初之龜

突厥的創世故事

在突厥人的創世故事中，騰格里以白鵝的形貌飛越天空，飛過象徵時間無盡流逝的廣袤大海。騰格里聽到白色母親（White Mother）召喚他創造世界，於是創造出另一個人物埃爾克西（Er Kishi），然後與他共同創造大地和人類。然而，埃爾克西生性邪惡，他試圖引誘人類過敗德的生活，騰格里便派遣他的神聖動物來到大地，透過薩滿（shaman，也就是靈魂導師）教導人類過正直的生活，並且尊敬創世者。

◀ **白鵝**

騰格里創造世界一切事物後，往上高飛，進入天堂。人們相信，騰格里有時會以大白鵝的模樣重回大地。

騰格里信仰

騰格里信仰（tengrism）是現代辭彙，意指古代蒙古和突厥人的信仰體系。這套信仰建立於長生天（永恆的蒼天）、埃哲（Eje，豐饒女神和母親大地女神），以及其他許多善良和邪惡的自然神靈上，同時也涉及薩滿信仰的習俗（見268-269頁），以及與神靈的溝通。蒙古後來的統治者如成吉思汗（西元1206-1227在位）和孫子拔都（西元1227-1255在位）都提倡騰格里信仰。騰格里的信仰者崇拜自然神靈，謹守道德嚴謹的生活。如果因為人們冒犯神靈或惡靈搗亂而破壞人與自然界的和諧，薩滿便會介入其中，重建與自然界之間的關係。

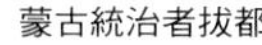

蒙古統治者拔都

騰格里和自然

對古代的突厥人和蒙古人來說，許多激烈的自然現象，都和騰格里、其他神祇或神靈有關。他們認為，打雷是騰格里發出的聲音，閃電是騰格里施加懲罰的工具，也是他威力的展現。至於騰格里引發的暴風雨，也被人們認為是有益處的，因為大雨過後，植物生長快速，作物也能獲得滋養。他們還認為，所有的生命體，包括：鳥獸、植物、樹木……等，都有個別神靈居住其中，這也表示自然界的萬事萬物都是神聖的。

玉蜀黍

▲ **電光火石的閃電**

據說第一個火苗就是由騰格里的閃電引起的。在中亞和西亞地區，人們對閃電和火的崇拜已久，它們不僅能淨化世界，還能避開惡魔。

▲ **簡樸的生活**

古代突厥人和蒙古人與大自然和諧共處。他們居住的地方，大多是河流附近土壤肥沃的地區，這裡不僅適於農業耕作，也有適合放牧牛、羊和馬的草地。

東方的騰格里

中文裡的「天」字指天空，但同樣也有神的意思。語言學家很早就注意到，騰格里一詞和中文裡的「天」兩者意義相近。我們不清楚究竟哪一個字詞先出現，但兩者之間必有關連，就像中國與蒙古文化關係匪淺一樣。騰格里和天都出現在幾座被視為聖地的山名中，例如位於哈薩克邊界的天山山脈，其第二高峰就叫做騰格里汗（Khan Tengri），意思是：諸神靈之王。

古突厥語系鄂爾渾文（Orkhon）書寫的「騰格里」

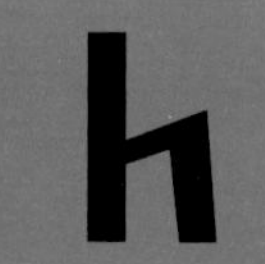

相關參考：亞洲創世故事150-51, 168-69, 190-91, 212-13, 222-23．亞洲的天神158-59, 160-61, 188-89

命運之神與幸運之神

在各國的神話體系當中，都曾出現負責掌管命運和幸運的男女諸神，他們在人類的想像中占有特別重要的支配地位，因為人們相信他們擁有足以影響人類生命的能力，而且在某些情況下，他們還能夠預見未來，為人類即將發生的命運提供些許線索。

幸運之神

據說許多神祇都擁有能為他人帶來好運的能力。新婚夫妻等即將展開人生新階段的信徒，通常會向這一類的幸運之神請求賜福，然而，他們是否能如願得到來自諸神的祝福，有時純粹得碰運氣，例如羅馬的芙圖娜（Fortuna）女神就是如此。儘管如此，人們還是會獻上供品，冀望能因而獲得神的眷顧。

弁財天

弁財天是日本的女神，負責掌管學習、音樂和財富，據說曾擊敗邪惡的龍。日本的七福神當中，弁財天也是最為人所知的一位。

格涅什

印度人將象頭神格涅什（Ganesh）稱為「所有障礙的清除者」，因此經常在即將展開新事業時祈求他的庇蔭。

芙圖娜

羅馬人相信芙圖娜能為新婚女性帶來幸福，同時也認為她能為家庭、城市和國家帶來財富，當她在賜予好運時，不會有任何的偏私。

吉祥天女

吉祥天女（Lakshmi，見191頁）是仁慈的印度女神，據說將她擺放在家中大門附近，就能為全家帶來好運。

福祿壽三仙

左圖是中國的三位神仙，右邊那位是賜福天官，中間為祿星，左邊則是壽星南極仙翁。

七福神

日本的七福神掌管新的嘗試，每位神祇各有專門負責的領域，分別為人們帶來財富或健康等恩惠。

諾恩
在北歐神話當中，命運三女神諾恩（Norns）以手中編織的掛毯來示現人類的命運；她們的工作永無止盡，意味著人類的命運不停變動。

布瑞吉特
女神布瑞吉特（Brigit，崇高之意）握有主宰人類命運的大權，有些凱爾特人將天神的三個女兒視為她的不同面向。

命運之神

有些命運與幸運之神的權力非常大，因而得以直接操控命運——決定人類生命的長短，以及每個人死亡的時間和方式。這些命運之神通常都是由三位合組而成，即使是至高無上的神也不能干涉他們的工作。擁有如此絕對權力的神祇通常都難以捉摸，因此人們對他們懷抱的是敬畏之心，而非敬仰之情。

命運三女神
希臘的命運之神是三位女性長者，其中克洛莎手持紡錘，拉琪希絲負責編紡人類的生命之線，亞卓波絲則負責將線剪斷，結束人類的生命。

傳達神諭之神

能預見未來的神特別受到人們的尊崇，他們的祭司、女祭司和先知，也都擁有崇高的地位。然而，他們的預言向來難以理解，人們企圖加以解讀的嘗試也經常失敗。例如，在希臘神話體系中，許多凡人雖然接到了神諭，但卻解讀錯誤，因而在努力避開神諭所預告的不幸時，往往會以意想不到的方式遭逢厄運。

伊舒
在奈及利亞尤魯巴族神話中，伊舒（Eshu）是眾神的信使，負責留意燃燒祭品升起的煙，並將煙傳遞的訊息帶給諸神，然後帶回神的回應。

阿波羅
希臘的阿波羅（見28-29頁）受人崇拜的主要原因之一就是德爾菲的神諭，他也是在這裡殺死巨蛇皮松的。德爾菲神諭的預言以極為曖昧、含糊而聞名於世。

吉菲昂
吉菲昂（Gefion）是北歐的豐饒女神，也是偉大天神奧丁的女兒，她擁有能預知未來的能力，但卻無法改變未來將發生的事。

女先知
在羅馬神話中，女先知希貝兒（見79頁）讓自己陷入神智恍惚的狀態，口中發出神祕難解的聲音，據說這些聲音是來自神的訊息，由祭司負責解讀。

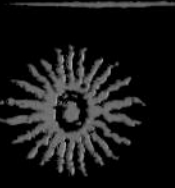

▲《列王紀》中波斯王羅斯丹的誕生圖

史詩《列王紀》（*Shahnama*）包括一系列的傳說，也是波斯神話歷史的主要來源，故事主角之一是羅斯丹（Rustum），他是位勇敢的英雄，征服了許多敵人，最後卻悲劇性地死於兒子手中。

中亞與阿拉伯世界

中亞與阿拉伯世界如今雖然信奉伊斯蘭教，
但長久以來一直是不同文化與信仰的大熔爐，許多神話傳統，
都是在這兩個地區源遠流長的文明史中發展繁盛的。

波斯即現在的伊朗地區，是古代世界最重要的交會點之一，在長達數百年的時間裡，來自各地的商人和移民對此地文明的高度發展貢獻良多，其中包括西臺人，他們融合印度與波斯文化後，又前往土耳其，而其他族群（特別是來自中亞大草原的人們）則在此定居，帶來不同的神祇。

▲ 智慧之神阿胡拉．馬茲達

這個精緻的金耳環約可上溯至西元前六世紀至前四世紀左右，其上描繪阿胡拉．馬茲達抓住一對羚羊的角，相當符合他創世神的身分。

密特拉的公牛崇拜

隨著移民來到波斯的諸神中，最具影響力的是密特拉（Mithra），他曾和其他早期印度諸神一起出現在文獻裡，因陀羅（Indra）就是其中之一。密特拉後來流傳於波斯各地，人們崇拜他，視他為無所不知的保護者，或像美索不達米亞的沙馬什一般的太陽神。此外，密特拉也掌管協議與條約，將契約（mitra）加以神格化。

後來，人們對密特拉的崇拜更加廣為流傳，羅馬人將帝國擴展到亞洲時，密特拉也成為羅馬人所接納的神祇之一。祭拜密特拉的主要儀式是屠殺一頭公牛獻祭，這項儀式性的殺戮，重現了第一位波斯人伊馬（Yima）首次殺公牛的過程，同時更被視為重生之舉。藉由儀式，密特拉的崇拜者相信他們重新創造了伊馬統治時的理想世界。

阿胡拉．馬茲達

另一個影響深遠的波斯神祇是阿胡拉．馬茲達（Ahura Mazda），他是聰慧且能洞悉一切的創世之神，原本是古代波斯為數眾多的諸神之一。古波斯的萬神殿和其他文化一樣，其中擁有掌管各種自然力量的神祇，如雨神帝釋力（Tishtrya）和風神伐由（Vayu）。安娜依塔（Anahita）是豐饒女神也是大地水神，是另一個重要神祇。安娜依塔和帝釋力二神清楚顯示了水資源在波斯的珍貴。

一神信仰

西元前七到六世紀間，先知瑣羅亞斯德的努力與想法有了改變，他認為阿胡拉．馬茲達是絕對且唯一值得崇拜的神；隨著祆教勢力上升，阿胡拉．馬茲達成為古波斯睥睨諸神的神祇。另一方面，數世紀後伊斯蘭教在阿拉伯半島興起，先知穆罕默德譴責當地居民膜拜「假神」，這些神祇隨之逐漸式微，不過阿拉伯半島的神話不可能如此輕易遭人遺忘，其中的冒險故事與英雄事蹟仍讓人津津樂道。

▲ 密特拉崇拜

在這幅戲劇張力十足的羅馬神廟浮雕中，年輕的密特拉準備動手殺死用來獻祭的公牛。羅馬人接納了中亞的神祇密特拉，並且成立了崇拜密特拉的祕密教派，為他建立祕密的神廟，這些神廟通常隱藏於地下。

對抗邪惡的爭鬥

善神阿胡拉·馬茲達與邪惡的敵人阿里曼為了世界而起的爭戰，建構了祆教信仰的核心。祆教在中亞相當興盛，直到西元七世紀才盛極而衰，不過如今在伊朗和印度帕西人（Parsis）間仍有祆教徒。儘管祆教徒認為阿胡拉·馬茲達是唯一的神，但他們的宗教依然描述了許多傳統故事裡的其他神靈，包括影響人類生活的善神與惡靈。根據祆教的預言，在善與惡的爭戰中，善的力量終究會得勝。

神話

第一位神佐爾文（Zurvan，意為時間）生活於世界創造前的原初虛空之中，他渴望兒子，但又懷疑自己的創造能力，於是孕育了兩個兒子。他的樂觀主義生下了智慧之神阿胡拉·馬茲達，他的懷疑精神則生下了阿里曼。在兩個兒子降生之前，佐爾文預言先出生的兒子將會統治世界，原本阿胡拉·馬茲達應是長子，但阿里曼偷聽到父親的預言，搶在兄弟前出生。阿里曼告訴佐爾文，他是先誕生的兒子阿胡拉·馬茲達，但佐爾文識破他的詭計，因為他知道真正的阿胡拉·馬茲達應是皮膚白皙、氣味芬芳，阿里曼則是全身黝黑、惡臭撲鼻。

阿胡拉·馬茲達
這個象徵物來自古波斯，據說它表現的是阿胡拉·馬茲達舉起一手祈福，另一手握著代表世界統治權的圓環。

創造與死亡

智慧之神誕生後，開始努力打造世界。他創造了太陽、月亮、星辰及世界上所有代表善的事物，還創造了善思神沃乎·馬納（Vohu Manah）等六神，協助他統治他創造的世界。此時阿里曼派邪惡的妖魔來攻擊智慧之神，但阿胡拉·馬茲達把阿里曼驅趕到黑暗中。後來阿胡拉·馬茲達又創造了第一位人類——迦約馬特（Gayomart），並讓善思神和他一起工作。一切似乎都很美好、順利，但阿里曼從黑暗中歸來，帶來飢荒、疾病、痛苦、欲望和死亡；他使大地乾涸、破壞收成、汙染世界，還將迦約馬特毒死。

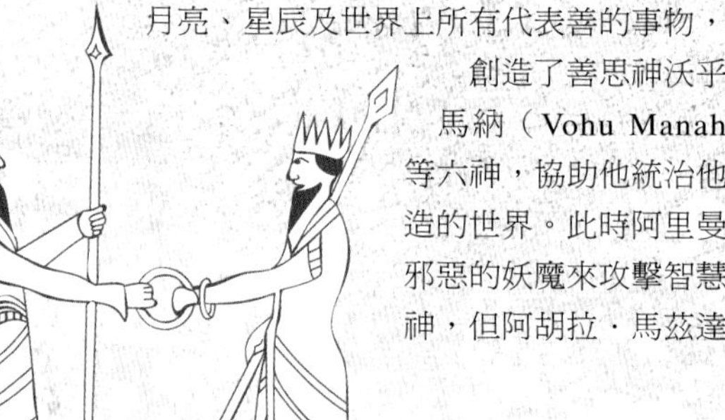

爭奪世界
智慧之神阿胡拉·馬茲達和他邪惡的兄弟阿里曼手中的圓環代表世界的統治權，他們兩人都想奪得圓環，以便成為世界的統治者。

人類種族

阿胡拉·馬茲達發現迦約馬特即將死亡，因此留下人類的種子，讓瑪什耶（Mashya）和瑪什尤（Mashyoi）成為第一對人類伴侶。儘管他們也會死，但他們的孩子會繼續繁衍後代，確保人類能延續下去。阿胡拉·馬茲達無法打敗阿里曼，只好把這個邪惡的魔王困在他創造的世界裡，讓人類自由選擇善或惡。善惡之間的爭鬥，只有在時間走到盡頭時才能解決，屆時，一位名叫索什揚（Saoshyant）的救世主將會出現，他將和阿胡拉·馬茲達聯手摧毀阿里曼及他代表的惡勢力，於是人類將變得既純潔又善良，世界將重新再造。在那個煥然一新的世界裡只有善的存在，身體與靈魂的區別也會消失。

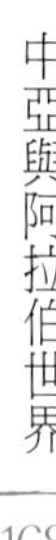

六位不朽之神

阿梅沙·斯彭塔諸神（Amesha Spentas，意為：豐富之神）是阿胡拉·馬茲達的孩子，重要性僅次於他。就某方面而言，他們是阿胡拉·馬茲達神聖特質的抽象化身；從另一方面來說，他們全被視為不朽之神，坐在黃金寶座上照護著從火到水等特定的自然世界。六神各司其職，讓阿胡拉·馬茲達能專心照顧人類。

沃乎·馬納

沃乎·馬納是善思之神，負責照管人類所馴養的動物，同時也負責記錄人類生活中的善行與惡行。

阿夏

阿夏（Asha）一詞之意是「正義」或「真理」。阿夏負責保護火，並對抗疾病或巫術等邪惡的力量。

阿爾買提

阿爾買提（Armaiti，虔誠之意）是阿胡拉·馬茲達之女。她是大地的保護神，也是信仰與崇敬的具體化身。

克沙得拉·威爾亞

克沙得拉（Khshathra）是統治之意，他是智慧之神的權力化身，也是天空與金屬的保護神，對抗惡神索拉。

浩娃妲

浩娃妲（Haurvatat）之意是「完整」與「健全」，她是水的保護神，與乾渴對立，與阿美利妲關係密切。

阿美利妲

阿美利妲（Ameretat，意為永恆）照顧與保護植物，因此負責掌管生命與成長。她與飢餓是對立的關係。

第一代人類

第一位人類迦約馬特遭阿里曼毒害而死，第一對人類伴侶瑪什耶和瑪什尤，正是從迦約馬特的種子創造出來的。起先，瑪什耶和瑪什尤一起成長，像樹一樣纏繞在一起，他們孕育出來的果實，就成為大地的十個種族。人類一開始是善良的，但阿里曼派出惡靈腐化他們，因此有些人做出邪惡的行為。

儘管人類受到腐化，他們心中仍然保有「神聖的自我」，所以人類仍有能力做出正確的決定，選擇道德的方式生活。

迦約馬特

迦約馬特是智慧之神創造出來的第一個人類，他的外形完美無暇，容貌俊美，像太陽一樣光芒四射。

原初之樹

第一次創世出現之物都是理想狀態的產物，這棵原初之樹不需要樹皮保護枝幹，也沒有棘刺防止果實被摘取。

聖火

祆教崇拜最顯著的特色，是神廟中持續燃燒不熄的聖火。祆教徒對火的崇敬，讓有些人誤以為他們崇拜的對象是火。事實上，祆教徒崇拜的是阿胡拉·馬茲達，他們認為火是他的兒子，在人們體驗到神的存在的地方，就有火的存在。儘管所有的火都是神聖的，但只有在神廟之中依正確的儀式點燃的火，才更能象徵阿胡拉·馬茲達的存在。

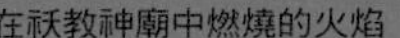

在祆教神廟中燃燒的火焰

瑣羅亞斯德

瑣羅亞斯德又稱查拉圖斯特拉（Zarathustra），他是祆教的先知，西元前2000年左右誕生於現今的伊朗或阿富汗地區。在他三十歲那年，他曾看見阿胡拉·馬茲達，因而開始在同伴間傳播對智慧之神的崇拜。瑣羅亞斯德堅持世間只有一個真神，而真神就是善的來源。他拒絕接受家鄉的傳統信仰，堅信某些傳統信仰中的神祇凶猛好戰，根本就是阿里曼的代言人。據說他所寫的詩歌都收錄在祆教的聖典《波斯古經》（*Avesta*）中。

宗教先知瑣羅亞斯德

相關參考：亞洲創世故事150-51, 162-63, 190-91, 212-13, 222-23．先知180-81

羅斯丹與索拉伯的傳說

羅斯丹是早期波斯人最偉大的英雄。他是一位英勇的武士，為了保護自己和人民，挺身對抗最令人畏懼的強敵。羅斯丹的勇氣和武藝，使他成為值得效法的典範人物，他對名貴種馬洛克許（Rakhsh）的駕馭能力，也讓後人一再傳誦。儘管如此，羅斯丹錯殺自己兒子索拉伯（Sohrab）的悲劇，卻在他的生命中留下了汙點。關於羅斯丹弒子的事件，是波斯史詩《列王紀》（*Shahnama*）當中的相當重要的情節，同時也是英國詩人馬修·阿諾德（Matthew Arnold，西元1822-1888年）著名詩作的主題。

神話

有一天，羅斯丹外出打獵途中停下來小憩。不久，一群人趁他睡著時偷走他的馬洛克許。羅斯丹醒來發覺馬不見了，四處尋找。他來到中亞某王國的統治者阿弗洛西亞（Afrasiab）的王宮，國王殷勤地接待他，還把女兒塔米娜（Tahmina）介紹給他。羅斯丹和塔米娜共度一晚，臨別前把手臂上的手環交給她，要求她傳給他們的孩子。第二天，羅斯丹找回遺失的馬後就啟程返家了。

年輕的索拉伯

塔米娜生了一個兒子名為索拉伯，五歲時已是個技巧成熟的弓箭手，也看得出長大後必定力量驚人。他問起父親的事，塔米娜說出真相，並要他發誓保密。索拉伯後來成為偉大的戰士，並打算攻擊波斯，希望能在戰場上和大名鼎鼎的父親相遇。他最大的願望是羅斯丹成為波斯君王，自己則繼承外祖父王位。他的計畫正符合陰險的外祖父阿弗洛西亞的心意，他知道他們父子一旦相見，必有一方死亡。如果羅斯丹被殺死，阿弗洛西亞可以在索拉伯的幫助下輕易擊敗波斯君王，如果是索拉伯被殺死，羅斯丹必定傷痛欲絕，阿弗洛西亞的目的仍然可以得逞。

命運的決鬥

戰爭從索拉伯攻打波斯的一座城堡拉開序幕，但城堡的駐軍脫逃了，並告訴波斯君王，有個像羅斯丹一樣力大無窮的年輕將領帶兵來襲。波斯君王知道，唯一戰勝的希望，就是派他麾下最強壯的戰士羅斯丹上戰場。

就這樣，羅斯丹加入了波斯軍隊。索拉伯向波斯提出決鬥的要求，羅斯丹接受了提議，卻偽裝為奴隸。他認為，讓敵人看到一個奴隸就有如此高強的武力，將使敵人喪膽，因而沒有揭露自己的真實身分。兩個雄壯的武士起先以武器對打，後來改為徒手過招，雙方纏鬥不休，直到筋疲力竭。由於勢均力敵，兩人一直無法分出勝負，只好約定第二天再繼續比試。這一回，事前花了很長時間祈禱的羅斯丹扳倒了索拉伯，折斷他的背脊。索拉伯躺在地上奄奄一息時，拿出手環告訴羅斯丹，他的父親將會為他復仇。這時羅斯丹才知道他殺死的竟是親生兒子。這位哀痛萬分的父親後來為索拉伯打造了一座黃金墳墓。

羅斯丹與索拉伯

儘管持續搏鬥的父子倆早已氣力全失，但誰都不願意放棄。他們在地上互相扭打，直到苦澀的死亡終點終於來臨。

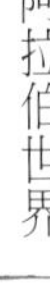

羅斯丹

羅斯丹是傳奇戰士札爾（Zal，見56頁）與公主盧達巴（Rudaba）的兒子，天生就是力大無比的戰士。羅斯丹還在母親肚子裡時，就因為個子太大，差點害母親死於難產。幸好札爾知道如何施行外科手術來接生，才讓母子兩人平安無事。羅斯丹一生下來力氣就很大，長大後，不但精於各種武藝，而且力量又更加增強。漸漸的，他成為早期波斯人的第一流戰士，隨時準備抵抗可怕的敵人，為保衛族人而戰。

▲ 戰士羅斯丹

羅斯丹參與的戰役眾多，除了一對一的格鬥或戰場上的兩軍對役廝殺外，他還曾領兵攻打雄偉的城堡。

▲ 希牟鳥

希牟鳥（Simurgh）是一種神話中的鳥，據說牠曾教札爾如何施行手術，羅斯丹因而得以順利誕生。

◄ 洛克許

羅斯丹看中洛克許的體型和力量，於是在一群小馬中挑出了牠。洛克許以力量和忠誠而聞名，因而成為其他戰士渴望擁有的馬。

羅斯丹的事蹟

羅斯丹的故事主要與戰爭和戰場有關。他的英雄事蹟包括：擊潰龍與惡靈等超自然的猛獸、消滅獅子等威猛的動物，或是打敗女巫等擅長法術的敵人。這些與敵人交手的事蹟，是一般稱為「七大任務」系列故事中的一部分。波斯君王遭惡魔擄走後，羅斯丹必須逐一完成「七大任務」的挑戰，才能拯救國家的統治者。

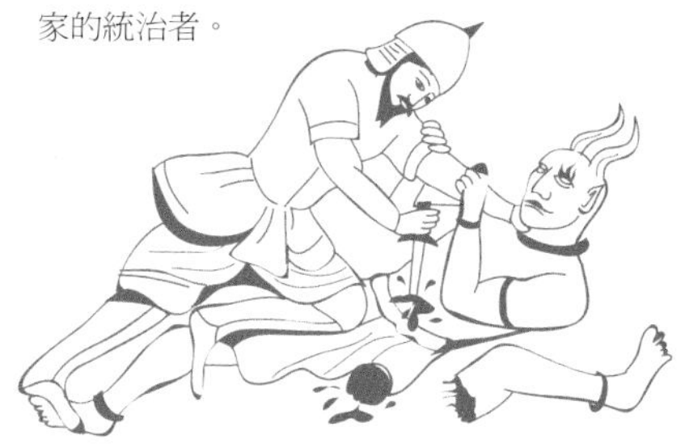

▲ 羅斯丹與白惡靈

羅斯丹的七大任務之一，和被稱為白惡靈的怪物有關。白惡靈與另一個惡魔一起守衛白惡靈的城堡，羅斯丹的任務就是要擊潰他。

▲ 羅斯丹和巨龍

羅斯丹的第三件任務是殺死龍，這是一場異常艱辛的戰役，連他的馬洛克許也一起加入幫忙，洛克許一口咬下了這頭怪物的肉。

> 看著我！我如此強大，身著鐵甲，放手一搏；我曾在一次次的戰役浴血而戰，我也曾挺身而出，與無數的敵人交戰。
>
> 馬修．阿諾德，《索拉伯和羅斯丹》，西元1853年

《列王紀》

波斯語世界裡許多古代的神話與傳說都收錄在《列王紀》中，這是波斯詩人費度西（Firdausi，西元935-1020年）所寫的史詩巨作，創作於西元1000年左右，全詩由將近六萬句對句構成，敘述波斯自神話時期至七世紀的光輝歷史，當時波斯先後由阿拉伯人和土耳其人征服。《列王紀》的故事內容包括尊貴武士的失敗、惡人的攻擊、昏庸無能的君主，以及受命運擺布的人民，大多數都相當悲傷，反映出費度西因遭伊斯蘭教征服而鬱鬱寡歡的心情。

◄ 《列王紀》的場景

這是十六世紀的《列王紀》手抄本局部圖，此書中還繪製了許多精美的小圖，左圖中所描繪的，即是波斯史詩中最富麗堂皇的部分場景。

▲ 伊斯凡迪亞王子

上圖中，伊斯凡迪亞王子（Isfandiyar）被人縛綁，高坐在大象上。他是傳奇的英雄人物，也是波斯的王位繼承人，但卻遭羅斯丹所殺。

相關參考：悲劇50-51, 58-59, 70-71, 104-05

蒙古的動物神話

居住在中亞地區的蒙古人 —— 尤其是被稱為喀爾喀人（Khalkha）的蒙古部族，他們的生活雖然艱辛，但也已發展出一套相當適合家鄉草原地形的生存方式。蒙古人在神話故事中描述生活周遭具有特色的動物，例如天鵝；他們也透過神話故事來解釋動物的特徵，例如黃蜂的嗡嗡聲。此外，有些故事則會描述日常生活中對蒙古人相當重要的動物，例如做為主要食物來源的牛，以及在日常生活和戰爭中具有重要影響力的馬。

馬與人

馬是許多蒙古神話中最常見的動物，尤其是白馬。牠們出現的次數多，通常是因為騰格里（見162-163頁）現身時總是騎乘於馬背之上。白色閃電騰格里（White Lightning Tengri）是所有騰格里當中最具威力的天神之一，據說他騎的就是一匹白馬，因為夜晚劃過天際的閃電看起來是白色的，這匹馬因而稱為白色閃電。薩滿（見268-269頁）騎的也是白馬，他們相信神馬的存在，這種神話動物能帶他們通過神靈的世界。在薩滿口中，神馬能高速飛躍天空，擁有像白色閃電騰格里一般的神奇力量。

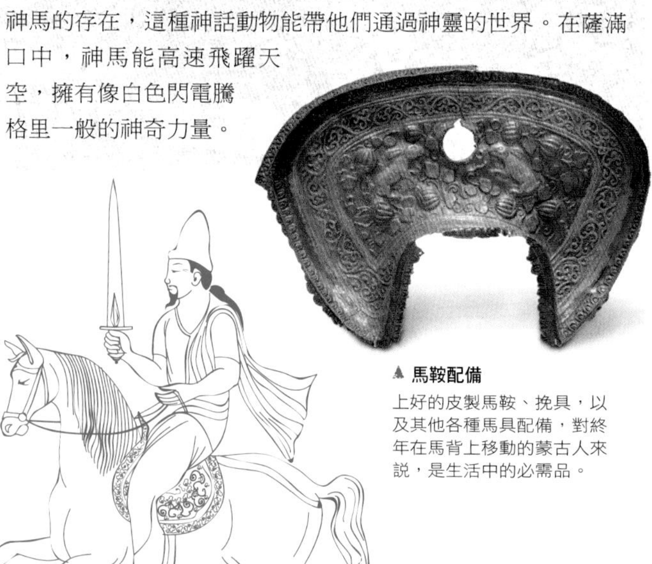

▲ **馬鞍配備**

上好的皮製馬鞍、挽具，以及其他各種馬具配備，對終年在馬背上移動的蒙古人來說，是生活中的必需品。

◄ **俱毗羅**

俱毗羅（Kubera）原為印度諸神之一，蒙古人將他視為掌管財富與幸運的神祇，他出現時的形象通常都是騎乘於馬背上。

聖牛

喀爾喀人組成的部族廣布於蒙古的大部分地區，他們是逐水草而居的牧牛人，為了尋找最好的草原而四處遷徙。他們的信仰體系與自然界的神靈有關，薩滿信仰對喀爾喀人具有相當重要的影響。在喀爾喀人的生活中，牛與自然神靈占了舉足輕重的地位，這和他們的起源神話有關。傳說有一位神靈愛上了原初之牛，喀爾喀的第一個家庭因為他們的愛情而誕生，並在牛的照護下逐漸壯大。原初之牛以牛奶養育了這家人，因而讓他們有了以牧牛維生的想法。

► **喀爾喀服飾**

在喀爾喀蒙古人傳統服飾的設計中，可以看出類似牛的肩胛骨或牛角的影子。已婚婦女的頭髮中分且向上梳高，固定成牛角般的形狀。

▲黃蜂

蒙古人認為黃蜂活潑積極，很適合擔任試嚐各種動物味道的任務。

▶燕子

神話特別強調燕子好玩樂的天性；燕子把時間都花在快樂的飛行，完全忘了該幫老鷹做事。

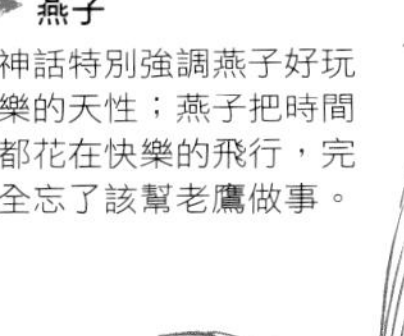

飛禽之王──鷹、黃蜂和燕子

混沌初始，身為飛禽之王的鷹不知該選什麼當作食物，於是請黃蜂和燕子幫他嘗試各種生物的味道，然後再告訴他，哪一種的滋味最可口。黃蜂飛快地在各種生物之間穿梭，每次停下來的時候就趁機咬上一口。相反的，燕子整天在藍空中飛來飛去，完全不記得身上的任務。那天晚上，黃蜂和燕子碰了面，燕子問黃蜂，哪一種肉的味道最好，黃蜂的答案是「人肉」，不過燕子認為，鷹若真的吃人肉，可能會為他惹來麻煩。於是燕子咬下黃蜂的舌頭，讓黃蜂只能發出嗡嗡的聲音，然後告訴鷹，蛇肉是所有肉裡頭最好吃的。從此以後，鷹就愛上蛇肉了。

老虎舞

白老翁（Tsagaan Ebugen）是蒙古神話體系中相當受到歡迎的人物，他因為白髮蒼蒼、身穿白袍而得名。白老翁原是豐饒之神，但也被視為動物、鳥類、河川、山脈之神。他隨身攜帶一根龍頭拐杖，人們認為他會用這根拐杖為動物治病或使牠們生病。在蒙古人迎接新年的儀式中，白老翁是十分重要的角色，因此，每年都會有一位薩滿打扮成白老翁的模樣，出現在人們聚集慶祝新年的慶典裡。在儀式現場展示著一張虎皮，白老翁會以拐杖拍打虎皮，象徵殺死老虎以取得老虎的精力。隨後他開始跳舞，並且大量喝酒，直到酩酊大醉無法跳舞為止。

◀蒙古的虎面具

老虎是生命力以及新生的象徵，老虎面具則是虎的象徵物，出現於許多蒙古的不同儀式當中。

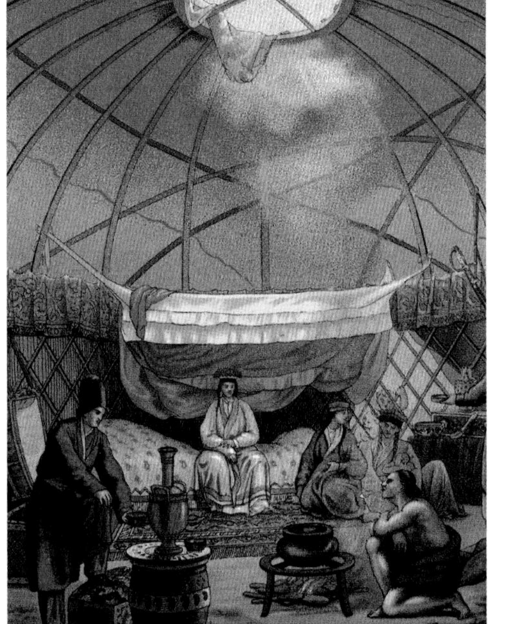

◀蒙古包

蒙古人居住的圓頂式帳篷稱為蒙古包。傳統的蒙古包上方有天窗，神話中的天鵝女就是企圖從天窗飛出去，以逃離她的丈夫。

天鵝女

有一天，一個人看見九隻天鵝飛越西伯利亞南方的貝加爾湖上空。當牠們降落在地面脫下羽毛外衣沐浴時，變成了美麗的年輕姑娘。男人見狀藏起其中一件羽毛衣，因此當姑娘們沐浴結束後，只有八隻天鵝能飛走。男人向留下來的天鵝姑娘求婚，兩人結為夫妻，生了十一個兒子。有一天，妻子請求丈夫讓她試穿羽毛衣，丈夫勉強答應了。妻子一穿上羽毛衣就往上飛，但丈夫很快就捉住她的腳，讓她無法逃走。丈夫瞭解妻子渴望離去的心情，因此在為十一個兒子都命名之後，就讓天鵝女穿上羽毛衣化身天鵝飛走了。

▲歸鄉

天鵝女向她在人間的家庭道別，隨後在蒙古包上方盤旋，為她的家人祈福，最後飛回她位於湖邊的原生家鄉。

相關參考：鳥140-41, 236-37, 258-59, 286-87, 298-99, 306-07, 328-29．馬52-53, 124-25

戰神

古代的戰士在即將上戰場之前，都會先向諸神祈求他們的保護。在大多數的文化裡，戰士們祈福的對象都是特定的神祇，其中有些可能會回應戰士的願望，如北歐的奧丁大神就是一例；另外有些本身就是英勇的戰士，曾在神話中的戰役裡與超自然的生物對抗。

宇宙戰士

戰神在規模浩大的宇宙戰爭中當然是不可或缺的角色。他們領導由諸神組成的軍隊，爭奪宇宙的控制權，或是英雄般地對抗超自然怪物和惡魔，以免他們威脅宇宙和平或人類生命。這些戰爭可能血流成河，但宇宙戰士讓世界得以擺脫怪獸的侵略，貢獻良多。

◀ **盧烏**

凱爾特戰神盧烏除戰爭外，也精通藝術、醫療及預言。他帶領愛爾蘭諸神，與名為福爾摩里安（Formorians）的怪獸部族大戰。

▲ **因陀羅**

他是早期占領印度的雅利安人所信奉的主要神祇，也是《吠陀》（見188-189頁）諸神中，擊敗宿敵惡魔的戰士之王。

◀ **時母**

凶狠的印度女神時母（見199頁），打敗了能從自己流出的血得到重生的惡魔羅乞多毗闍（Raktabija）。

戰士的守護神

戰神的重要責任之一是保護人類的戰士。他們可以直接介入戰士的生活以達成目的，例如奧丁喜歡的做法，或者他們能使用本身的神力來改變戰爭的過程，希臘和羅馬的戰神有時就會這麼做。為了博取戰神的支持，戰士會獻上供品或祭牲。

◀ **馬爾斯**

和希臘的戰神艾瑞斯相較之下，羅馬的戰神馬爾斯受到更廣泛的崇拜。他不只保護羅馬的軍隊，也是整個羅馬帝國的守護神。

◀ **雅典娜**

智慧女神雅典娜（見36-37頁）是希臘英雄的守護者，她手中所持的盾上有鑲有蛇魔女的頭，看到盾的人會當場變成石頭。

◀ **奧丁**

奧丁是居住於阿斯嘉德的諸神之王。他是英勇戰士之友，會賜予他們武器。因戰爭犧牲的英雄之靈，能和他一起住在瓦爾哈拉宮殿裡。

▶ **圖**

毛利人的戰神圖（Tu）擁有神奇的巨大力量，這些力量讓他有能力掌控氣候以及所有的動物。

神化的戰士

有時如果某位英雄的一生成就非凡，那麼他在死後將會獲准加入諸神的行列。只有真正偉大的英雄才有資格晉升為神，他們通常在許多不同的情境裡多次展現自己非凡的勇氣或超乎常人的神力。這種情形大多發生在原本就高度尊崇戰士的文化，如非洲部分地區，以及日本。

◀ **海克力斯**

這位希臘英雄的英勇功績（見46-47頁）卓越非凡，因此在他死後，宙斯邀請他加入奧林帕斯山上的諸神之家。

◀ **尚戈**

尚戈（Shango）原本是非洲西部尤魯巴族的國王，他在戰爭中無往不利，還擁有傲人的神奇力量，因而在死亡之後變成了雷神。

▶ **八幡**

八幡（Hachiman）是日本武神，原是西元第四世紀時的應神天皇（Ojin），晉升為神後，變成日本軍人和全日本的保護神。

女戰神

在神話傳說中確實曾有女性人物親赴沙場作戰，不過她們出現的次數相當少。儘管如此，女戰神的數量卻出奇得多。她們之中有些像埃及的塞克麥特（Sekhmet）女神一樣，本身就是傑出的戰士，並且和男人一樣富侵略性，痛擊敵人毫不手軟。其他女戰神在戰爭中的表現則較不活躍，她們只能影響真正的戰士，或預言戰事即將發生。

◀ **莫莉根**

在凱爾特的神話裡，莫莉根和姊妹芭德（Badb）、瑪哈（Macha）經常一起出現。她以烏鴉的模樣現身，預言戰爭的來臨，之後飛到戰場大啖戰敗者屍體。

◀ **塞克麥特**

這位埃及的獅頭人身女神通常十分溫和，一旦被激怒後，眼睛會射出燃燒著熊熊火焰的箭，同時展現出令人驚懼的力量。

◀ **米納克希**

印度女神米納克希（Meenakshi）與南印度的淵源特別深遠，她原本打算統治宇宙，後來接受濕婆（見194-195頁）成為她的丈夫與世界之主。

▲ **耐姬**

耐姬（Nike）協助希臘諸神在與泰坦族（見18-19頁）的戰役中獲得勝利，之後她就成為勝利女神，能戰士帶來好運。

關於格薩爾王的史詩

史詩《格薩爾王傳》是流傳於西藏與蒙古各部族的民間傳說故事。故事發生在西藏的嶺國（Ling），當時西藏人生活於各地梟雄的高壓統治之下，社會道德敗壞，饑饉接連發生。這時，出現了一位英勇善戰的英雄格薩爾，他趕走叛徒與惡魔，拯救了人民，讓嶺國因而重獲安寧。

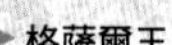

▶ **格薩爾王**

格薩爾的騎術卓越，他的坐騎名叫姜果喀卡，是一匹強壯而有活力的馬。

神話

格薩爾原名覺如，是龍女之子，當時龍女假扮為侍女，名叫澤丹。澤丹的肚子逐漸變大時，嶺國皇后認為她懷的是國王森隆的私生子，因而把她趕出宮廷。

覺如出生時看起來毫不起眼，個子矮小，外貌醜陋，而且非常調皮搗蛋，有些人不喜歡他，特別是國王的弟弟晁通。貪謀權力的晁通有預感，認為覺如會成為不凡的偉人，因而企圖謀害他，但卻讓他逃脫了。後來澤丹帶著覺如在森林裡生活，讓他得以避開危險。覺如長大後變成一個英挺的年輕人，同時還擅長變身之術。

王權的競爭

格薩爾長大後，佛教僧侶蓮花生大士告訴他，他注定會成為人民的救世主。於是格薩爾返回嶺國宮廷，而且一回國就發現晁通想趁國王出外朝聖時取而代之。格薩爾偽裝成一隻會預言的烏鴉告訴晁通，想統治嶺國，應先舉辦一場人人都能參加的騎馬比賽，優勝者可以娶森姜珠牡為妻。森姜珠牡是一位美女，和貪婪的父親過著悲慘的生活，但即將成為未來的皇后。晁通對自己精湛的騎術相當自負，因而安排了騎馬比賽，自信會贏得勝利。他昭告天下，勝利者能成為國王並迎娶森姜珠牡。結果格薩爾輕易地成為國王，與森姜珠牡結婚。嶺國在格薩爾的統治下國力強盛，但晁通策劃陰謀，聯合可怕的惡魔魯贊，企圖篡奪王位。格薩爾殺死魯贊，砍下他的十二顆頭顱。魯贊的妻子是個美麗的女巫，她引誘格薩爾，給他喝了一杯酒，讓格薩爾忘記過去的一切，心裡只記得她。失去格薩爾的嶺國，國力日漸衰退，最後落入了魔王庫廓爾的手中。

▲ **蓮花生大士**

西元八世紀時，一位名叫蓮花生大士的佛教僧侶在西藏地區宣揚佛教。當地的佛教徒對他相當崇敬，並將他視為佛陀再世。

格薩爾歸來

格薩爾的兄弟花了六年時間才找到他，告訴他事情的來龍去脈。於是格薩爾假扮成手藝嫻熟的鐵匠，利用庫廓爾分心觀賞時殺了他，格薩爾的部下同時也一舉擊敗庫廓爾的軍隊。格薩爾後來又打敗名叫辛提的魔神，魔神有一個善良正直的女兒，格薩爾雖然和晁通是敵人，卻很喜歡晁通的兒子，於是安排他娶辛提的女兒為妻，這對夫妻成為格薩爾王位的繼承人，也結束了他和晁通之間的鬥爭。

格薩爾的誕生

澤丹擁有變身的能力，她隨興遠離了家園，偽裝成一位女子來到嶺國，並在這裡落腳。有一晚，她作了一個預言式的夢，偉大的神告訴她，她將會生下人民的救世主。九個月之後，一顆蛋從她的頭裡蹦了出來，澤丹孵了蛋，她的兒子就從蛋裡破殼而出。澤丹為兒子取名為格薩爾，格薩爾長大後成為一名強健的勇士。

◀ **澤丹**

在另一個關於澤丹生子的故事版本裡，她在夢裡用瓶身繪有神祇肖像的黃金花瓶喝下瓊漿玉液，隨後就懷了身孕。

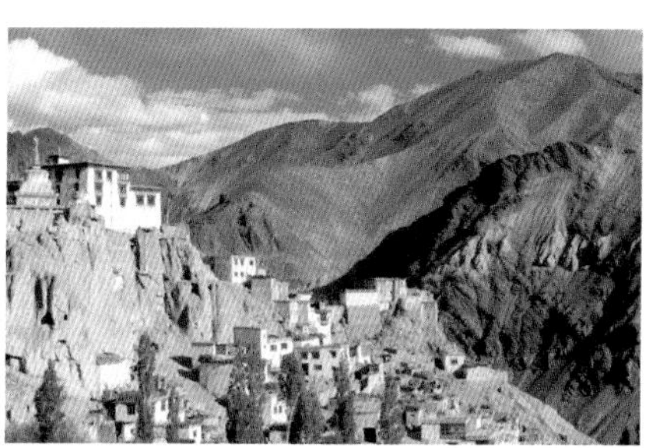

▶ **拉達克**

拉達克（Ladakh）是藏人的家鄉，這是一處位於崑崙山以及喀什米爾喜馬拉雅山脈之間的高原，人們認為這裡也是格薩爾王出生的地點。

格薩爾的戰役

西藏人和蒙古人的生活幾乎以馬為中心。戰爭時，騎兵身穿盔甲衝鋒陷陣，動作敏捷且冷血無情。格薩爾發現，除了勇往直前外，善用智慧對爭取勝利也很重要。魯贊是格薩爾的敵人之一，他的城堡有諸神、士兵和惡魔聯合組成的堅強守衛，格薩爾想辦法說服諸神和士兵，讓他們改變立場轉而支持他，隨後又在他們的協助下，攻占了魯贊的城堡。

◀ **騎士的盔甲**

成套的鐵製的盔甲，以及堅固的頭盔，為格薩爾的騎兵提供保護，讓他們在戰場上免於敵人的刀劍傷害。

▼ **西藏寶劍**

格薩爾改變裝扮，成功偽裝成能為魔神打造精良武器的鐵匠，分散了庫廓爾的注意力。

格薩爾救王后

在命運的捉弄下，格薩爾王在兩個不同的場合救出妻子姜森珠牡。第一次是騎馬比賽勝利後，格薩爾娶了姜森珠牡，使她脫離貪婪父親的魔掌。第二次是庫廓爾占領格薩爾的王國，並監禁了姜森珠牡，後來格薩爾王才從魔神庫廓爾手中救出她。格薩爾對妻子和對國家一樣情深意重，他也兩度從暴虐的統治者手中拯救了王國。

▲ **騎馬比賽**

騎馬比賽是個盛大的場合，但格薩爾是個遭驅逐出國的窮人，參加晁通的騎馬比賽時，其他參賽者衣著華麗，只有他衣衫襤褸。

▲ **康區**

據說格薩爾和姜森珠牡來到了西藏東部康區的馬噶彭噶里（Margyer Pongri）山脈，他們向忠實親愛的子民道別後，從此消失。

格薩爾之死

晁通的兒子娶了惡魔辛提的女兒，夫妻兩人後來成為格薩爾王國的新任國王與皇后。儘管他們有源自於惡魔的血統，卻是相當正直的統治者，格薩爾因此很放心地將國家交到他們兩人的手中。隨後格薩爾和姜森珠牡決定一起離開王國，退隱山林。他們倆遠行來到康區，走入位於山脈另一邊的幽靜之地，隔天雙雙消失，再也不見蹤影。人們相信格薩爾和姜森珠牡已升上至另一個世界；也有人認為，他們倆或許已前往神話中神靈眾王的居所——天堂香巴拉（Shambala）。

相關參考：惡魔170-71, 188-205, 222-23．戰爭18-19, 60-61, 98-99, 104-05, 116-17, 118-19, 126-27, 170-71, 206-07

格薩爾王

這是傳說中的西藏英雄格薩爾的馬上英姿，也是他經常出現於畫中的模樣。西藏地區向來注重馬術，他贏得大型騎馬競賽並成為國王，正呼應了他的形象。

阿蕾特女神

伊斯蘭教興起於西元七世紀，在此之前，阿拉伯半島上的各種文化尊奉了許多不同神祇，其中最重要的就是女神阿蕾特（Al-Lat）。雖然她的形象如今已難辨識，但過去卻遍及西亞和中亞等地。人們對阿蕾特的崇祀中心位於麥加附近，此地也是後來先知穆罕默德開啟伊斯蘭信仰的地方。

神話

伊斯蘭教盛行之前，阿蕾特在阿拉伯世界的許多地方相當普及。除了阿拉伯半島外，她也在東地中海地區和伊朗部分地區受到崇拜。她最主要的身分是月亮女神，不過同時還扮演了多種角色。她帶來豐收，因而是大地女神；她也是愛神，甚至和太陽也有關連，因為她主要的象徵雖是一枚新月，但有時上面也會出現圓形的太陽。

▶ 阿蕾特女神

阿蕾特的肖像經常出現在阿拉伯世界許多地區的浮雕上，有時她和雅典娜一樣手拿長矛。

阿蕾特之名

崇拜阿蕾特的信徒為數不少，特別是在沙烏地阿拉伯的塔亦夫。塔亦夫位於麥加附近，是一個稱為塔基夫族的家鄉，他們視阿蕾特為保護神，另外還有一個正方體石塊專門用來獻祭阿蕾特以及另外兩個女神——曼娜特和阿烏莎，她們是真主阿拉的三個女兒。許多人認為，阿蕾特源自於古老的阿拉伯字「Al-Ilat」，意即女神。另外有人認為，「lat」和混合或弄濕有關。支持這種說法的人認為，在塔亦夫，有一位猶太人將無水奶油和大麥片混合後，供應前來女神聖壇的朝聖者食用。這個字原屬於聖壇服侍者，他死後則用來標示他墓地的石頭。後來石頭上放了女神雕像，這個字轉而代表女神。由此可見，在阿蕾特教派傳播到其他阿拉伯世界之前，女神和塔亦夫一地關係緊密。也由於阿蕾特相當受人民愛戴，許多人也用她的名字為給女兒命名。

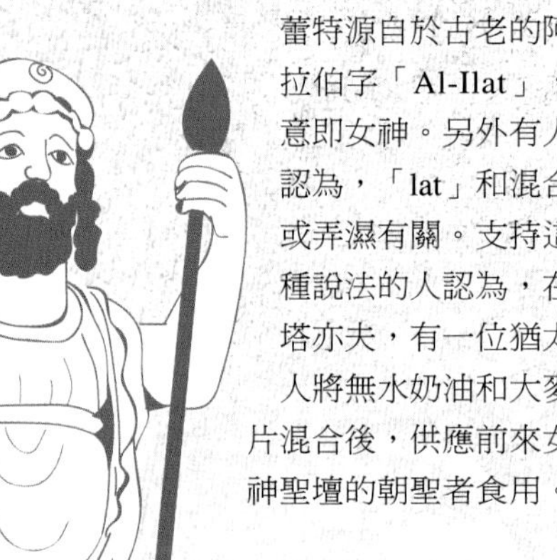

◀ 杜沙納

約旦佩特拉的納巴泰人崇拜阿蕾特和杜沙納，他們認為杜沙納是至高之神，也是山脈之神。

阿蕾特崇拜的結束

穆罕默德受伊斯蘭教啟示後，聲稱這三位女神和其他神祇都是假神，放棄對他們的崇祀。阿拉伯半島的人民，包括先知所屬的古萊氏（Quraysh）族和其他部族也和這些神祇斷絕關係，阿蕾特的聖壇因而成為廢墟。對阿蕾特的崇拜在其他地區仍維持了一段時間，但在伊斯蘭教擴展到西亞後也隨之沒落了，導致如今人們對阿蕾特所知有限。有些希臘典籍將她和雅典娜（見36-37頁）或阿芙羅黛蒂（見38-39頁）相提並論，書中還提到阿蕾特曾和另一位神祇一起受人供奉，可能是杜沙納（Dhu Shara），相當於希臘的酒神戴奧尼索斯。

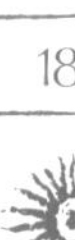

阿拉的女兒

阿蕾特、阿烏莎（Al-Uzza）和曼娜特（Manat）通常會一起出現，而且很容易混淆。除了新月之外，阿蕾特的其他象徵還包括一捆小麥和一爐香。阿烏莎的名字意為：強壯者，她是早晨和晚間星辰的女神，代表愛，也象徵戰爭。她和伊南娜（見154-155頁）很像，而且經常和大貓一起出現，這些貓是她的聖物。阿烏莎是納巴泰人（見下文）的重要神祇，他們不僅在佩特拉（Petra）為她建築神廟，也在屬於她的聖地——屋頂上和刺槐附近——供奉她。曼娜特是掌管命運和死亡的女神。人們向曼娜特祈求除了希望得到保護外，也希望她能對付自己的敵人。月蝕是她的象徵；她經常以老女人的模樣出現，手裡拿著盛著死亡的杯子。

曼娜特　阿烏莎　阿蕾特

納巴泰人

納巴泰人（Nabataeans）是分布於約旦、迦南和阿拉伯北部部分地區的古老民族，他們大多數是商人，控制當地的綠洲和道路，向行經的商旅收取費用。在西元前三世紀到前一世紀間，納巴泰人相當興盛，建立宏偉的城市佩特拉，開鑿山崖，建造了許多廟宇、墳墓和各式建築。儘管他們留下的文字紀錄極少，我們仍得知他們崇拜早期阿拉伯諸神，特別是阿蕾特和杜沙納。西元前107年，羅馬君王圖拉真（Trajan）征服此地後，納巴泰人也結束了他們的統治。

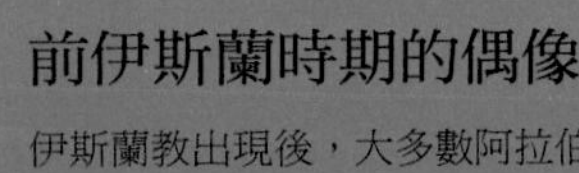

約旦佩特拉的修道院
納巴泰人模仿羅馬的古典建築形式，以圓柱和各種裝飾配件來建築這間位於佩特拉的修道院。在佩特拉，許多建築物都是直接挖鑿山崖的沙岩後再建蓋而成的。

天空之神

古代西亞和中亞各民族向天空尋找對他們最重要的神祇。太陽帶來的溫度，以及稀少的降雨量，為他們的生活帶來相當重要的影響，因為兩者都是穀物生長和維持生存的必要條件。因此，他們精通氣候預測，熟悉季節的變遷，並認為這些都歸功於諸神的運作。除了上面所說的三位女神外，古代閃語系各文化所崇拜的天空之神包括：太陽女神珊蘇（Samsu）、月神瓦力胡（Warihu）和暴風雨神哈達（Hadad），或稱為哈杜（Haddu）。

旭日初昇
古代西亞的民族就像許多其他文化的人們一樣，將升起的朝陽視為神祇消失一晚後再度歸來，於是會在日出時加以慶祝或舉行祟祀活動。

前伊斯蘭時期的偶像

伊斯蘭教出現後，大多數阿拉伯世界中的前伊斯蘭文化在短期間內發生了極大的變化。由於新宗教禁止崇拜偶像，人們採納了一神信仰，並放棄偶像崇拜。伊拉克歷史學家嘉爾比（Ibn al-Kalbi，約生於西元800年）所著的《偶像錄》（*Kitab al-Asnam*）是瞭解早期信仰與習俗的主要資料來源，書中描述了許多不同文化的神祇，包括阿蕾特、阿烏莎和杜沙納。

西元一世紀左右的敘利亞偶像

相關參考：愛神38-39, 138-139, 154-55, 244-45, 310-11

南亞與東亞

印度、中國和日本三地長期與世界其他地區隔絕，因而各自發展出獨特的早期文明。這些國家的文化迥然不同，不過也有一些相似之處；它們之間最大的關連之一就是佛教信仰。佛教大約在西元前第五或第六世紀時發源於印度，之後廣為傳播，遍及於南亞與東亞各地區。然而，無論在中國或日本，佛教的影響力卻早已遠遠超過在原來的發源地印度。

印度、中國和日本的神話體系之間也有很大的差異。儘管如此，三者之間仍有一個共通的要素——難以勝數的各式神祇與精靈，構成了神話的萬神殿。事實上，南亞與東亞所有神祇的數量，遠多於世界的其他地區。

印度次大陸本身就是世界四個主要宗教的發源之地：印度教、佛教、耆那教和錫克教，其中印度教信仰更發展出神祇多如繁星的神話體系，這些萬神殿裡的諸神，在歷史持續循環的輪迴中掌管著宇宙。印度諸神的範圍廣泛，從較不為人所知的地方之神，到諸如梵天（Brahma）、毗濕奴（Vishnu）和濕婆（Shiva）等偉大的神都包括在內；這三位也是統治宇宙的三相神——創造神、保護神和破壞神。印度神祇擁有各不相同的故事、個性與特質。值得注意的是，他們的特性雖然不同，但在概念上卻是一體的，都是單一實體的不同面向。

中國的男女諸神系統又是另一種相當不同的組織。當地人們認為，天上也有一個宮廷，由至高無上的帝王所統治，那是一個和過去由皇帝統治的人間朝廷相互呼應的世界。理論上，天庭裡每位神祇扮演的角色，都能對應到一位人間朝廷裡的官員或朝臣，不過從實際情形來看，似乎不是這麼的條理分明。

偉大的梵是我的子宮，
我安放胚胎在裡面；
由此產生一切眾生。

《薄伽梵歌》（*Bhagavad Gita*），第十四章第三節

中國的民間信仰雖然受到共產黨的壓制，但仍盛行於中國社會，而且具有高度的創造力，不時還會有新的神祇加入萬神殿中，信徒在日常生活裡若需要特定的協助和指引，就會祭拜這些神祇，向他們祈求賜福。佛教和道教等信仰體系裡的諸神也陸續納入了人們的崇拜對象之中，在某些民間信仰的廟宇裡，甚至還奉祀了已中國化的耶穌。中國的民間信仰持續不斷產生新的形式，不過僅限於中國以及新加坡等有華人社群的地方，在其他地區則較少為人所知。

日本的原住民愛努族擁有自己的宗教與神話體系，其中包括無數自然世界的神靈。他們的故事以口述史詩的形式代代相傳，神靈以熊或鯨魚等動物的形象現身，與人類互動。

神道教是日本更為普遍的信仰體系，「神道」的意思是「通往諸神之路」，神靈世界是其中心概念。神道教關心人類與自然世界之間的平衡，其神話中包含太陽神及稻米種植起源的重要故事，並以許多面向來探討這個主題。除了稻米種植的起源外，還有其他日本的基本技藝如養殖桑蠶等，也都要歸功於某位文化英雄的努力。即使今日日本社會相當先進，很多方面也已西化，但這些故事保存了日本人的想像世界，形塑了他們的基本信仰，在日本文化中仍占有重要地位。

▲ **毗濕奴騎乘於迦樓羅的雕像**

偉大的印度神祇毗濕奴騎乘於神鳥迦樓羅（Garuda）身上飛行。迦樓羅有老鷹的頭和翅膀，身體則是人形，據說他的體積龐大甚至能遮住太陽，飛行速度奇快，連風都不是他的對手。

南亞

南亞的神話由發展數千年的印度教信仰稱霸。
印度教裡有數千名的男女諸神，
在世界神話傳說的版圖中，印度教占了很大部分。

印度教有許多教派，沒有唯一的聖典，也沒有正式的教義陳述，它應是世界上幾個主要宗教中最為古老的，因而在歷史中穩定發展，累積了無數關於宇宙與神祇的故事，也因此印度神話的傳統顯得格外複雜，但在複雜表象之下的核心，是所有神祇都只是單一卻包羅萬象的實體的不同面貌。

▲ **公牛難底**
濕婆常乘坐名叫難底的白色公牛前往各地。難底是強壯、肥沃與宗教法規的象徵，是濕婆的守門者，在大多數濕婆神廟中都有難底的石像面對著主要聖壇。

吠陀諸神

印度關於諸神最早的文本是四部吠陀經典，其中的故事最早可追溯到西元前2000年，但大約到了西元前800年才被記載下來。四部經典中最古老的是《梨俱吠陀》（*Rig Veda*），內有超過千首的讚美歌，每首都獻給一位神祇。許多早期吠陀神和宇宙組成或元素有關，其中最著名的有火天阿耆尼（Agni）、太陽神蘇利耶（Surya）、風神伐由、地母神婆利蒂毗（Prithvi），以及擁有複雜和強勢個性的吠陀眾神之首——因陀羅。途述這些古代神祇的經典中，保留了美麗的詩歌以及對早期南亞人信仰的描述，至今仍吸引眾多讀者。

印度諸神

吠陀時期結束數世紀後，另一群神祇躍居重要地位。這些印度教核心神祇包括著名的三相神——創造神梵天、破壞神濕婆及保護神毗濕奴。毗濕奴曾多次以不同化身出現，包括羅摩（Rama）和黑天克里須那（Krishna），這兩個化身也分別被當作神來崇拜。這些大神周圍聚集了數十個神祇，包括備受歡迎的掃除障礙之神象頭神格涅什，以及有許多化身的女神提毗（Devi），他們在印度的宗教和神話中也是相當重要的角色。

史詩

印度的古典文學作品以梵文書寫，內容記述所有神祇的故事，包括眾神在創世和宇宙演變過程中扮演的角色、在人間的現身，以及他們與人類的關係；故事的主要來源是二部偉大史詩作品：《羅摩衍那》（*Ramayana*），以及世上最長史詩《摩訶婆羅多》（*Mahabharata*）。這兩部史詩都有敘述主軸，前者描述羅摩在人間的生活，後者則是兩個家族之間的對抗與激戰；兩部作品也各自包含了許多其他史料，蘊藏了諸神與人民的豐富故事。這些故事已成為信仰的一部分，至今仍在印度數百萬信徒或其他地區傳誦，同時也已形成一套神話體系，持續激發印度傳統文化以外的世界各地詩人、小說家與讀者的靈感。

▼ **印度布邦奈瓦的印度廟**
大型印度廟通常裝飾著精巧的浮雕。這件石刻作品位於布邦奈瓦（Bhubaneshwar）的印度廟內，描繪的是男女諸神生活的故事，同時也為印度神話體系提供了豐富的史料。

吠陀諸神

印度的早期神話中有一部分傳承自雅利安人。雅利安人起源於中亞一帶，西元前2000年左右遷徙至印度地區，他們的神話記載於名為「吠陀」的幾部聖典裡，故事內容強調人們應信奉所有控制自然世界及足以影響人類福祉的神祇。眾多的吠陀諸神當中，最主要的人物包括：因陀羅、阿耆尼和蘇利耶，這幾位早期的神祇也統稱為阿迭多（Adityas）或阿迭提（Aditi）之子，阿迭提是宇宙女神，也是所有生物及眾神之母。

因陀羅

因陀羅是雷神和雨神，也是吠陀諸神之首，以孔武有力和男子氣概聞名。他用他那威力十足的金剛杵對付妨礙創世過程或威脅生命的惡魔。關於因陀羅如何取得諸神中至高無上地位，有一個廣為流傳的故事。很久以前，弗栗多（Vritra，又稱阿希Ahi，意為乾旱巨蛇）吞下了宇宙中所有的水，並且讓天空無法降雨。諸神大都因為驚恐而逃走，只有因陀羅用他的金剛杵刺穿了巨蛇的身體，讓河水再度奔流大地。因陀羅被人們當成供應牛隻的神祇來崇拜，他同時也是帶來財富和平安之神。此外，戰士階級特別尊崇因陀羅，因為他在多次戰役中獲勝。天空的彩虹通常也象徵他的出現。

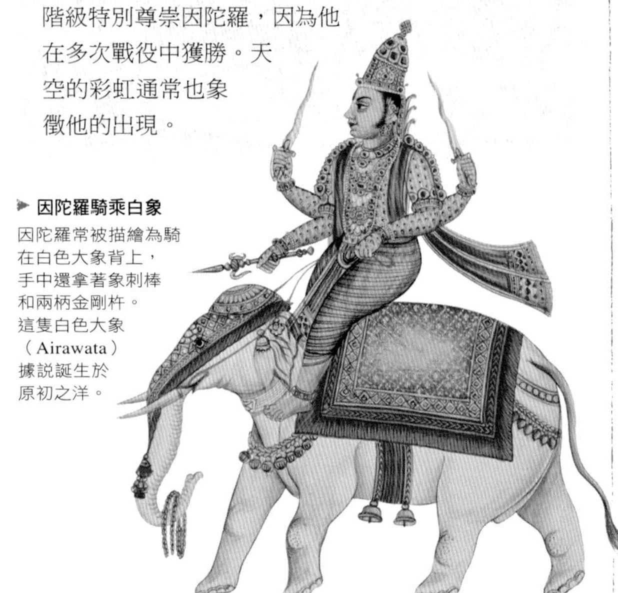

► **因陀羅騎乘白象**
因陀羅常被描繪為騎在白色大象背上，手中還拿著象刺棒和兩柄金剛杵。這隻白色大象（Airawata）據說誕生於原初之洋。

◄ **生命賜予者**
太陽神蘇利耶出現時，有時手中會拿著幾株蓮花；蓮花代表神祇所擁有的賜予他人生命的能力。他的身邊還有兩位女性的隨從人物，象徵著黎明的兩個階段。

▼ **智者阿伽斯提耶**
在《羅摩衍那》（見200-203頁）中，羅摩和魔王羅波那（Ravana）對決前，阿伽斯提耶朗誦了關於蘇利耶的讚美歌。據說將吠陀信仰引進南印度的就是他。

蘇利耶

太陽神蘇利耶又被稱為薩維陀（Savitar，生命的賜予者），在白天照管世界，為人民帶來光亮、知識和生命。他駕著單輪馬車橫越天空，象徵季節的更迭循環。為他駕車的馬伕阿盧那（Aruna）是黎明之神，保護世界不受蘇利耶的灼熱高溫傷害。在一則神話中，蘇利耶的妻子女神桑遮那（Sanjana）無法忍受他的熠熠光輝，於是把自己變成一匹母馬躲到森林裡。蘇利耶找到桑遮那後，把自己變成公馬，兩人孕育了幾個孩子。後來蘇利耶同意減弱自己的光芒，兩人重返天堂裡的宮殿。

▶ 火神

根據許多文獻的描述，阿耆尼是個長了三個頭的神祇，他騎在山羊或白羊上，每個頭上都不斷冒出火焰。

伐由

伐由是印度風神，根據《梨俱吠陀》當中一首讚美歌的描述，伐由是原初之人婆盧沙（Purusha，見191頁）呼吸的氣息，或是從婆盧沙的呼吸當中誕生的。在一則關於伐由的神話裡，風神伐由被逐出眾神之家須彌山（Mount Meru）後，失去了原有的部分神力。他為了報復而攻擊須彌山，雖然遭到眾鳥之王迦樓羅的極力抵抗，但最後他還是扯下了須彌山的山頂，並將它丟入海裡，因而形成了斯里蘭卡島。在後來的神話中，伐由被描述為毗濕奴和妻子吉祥天女（見196-197頁）的僕人。他的性格善變，有時十分暴烈，有時相當溫和。

◀ 伐由與座騎

人們一般將伐由描繪成騎乘於座騎之上。通常那是一頭優雅的羚羊，不過有時他也會騎著獅子。不同的座騎，似乎暗示著主人變幻莫測的性格。

阿耆尼

火天阿耆尼代表火的各種形式，閃電、家中爐火和祭祀之火等，都是他的化身。身為祭祀之火，阿耆尼將人類的訊息傳遞給天上諸神，火焰冒出的煙顯示祭祀舉行的地點；在火葬的柴堆燃燒時，阿耆尼則將靈魂帶往天堂。阿耆尼是大地之母婆利蒂毗（見110頁）和天空之父狄阿烏斯（Dyaus）的兒子，據說他曾降生三次：第一次從水裡出生，如太陽一般從海洋升起；第二次如閃電從空氣中出現；最後則是如點燃的火焰般從土地出生。他因為太餓而吃掉了雙親，隨後長出七條舌頭，舔掉祭壇上供奉的無水奶油。

蘇摩和儀式

吠陀信仰和許多早期的宗教體系一樣，會使用能造成心理恍惚的物品——蘇摩（Soma），這種植物相當於藥草中的麻黃。據說蘇摩是諸神的飲料，凡人喝下後就能與神交流。關於蘇摩的起源眾說紛紜，有人認為是因陀羅發現了蘇摩，另外還有一種說法是蘇摩來自於原初之海。吠陀信仰中的祭司經常使用蘇摩，並且發展出一套製作蘇摩的特殊儀式：首先搗碎植物，然後加入牛奶和水再加以混合。

麻黃

伐樓拿

伐樓拿（Veruna）是天空之神，也是天國的立法者。他是管理獻祭規定的主宰，也支配季節的更迭，控制春耕秋收的秩序。在一些早期的神話當中，伐樓拿是創世之神，他以個人的意志力創造了宇宙，由上方的天、中間的空氣及下方的大地所構成。在其他故事中，他原本是天堂之海的統治者，但經過一場諸神與惡魔的戰爭之後，眾神的權力重新洗牌，伐樓拿成為西天及大地諸洋統治者，管轄範圍還擴展到潮汐，因而成為水手和漁夫的保護神。

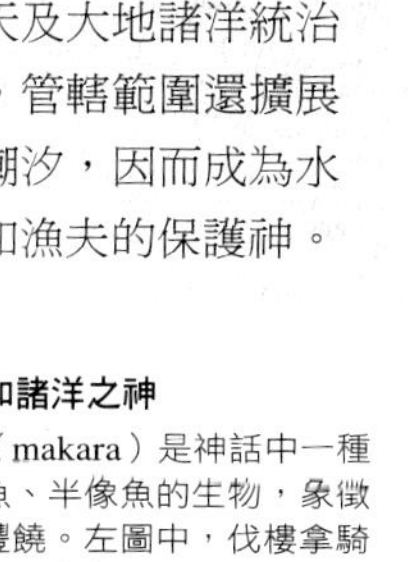

◀ 天空和諸洋之神

摩伽羅（makara）是神話中一種半像鱷魚、半像魚的生物，象徵著水與豐饒。左圖中，伐樓拿騎乘於摩伽羅之上。

相關參考：亞洲太陽神160-61, 218-19, 222-23．亞洲天空之神158-59, 160-61, 162-63

梵天與創世神話

吠陀信仰及印度教在漫長的發展過程中，產生了許多關於創世的神話傳說，其中有些故事提到了原初創世者婆羅伽巴提（Prajapati，意為造物主），或是創造神梵天。另外還有一些故事，則描述人類及各種生物型態的創世過程。在這些故事當中，時間概念是反覆循環的，有一天，宇宙將會結束，然後，新的創世紀元將隨之展開。

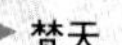

▶ **梵天**
梵天的四個頭象徵四部吠陀經典，印度的四個種姓階級，以及東南西北四個方位，表示梵天的全知全能。

神話

世界初始，創造神梵天將他的光散播於宇宙，形成所有事物的本質。他還讓時間具體化，以具體的宇宙計時器來管理每次存在的循環。他生命中的一個晝夜，相當於人類生命的43億2000萬年，而當這一段時間結束，這次創世的循環也隨之告一段落。

黑暗和光明

宇宙究竟該以什麼樣的形式來呈現？梵天苦思良久，隨後從想像中打造出一個樣貌。然而，梵天也明白，既然他原本對世界創造後應當具有的模樣一無所知，那麼他所創造出來的這個樣貌，也不過只是反映出他的無知罷了。於是，梵天捨棄了這個世界，這個世界因而成為夜的世界。不久，夜孕育了屬於他自己的黑暗之子，第一代的惡魔正式誕生。當這些怪物開始繁衍時，梵天再度集中精神，展開第二次的創世過程。

梵天專心冥想，為一系列的天體打造出外形，其中包括太陽與星辰，隨後它們開始發光，散發出來的光亮平衡了夜的黑暗。根據一些故事的說法，婆羅門也是在這個時候創造出印度萬神殿裡的數千位神祇，以便和夜所孕育的無數惡魔子嗣相互抗衡。

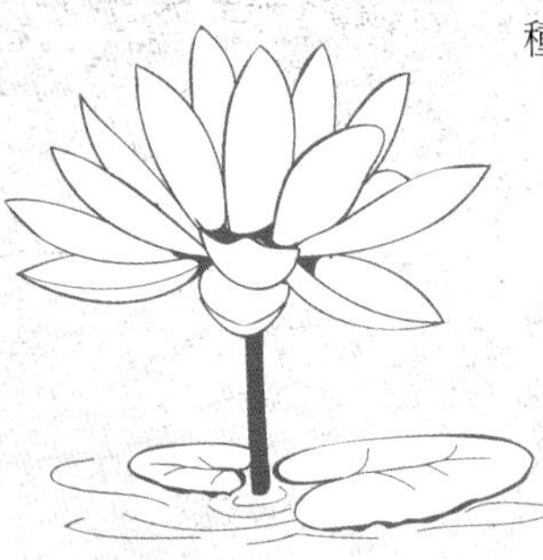

▲ **蓮花**
根據一些印度創世故事版本的描述，梵天本身從一朵蓮花中誕生，而這朵蓮花就開在初始之神婆羅伽巴提的肚臍上。

不斷變動的形式

另一個梵天創造出來替世界帶來光明的美麗生物，名叫作伐伽（Vak，意為語言）。在一些創世故事中，梵天與伐伽交合時不斷改變他的外表，因而創造出大地的各種動物。不過在另一個故事裡，伐伽是創世者的女兒，她並不願與梵天配對，但面對他的逼迫，不得不變成一隻鹿逃走。梵天不肯放棄，在她身後緊追不捨，後來雖然抓到她，卻無法使她受孕。結果他的種子掉落地面，孕育出第一個男人和第一個女人。由於梵天不斷改變外貌，創造出各種生物，因而有人認為他存在於所有生命體之中。儘管他無所不在，他終究還是有居住之處，那就是聖山須彌山頂的諸神宮城。須彌山位於印度的中心，聖河恆河源自於須彌山的山坡，分成四條支流，分別流向東南西北。

創世者

許多創世故事雖然說法不盡相同，但都將婆羅伽巴提（造物主）當成宇宙最初存在者的名字，另外有些則會將毗濕奴神（見196 - 197頁）和婆羅伽巴提結合在一起，而梵天則是從毗濕奴的肚臍裡誕生的。「婆羅伽巴提」這個詞也用來指梵天和他以意志創造出來的十個兒子，他們在創造諸神、人類和動物時扮演了重要的角色。印度諸神還包括毗濕伐伽馬，他是創造力和智慧的具體化身，也被視為宇宙的設計者。

婆羅伽巴提

原初之神為自身的空虛而哭泣，他的部分淚水落在原初之海裡，聚集而成陸地，其他淚珠變成天上的星球與星辰。

毗濕伐伽馬

毗濕伐伽馬（Vishwakarma）出現時，身邊通常環繞著創造宇宙所用的工具。有時人們也會認為他是梵天的另一種分身。

> 早在生命之水出現前，創造神梵天透過神性的冥想從神之額頭誕生。
>
> 羯陀奧義書（*Katha Upanishad*）

創世和自然

印度人相信，物質或自然世界是由五種元素組成的：土、水、風、火，還有空或乙太（ether）。將這些元素加以擬人化的，是女神婆利蒂毗（見110頁）和其他神祇；她是大地女神，也被視為所有生物的母親。水在創世過程中占有重要的地位，因此印度有數不清的聖湖，以及包括恆河（見208-209頁）在內的七條聖河。另外，海洋也相當重要，在一些傳說中，諸神翻攪大海以得到寶物，如願望之神（Kamadhenu，豐足神牛）就是其中一位。

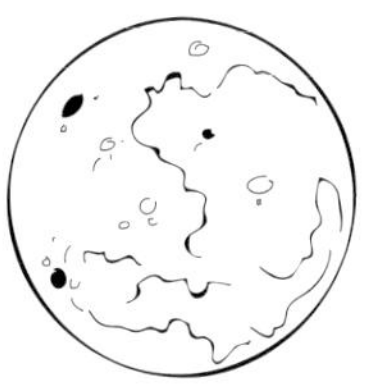

月亮的起源

在一些神話中，月亮從原初之海出現，但也有些神話說它創生於婆盧沙的頭腦之中。（參見右文）。

阿耆尼的火焰

火的擬人化是火天阿耆尼（見189頁）。在印度神話中，祭祀之火的煙和火焰能將訊息傳達給眾神。

須彌山

須彌山是諸神的住所，在印度教信仰中享有崇高的地位。據說它位於喜馬拉雅山脈的一座金山上，恆河的源頭由山頂一路朝大地奔流而下。須彌山峰高懸於七個較低層的世界，據說由宇宙巨蛇希須那（Sheshnag）所支撐，但也有人認為是由四頭大象馱著。

白雪靄靄的喜馬拉雅山脈

原初之人

在一個早期創世神話中，原初之人婆盧沙將自己分裂成一男一女，二人結合後孕育出各式生物。《梨俱吠陀》則描述婆盧沙由身體不同部位創造出印度四個種姓階級：頭腦生下婆羅門（Brahmin，祭司），兩手生下剎帝利（Kshatriyas，戰士），大腿誕生了吠舍（Vaishya，農夫、工匠和商人），兩腳誕生了首陀羅（Shudra，工人）。在另一個神話中，原初之人名為摩努（Manu），他用肋骨創造出妻子，開啟一個新的創世紀。

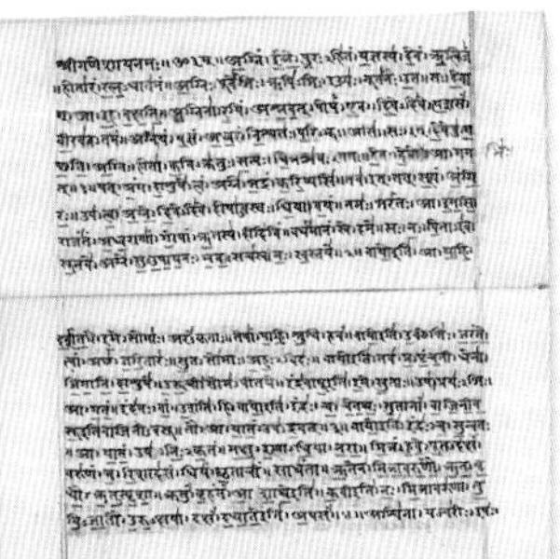

《梨俱吠陀》的書頁

《梨俱吠陀》據說是在西元前2000年左右透過口述方式編纂而成，這是第一部提及不同種姓創世神話的印度典籍。

相關參考：亞洲創世故事150-51, 162-63, 168-69, 212-13, 222-23

四個頭的創造神

梵天曾創造出一位美麗的女人，為讓了她無從躲避他的凝視，梵天長出另外四個頭。後來，濕婆砍下其中一個，梵天留下來的四個頭，代表四部吠陀經典。

濕婆

濕婆是印度偉大的三相神之一，他的名字「濕婆」原意為幸運，但他代表的卻是相反的意思——他被視為破壞神，同時也是偉大創造力的具體化身。濕婆的稱號很多，從摩訶典婆（Mahadeva，大神）到伽拉（Kaala，殺戮），共有一千零八種，反映出他的複雜性格。他以淵博的知識、驚人的力量和宇宙之舞而聞名於世，他的舞蹈同時象徵著真理與破壞。

▲ **靜坐中的神**

濕婆一手拿著斧頭，代表他斷絕世界的紛擾；另一隻手上還有跳躍的羚羊，象徵他統治自然的權力，以及他身為帕胥帕提（Pashupati，獸王）的角色。

◀ **金剛菩提子**

濕婆的信徒將盧陀羅沙樹的果實當成祈福時的念珠來使用。他們認為，這些果實是濕婆的眼淚。

濕婆的誕生

有一天，梵天和毗濕奴開始討論誰才是宇宙間最有權力、至高無上的神。正當他們二位大神為此爭執不下時，一根像巨大陽具一般的火柱出現在他們的面前。這根柱子非常非常高，柱頭直入雲霄看不到盡頭，柱底彷彿深埋在地底一般。

梵天和毗濕奴大吃一驚，於是梵天變成一隻野雁，飛上天空試圖找出柱頭的位置，毗濕奴則變成一隻野豬，鑽到地底的地府尋找柱底。兩位大神雖然費了好大的工夫，卻始終無法如願找到火柱的兩端。這時，陽具上出現了一個開口，濕婆從裡頭現身，梵天和毗濕奴毫不遲疑地當下就認可了濕婆的力量，並且同意三個人一起統治宇宙。

◀ **濕婆出現**

濕婆從稱為林伽（linga）的陽具狀柱子出現，左圖石雕上刻畫的正是他的誕生。林伽哈瓦是濕婆的封號之一，意為陽具之王。

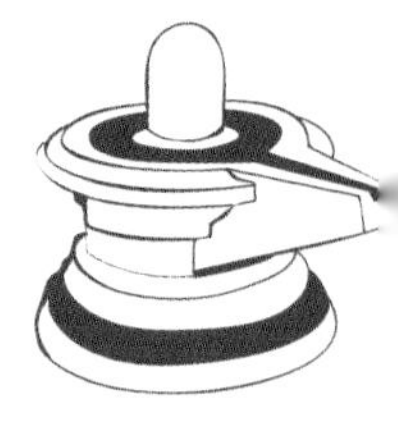

▶ **濕婆林伽**

人們常以名為林伽的陽具的象徵物來崇拜濕婆，因此他較少以人形出現。在遍布印度各地的濕婆廟中都能見到林伽的蹤影。

◀ **濕婆鼓**

濕婆經常會隨身攜帶一個沙漏形狀的小鼓。印度教徒認為，敲打這個鼓能喚起原初之聲——「唵」（Aum），創世過程伴隨著唵而開啟，同時也在唵聲中結束。

死亡之舞

有一回，濕婆和梵天起了爭執，並且割下了梵天的一個頭，引發濕婆與梵天之子達剎（Daksha）之間的深仇大恨。因此，當達剎在他的宮殿裡為女兒薩蒂（Sati）舉行挑選新郎的訂婚宴席時，並沒有邀請濕婆參加。沒想到濕婆不請自來，並且接到了薩蒂丟出來的花環，於是兩人成婚。後來，達剎舉辦一場神聖的祭典，仍然沒有邀請濕婆，薩蒂不堪忍受這樣的公然侮辱，投身祭祀的火焰中自焚而死。憤怒的濕婆抱起薩蒂屍體開始跳舞，他跳的是死亡之舞，威脅要讓世上的一切走向毀滅。毗濕奴為了阻止濕婆，出面賜予薩蒂新生，讓她成為慈祥美麗的雪山神女（Parvati）。

▲ **濕婆的三隻眼睛**
濕婆的兩隻眼睛代表太陽和月亮，第三隻眼睛通常閉上，它象徵著智慧。當第三隻眼睛睜開時，擁有強大的力量，能摧毀一切的邪惡。

▶ **舞蹈之王**
右圖這尊雕像呈現的是濕婆以那吒羅闍（Nataraja，舞蹈之神）的外相正在跳舞，身旁環繞著火圈，腳底下踩的侏儒代表著無知。

▶ **濕婆的弓**
右圖這把弓是與濕婆有所關連的武器之一，他曾經只使用一支箭就攻破了遭群魔占據的三座城池。

◀ **三叉戟**
濕婆的三叉戟是威力強大的武器，三根尖叉反映三個「古納」（guna），亦即宇宙萬物的三種屬性——善性、憂性和暗性。據說三叉戟也能摧毀無知。

濕婆打敗惡魔

有一群惡魔說服了創造神梵天，讓他同意賜予他們三座城池。這幾座城池宛如銅牆鐵壁，只有一位神祇有能力攻破，而且他只有一次機會能成功，也只能使用一支箭來進攻。這些惡魔在城堡裡安頓之後，隨即開始對天上諸神的國度發動攻擊。然而，眾神心裡很清楚，他們之中沒人任何人是這些惡魔的對手。此時，濕婆提出建議，如果其他諸神能將所有的力量集中起來，並且將其中一半的力量借給他，再加上他本身令人畏懼的神力，以及足以操控這些力量的控制力，那麼他就能夠射出一支無堅不摧的箭，一舉擊潰惡魔。戰役結束後，濕婆成功完成任務並獲得勝利，但他卻拒絕歸還從其他諸神那裡借來的力量，因而成為諸神之中力氣最為強大的神。

濕婆的座騎

濕婆的座騎是一隻白色駝背的公牛難底。難底是豐饒的象徵，也代表濕婆的力量和權力，而且當濕婆騎著牠作戰時，牠還是一個難纏的對手。在濕婆廟中，難底的石雕總是面對著聖壇，象徵著靈魂渴望與神結合。難底也代表稱為「達磨」（dharma）的宗教法規。此外還有一個和濕婆無關的角色——難底伽濕伐樓（Nandikeshvara），以牛頭人身的形象出現，掌管音樂和舞蹈。

公牛難底

▶ **濕婆和難底**
濕婆和妻子雪山神女騎乘在雪白的公牛難底身上，難底身戴花環，披掛著許多黃金飾物。

相關參考：惡魔170-71, 176-77, 188-205, 222-23．公牛50-51, 116-17, 156-57

毗濕奴的十種化身，此圖為西元十八世紀的畫作

毗濕奴的十種化身

印度的三個偉大天神——梵天、毗濕奴和濕婆當中，毗濕奴所扮演的特殊角色，是保護並維持世界的秩序。他會化身為不同的外形，從天上來到大地，出手干預人間的種種事務。毗濕奴的出現，通常都是大地發生重大危機的時候，例如：當惡魔取得世界的統治權，或世界即將落入惡魔手中之時；當大洪水等大型自然災害發生的時候；還有社會失衡、動盪不安的時候。毗濕奴的信徒相信他降臨大地的次數已多不勝數，不過其中有十世的化身特別重要。目前為止，他曾以九種化身的外相出現過，但第十次還沒發生。有時，他會化身為人類的英雄，例如羅摩和黑天克里須那，有時他則會以動物的外表現身。

半人半獅那羅希摩

黑天克里須那與愛人羅陀

1. 麻磋

毗濕奴第一次來到間時，化身為神魚麻磋（Matsya），當時大洪水氾濫成災，淹沒大地，還有一個惡魔奪走了梵天手中的聖典，於是麻磋協助原初之人摩努將吠陀經典搶了回來。

2. 鳩里摩

毗濕奴的第二個化身，是神龜鳩里摩（Kurma）。諸神將須彌山放在鳩里摩的背上，然後用須彌山來翻攪大海，因而出現了許多珍貴的寶物，以及將對人類有所助益的各種神靈。

3. 伐羅合

毗濕奴化身野豬伐羅合（Varaha），在大洪水中救了大地女神婆彌提毗（Bhumidevi），在許多版本的故事中，他用尖牙將女神舉在水面上。

4. 那羅辛訶

希難耶伽什（Hiranyakashipu）是自大的魔王，他禁止崇拜毗濕奴，偏偏兒子違背了命令。有一次他嘲諷說，難道毗濕奴會在宮殿的柱子裡？此時毗濕奴從柱子現身為半人半獅的那羅辛訶（Narasimha），殺死了魔王。

5. 伐摩那

毗濕奴以侏儒伐摩那（Vamana）的化身出現，打敗了惡魔之王巴力（Bali）。伐摩那向巴力提出要求，希望巴力同意賜給他大約三步距離遠的土地，不料伐摩那隨後竟變成一個巨人，只用三步就跨過了整個世界。

6. 帕羅蘇摩羅

當戰士種姓階級的剎帝利開始統治世界時，毗濕奴降生為祭司婆羅門種姓，以他的第六次化身帕羅蘇摩羅（Parashurama）的身分現身，手持戰斧，打敗了戰士們。

7. 羅摩

羅摩是毗濕奴第七次的化身，本身也是受崇拜的神。英勇正直的羅摩打敗魔王羅波那的冒險故事，記錄於《羅摩衍那》（見200-203頁）史詩中。

8. 黑天克里須那

毗濕奴化身為黑天克里須那，擊敗邪惡的國王剛沙（Kamsa）。《摩訶婆羅多》（見206-207頁）全書描述般度族（Pandavas）和俱盧族（Kauravas）之間的戰爭，克里須那以《薄伽梵歌》鼓勵偉大的弓箭手阿周那（Arjuna）奮戰，在過程中扮演關鍵的角色。在中央的小圖裡，也可看到黑天克里須那和他的愛人羅陀。

9. 佛陀

歷史人物佛陀在印度傳統中被視為毗濕奴的第九次化身，他勸說惡魔遠離諸神和神聖的經典，因而打敗惡魔。

10. 迦爾吉

根據預言，毗濕奴最後的化身是迦爾吉（Kalki）。在世界終結之前，他將會出現，騎著一匹白馬來到人間，毀滅一切罪惡，開啟新的紀元。

相關參考：洪水故事30-31, 212-13, 214-15, 288-89, 314-15, 328-29．惡魔170-71, 176-77, 222-23

難近母

印度女神難近母（Dugra，又譯為突伽，意為無法接近的）通常以戰神的外形出現，她廣納宇宙所有物質的能量於一身，善加利用，因而成為戰無不勝的戰士，專門對付威脅眾神的敵人；她同時也是為害世界的惡魔的死對頭，並以此而享有盛名。難近母就像丈夫濕婆（見194-195頁）一樣，個性相當複雜，儘管她的主要身分是破壞神，但有時也會以生育女神的形象出現。

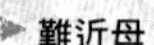

▶ **難近母**
女神難近母的形象通常被描繪成擁有八或十隻手臂，手上拿著各種威力強大的武器。

神話

有一個公牛惡魔名叫摩醯濕（Mahisha，又稱摩醯沙蘇羅Mahishasura），經過嚴格的苦行生活後獲得巨大的力量。他要求梵天（見190-191頁）賜予他永生不死，但遭梵天拒絕，於是傲慢地要求最後能死在女人手裡。摩醯濕知道幾乎沒有人制服得了他，於是開始肆無忌憚地攻擊眾神；由於受到梵天的恩澤庇蔭，沒有任何神能與他對抗，最後，三大天神——濕婆、梵天和毗濕奴（見196-197頁）將三人的神力集中在一起，召喚出女性力量的象徵——女神難近母。

對抗惡魔

難近母騎著獅子，十隻手裡握著眾神賜予的特殊武器，迎戰摩醯濕和他手下的惡魔軍隊，臉上充滿肅殺之氣，毫無畏懼。惡魔一看到難近母後，成群前來圍攻，但卻遭她大卸八塊。她舉起釘錘搗倒其中幾個，揮舞三叉戟和寶劍刺死另外幾個，又用套索勒死其他幾個。隨後她變成最凶猛可怕的化身——時母（Kali），戴著骷髏頭串成的項鍊，穿著用斷肢圍成的裙子，繼續與敵人搏鬥。上百個惡魔在這場戰鬥中被殺，但他們的首領摩醯濕並沒有被打倒，依舊自命不凡。

▲ **難近母大戰羅乞多毗闍**
另一個威脅諸神的惡魔是羅乞多毗闍（意為：血的種子），他的血若滴在地上，每一滴都能讓他重生，變成一個新的戰士。難近母化身時母，喝光羅乞多毗闍的血，然後殺死他。

和摩醯濕的戰役

魔王摩醯濕毫無畏懼地挑戰難近母的座騎——怒吼的獅子。難近母拿出套索套上敵人的脖子，但摩醯濕利用變身能力將自己變成一個男人。難近母改用三叉戟猛刺，摩醯濕又變成一頭衝鋒陷陣的大象，但卻被難近母削下了象鼻，這時摩醯濕變回了公牛，開始節節敗退。他把高山連根拔起，朝難近母擲去，她輕鬆地躲開，隨即繼續猛烈進攻，把摩醯濕踩在腳下，先用三叉戟刺死他，然後砍下他的頭顱。惡魔摩醯濕慢慢變回原形，奄奄一息並且懊悔不已。梵天的允諾終究還是應驗了：摩醯濕如願死在女人的手中。

惡魔

在印度神話中有許多被稱為阿修羅（asuras）的惡魔，摩醯濕便是其中之一。這些惡魔和眾神一樣，都是造物主婆羅伽巴提（見190-191頁）的孩子，然而他們與眾神迥然不同，甚或與神處於兩個極端，因而成為諸神的敵對者。根據一些故事的說法，諸神和惡魔都同時繼承了真理與邪說，不過後來眾神摒棄了邪說，而惡魔卻拒絕接納真理，於是諸神經常被迫創造出能夠鎮壓特定惡魔力量的人物，難近母就是其中一個最好的例子。

▲ **惡魔**

除了公牛惡魔摩醯濕外，還有許多其他惡魔不時大膽前來挑戰諸神的崇高地位，不過他們最後全都遭到難近母剷除的命運。

▲ **摩醯濕大戰難近母**

能夠變換形貌的惡魔摩醯濕是邪惡的化身，難近母最後在這場戰役中擊敗他獲得勝利，象徵著邪不勝正的不變真理。

難近母的力量

難近母和濕婆一樣擁有強大破壞力，不過她具毀滅性的破壞力量也有正面意義，只有消滅對自然秩序造成威脅的惡勢力，才能維持世界平衡。難近母的外表也有這樣的雙重特性：她的身體散發著光芒，同時卻帶著各式強而有力的武器，以符合身為具有破壞力女神的身分。她的武器（見下圖）集合了各個神祇的力量，如因陀羅的金剛杵、毗濕奴的鐵餅，以及濕婆的三叉戟。此外，伐樓拿的海螺象徵正義贏得勝利，而難近母選擇獅子（有些版本說是老虎）當成座騎，也是為了彰顯她的力量。

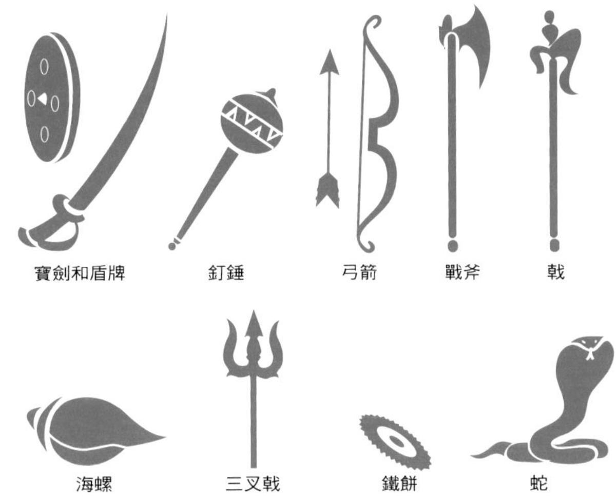

偉大的女神

難近母的七種化身，都是大神母摩訶提毗（Mahadevi）的不同分身。摩訶提毗是女性神力沙提（shakti）的具體化身，這種力量也被視為創世的本質。人們將幾位女神視為難近母的不同形式並加以膜拜，其中之一是殘酷的女神時母，她是難近母和摩醯濕交戰時，從難近母眉毛間孕育出來的，是破壞力量的具體化身。另一位是濕婆的妻子女神薩蒂，人們向她祈求婚姻長久幸福。難近母也有比較溫柔的分身，如母性之神雪山神女、財富女神吉祥天女，以及智慧女神辯才天女（Saraswati）。

► **雪山神女**

雪山神女本質上是一位仁慈和藹的女神，她為了說服濕婆與她成親，厲行苦修生活，不吃東西也不喝水。

▲ **薩蒂**

薩蒂是達剎的女兒，也是濕婆的妻子，她因為父親侮辱濕婆，一怒之下投身火堆中自焚而亡（見195頁）。

◄ **吉祥天女**

人們通常將吉祥天女當成難近母的女兒加以崇拜，據說她的手中會不斷流出金幣，象徵著財富和繁榮。

► **辯才天女**

辯才天女特別受到學生族群的崇拜，她是職司藝術和學習的女神，據說梵文就是由她所創造的。

► **時母**

和惡魔摩醯濕之間的戰鬥結束後，時母仍然跳著她的毀滅之舞，遲遲無法停下，於是濕婆躺在她的腳下，阻止她繼續屠殺。

相關參考：女戰士116-17, 132-33．戰神36-37, 38-39, 40-41, 142-43, 174-75, 244-25

史詩《羅摩衍那》

《羅摩衍那》是以古梵文寫成的印度兩大史詩之一，對印度神話體系的影響非常深遠，內容是阿逾陀國（Ayodhya）王子羅摩的故事。羅摩是毗濕奴的十種化身之一（見196-197頁），史詩中記錄了他的成長、流亡，直到從魔王羅波那的手中救出妻子悉多（Sita）。從主要人物的描述中，可以看出史詩對忠誠、親情、虔誠及負責等美德的讚誦。

► **羅摩王子**
羅摩是一位技術高強的知名弓箭手，傑出的本領讓他娶悉多為妻，流亡期間也擊退了許多擾亂森林寧靜的惡魔。

神話

阿逾陀的國王十車王（Dasharatha）有三個王后，一共為他生了四個兒子：羅摩、羅什曼那（Lakshmana）、設睹盧祇那（Shatrughna）和婆羅多（Bharata）。羅摩是長子，因此也是王位的第一順位繼承人。年輕的羅摩向聖者毗濕婆彌羅（Vishwamitra）學習射箭，他和羅什曼那年紀再大一些時，毗濕婆彌羅帶他們來到彌提羅（Mithila），當地的國王遮那竭（Janaka）正為女兒悉多舉行了一場競賽招親，參賽者必須拉開一把原本屬於濕婆（見194-195頁）的大弓。對悉多一見鍾情的羅摩不但是唯一能拉開這把弓的人，甚至還把弓折斷了，於是贏得了這項競賽，帶著妻子悉多一同返家。

羅摩的流亡

十車王年事已高，應當準備挑選王位的繼承人了。他認為長子羅摩在各方面的表現都很出色，心中屬意由他來繼承王位。不過羅摩的繼母吉迦依（Kaikeyi）提醒十車王，他曾承諾會實現她一個願望，因而要求國王改變主意，任命她的兒子婆羅多繼承王位，並命令羅摩離開，以免成為婆羅多執政的威脅。十車王儘管傷心，但不能違背諾言，只好下令將羅摩放逐到森林十四年。羅摩二話不說，順從地接受父親的命令，悉多和羅什曼那則堅持與他同行。

▲ **流亡到森林**
羅摩、悉多和羅什曼那來到森林後，遇見住在當地的幾位隱士。他們必須學習這些隱士的簡樸生活方式，這和過去住在皇室裡奢華享受的生活習慣有如天壤之別。

十車王為此懊喪不已，在羅摩離開後不久就去世了。婆羅多當時不在宮內，被召回阿逾陀繼承王位。他因母親的貪念而震驚不已，堅持羅摩才是合法的國王，並前往森林請求羅摩回宮登基即位。羅摩為了遵從父親最後的命令，因而拒絕回去，婆羅多不得已只好回到國內繼任為王，並且想出一個兩全其美的折衷辦法，既不違背父親的命令，同時又能表達對哥哥的尊敬。婆羅多帶了一雙哥哥的涼鞋回到阿逾陀，並為鞋子舉行加冕儀式，象徵他是暫代流亡兄長的攝政王，靜待羅摩回國執政。

此時流亡在外的羅摩一行人也已安定下來，逐漸適應了森林裡的艱苦日子。由於森林裡的惡魔有時會攻擊苦修者或威脅他們的生命，有時則會打斷他們祈禱、祭拜和冥想，因此羅摩和羅什曼那兩兄弟不時得驅除惡魔。這些苦修者十分感激羅摩和羅什曼那兩人無私的行為，有些人甚至認為羅摩本身其實就是神。（下接202頁）»

羅摩和悉多

在史詩中，羅摩和悉多是一對神仙眷侶。羅摩在一場武力競賽中獲勝，將悉多娶回家，又在悉多遭人劫持時勇敢拯救了她。至於悉多，則是忠貞完美的妻子。羅摩雖然是英雄，但仍有弱點；他沒有好好珍惜悉多，竟兩度懷疑她的貞節（見202頁）。有些故事認為，羅摩之所這麼做，是希望成為公正的統治者，因而無法顧及私人感情，必須優先考慮自己身為國王，應當如何讓人們信服。

羅摩的婚姻

羅摩和悉多兩人透過他們的言行來展現彼此對另一半的忠誠。悉多跟隨羅摩流亡到森林之中，羅摩則從魔王羅波那的手中救出悉多。

犁

悉多的名字意思是「犁溝」，因為她的父親在犁田時，發現她躺在在犁溝裡。

理想的手足之情

手足之情是《羅摩衍那》不可或缺的主題，其中理想的兄弟典型是羅什曼那，他陪著羅摩和悉多一起流亡，幫助羅摩對抗惡魔，拯救悉多。同樣的，婆羅多放棄即位為王的念頭，將羅摩的涼鞋放在王位上，這些行為都表現出他對羅摩的敬愛。設睹盧祇那也同樣忠於羅摩，對羅摩所受的不公待遇忿忿不平。

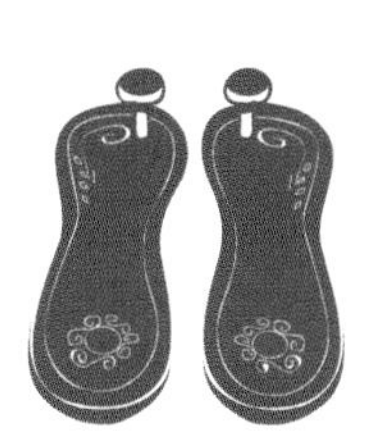

羅摩的涼鞋

羅什曼那

羅波那的妹妹向羅摩示愛卻被他的拒絕，當她企圖向羅摩展開報復時，卻遭羅什曼那割下鼻子。

> 這雙涼鞋曾伴隨你邁步前進的雙足，如今，它們將為王座增輝。
>
> 蟻垤，《羅摩衍那》

史詩

《羅摩衍那》是世界最偉大的文學巨著之一，據說作者是智者蟻垤（Valmiki），他是書中的角色之一，同時也可能是真實的人物。根據不同文獻的推測，《羅摩衍那》約成書於西元前500年至西元200年間。這是一部篇幅很長的史詩，蟻垤不可能單憑一己之力完成整本著作，因此有些段落應是由後人添補而成的。《羅摩衍那》講述的主要內容是羅摩的生平，他是太陽神蘇利耶的後裔，也有人認為他傳承於他的曾祖父——偉大的羅怙王（Raghu）。

太陽神

智者蟻垤

史詩中，蟻垤是住在森林裡的智者，羅摩和悉多在流亡期間常來拜訪他。當夫妻倆因故分居時，蟻垤讓悉多住在他的隱居之處。

《羅摩衍那》與南亞

《羅摩衍那》不僅流傳於印度，在南亞各地也廣為人知。這部史詩作品在西元紀元之初的幾世紀間就已傳到印尼，而在爪哇、馬來半島和泰國，則有當地作者將梵文文本翻譯成當地語言，或加以改編為戲劇作品。在泰國文學中，這部史詩被稱為《拉瑪堅》（*Ramakien*），其中的情節也出現在泰國的面具舞（khon），以及印尼的偶戲或皮影戲等藝術創作裡。

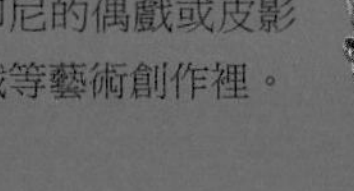

泰國面具舞使用的面具

首哩薄那迦

有一天，女惡魔首哩薄那迦（Surpanakha）愛上羅摩和羅什曼那，對他們表達心意，但在遭到兄弟倆拒絕後心生怨恨，企圖攻擊悉多，結果羅什曼那割掉了她的鼻子為悉多報仇。首哩薄那迦對羅摩和羅什曼那的所作所為十分憤怒，找哥哥羅波那幫忙，煽動他綁架悉多，為她復仇。羅波那是楞伽（Lanka）的統治者，有十個頭，他派一個惡魔變成一頭金鹿，吸引羅摩和悉多的注意。羅摩知道悉多希望擁有金鹿當成寵物，於是前往追捕。這時羅波那又施計誘使羅什曼那也一起追逐金鹿，然後自己變成隱士接近悉多，將她帶回楞伽。

▲ **最後的戰役**

羅摩與羅波那交手時，每次砍下魔王的頭，隨即又會長出一顆新的頭。最後羅摩拿出梵天送的神聖武器，終於打敗魔王。

羅摩和哈奴曼

羅摩和羅什曼那四處找尋悉多，途中經過一座森林，遇到猴神哈奴曼。哈奴曼是猴王須羯哩婆（Sugreeva）的屬下，猴王的哥哥婆林（Vali）搶奪了王位，須羯哩婆和羅摩一樣被迫流亡在外，因此哈奴曼請求羅摩協助推翻婆林。須羯哩婆和婆林兩人決鬥時，羅摩殺了婆林，須羯哩婆重登王位後同意協助羅摩，哈奴曼也決定加入拯救悉多的陣容，派出許多猴子搜尋她的蹤影。經過多次冒險後，哈奴曼終於在楞伽島找到被魔王囚禁在城堡裡的悉多。楞伽島的地形險要，羅波那又擁有強大的惡魔軍隊，因而不易進攻。哈奴曼只好帶領猴子下屬搭建一座橋，橫跨海上，他們才能進攻楞伽島。一連串的戰役後，羅摩、羅什曼那、哈奴曼和猴群才擊潰凶狠的惡魔群，最後，羅摩殺了羅波那，救出悉多，兩人和羅什曼那啟程返家。

悉多遭羅波那長期囚禁，羅摩無法確認她的清白，傷心的悉多決定走過烈火來證明貞節，結果毫髮無傷。回到阿逾陀後，一名洗衣工人的隨口批評又讓羅摩再度懷疑悉多。悉多來到智者蟻垤的隱居處尋求庇護，隨後產下兩名男孩。多年後，羅摩和兩個兒子相認，並要求悉多再次接受烈火的考驗。悉多不願一再證明自己的清白，乞求大地之母將她帶走。在她的哭泣聲中，地面裂開，悉多消失於大地之中。

◀ **闍吒優私之死**

羅波那綁架悉多時，名叫闍吒優私（Jatayu）的老兀鷹攻擊魔王，破壞他的馬車，希望能拯救悉多，但羅波那砍下闍吒優私的翅膀，將他殺死。

同盟軍

羅摩救援悉多時的偉大盟友包括須羯哩婆、哈奴曼，以及他們的猴子軍團。哈奴曼力大無窮，而且擁有任意變身和飛行的能力，是得力的幫手。他前後兩度飛到楞伽，第一次發現悉多囚禁的地方，第二次則協助羅摩打敗魔王，救出悉多。哈奴曼在第一趟行程中雖然找到悉多，但魔王的守衛發現了他，放火燒他的長尾巴。他逃過一劫後，想辦法逃走，並縱火燒了楞伽島。在楞伽的最後一場大戰中，羅摩的許多戰士都失去了性命，包括他的弟弟羅什曼那，幸好哈奴曼從喜馬拉雅山上取來神奇的草藥，救活了這些戰士。哈奴曼對羅摩的貢獻也讓自己獲得了永恆的青春。

▲ **須羯哩婆和婆林決鬥**

由於須羯哩婆和婆林長得很像，羅摩吩咐須羯哩婆戴上花環，如此一來羅摩才能區別他們兩人。

▲ **哈奴曼帶回整座山頭**

哈奴曼不確定哪一種草藥能救活羅什曼那，於是把整座長滿草藥的山頭都帶回羅摩的身邊。

魔鬼敵人

《羅摩衍那》中，羅摩的敵人稱為羅剎或惡魔。依照傳統說法，他們是邪惡的生物，會攻擊女人和小孩，或是在夜晚時控制人們，使人瘋狂。惡魔陣營之中最著名的，是羅波那成天昏睡的巨人弟弟鳩槃羯叻拿（Kumbhakarna），另一個則是羅波那的兒子彌迦那陀（Meghnath），他曾打敗因陀羅（見188頁），據說無人能敵。由於這些惡魔造成太大的威脅，毗濕奴化身羅摩降身凡間，消滅禍害，造福人間。

彌迦那陀

彌迦那陀擁有神奇的巨蛇弓箭，因而打敗了許多戰士，其中包括羅摩之弟羅什曼那。

鳩槃羯叻拿

巨人鳩槃羯叻拿獲得神的恩惠，一次的睡眠時間竟長達六個月。鳩槃羯叻拿從沈睡中被喚醒，加入了羅波那的陣容，在交戰時殺死許多敵軍將領，最後遭王子羅摩殺死。

羅波那

羅波那是羅剎之王，擁有十顆頭顱和二十隻手臂，是相當可怕的對手。他曾是學者，也是吠陀經典的權威，厲行嚴格的苦行生活，博得梵天的歡心，因而傲慢地請求擁有神和惡魔都刀槍不入的能力，相信沒有人能傷得了他。此外，他也曾討好濕婆，得到一把寶劍。羅波那是正直的羅摩的對立面，也是一個悲劇性的人物，他能夠為善，但卻注定走向了邪惡。

羅波那的寶劍

羅波那與羅摩進行決鬥時，使用的是濕婆所贈予的圓月彎刀（Chandrahas）。

羅波那移動吉羅娑

羅波那擅自移動濕婆位於吉羅娑（Kailash）山上的住所，激怒了濕婆受到處罰。

> 由於如此的奇恥大辱，
> 羅波那，輕率愚蠢的作為
> 導致你的親族死亡，
> 羅怙之子將向你復仇！
>
> 蟻垤，《羅摩衍那》

印度的節慶

印度有許多受歡迎的節日和羅摩有關。據說羅摩與羅波那作戰前曾膜拜女神難近母，因此在九夜節（Navaratri）的九個晚上，人們會演出《羅摩衍那》的故事，劇情在第十天進入高潮，是羅摩殺死魔王的重頭戲。這一天稱為十勝節（Dussehra），羅波那、他的弟弟鳩槃羯叻拿和兒子彌迦那陀的肖像會在儀式中燒掉，象徵邪不勝正。羅摩在排燈節（Diwali）中也扮演了重要的角色；人們會在這一天點燈，慶祝羅摩結束長期的流亡回到阿逾陀國。

燈火的節慶——排燈節

相關參考：惡魔170-71, 176-77, 188-205, 222-23．猜忌24-25, 38-39, 200-03

《羅摩衍那》的場景之一

這是一幅完成於十七世紀的壁畫局部圖象，描繪的內容是羅摩、羅什曼那和猴神達成協議，眾人一起集中力量，前往攻打魔王羅波那，並救出羅摩的妻子。

史詩《摩訶婆羅多》

《摩訶婆羅多》是世上最長的詩篇之一，也是印度第二部偉大的史詩作品，作者據說是抄寫員毗耶娑（Vyasa），他也是吠陀經典（見188頁）的編纂者。不過，《摩訶婆羅多》整部史詩應是由西元前800年到西元400年間的多位作者共同寫成的，內容主要敘述兩個敵對家族之間的戰爭，其中也包含了論述印度教主要教義的經典《薄伽梵歌》。

神話

象城王國由婆羅多王朝的般度（Pandu）統治，般度很早就過世，由盲眼哥哥持國（Dhritarashtra）繼位。持國將弟弟般度的五個兒子扶養長大，他們被稱為般度族（Pandavas），持國自己生的一百個兒子，則統稱為俱盧族（Kauravas）。

般度族武功非凡，品行高潔，深受人民愛戴，引起堂兄弟俱盧族的嫉妒。般度族大哥堅戰（Yudhishthira）被任命為王儲時，以長子難敵（Duryodhana）為首的俱盧族密謀殺害般度族，但般度族聽到風聲逃走了。為了平息雙方的爭議，持國將國家一分為二，但俱盧族仍然忿忿不平，對這個安排十分不滿。他們設局邀請堅戰以骰子賭博（賭博是堅戰少數的弱點之一），而且不斷提高賭注。最後堅戰輸掉財富和王國，還賠上兄弟和妻子，般度族因而被放逐十二年。

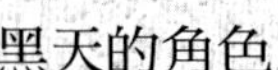

黑天的角色

般度族流亡歸國後，難敵仍拒絕歸還王國，雙方進入備戰狀態。堅戰的弟弟阿周那尋求朋友黑天克里須那助陣，發現難敵也為同樣原因來找克里須那。黑天是毗濕奴（見196-197頁）第八個化身，找他幫忙的雙方都是他的族親，他只好讓雙方選擇，一方可以擁有他的軍隊，另一方可以擁有他。難敵選擇了軍隊，阿周那選擇了黑天，黑天擔任他的御者，為他駕駛戰車。

◀ **黑天克里須那**

黑天克里須那加入了般度族和俱盧族之間的戰爭，條件是他將不使用任何武器，因此他選擇以阿周那御者的身分參與戰役。

▲ **激烈的戰役**

這是印度神話體系當中場面最為浩大的戰役之一，前後共有十八支軍隊參與這場大戰。在這部史詩作品裡，描述了戰爭期間軍隊使用的複雜軍陣，以及雙方運用的外交手段與戰爭策略。

戰爭之後

這場大戰在俱盧之野（Kurukshetra）開打。俱盧族由毗濕摩（Bhishma）領軍，他是俱盧族和般度族共同的叔祖。難敵找來好友迦爾納（Karna，見56-57頁）助陣，他是英勇的武士，因而對般度族造成很大的威脅。經過一段漫長的戰鬥，般度族在黑天的協助下取得勝利，堅戰即位成為國王。戰後，般度族人因戰爭中的屠殺而痛苦不已，與黑公主（Draupadi）一同前往喜馬拉雅山朝聖，將王國交給阿周那的孫子環住（Parikshit）治理。由於朝聖旅程漫長艱辛，般度族相繼過世，一度只剩堅戰王。最後，堅戰王也死了，升上天界與親人團聚。

主要人物

《摩訶婆羅多》中角色的眾多，其中大多數是戰士，例如偉大的弓箭手阿周那、他的兒子激昂（Abhimanyu）、俱盧族的軍師毗濕摩，以及曾教導般度族與俱盧族箭法的德羅納（Drona）。有些戰士以天生神力聞名，例如般度族的二哥怖軍（Bhima）和難敵；堅戰則是以他的智慧和對真理的敬愛而知名。女性角色當中，最重要的應該是勇敢的黑公主，她是木柱（Drupada）的女兒，嫁給在比武招親中獲勝的阿周那，但後來她成為五兄弟共同的妻子。黑公主曾在賭博中被充作籌碼，因而感到羞憤難當，加上難敵在贏得賭博後，竟然唆使兄弟在大庭廣眾下脫去黑公主的衣服，讓黑公主備受羞辱，也是造成後來雙方大戰的原因之一。

▲ **阿周那**

阿周那是技藝高超的弓箭手，在黑公主父親舉辦的比武招親中贏得勝利。在競賽中，他光看著倒影就射中懸掛在旋轉輪上的魚。

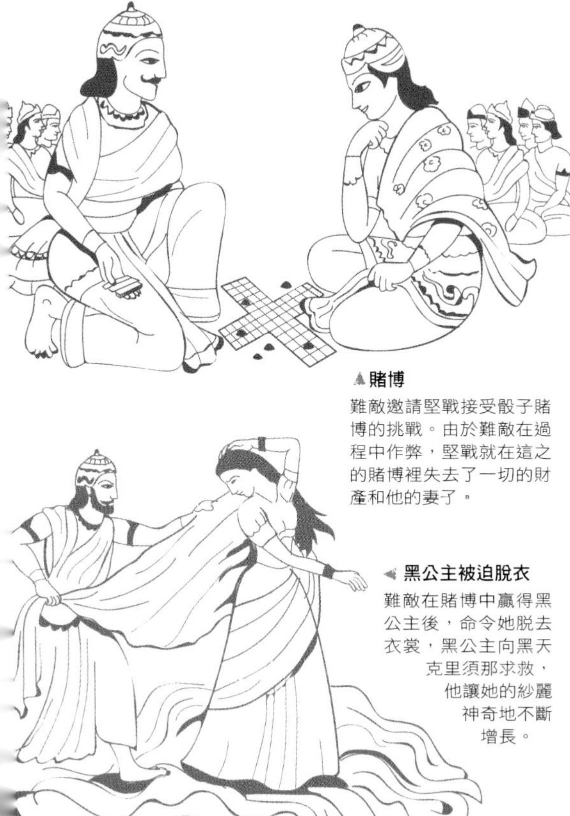

▲ **賭博**

難敵邀請堅戰接受骰子賭博的挑戰。由於難敵在過程中作弊，堅戰就在這之的賭博裡失去了一切的財產和他的妻子。

◀ **黑公主被迫脫衣**

難敵在賭博中贏得黑公主後，命令她脫去衣裳，黑公主向黑天克里須那求救，他讓她的紗麗神奇地不斷增長。

《薄伽梵歌》

戰爭即將開打時，阿周那看見敵對的陣營裡有不少他的親族，對於親族竟要互相殘殺感到恐懼不已。阿周那告訴黑天，他想退出這場戰爭，隨後兩人的對話就是著名的《薄伽梵歌》的內容。黑天克里須那對阿周那解釋印度教法規達磨的理念，以及每個個體必須面對的正道，藉此協助阿周那明白，身為戰士，無論有無獎賞，不管後果為何，他都必須善盡自己的責任。黑天對於達磨的解釋，早已成為印度哲學的經典。

《薄伽梵歌》中的詩句

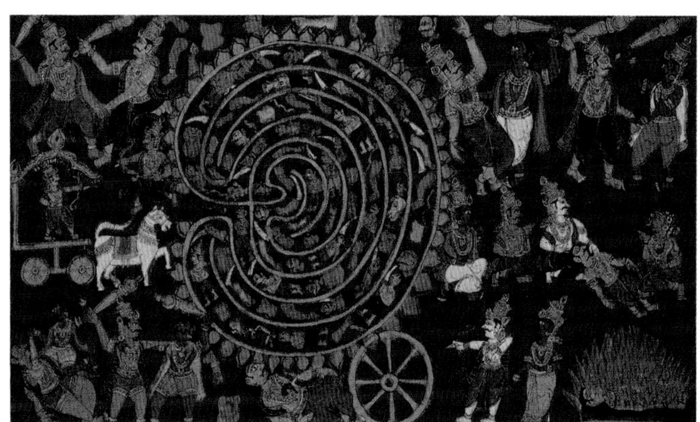

▲ **激昂受困戰場**

阿周那的兒子激昂知道如何衝破俱盧族所設的螺旋陣，卻不知該如何從中突圍。他英勇地帶隊攻堅，以單手與敵軍交手，但最後仍因寡不敵眾而喪失了性命。

俱盧之野戰役

俱盧之野是位於今日德里附近的一片廣大平原，據說是《摩訶婆羅多》中大戰發生的地點。這場戰爭前後一共持續了十八天，史詩中描述來自四面八方的浩大軍隊前來此地，分別為兩方助陣。史詩中描述了這場大戰之中的許多細節，包括：戰場上運用的複雜謀略；當一般士兵集體作戰時，雙方的知名戰士互相指名挑戰一對一的決鬥；戰爭中使用的弓、釘錘、矛、寶劍等武器。此外，經驗豐富的戰士如毗濕摩和德羅納，他們不得不和徒弟般度族交手；儘管他們同情敵對的般度族，但職責在身，因而仍必須為俱盧族作戰。在這場戰役中，雙方都有不計其數的戰士喪命。

相關參考：戰爭18-19, 60-61, 98-99, 104-05, 116-17, 118-19, 126-27, 170-71, 176-77

恆河的起源傳說

恆河在印度教信仰中的地位十分神聖，人們不但將它視為聖河，也將河水加以神格化，因而有了恆河女神。根據一則流傳很廣的神話描述，恆河原本是天上世界裡的一條河，後來諸神允許恆河降臨大地，河水流經的地域全都成為印度的一部分。虔誠的印度人相信恆河具有洗滌所有原罪的特質。

▲ **座騎上的恆河女神**

恆河女神的座騎是一隻名叫摩伽羅（Makara）的生物，牠有鱷魚的身體，有時還會出現魚的尾巴。

神話

阿逾陀國曾經由一位名叫娑伽羅（Sagara）的國王所統治，他共有六百個兒子。有一次，他決定舉行一場馬祭（Ashwamedha yagna），象徵他在所有領導者中至高無上的地位。這場祭儀會將國王最好的一匹馬放牧於人間，任何想挑戰國王權威的人，可以攔下馬，並與國王決鬥。後來因陀羅（見188頁）看見這匹馬四處漫遊，於是把馬帶回聖人伽毗羅（Kapila）隱居的住所。

娑伽羅兒子之死

娑伽羅國王急著找回這匹馬，派了所有兒子四處尋覓，最後在伽毗羅的住處發現了馬。年輕傲慢的王子誤以為伽毗羅是偷馬賊，毫不客氣地開口謾罵，伽毗羅很生氣，眼神一瞪，將他們全部燒成灰燼。娑伽羅懇求伽毗羅讓兒子的靈魂得到解脫，但伽毗羅回答，除非天上的聖河恆河降臨人間，流過王子的骸灰，他的願望才可能實現。

許多年之後，娑伽羅的後代跋吉羅陀（Bhagiratha）國王得到梵天（見190-191頁）與濕婆（見194-95頁）賜予的恩惠，他請求諸神允許恆河從天上流下來，拯救祖先的靈魂。眾神欣然答應了，不過他們也告訴跋吉羅陀，恆河和一般大地上的河流不同，它的水量豐沛，水流又湍急，如果河水自由奔流可能會釀成災害，必須找出方法來引導河水才行。最後，濕婆答應讓恆河流經他糾結的頭髮；他告訴跋吉羅陀，當恆河從天上降臨大地時，他會讓豐沛的河水經過跋吉羅陀所指定的路線。

恆河之水

於是，狂暴的恆河之水像瀑布一樣降落大地，河水並為流經的土地帶來盎然的生機，並且沒有引發任何毀滅性的洪災。恆河最早落在大地的地點被稱為恆古提里（Gangotri）；河水流過娑伽羅六百個兒子的骸灰，使他們的靈魂獲得自由，得以升天。此後，信徒相信恆河之水能夠洗滌過去的罪孽，垂死的人喝一口恆河的聖水，也能使靈魂得到救贖。

◀ **引導恆河之水**

恆河的水能賦予生命，同時也極端危險。河水流經濕婆的頭髮後，透過減緩流速，以及分為許多不同的支流等方式，讓河水平緩。

主要人物

在恆河起源的神話中，主要人物除了娑伽羅外，還有伽毗羅和跋吉羅陀。他們兩人都相當有智慧，而且虔心遵守「達磨」（道德法規）。伽毗羅的能力來自於對毗濕奴（見196-197頁）的尊崇，以及瑜珈修行的知識。至於跋吉羅陀，由於統治的王國自然災害肆虐，他前往喜馬拉雅山苦修，以求赦免祖先的罪孽。

▲ **跋吉羅陀**
由於跋吉羅陀的厲行苦修，才讓恆河得以降臨大地，因此有不少人也將恆河稱為跋吉羅陀河（Bhagirathi），以紀念這位國王的付出。

◀ **伽毗羅之怒**
聖人伽毗羅將娑伽羅所有的兒子全都燒成灰燼後，他告訴娑伽羅，有一天，如果他們能在恆河中洗滌靈魂，那麼將能得到解脫。

恆河女神

雪山神（Himavat，原為白雪覆頂之意）是喜馬拉雅山的神格化，恆河女神是雪山神的女兒，在一則神話中，恆河女神同意嫁給福身王（Shantanu），但要求國王不能過問她的行為。他們共生了七個子女，但每次嬰兒一出生，恆河女神就會把他們帶到河水裡淹死。國王憂心不已，忍不住追問原因，恆河女神告訴福身王，她命中注定要生下婆蘇神（vasus），但他們必須下凡投胎，她把婆蘇神浸入恆河水中，即可免除他們降生為人類的命運。

恆河女神

▲ **喜馬拉雅山**
恆河的源頭是喜馬拉雅山上的恆古提里冰河，雅魯藏布江（Brahmaputra）及亞穆納河（Yamuna）二河也發源自喜馬拉雅山。

聖河

在印度教的信仰當中，世上所有的河流都是神聖的，透過河水而進行的淨化儀式，在南亞地區也有源遠流長的歷史，不過在眾多河流之中，又以恆河之水特別神聖，對許多人來說，它具有強大的治療功效。浸浴於恆河河水之中，能洗淨一個人過去累積的所有罪惡；將死者的骨灰撒入恆河，能讓他的靈魂從永無止盡的轉世投胎輪迴中得到解脫。許多印度人的願望，就是一生至少能在恆河水中沐浴一回；他們同時也希望，死後親人能將他火葬的骨灰撒在這條神聖之河裡。行善也被視為印度教徒的另一項神聖義務，因此朝聖者會布施給居住在河畔的修行者和窮人。

◀ **祈禱者的儀式**
每天日落時分，許多信徒會在恆河河畔一邊吟誦祈禱文，一邊以鮮花、燈火向恆河表達自己的尊崇之意。

女神祭典

恆河的朝聖者眾多，特別集中在河岸旁的聖城，例如：里希克虛（Rishikesh）、哈里度瓦（Haridwar）、阿拉哈巴德（Allahabad），以及瓦拉納西（Varanasi）等。大壺節（Kumbh Mela）是世界上信眾最多的宗教慶典之一，信徒在大壺節等重要節慶蜂擁至這些城市，在此為恆河獻祭，為恆河女神供奉鮮花、水果和金錢。

恆河河岸的信徒

相關參考：河水之神84-87, 244-45, 300-01, 308-09．聖地150-51, 342-43-

德配天地
地文官祖
代帝王師

東亞

**中國和日本都擁有相當複雜的神話體系，
其中包括數千種男女諸神以及神仙。
這些神祇在人民和統治者的生活中一直扮演著重要的角色。**

數千年來，中國已成為各種宗教與神話體系的大熔爐，其豐富且多元的信仰系統，有幾個主要的形成脈絡。首先，中國博大精深的文明歷經數千年的發展過程，創造了許多傳統神祇；隨後在西元前第六世紀至前第五世紀間，三大主要信仰系統又進一步塑了中國人的思想與神話體系。這三大信仰分別是：重視禮教、社會秩序與責任的儒家哲思；強調與自然和諧共處的道教；以及信守佛陀智慧與說法、遠離俗世一切痛苦以得到內在平靜的佛教。

諸神的世界

在中國這三大傳統信仰體系裡，儒家思想原本並沒有對眾神或神仙崇拜的觀念，儘管如此，孔子本人後來卻被人們尊奉為神祇之一，並且還有不少與他相關的傳說。道教的情況則迥然不同。這個信仰體系裡擁有多達數千位的各式神明，包括：功績輝煌的英雄、士大夫、帝王、高僧和聖人……等，當他們結束了人間美好的一生之後，將會進入天庭，加入了眾神的行列。佛教原本是一個不崇奉任何男女諸神的信仰形式，然而，進入中國後卻發展出擁有眾多神佛的廣大諸神世界，其中包括：佛陀、菩薩，以及悟道的高僧。這些高僧在悟得佛法後依然會重返人間，協助其他人開啟智慧，習得正法。

在這樣的時空背景之下，佛教的菩薩、道教的神仙，以及從早期信仰流傳下來的許多傳統神明和仙人，全都融入了中國的神話體系之中，形成一個巨大而龐雜的萬神殿。大部分神話的故事主題，都是關於凡人如何晉升至神明之列，或是眾神在天上執掌的權力範圍。人們認為，在神明專屬的廟宇裡祭拜並祈福的信徒，將會受到他們的保佑。

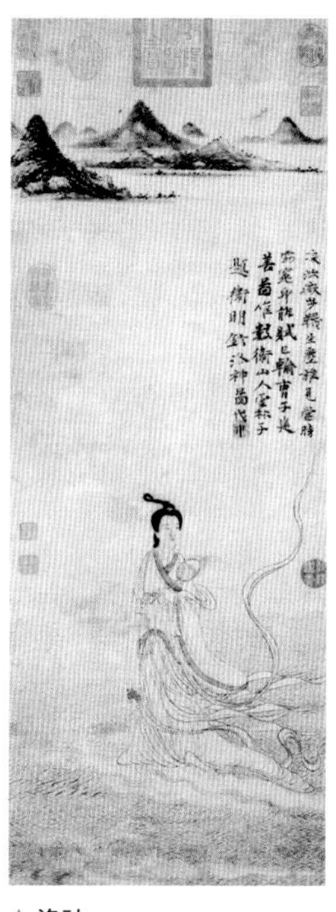

▲ **洛神**
洛神原名宓妃，是中國傳說中的君主伏羲之女，不幸溺死於洛水之中，後來升天成為美麗的女神，稱為洛神。

日本的神話

日本神話的發展過程和中國有所不同，不過同樣也深受各式神祇與佛教菩薩的影響。儘管如此，在日本的神話體系當中，重要性更高的是據說居住於日本的數千種神靈（kami）。從無生物到生物，幾乎萬事萬物都有神靈；每個地方、岩石、湖泊、樹木和動物，都有自己專屬的神或靈，他們對人類生活具有很大的影響，因而必須對他們加以尊重，不得冒犯。

此外，日本還有不少特殊的男女諸神，他們在宇宙創世之後出現，隨後開展了生命的歷程，日本的神話體系也因而逐漸成形。在這一類的神祇當中，最重要的是太陽神——天照大御神（Amaterasu）與她的後代。傳說天照大御神的家族統一了日本，而直到二十世紀中葉仍持續統治著日本的天皇家族，也被人們視為天照大御神的後裔。儘管日本皇室已不再宣稱他們具有神系血統，但日本人民對這些傳承自古代的神明懷抱著深深的敬仰之心。

◀ **孔子木刻畫像**
至聖先師孔子生於西元前551年，卒於西元前479年。他提倡忠君重禮，推崇孝道，對中國思想的影響既深且遠。孔子死後，被人們視為流芳百世的聖賢，還有些人將他視為神明而加以膜拜。

▶ **清西陵的石檀**
在中國寺廟的殿堂內外都有祭壇，信徒會在這裡燒香，並且為諸神獻上祭品，以祈求神明的庇護。

盤古開天闢地的故事

根據中國創世神話的描述，原初之神盤古為了打造天地，遂用斧頭劈開了混沌，隨後，出現了一位性格溫和、滋養萬物的創世女神——女媧，她用泥土捏塑了第一批人類。在中國神話的其他故事裡，還有許多關於各種男女諸神的起源故事。

神話

太古之初，宇宙一片混沌，一位孤獨的創世之神盤古沈睡其間。他處於熟睡狀態，力量不斷增長，為完成創世過程的不朽任務做準備。經過彷彿永無止盡的漫長歲月後，盤古醒了過來。他環顧四周，只見宇宙混亂無序，並因眼前景象而勃然大怒。他用手臂劃破混沌，以手掌拍打漩渦狀的自然元素，發出砰然巨響與巨大的回音。

創造天地

盤古敲擊的力量，讓混沌之中的所有元素不斷朝四面八方移動。接著他再度拍擊混沌，各種元素之間有了區隔，重的開始下沈，輕的開始上升。這個過程創造了天與地。隨後，自然元素持續分開，天與地的面積也隨之擴大。盤古站在天地之間，兩腳踩在大地上，雙手撐起天空，以免天地又重新聚合在一起。當天地之間的距離愈來愈大，盤古也隨之變得愈來愈高，直到天地確定再也不會聚合，這位創世者才躺下來睡覺。

◄ **女媧**
這位女神的名字叫做女媧，人們通常將她描繪成左圖一般的形象：上半身是女人的頭，下半身則是蛇或蝸牛的身體。

► **盤古**
創世之神盤古通常被描繪成身穿樹葉圍成的裙子，雙手撐著他將混沌中的自然元素區隔開後出現的天。

盤古睡覺時，身體開始起了變化。他的雙眼變成太陽和月亮，鬍鬚斷裂為無盡碎片，變成星辰；他的身體一部分變成了山脈，其餘的肌肉則變成泥土。不久，他頭上的髮變成植物和樹木，牢牢紮根於大地，而他的血液形成了湖泊與河川，滋養所有的植物。

最早的人類

盤古完成開天闢地的創世過程之後，名為女媧的女神出現了。她看著從盤古身體轉變而來的宇宙，感受到世界之美。不久之後，女媧開始感到孤獨，於是決定創造未來將生活在這片土地上的人類。她拿起一些泥土，捏塑出第一代的人類，隨後看到他們彼此相處時和樂融融，因而繼續創造更多的人類。女媧後來發現，人類經過一段時間之後就會衰老並步入死亡，她也必須不斷用泥土捏塑新一代。這一切過程讓女媧感到厭煩，於是決定賜予人類生育的能力，從此之後大地上的人類生生不息，女媧在一旁觀看，對自己完成的一切感到心滿意足。

九天玄女

依照某些版本的神話故事，大洪水沖走了第一代的人類之後，女神九天玄女再度創造出人類。有些傳說故事認為，九天玄女是伏羲（見214頁）的妹妹和妻子，另外有些則認為，伏羲的妻子是女媧。伏羲和九天玄女之所以結婚，目的是為了孕育子嗣，讓人類得以再度繁衍。另外也有一種說法指出，九天玄女修補了天空的破洞，因而讓大洪水不再氾濫成災。此外，人們還認為九天玄女也是一名老師，她將古代中國的哲學思想體系 — 道教教義，傳授給古代中國君王的祖先 — 黃帝。

◀ **九天玄女**

在早期關於九天玄女的記載描述中，她擁有蛇的身體，這個形象讓她和女媧混淆在一起。後來，九天玄女通常都以美麗女子的形象出現，例如左圖中坐者。

▲ **黃帝**

黃帝是中國神話傳說中的統治帝王，他曾傳授中國人民各種文化技藝，由於成就斐然，被後世中國人尊崇為諸神之一。

▶ **元宵節**

在歡慶農曆新年期間，正月十五日的元宵節是慶祝每年第一個滿月的節日，當天人們會祭拜許多不同的神明，其中包括三官大帝在內。

▼ **三官大帝**

三官大帝是最早的君王，在古代中國被奉為神明。他們三位各司其職：天官賜福，地官赦罪，水官解厄。

天官

地官

水官

最早的帝王

在創世之神創造出人類，而且第一代人類開始繁衍後代後，玉皇大帝（見216-217頁）派了三位最早的偉大帝王前來統治人間，他們就是三官大帝，其中第一位是天官，他掌管天上，能為人們帶來幸福、自由與財富，權力僅次於玉皇大帝。第二位是掌管大地的地官，他是人類及人類行為的偉大審判者。第三位是掌管各種水源的水官，他能控制洪水，並且能帶走各式疾病。天地水三官大帝是中國各地人們普遍供奉的神明。

是神還是人

中國文化與哲思的兩大奠基者，分別是老子（生於西元前604年），以及孔子（西元前551-479年），他們協助人們瞭解大自然的運作，傳授為人處世的道理，影響力深遠，同時也吸引了許多的追隨者。由於老子和孔子普受歡迎，和他們有關的神話也隨之開始流傳，而且人們也將他們視為神明。老子據說原本是凡人，後來才被尊奉為神。他教導弟子，撰寫哲思巨著《道德經》，此書後來成為道教的主要經典。孔子也是真實的人物，後來被人們視為半神化的偶像，進而成為廟宇裡膜拜的神明。

▶ **老子**

根據老子的哲學思想，人類應致力追求天人合一的境界。人本身就屬於大自然世界中的一分子，因此應與大自然共處，維持和諧的關係，不該破壞大自然運作的韻律。

◀ **太極陰陽圖**

中國的哲學思想認為宇宙間存在著基本的二元力量，其中陰性的概念稱為「陰」，陽性的概念稱為「陽」。

◀ **孔子**

孔子的思想體系，可用他的幾個重要觀念總結為以下的八項美德：孝、悌、忠、信、禮、義、廉、恥。

相關參考：亞洲創世故事150-51, 162-63, 168-69, 190-91, 222-23

中國的英雄傳說

中國神話通常以文化英雄做為主角，因為他們將生活技能與文明傳授給人們。這些英雄在傳說中往往以君王的身分出現，有些是凡人皇帝，有些則是從天上下凡來統治中國的神祇。在這些神話中，人們也解釋了中國幾項重要文化特色的起源，例如漢字的發明、紡絲織布的方法……等。此外，這些神話也透過故事來強調公正且有智慧的君王的必要性，由此可見，優秀的政府有時比帝王家族的名聲更為重要。

中國的創立者

伏羲是女神女媧（見212頁）的夫婿，相傳他在史前時代來到人間，並成為中國的第一個皇帝。有人認為伏羲有四張臉，每張臉分別監督國土的四方。更重要的是，伏羲也是對中國貢獻最大的文化英雄之一。中國氏族與家族姓氏的發明，還有社會秩序的建立，都必須歸功於伏羲。根據一些傳說，伏羲將畜養家禽家畜、結網捕魚的技巧，以及用樂器演奏音樂的方法傳授給中國人民。此外，伏羲還教導中國人民如何紡紗織布、測量時間，並且以契刻取代結繩記事，同時制定了曆法。

▶ 易經

相傳伏羲創造了中國的漢字，以及《易經》中的八卦，透過卜卦以及這些符號的象徵意義，人們能預測未來。

▲ 伏羲

伏羲是中國第一位聖賢，他發展出許多技術，為中國人的生活帶來很大的貢獻，因而常被稱為中國的創立者。

長江

中國大地

中國的土地遼闊，氣候差異極大，地形包括高山和廣大的平原，變化多端。黃河和長江等大河左右了中國絕大多數地區的生活，同時也連結了各個不同的地區，讓中國成為一體。此外，它們更是交通運輸動脈以及魚穫的來源，洪水帶來的淤泥讓河岸土地保持肥沃且適於農耕，但河水氾濫時卻也帶來許多的危險。由於河流的影響如此深遠，古代的中國作家往往將它們納入神話，最常見的是將它們描述為龍，只有法力無邊的神或統治者，才有辦法收服它們帶來的洪水。

兩位賢君

堯充滿機智且擅長作戰，是傳說中聲譽卓著的君主。他統治範圍遼闊的領土，並且平定了中國南部地區。堯有九個兒子，但他認為他們都沒有能力繼承帝位，因此在諸神協助下找到一個平凡的農夫——舜；他認為舜比自己的兒子更傑出且更有智慧，於是將帝位禪讓給舜。舜後來成為歷史上的第二位明君，他治國有道，親自巡視國土各地，確保人們順服，同時也回應人民的需求。此外，他還平定了長江以南地區的叛亂，最後享有百歲的高齡。

◀ **舜**
根據傳說，舜在堯將王位禪讓給他之前曾當了二十八年的農夫，後來才即位成為皇帝。

▶ **堯**
堯是中國上古輝煌時期的統治君主之一，他在位長達九十八年，是一位理想的國君。

◀ **圍棋**
圍棋或稱碁，是一種兩支軍隊在紙上交戰的古老棋類遊戲，相傳是堯在夢中看見這個遊戲後因而發明的。

治水

中國的幾條大河引發了一場大洪水，讓舜困擾不已。相傳這是因為天帝看見人們為非作歹，一怒之下派遣洪水下凡來為害人類。天帝之孫鯀看到蒼生蒙難，心生不忍，於是來到人間開鑿水道、排乾溝渠。後來，天帝發現自己的孫子竟然沒有得到他的允許就大膽地擅自行動，於是親手殺了鯀。鯀倒地而死，此時，從他的身體裡出現了一條龍，這條龍的名字叫做禹。他看到到處都是洪水肆虐帶來的巨大災難，人民苦不堪言，隨即飛上了天，將他所看見的一切全部轉述給天帝聽，同時也為中國的百姓求情。天帝聽了禹的陳情後心軟了，於是允許禹挖鑿山脈、改變河流水道、修築排水系統，最後，為害許多的洪水問題終於得以解決。

▲ **控制洪水**
我們從神話中可以得知，中國企圖控制主要河川的洪水問題已有長久的歷史。他們動員大量的人力，築高河岸、建造水壩，藉此對抗洪水。

發明農業的人

另一個文化英雄是神農氏，他發明了農耕技藝。神農氏是協助莊稼生長的豐饒之神，他教導中國人種植稻米和小麥等糧食作物的方法。根據傳說，他發明了犁，並且發明了輪耕，讓土地得以保持地力。此外，他還親嚐百草，找出許多具有療癒功能的藥草，因而被尊奉為中國傳統醫藥的發明者。神農氏原本只是凡人，這位中醫先驅者後來在嚐草藥時中毒喪生，不過由於他的勇敢和貢獻，諸神讓他變成神，加入眾神的行列。

▶ **神農氏**
偉大的神農氏不只發明了農耕用的器具，同時也是中醫的先驅，和自然及周遭環境保持和諧共處的關係。

▼ **中國古代的犁**
根據一些神話的說法，神農氏創造了犁。犁在中國的使用歷史長達數千年，至於鐵製的犁，大約到西元前四世紀才開始使用。

相關參考：洪水故事30-31, 196-97, 212-13, 288-89, 314-15,328-29・賢者200-03, 208-09, 220-21

玉皇大帝的天庭

在道教的神話當中，中國皇帝統御的龐大而繁複的宮廷，正是天庭的對照。天庭是諸神統治者玉皇大帝位於天上的宮廷，在這個由許多男女諸神形成的巨大組織當中，甚至也納入了佛陀等其他宗教信仰裡的神祇。信徒透過奉獻貢品與祭祀的儀式，祈求諸神佛能為他們賜福或提供協助。

▶ 玉皇大帝
人們通常將玉皇大帝描繪成如右圖所示的模樣：一位臉上蓄著鬍子、身穿人間皇帝朝服的男人，胸前的雙手持著玉牌。

神話

天上的帝王就是眾人所熟悉的玉皇大帝，有時也被人們稱為上帝。玉皇大帝是至尊無上的天神，但和孔子（見213頁）一樣，原本是一介凡人，他的父親是國王淨德，母親是皇后寶月。國王與皇后結婚多年卻始終無法生育，有一天，寶月請來道士為她祈福，祈求能讓她如願得子。第二天晚上，她夢見道教的太上老君（老子）來看她，手中還抱著一個嬰孩。沒多久，寶月果然就懷了身孕，隨後生下一個兒子。這個孩子長大後成為一位仁慈有德的君王，不過當他知道百姓衣食無虞，過著安居樂業的生活時，便交出王位過著修行的生活。後來，當美好的人生旅程結束時，他晉升為神，成為諸神的統治者——玉皇大帝。

天庭的官僚體系

玉皇大帝生活於天上的宮廷裡，在一群隨侍在側的神明輔佐之下管理天上的一切事務。這些隨從分別掌管天庭的特定公務部門，如此龐大的官僚體制，無論組織規模或複雜度，都和人間由皇帝率領運作的中國朝廷相類似。坐在玉皇大帝身旁的是西王母，她是天上的皇后，也是一位權力很大的女神。西王母擁有自己的宮殿，殿內以黃金打造，殿外有庭園圍繞，園內的樹能結出神奇的蟠桃，蟠桃需等一千年才能成熟，只要吃下成熟的蟠桃，就能獲得永生不朽的生命（見220-221頁）。

▶ 神仙
玉皇大帝身邊有許多總管和判官協助他處理天庭裡的日常事務。在中國的民間信仰裡，信徒在廟宇裡供奉這些神仙的塑像，並以貢品來祭拜。

中國的保護者

玉皇大帝的宮廷裡有許多神明，負責照顧人間生活的不同層面，或為人類的日常生活提供協助。例如：龍王管水，特別是大海和河流，因而也被認為是雨神；月老的外表看起來像個老人，他住在月亮上，掌管人們的婚姻大事。不過諸神中最重要的是廚房之神灶君，人們把他的肖像掛在廚房的爐灶上，每年都為灶神換上新的圖像，同時燒掉舊的，此時灶神透過升上天空的煙，向玉皇大帝報告這戶人家過去一年的所作所為。

佛教諸神

佛陀是佛教信仰的精神導師，在許多佛教徒的心目中，佛陀是一位老師而不是神。儘管如此，不少信徒仍深受佛陀本身及其他諸佛、菩薩等佛教人物的吸引，並以佛教的形式來表達其信仰與膜拜。中國民間信仰中將這些佛教人物納入道教的神仙之列，供奉於寺廟中，其中最常見的有：西方極樂世界他方佛——阿彌陀佛、具神通力的大精進菩薩——大勢至、未來佛——彌勒佛、象徵智慧的法身佛——毗盧遮那佛，以及大慈大悲的觀世音。

佛陀

佛陀原本是一位王子，他棄絕人世的一切，只為了追求無上的智慧。中國人尊崇佛陀，將他視為最偉大的精神導師之一。

觀音

人們認為，觀音能觀察及傾聽眾生苦難，人們只要稱念她的名號，觀音就會聞聲救苦。

天后

西王母又被人們稱為王母娘娘或是瑤池金母。她是最有權力的神仙之一，當其他眾神從人間返回天庭時，她會聆聽他們帶回來的報告。此外，西王母也掌管人間，她能為人們帶來死亡，也會將花園裡的永生之桃賜予凡人，讓人們能在吃下蟠桃之後，獲得永生不死的命運。一般信徒會向西王母祈求自己能長命百歲，婦女則會在結婚之前向她祈求婚姻能美滿和諧。

西王母

西王母擁有掌控生死的能力，人們對她的描繪通常都是手持蟠桃的模樣，據說吃下蟠桃就能永生不死。

八仙

八仙是道教中的讀書人或英雄，他們對道教有相當大的貢獻，因而在死後成為神仙。八仙出現在許多與玉皇大帝有關的神話裡，他們會在雲端飛翔、和龍王打架，或者剷奸除惡，同時他們也會發生一些有趣的事，例如八仙醉酒，還有八仙過海。關於八仙的特點，據說韓湘子是音樂家的保護神，因為他的笛聲能賦予生命；女神何仙姑的勺子裡擺著仙丹靈藥，以便濟助病人；鍾離權的扇子能使死人再度復活；張果老的響板則可延長壽命。

鍾離權

張果老

何仙姑

韓湘子

朝廷

古代中國的朝廷是當時編制最龐大、結構最複雜的政府體系之一。皇帝之下有數百名官員為他工作。這些官員各司其職，工作職掌劃分清楚，他們都是經由競爭激烈的科舉制度脫穎而出的，官員間的階級劃分非常嚴格，只有最重要的官員才能接近皇帝，皇帝通常會在皇宮的大殿裡接見他們以及外國使節。在中國的神話體系裡，天庭和人間的政府體制相當類似。

北京紫禁城的大殿

相關參考：永生68－69, 132-33, 156-57, 218-19

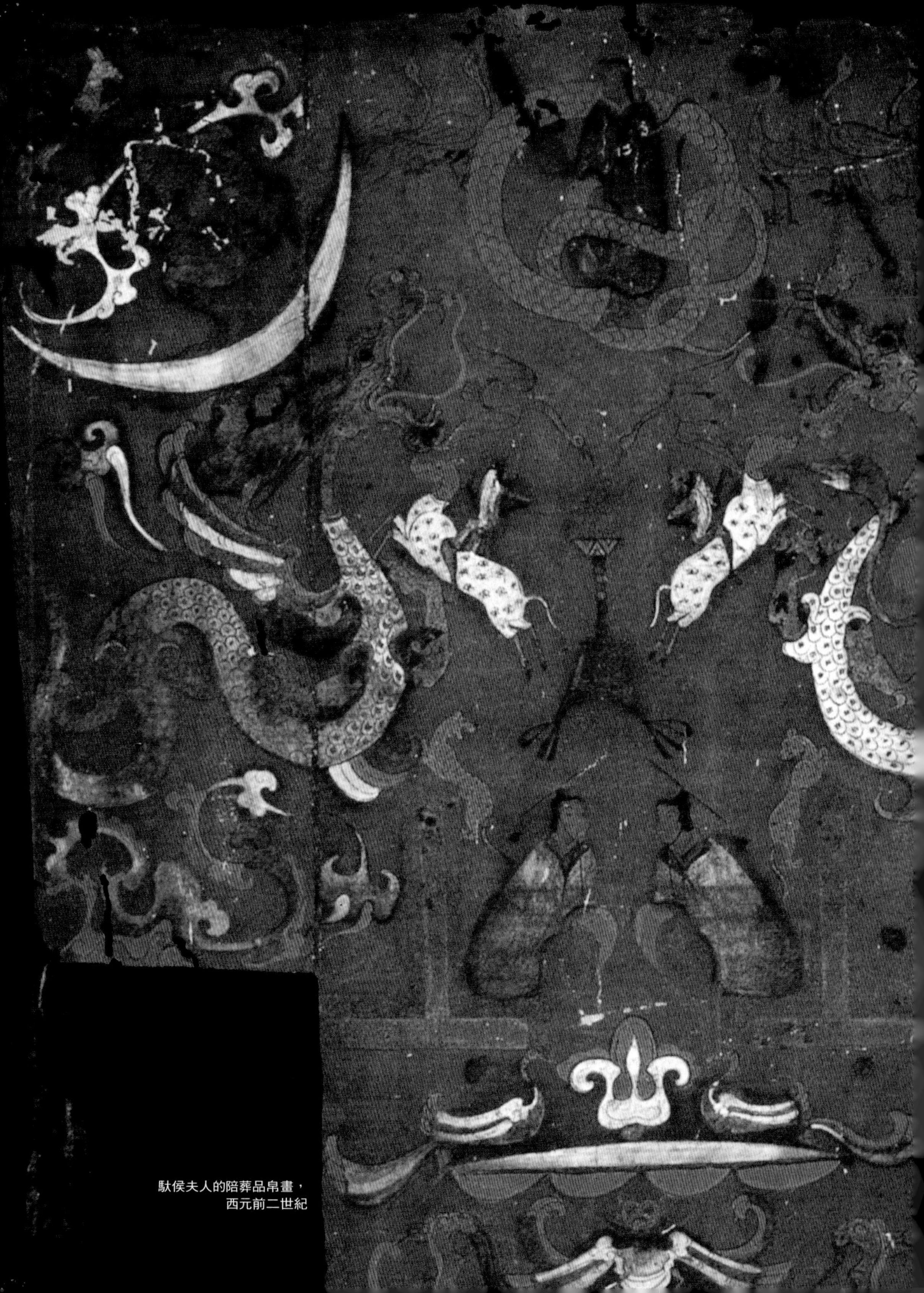

馱侯夫人的陪葬品帛畫，
西元前二世紀

天上的十個太陽

根據中國一則流傳很廣的神話，從前，天上曾有十個太陽，他們都是東天國王帝俊與妻子太陽女神羲和的孩子，每天輪流由其中一個升上天空照耀大地。有一天，十個太陽想惡作劇，決定一起出現在天空中，結果大地乾涸焦裂，草木枯槁。帝俊命令他們停止，但他們不予理會，帝俊只好派出弓箭手羿，想逼他們就範。不料羿見到他們造成大地乾旱、民不聊生的景象，一怒之下拿起弓箭就射下了九個太陽。帝俊看到後，把羿和他的妻子嫦娥逐出天庭，兩人因而失去長生不老的權利。左圖的帛畫上所繪製的就是這個著名的故事，帛畫是從軑侯夫人的墓中發現的，這是一位貴族之妻，大約生活於西元前二世紀左右。

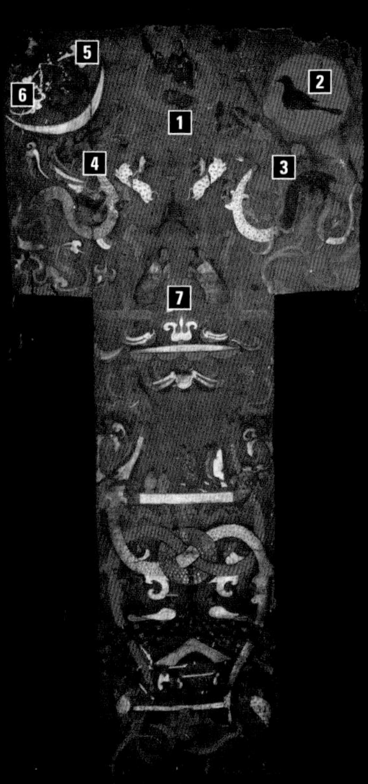

1. 主要女神

鶴在中國傳統裡象徵長壽，偉大的女神女媧身邊圍繞著鶴群，另外還有月亮和太陽。女媧統治整個天上，並用泥土捏塑出第一代的人類（見212頁），她是這幅帛畫上方所描繪的主題。

2. 金色烏鴉

天上的十個太陽裡都各有一隻烏鴉，烏鴉是太陽的靈魂，牠們撲動翅膀，金色的火球因而得以橫越天空。當羿射下九個太陽時，烏鴉也跟著掉落下來，人們這才驚訝地發現，烏鴉竟有三隻腳，而且和太陽一樣是金色的。不過在這幅帛畫裡，藝術家採取比較寫實的風格，畫的是兩隻腳的黑色烏鴉。

3. 小太陽

羿射下九個太陽時，他的箭射穿了裡面的烏鴉，因此太陽再也不能橫越天空。這些射下的太陽在帛畫裡顯得比較小，同時裡面也沒有烏鴉。

4. 祥龍

龍在中國神話中扮演許多不同的角色。他們聰明、機智，象徵著上天的美德，是能帶來好運的吉祥物。他們也代表肥沃的土地，而龍王還能帶來雨水，並掌管湖泊河川。在九個太陽被射下後，龍再度出現，降雨為大地帶來生機。

5. 月亮上的蟾蜍

羿被逐出天庭之後，知道自己和妻子不久就會死亡，於是帶走了長生不老的靈藥，打算和嫦娥一起服用，成為神仙伴侶。不料嫦娥獨自偷喝了全部的靈藥，然後飛到了月亮，從此居住在上面。嫦娥萬萬沒想到，由於她的自私，她到月亮後竟變成了一隻蟾蜍。

6. 月亮上的玉兔

在中國的傳統中，月亮是玉兔的故鄉，牠坐在樹下，用各式藥草搗製長生不老的靈藥。因為兔子有一雙大眼睛，又總是在夜間活動，因此在許多其他文化裡也都將兔子和月亮連結在一起。

7. 天堂之門

天堂的大門由二位士兵負責守衛，靈魂必須從這裡通過大門，才能進入眾神的國度。守衛上方有一口鐘，可在靈魂抵達時通知其他人。在帛畫的中段附近可以看到，在士兵下方，軑侯夫人的靈魂即將升天。

相關參考：龍106-07, 108-09, 170-71, 216-17, 260-61．永生68-69, 132-33, 156-57, 216-17

美猴王與《西遊記》

在中國所有的神話當中，最受歡迎的傳說之一就是調皮搗蛋的美猴王的故事。故事的內容描述美猴王如何大鬧天庭，惹惱眾神，但在接受處罰後卻又捅出更多亂子，最後只好奉命加入一位僧侶的遠行取經之旅，從而改邪歸正。這個故事裡提到了各種道教、佛教和古代中國的神祇，情節生動活潑，主角撒潑討喜，因而深受大眾的喜愛。

▶ 猴王
孫悟空不計代價追求永生不死的舉動雖然滑稽，卻也反映了人類的普遍天性。

神話

美猴王孫悟空是猴子當中最絕頂聰明的，他年輕時曾向道教大師拜師學習，但常常忍不住捉弄其他弟子，於是被趕進森林裡，沒想到猴群敬佩他的智慧與能力，因而選他擔任猴王。在一場為他舉辦的宴會裡，他喝了太多的酒，酒醉後昏睡，地府之王趁機將他綁架到地獄裡囚禁起來，讓他不再惹是生非。

從地獄到天堂

後來孫悟空在地獄裡掙脫囚牢，並且找到判官登記每個人生死時辰的生死簿，看見本子上寫著他的陽壽只有三百四十二歲，於是把自己的名字劃掉，如此一來，他就得以永生不死了。玉皇大帝（見216-217頁）得知孫悟空大膽包天的行為後，決定將這隻叛逆的猴子召到天庭。他為孫悟空安排了一個重要任務，負責看管種著長生不老蟠桃的花園，藉此就近掌握孫悟空的行蹤。孫悟空在天庭裡一直悶悶不樂，後來西王母（見216-217頁）舉辦壽宴，但卻忘記邀請孫悟空，他一氣之下偷走所有的蟠桃並全部吃光，再次確認自己能得到永生。

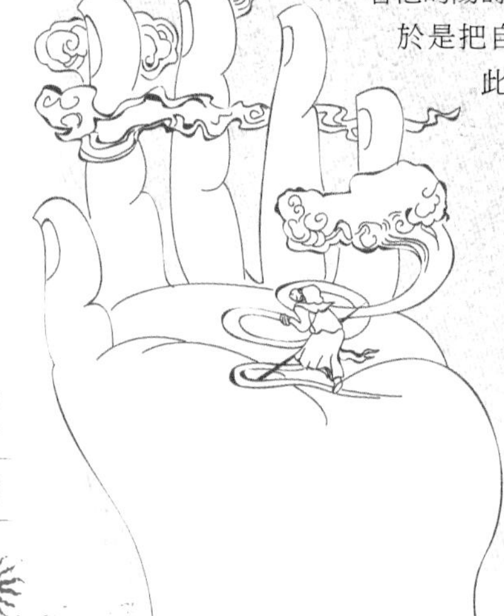

◀ 如來佛的掌心
孫悟空發現，無論他翻跟斗翻得再遠，但翻來翻去還是無法跳出如來佛的手掌心，這時他才明白，其實自己的能力有限。

孫悟空和如來佛

孫悟空不但偷走蟠桃，還吃掉由長生蟠桃製成的其他仙藥。這些藥原屬於老子，孫悟空吃下後第三度得到永生的保證，因而決定接管天庭。玉皇大帝束手無策，只好向最偉大的聖人如來佛求救。如來佛問孫悟空為什麼想掌管天庭，孫悟空回答，他是天底下能力最強的人，一個跟斗就能翻出千里之外，天庭當然該由他來掌管。如來佛將孫悟空放在掌心，要他展現他的能耐，他遵照如來佛的話連翻了幾個跟斗後，如來佛出手，孫悟空才恍然大悟，他上上下下的五指山，其實就是如來佛的手指，他再怎麼翻，都翻不出如來佛巨大的手掌心。驚訝不已的孫悟空於是被鎮壓在一座神奇的山下，直到他真心悔改才能脫身。後來，他奉命和僧侶玄奘一同西行，前往印度尋找佛教經典並帶回中國。

齊天大聖西遊記

在美猴王的故事裡，最受歡迎的情節是孫悟空的胡作非為、大鬧天宮，以及他與如來佛的過招。故事後來的發展重點，則是他和三藏及三藏弟子沙悟淨、朱悟能（又稱豬八戒）一起前往印度取經的經歷。在他們經過的奇幻國度裡，有著各式的怪龍、惡魔，還有火焰山，一路上可說是危機四伏，幸好三藏的同伴用盡心力來保護他，他才得以完成取經的任務。當他們一行人終於返回中國後，孫悟空和三藏分別受到封賞，晉身諸神的行列。

三藏

由於三藏性格溫文，無力保護自己，因此如來佛要求孫悟空和這位僧侶一起前往印度取經。

玉皇大帝

天庭的統治者玉皇大帝對孫悟空感到頭痛不已，因此樂於採納如來佛的建議，讓孫悟空陪三藏一起去取經。

沙悟淨

沙悟淨原本是天庭裡的一名將領，不慎在蟠桃園裡打破了一只酒杯，因而被貶入凡間。

朱悟能

朱悟能原本是天庭裡的一名元帥，由於酒醉之後調戲了月宮仙女，因而外形變成豬，並且被貶入凡間。

蟠桃花園

長生蟠桃生長在天庭西王母娘娘的花園裡，這是一個非常美麗的園子，同時也是攸關力量的地方，因為任何人只要吃下蟠桃就能長生不老。孫悟空利用職務之便在園子裡偷吃了蟠桃，由於蟠桃具有神奇的力量，而且產量稀少，再加上西王母娘娘的盛宴三千年才舉辦一次，因此孫悟空可說是犯下了滔天大罪。偷吃蟠桃只是孫悟空取得永生的三種方式之一，不過無論是哪一種方法，孫悟空一再挑戰了諸神的權力，企圖讓自己也能獲得永生。

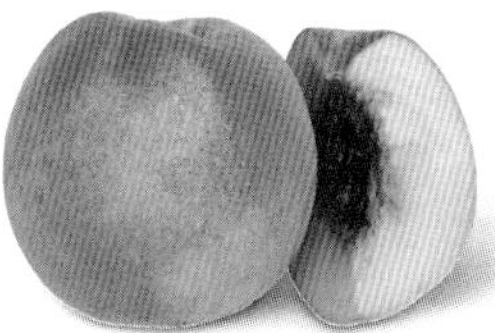

桃子

天庭裡的花園

在中國畫家的筆下，天庭裡的蟠桃花園被描繪成一座典雅的中國式庭園，花園內有小橋流水，以及可供人們休憩的樓閣亭榭。

小說

《西遊記》是一本長篇小說，內容講述了美猴王孫悟空的故事，在中國以外的地區也廣為流傳。本書在西元1590年出版時的作者並未署名，據說可能是一位名叫吳承恩的讀書人。《西遊記》向來頗受歡迎，譯成外文也是如此，因為讀者能從好幾個不同層面來欣賞這部作品：活潑的孫悟空的冒險遊記、關於佛陀與佛經的宗教故事，或是一齣搗蛋鬼挑戰權威的喜劇。

《西遊記》

相關參考：旅程34-35, 44-45, 64-67, 78-79, 120-21．花園48-49, 216-17

日本的創世神話

關於宇宙起源的日本神話，其內容描述經歷六代原初之神後，第七代神如何展開創世的過程。第七代神為伊邪那歧（Izanagi）和伊邪那美（Izanami）兄妹兩人，他們結合後孕育了幾位日本最廣為人知的神祇，例如太陽神天照大御神，以及暴風雨神建速須佐之男（Susano-O，見226-227頁）。不過，伊邪那美在第一次婚禮時因不小心犯錯而遭到詛咒，因此她生下的孩子不只是神祇，也有怪物。

神話

天地開始時存在著三位神祕隱身的神，分別是天御中主神、高御產巢日神和神產巢日神，這三神蘊涵著可供創造生命和創世的潛能。在他們之後，陸續又出現了好幾代神祇，最後，創世的時機終於成熟了。

創造神

創世由第七代神祇——創造神伊邪那歧（意為：邀請之男）和創造女神伊邪那美（意為：邀請之女）展開，他們代表創世過程中的兩大均衡原則：陽性和陰性的力量。他們站在天之浮橋上，用矛探入混沌之中攪拌，直到一座島嶼形成。他們降臨島嶼，決定成婚。根據婚禮儀式的要求，兩人必須從相反的方向繞著天柱走，新郎應先說出婚姻誓言，但伊邪那美卻先開口了，其他諸神認為這個行為不恰當，他們的結合因為有瑕疵而生下水蛭子（無手無腳的孩子），後來只好將水蛭子放在海上送走。

兩位創造神又舉行第二次婚禮，由伊邪那歧先開口說話，這次的結合十分美滿，兩人共同孕育許多子女，生下新一代的神：海神、河神、風神、樹神、山神和窪地神，也生下日本所有的島嶼，但她在生產過程中注定要付出生命做為代價，因為最後生出的火神迦具土（Kagutsuchi）把她燙傷了，後來她傷重而死，來到日本傳說中的地下國度——黃泉國（Yomi）。

◀ **鑲寶石的矛**
根據創世神話的描述，伊邪那歧和伊邪那美站在天之浮橋上，用來自天上、鑲了寶石的矛攪動海水，從混沌之中形成第一座島嶼。

▲ **伊邪那歧和伊邪那美**
伊邪那歧和伊邪那美是第一對從天上降臨大地的神祇，他們孕育了太陽女神——天照大御神，以及月神——月讀（Tsuki-yomi）。

逃離黃泉國

伊邪那歧因為失去妻子而悲痛萬分，前往黃泉國企圖將她帶回來，但伊邪那美的身體開始腐壞，似乎已來不及救她，伊邪那歧只好逃離黃泉國。一路上，伊邪那美跟隨其後，黃泉國的武士也緊追不捨，伊邪那歧朝後方丟了一些石頭，沒想到石頭神奇地變成食物，拖延了追兵的速度。伊邪那歧為了不讓黃泉國的戰士抓到他，用一塊巨石堵住黃泉國的出口，但沒有留意到妻子也跟在他身後，於是也將伊邪那美永遠關在黃泉國裡了。

▲ 神道教的神社
日本神道教的信徒相信，只要向神祈求，就能得到神的賜福。不論是神社、所有建築或家裡，在人們感覺神會出現的地方，他們都會敬拜眾神。

神靈

日本人相信，宇宙各處存在著數千種的男女諸神、精靈，以及升格為神靈的祖先，他們遍布於人間或天上，據說居住於大自然裡的石頭、河流與湖泊之中。這些諸神或神靈涵蓋的範圍非常廣泛，從廣受人們歡迎的天照大御神，到只有少數人知道的地方或家族之神，全都成為神道教最重要的部分。此外，有些佛教和印度教的神祇也納入了神道教的信仰體系裡，例如弁財天（見164頁）就是印度教裡的辯才天女。

► 神道教的精怪
人們通常將神道教信仰裡的靈或怪描述為具有人類、動物或鳥類外型的模樣，如右圖中這個長著翅膀的妖怪叫做天狗（tengu），是一種長得像獵鷹的怪物。

天照大御神

天照大御神是太陽女神，她是日本神道教當中最重要的神祇之一，也是創世之神伊邪那岐和伊邪那美的長女。天照大御神出生後，因為全身散發出非常耀眼的光芒，父母於是將她送到天上，讓她照耀大地。她的衣服上鑲滿各式珠寶，佩戴的明亮項鍊則變成了銀河。後來，天照大御神用她的光芒讓大地的氣候變得溫暖，適合生物成長；隨後她又降臨大地，教導日本人民種植稻米和小麥的方法，以及如何養蠶來抽絲織布。根據一則廣為流傳的神話，天照大御神的弟弟建速須佐之男（見226-227頁）破壞了她的稻米作物，而且還弄髒了她的家，讓她氣憤不已，一怒之下把自己關在洞穴裡，結果世界也因而陷入一片黑暗。

► 照亮世界
其他諸神為了誘使天照大御神離開洞穴，於是找來一面鏡子讓她看見自己。天照大御神從沒看過自己的模樣，以為看到一位新的女神，好奇地踏出洞穴，世界因而重獲光明。

▲ 太陽象徵
天照大御神從洞穴裡現身時，發出了萬丈的光芒，這個強而有力的日出景象，成為日本國旗歷史悠久的特色。

黃泉國

在日本，亡者的國度稱為黃泉國（Yomi or Yomisukumi），據說那是一個不見天日、充滿惡魔與惡神的地方，他們會攻擊或追趕來到此地的人。統治這個陰暗國度的是閻魔王（Emma-O），他是死者的判官，住在由地底挖出的金屬和珠寶蓋成的隱密城堡。生前作惡的人死後來到黃泉國時，脖子上必須掛著板子，板子上列出他在人間的所有罪狀，這些紀錄決定他在身體腐敗前必須接受哪一種苦刑。當他們的身體腐敗後，全身將長滿蛆，最後這些蛆將會變成惡魔。

► 閻魔王
閻魔王是黃泉國的統治者，所有被帶到他面前的亡者都需經過他的審判，隨後他會懲罰惡人的靈魂，或將善良的人送回人間投胎。

► 黃泉國的惡魔
黃泉國裡有八萬個惡魔，他們負責將死者帶到黃泉國，送到閻魔王面前，然後依閻魔王的判決來執行苦刑。

相關參考：亞洲創世故事150-51, 162-63, 168-69, 190-91, 212-13．亞洲太陽神160-61, 188-89, 218-19

天照大御神從洞穴中現身

天照大御神躲起來後，世上的光就此消失，四下一片黑暗，其他諸神只好想辦法引誘她重新現身。這幅十九世紀的木版畫三連作，就是以這個故事為主題。

建速須佐之男及其後裔

許多日本神話中都會出現暴風雨神建速須佐之男，他和天照大御神都是由創世神伊邪那岐生下的。建速須佐之男早年相當粗暴，之後改邪歸正，和出雲國（Izumo）的公主結婚並安頓下來。他的兒子大國主（Okuninushi）是掌管豐收、醫藥、巫術和婚姻幸福的神，是權勢很大的統治者，也是神道教中重要性僅次於天照大御神的神。

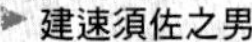

建速須佐之男

建速須佐之男是一個既勇敢又狡猾的神，他用計誘使大蛇喝下好幾碗滿滿的米酒，然後再用劍將大蛇斬斷。

神話

伊邪那岐從黃泉國歸來後（見222頁）感覺不潔，因而到河裡洗淨身體。他在洗滌眼睛時創造了天照大御神和月讀，洗淨鼻子時創造了建速須佐之男。建速須佐之男想見母親一面，決定前往黃泉國一趟。他先去找天照大御神，沒想到惹得天照大御神躲了起來（見223頁）。

屠蛇

諸神為了懲罰建速須佐之男，命令他剃掉鬍鬚、剪掉指甲，而且不准再回到天上。建速須佐之男在人間四處漫遊時，遇到一條大蛇襲擊稻田國公主櫛名田比賣（Kusa-nada-pime）。他把公主變成梳子藏在頭髮裡，殺死了大蛇，轉危為安後才把公主變回人形，然後和她結婚。他們兩人在出雲國安頓下來，孕育了許多子女，他們都是大地的各種神祇，後來也成為統治者。

大國主的考驗

建速須佐之男的一個兒子大國主愛上了同父異母的妹妹須勢理毗賣（Suseri-hime），但暴風雨之神想確認他們倆彼此相配，因此交給大國主一連串艱難的任務來證明他的能力。建速須佐之男首先要求兒子在一間爬滿毒蛇的房間待上一晚，這個考驗雖然危險，不過須勢理毗賣事先給了大國主一條神奇領巾來保護他。接著他又被送進一間滿是螞蜂和黃蜂的房間裡，神奇領巾又讓他平安度過。隨後建速須佐之男派大國主到原野中找一件埋在地下的物品，沒想到他一到原野中央，建速須佐之男就放火燒原野，大國主請求一隻老鼠告訴他脫身之道，老鼠把他帶到一個地洞躲藏，直到火勢熄滅。

私奔

大國主雖然通過了重重考驗，建速須佐之男還是不答應這門婚事。一天晚上，大國主趁父親熟睡，悄悄爬到他身邊，把他的長髮綁在屋頂橫樑上，然後撿起父親的武器和十三弦的箏，帶著須勢理毗賣逃跑了。建速須佐之男醒來後，必須先解開頭髮才能去追逐兩人。當他終於追上他們後，意外地原諒了兩人，並同意讓他們結婚。

草薙劍

建速須佐之男殺死大蛇後，在大蛇殘骸的尾部附近發現了一把劍。後來他把這把名為草薙劍的武器獻給姊姊天照大御神，向她示好，請求她的原諒。

大國主和兔子
從大國主和兔子的故事可以看出，在日本的傳統信仰當中，即使是卑微的動物也有神靈，並且也可能是力量強大的神祇所偽裝的。

其他日本神祇

與氣候或宇宙有關的日本神祇，都屬於建速須佐之男和天照大御神的家族。天照大御神的丈夫是月神月讀，她的妹妹是黎明女神稚日女尊（Wakahiru-me）。高御產巢日神（Takami-musubi）來自更早世代，後來成為太陽神的使者。風神志納都比古神（Shina-tso-hiko）和級長戶邊命（Shina-to-be）是從伊邪那祈呼吸中出現的，五個山神則是在伊邪那祈將火神斬碎時誕生的，因為伊邪那美在生下火神時燒死了（見222-223頁）。

火神迦具土
火神在伊邪那祈創造山神時被砍成碎片，然而火可以再度點燃，因此後來火神又重新現身，在火山頂燃燒著。

八幡
八幡原本是掌管豐饒的神祇，但好戰的個性讓他轉變為戰神，後來他在人們心目中扮演的角色是日本的保護神。

稻荷神
稻荷神（Inari）是鐵匠與工匠之神，後來娶了食物女神保食神（Ukemochi），因而也成為稻米與豐收之神。

大國主的新娘

從前，大國主和他的八十位兄弟都想娶美麗的公主八上比賣（Ya-gami-hime），於是相偕去追求她。大國主兄弟一行人在途中遇上某位神祇偽裝而成的兔子，這隻兔子被鱷魚剝下了皮，身受重傷，痛苦不已。大國主那些壞心腸的兄弟想陷害兔子，竟然告訴他用鹽水沐浴可以幫助他重新長出毛皮；善良的大國主則告訴兔子，先用乾淨的清水清洗身體，然後再敷上香蒲花穗就會痊癒。兔子照著大國主的話去做，果然重新長出了毛皮，因此兔子以神祇身分讓大國主實現他的心願，和公主結婚。大國主的兄弟非常嫉妒他，兩次加害於他，幸好諸神伸出援手，幫助他重生。

出雲大社

出雲大社位於出雲省，是日本相當重要的神社，社內供奉保佑婚姻幸福美滿的大國主。據說每年十月時，所有的神靈（見223頁）會聚集在這裡討論感情和婚姻的問題，因此十月在出雲市又被稱為「神在月」（kamiari tsuki），在日本其他地方則叫做「神無月」（kanna zuki）。

出雲大社，位於日本出雲

諸神編年史

《日本書紀》（*Nihongi*）和《古事記》（*Kojiki*）是兩部重要的著作，內容主要是與神靈有關的神話、日本早期神話歷史，以及神靈對日本文化的影響。《古事記》中有部分篇幅記錄了「人的年代」，內容與日本皇室半神話起源的祖先相關。這兩本書的完成時間可上溯至西元八世紀，書的內容讓日本和自己國家的神話與歷史有了強烈的連結，因而在日本具有非常大的重要性。

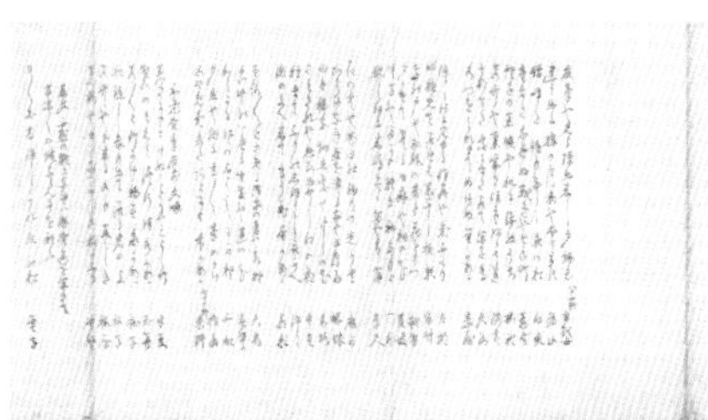

《古事記》
《古事記》是日本保存下來最古老的書籍，書中融合了神話與歷史，在神道教信仰的發展中扮演不可或缺的角色。

相關參考：氣候之神188-89, 300-01, 308-09, 318-19

金太郎

在日本的神話體系中，最受普羅大眾喜愛的，不是神道教信仰裡眾多偉大神祇的傳說，而是一位名叫金太郎的超級英雄的故事。金太郎在年紀很小的時候就擁有異於常人的力氣，長大後更成為英勇的武士。據說他的武士身分可能是根據真實人物——偉大的武士坂田金時（Sakata no Kintoki）而創造的，不過金太郎本質上還是一個屬於傳說中的人物。他從小在森林裡長大，因而成為動物的好朋友，同時更在相當年輕的時候就挺身對抗怪物，以保護住在森林裡的人。後來，他成為武士，又為了保護日本和敵人進行了幾次的殊死戰，留下了不少的英勇事蹟。

金太郎的斧頭
金太郎最厲害的武器就是他手上拿的斧頭。這把斧頭不但是他用來砍樹的用具，更是對付森林裡各種怪物的最佳武器。

金太郎的誕生

金時（Kintoki）是京都的一位武士，他愛上一位美麗的年輕女子，並娶她為妻。婚後沒多久，金時捲入了一場宮廷裡的陰謀，由於一些朝臣嫉妒他手握大權，到處散播惡意的謠言，金時因而被放逐到森林裡。金時來到森林不久就過世了，他的妻子則在這裡生下一個男孩，並將男孩取名為金太郎。金太郎在幼兒時期就展現出驚人的神力，不到八歲就會砍伐樹木，而且還像最老練的伐木工人一樣駕輕就熟，因而在森林裡贏得人們的尊重。等到金太郎逐漸適應了荒野的生活方式後，他開始承擔起保護母親與其他居民的責任，讓他們免於許多恐怖的野獸的威脅，巨大的土蜘蛛就是其中之一。

殺死巨大的土蜘蛛
遭金太郎殺死的土蜘蛛（Tsuchigumo），也曾以怪獸的角色出現在日本的其他傳說當中。土蜘蛛通常會將敵人毒死，或是把敵人困在巨大的蜘蛛網上。

山姥和金太郎
在日本許多傳說中，山姥（Yama Uba）是森林精靈，外表像人類，住在偏僻的小屋。在一些金太郎故事的版本裡，她的外貌是年輕女人，而且是他的母親。

動物朋友

金太郎在森林裡獨自長大，沒有其他孩子玩伴，因此和森林裡的許多動物都變成朋友，尤其熊、鹿、猴子和兔子更是他的好朋友。有一天，森林裡舉辦了一場相撲比賽，由金太郎擔任評審。其中一組由猴子和兔子進行比賽，起先猴子輸了，但他卻抱怨自己是被絆倒的，於是雙方只好再比一次，這一回，猴子獲得了勝利。不過因為金太郎在兩次比賽後都給優勝者米果當作獎勵，所以雙方還是都很開心。比賽結束時，最後的結果證明熊是森林裡最強壯的動物。不過金太郎在回家路上徒手拉倒一棵樹，當作橋讓大家渡河，由此可見，他比熊更為強壯。

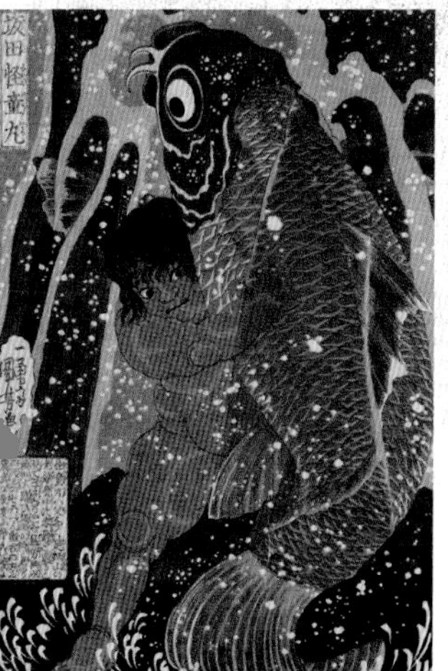

金太郎和鮭魚摔角

金太郎是一個摔角好手，而且在水裡和在陸地上一樣活動自如，絲毫不影響技巧，因而也曾和大鯉魚和鮭魚比賽角力。

比賽評審

相撲比賽過程中，金太郎儘量靠近兔子和猴子身旁，留意雙方有沒有人作弊，或是有沒有做出任何可能造成對手出界的犯規動作。

武士的隨從

金太郎以他那異於常人的無窮力氣而聞名於世。當他拔起整棵樹來搭造橋梁時，一名身著伐木工衣服的人經過正好看見了，於是向金太郎提出挑戰，要求和他比賽腕力，結果雙方始終無法分出勝負。這個陌生人告訴金太郎，他的名字叫做定光（Sadamitsu），是威震四方的大將源賴光（Raiko）的手下，希望能邀請金太郎到京城擔任武士。金太郎得到母親的允許之後，離開了森林，進入源賴光的麾下工作。不久，他就升任源賴光旗下最優秀的四天王之首，率領四天王對抗在京城肆虐的吃人怪物，並用手中鋒利的寶劍砍掉怪物的頭，因而成為日本家喻戶曉的英雄人物。

武士

武士是日本幕府時代騎馬的戰士，他們的紀律嚴謹、劍術精湛，負責保護自己的領主，並協助執行法律，以維護治安與社會秩序。

今日的金太郎

金太郎在日本是婦孺皆知的人物，如今也出現在許多現代的日常文化中。家有新生兒的父母會在孩子房間裡擺放金太郎的玩偶，希望小孩能健康強壯。在電視劇、電腦遊戲，還有日本動畫與漫畫裡，也都看得到金太郎。在許多出版品裡也有其他類似的日本英雄人物，他們的名字雖然不是金太郎，但都具有金太郎的強壯和個性。金太郎還有他個人的專屬糖果，那是一種橫切面中會出現金太郎圖像的圓形糖果。

金太郎飴

相關參考： 怪物46-47, 52-53, 54-55, 64-67, 72-73, 98-99, 106-07, 156-57, 274-75

非洲

非洲是一塊遼闊無比的陸地，北端由地中海岸開展，跨過赤道及南回歸線繼續向南延伸。這片陸塊如此浩瀚，因而有變化多端的各種地貌，包括剛果的潮濕雨林和撒哈拉的乾燥沙漠。

此地的人類文明也是歷史悠久，我們最早的祖先就生活在這裡。人類在非洲的發展已超過一百萬年，因此，在非洲大陸上誕生的文化樣貌豐富，和世界上其他文明一樣多采多姿。這裡有牧牛為生的馬賽人（Masai）、過狩獵生活的繖族（San），以及周遊各地尋找食物的許多部族，他們都以非洲大陸為家。

這片土地上也曾出現龐大的王國，從貝南（Benin）到埃及（Egypt），他們占據廣大的領土，在此落腳並發展茁壯。如今，貧與富、城市與鄉村、定居或移居等生活方式之間仍有極大的差異。由於上述種種原因，我們很難為非洲文化或神話做出概括性的結論，因為這裡的每個部族都各有獨特的傳統、傳說，以及特殊慶典儀式。

非洲直到相當晚期才有文字記載的歷史，唯一例外的是埃及，他們在大約西元前3000年就發展出文字，而且延續了三千多年。大多數非洲神話是透過代代口耳相傳而保存的，因此，非洲神話對外人來說非常難以掌握。用文字記錄故事固然能保存傳說，並讓非洲以外的人有機會接觸，但同時也讓這些故事脫離了形塑口頭文學的重要背景。因此，當我們閱讀非洲神話故事時，不要忘了想像這些故事透過口耳相傳時所獨具的生命力。

在當地形形色色的神話中，有部分擁有共通的主題，其中最明顯的就是對某位至高無上之神的崇拜。儘管每個部族的神話裡可能都有其他諸神或精靈，但他們幾乎都敬拜某位

我們所瞭解只是其中的片段，
若想完整收錄非洲各民族的所有神話故事，
那麼將會編成一本數十萬頁的巨著。

江恩．卡納佩特，《非洲神話學》
（Jan Knappert, *African Mythology*），西元1990年

大神，而各地對這位大神的說法也可能各不相同：對某些人來說，他是創世者（也許是母親，也許是父親），但另外也有些人覺得他像部落裡的長老，還有人把他當成親密的朋友。擁有這樣一位崇高的神，人們對雷聲或死亡等一切無法避免的現象都能加以解釋了。這位神祇對大部分部族而言，最顯著的特徵是威力強大、無所不能：他的眼睛從不會闔上；他會知道我們的一切想法；他具有無人能及的智慧。

這位至高無上的神，以及與他相關的其他諸神，主要透過慶典儀式來和人類溝通。在許多非洲部族裡，這類儀式的主角是薩滿或巫醫，他們受過訓練，能與超自然世界溝通，因而成為我們認識非洲神話的關鍵人物。

非洲正在歷經快速的變化。許多仍相信獨一無二至高無上之神的非洲人，如今已接受了伊斯蘭教或基督宗教。然而，傳統神話故事依然活躍於說書人和薩滿的口中，同時透過旅行者與人類學家的書寫，吸引了非洲以外世界各地更多的愛好者。無論對非洲人或其他人，這些故事至今依然如此迷人。

▲ **底比斯三神聖殿**

有些埃及神廟由國家興建，建築結構巨大，只有祭司或法老王才能從中央大門進出。上圖的神廟位於路克索（Luxor，現稱底比斯），供奉至高無上之神阿蒙、阿蒙之妻穆特和兒子空斯，時間可追溯至拉美西斯二世時期（西元前十三世紀）。

古埃及

古埃及文明誕生於尼羅河三角洲及其沿岸地區，
雖然範圍不大，卻延續長達三千年之久。
這個文明創造了複雜的神話體系，深深影響了人民生活的各個層面。

古埃及人崇拜的各種男女神祇為數眾多，據說從宇宙創世到尼羅河每年的氾濫，從一個人的出生到死亡，所有生命中的一切，都受到這些神祇的影響。例如，女人生產時，由女神哈托爾（Hathor）負責照管分娩過程；亡者的遺體接受儀式處理，以便為來生做準備時，則由偉大的木乃伊之神阿努比斯（Anubis）負責。此外，還有許多地方性的神靈，如：天空之神荷魯斯（Horus）是下埃及的大神，混沌之神塞特（Set）是上埃及的主宰神。

動物諸神

許多古埃及的男女諸神擁有動物形象的外表，如哈托爾的外形是母牛，掌管性能力的女神巴斯泰（Bastet）擁有貓身，象徵埃及法老王權威的索貝克（Sobek）是鱷魚，智慧之神托特（Thoth）的頭是朱鷺，這些動物的外形讓這些神祇帶有強烈的個人特色。祭司在諸神的神廟裡豢養真正的動物，並以主祀神祇之名，將這些動物獻祭並製成木乃伊。朝聖者可以在巴斯泰的神廟付費擁有一隻製成木乃伊的貓，貓兒則會在死後的世界為飼主說好話。多年來，考古學家已發現數千個貓、鱷魚及其他動物製成的木乃伊，它們都經過獻祭儀式，並且保存於神廟中。某些動物形象與一般埃及平民的日常生活息息相關，如索貝克的外形是鱷魚，生育女神塔維瑞特（Taweret）的外形是河馬，這些都是一般埃及人平日在尼羅河畔工作時經常必須面對或交手的凶猛野獸，在河水氾濫的季節裡則更加危險。

▲ 裝飾用的聖甲蟲胸針

圖唐卡門（Tutankhamun，西元前十四世紀）幾乎等同於拉，而且死後必會升天。在他的墓中，有許多物品和圖中胸針一樣，都以拉的象徵物做為裝飾。

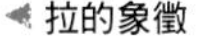

◀ 拉的象徵

在這尊西元前590年左右的青銅塑像上，我們可以清楚看出古埃及的太陽神拉的兩個象徵：獵鷹荷魯斯的頭與喙，以及他帶著橫越天空的太陽圓盤。

變化多端的神祇

不過，古埃及男女諸神所擁有的動物形象並非是一直固定不變的；他們處於一種變動的狀態，其中有些甚至會在不同時期變化成不同的形象。例如，阿努比斯的外形通常被描繪為胡狼，但他也可能會變成蛇或獵鷹的模樣。

此外，神祇本身可能具有多重神祇身分。太陽神拉（Ra）就擁有多種外形，每種外形都代表著不同的身分：他可能是喀普立（Khepri），像糞金龜在地上推牛糞丸一樣滾動太陽橫越穹蒼；他也可能是拉－哈拉克提（Ra-Harakhty），像鷹一樣在天際翱翔；或者他也是阿蒙－拉（Amun-Ra），也就是萬神之王。其中阿蒙－拉的形象和埃及的法老王緊密結合，人們相信他會庇佑在戰場上統帥大軍的法老王。

來世

關於死亡與來世，古埃及諸神顯得特別重要。古埃及人認為，人在世間的生命只是為了來世做準備，因此發展出完整的木乃伊製作及葬墓儀式。在這一系列儀式中，有許多與地府之神歐西里斯（Osiris）相關的神話故事，也有負責各種儀式或審查死者靈魂能否進入來世的神祇。

世界之始

根據埃及神話的創世故事描述，宇宙的秩序以及世間萬物的生命，全都是從一片原初的混沌狀態之中出現的。在這一類的故事裡，大多數都認為太陽神拉（見238-239頁）扮演了主要創世之神的角色；而他在完成創世任務的過程中，還曾得到許多位神祇的協助，例如他的孩子蘇（Shu）和泰芙努特（Tefnut），還有他的孫子蓋伯（Geb）和努緹（Nut）。拉和他所創造的事物存在於光亮之中，黑暗之處則仍是在阿培普（Apep）的掌控之下；從蛇化身而來的阿培普伺機而動，隨時準備要吞噬光明。

神話

創世之神拉從空無一物的原初之洋努恩（Nun）裡誕生。他打了一個噴嚏，從鼻孔裡生出乾燥之神蘇，隨後又吐了一些唾沫，從口中生出濕氣女神泰芙努特，並要求他們橫越原初之洋去旅行。拉又運用創造力與感知能力，召喚各種原初元素，口中唸著各式名稱，萬物應聲出現。他還創造了和諧之神瑪艾特（Ma'at），為他創生的萬物制定秩序。

◀ **努緹、蓋伯和蘇**

蘇高舉雙手，抬起天空女神努緹，努緹的身體離開了大地，她在空中躬著身子，形成穹蒼。躺在蘇的腳下的，是大地之神蓋伯。

尋找蘇和泰芙努特。當她帶他們回來時，發現拉的臉上已有另一隻眼睛，哈托爾因為有人取代自己而哭泣，此時，第一個人類就從她的淚水中誕生了。拉把哈托爾放回眉間，她變成眼鏡蛇的外形待在拉的額頭上，協助拉統治他所創造的世界。

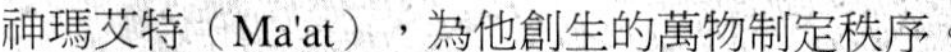

地球上的生物

拉在創世時需要一塊乾燥的地方立足，於是命令努恩後退，露出一塊岩石小島或一小塊土丘。拉站在這塊叫做斑斑石（Benben stone）的石頭上，看著創造物一一出現。從原初汪洋中，他召喚出大地上所有植物、動物和鳥類；他唸出萬物之名，它們隨即出現眼前。隨後，拉命令自己的眼睛——亦即女神哈托爾（見244頁）去

其他重要神祇

蘇和泰芙努特生下大地之神蓋伯和天空女神努緹，這兩人結合後又生下天上的星星。此時，蘇因嫉妒而拆開蓋伯和努緹，並詛咒努緹那個月不能生育。不過努緹和托特打賭贏了額外的五天（見241頁），她在這五天裡生下了幾位埃及最重要的神祇：歐西里斯、賽特、奈芙提斯（Nephthys）以及愛西斯。

▶ **瑪艾特**

瑪艾特代表真理，並為拉所創造的世界維持秩序。在地府裡，她用身上一根羽毛和亡者的魂魄一起放在秤上比較重量，藉此來審判死者。

布塔

在另一個版本的創世故事裡，主要的創世者是工匠守護之神布塔（Ptah）。根據這個神話的描述，布塔透過想像並說出不同神祇的名號，因而展開創世的工作。他運用自己的雕刻才能，打造出宇宙間的其他生物，其中有些是用石頭雕鑿出來的，有些則是以金屬打造的，而冶金術也是在這個過程中發明出來的。此外，布塔還想像了幾座城市，以及以他為祭祀主神的神廟，隨後又唸出它們的名字，因而把它們建立起來了。在古埃及行政之都孟菲斯（Memphis），布塔特別受到人們的崇拜。

◄ 心形護身符
與布塔相關的神話故事中，心臟十分重要，因為諸神和其他生物據說都是在他心裡創造出來的。埃及人相信，智慧存在於心中。

► 雕刻之神
工匠守護之神布塔有時會被描繪成工匠的模樣，不過在比較正式的神廟藝術裡，布塔仍以君王形象出現。

卡納克

卡納克（Karnak）位於尼羅河畔，此地矗立著許多壯觀的古埃及神廟，其中又以供奉阿蒙（Amun）的最為重要。阿蒙原本是混沌時期的原初力量之一（有些文獻將阿蒙描述為住在水裡的巨蛇），後來他的名字與個性和拉的關係愈來愈密切，最後演變成阿蒙－拉。人們認為阿蒙－拉是最偉大的創世之神之一，並且具有太陽神所有的創造力。阿蒙神廟的範圍十分遼闊，巨大的立柱頂端雕刻著類似盛開的蓮花的圖像，神廟牆內則有許多較小型的祭壇與聖池。

◄ 阿蒙神廟
此圖為阿蒙神廟的遺址，圖中所見的石像和石柱都是神廟的主要結構，上面以象形文字刻寫著宗教性的銘文。

► 阿蒙霍特普一世
阿蒙霍特普一世（Amenhotep I）是西元前十六世紀的埃及統治者，又稱「阿蒙的最愛」，人們相信他死後會和太陽神合而為一。

▼ 金字塔
位於吉薩（Giza）的金字塔群，建於埃及第四王朝（約為西元前2575-西元前2465年間），是古代世界最大的人工建築，也是法老王威權的最高象徵。

法老王

古埃及的統治者不僅被人們視為人間的君王，同時也是神。人們相信，法老王在世時擁有至高無上的權力，死後則會和諸神一樣，得以永生不死。早期法老王的墳墓呈金字塔形狀，原先的設計用意是摹擬通天的階梯，讓已逝國王的靈魂能因而走上天空，加入眾神的行列。此外，金字塔的形狀也和斑斑石相似；斑斑石是當初太陽神在創世過程中踩在腳下做為立足之地的原初之丘。映襯著無垠天空的金字塔翦影，似乎時時刻刻提醒著人們，他們的君王和太陽神有著密不可分的關係。

貝努鳥

貝努鳥（Benu Bird）是創世之初出現的生物，具有著鷺般的外形，人們將牠們視為太陽神的化身。根據一些神話版本的描述，貝努鳥飛越了原初之洋，發現斑斑石，降落石上後並張口大聲鳴叫，劃破亙古以來的寂靜，象徵著聲音、光與生命的誕生。每天早晨，卡納克的祭司會放出鴨子，讓牠們飛越聖池，以紀念這次的飛行。

貝努鳥

相關參考：非洲創世故事250-51, 252-53, 262-63, 272-73．鳥類140-41, 172-73, 258-59, 286-87, 298-99, 306-307

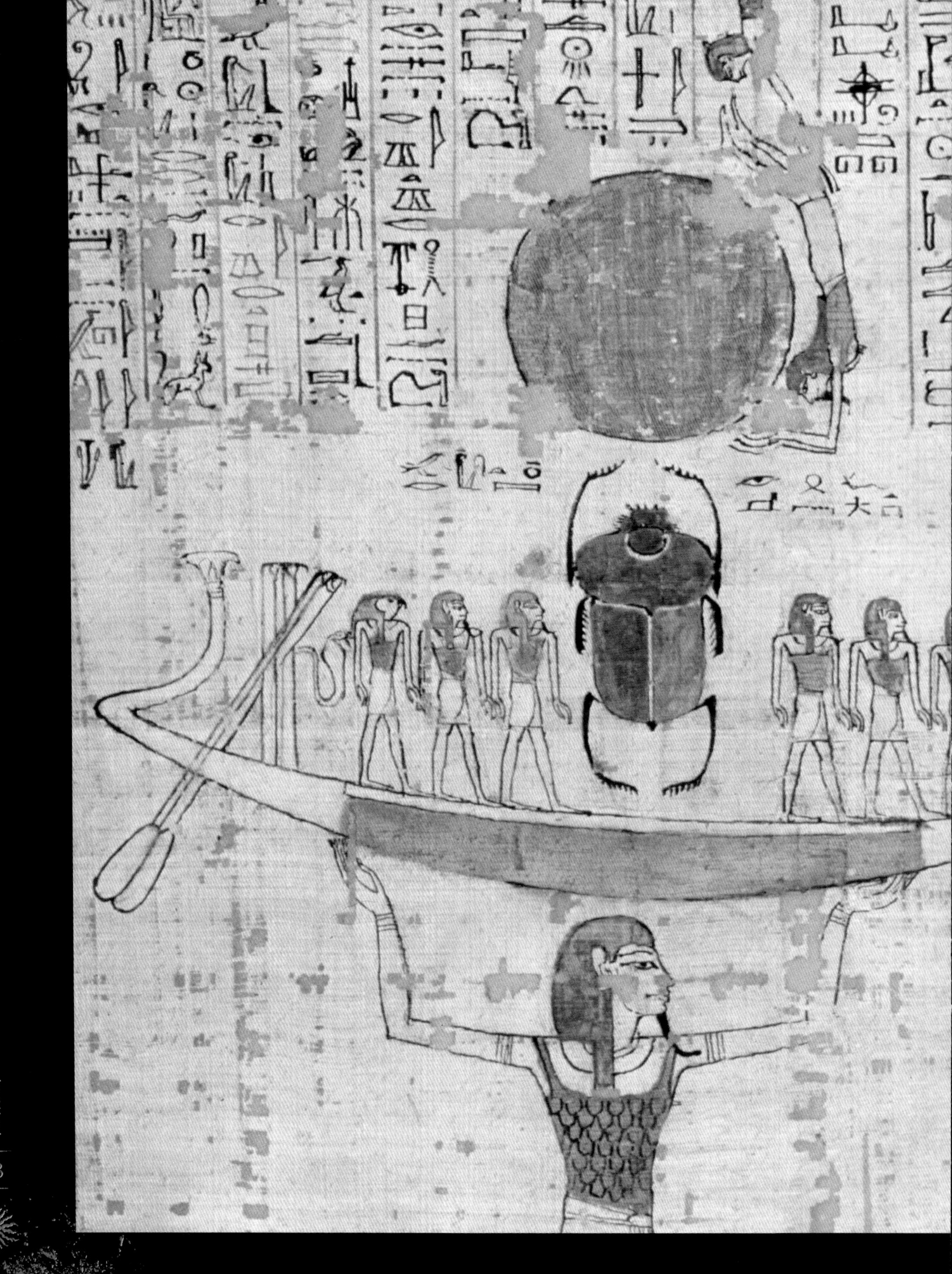

《亡靈書》

《亡靈書》是太陽神拉的女祭司安海所寫的，大約完成於西元前十三世紀左右。左圖這張安海莎草紙（Papyrus of Anhai）上的圖畫，描繪的就是《亡靈書》中的部分內容，畫中呈現拉坐在太陽船上劃過天際時的種種不同面貌。拉是埃及最重要的神祇之一，以眾神之王或阿蒙－拉等多種形象現身，並受人們膜拜。旭日初升時，他化身為聖甲蟲喀普立；日正當中，他像耀眼的圓盤般橫越空中；日落時分，他又變成亞圖姆（Atum），外形像個老者。身為眾神之王的拉也和埃及國王有所關連。人們認為法老王就是太陽神在人間的具體化身，也就是拉的孩子，法老王因而興建神廟來榮耀太陽神。

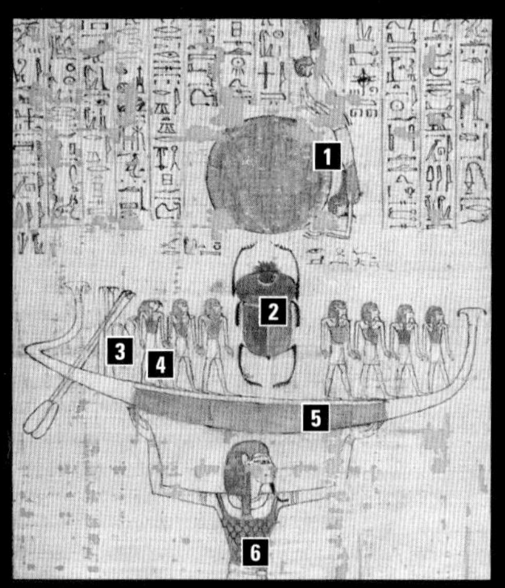

1. 太陽圓盤

這個圓盤是太陽神最為人熟知的形象之一。此圖中，天空女神努緹將兒子歐西里斯（也就是地府之王）朝太陽圓盤的方向高高舉起，為太陽神即將邁向夜晚的旅程做準備，隨後，歐西里斯和太陽將合而為一。

2. 糞金龜

就像糞金龜在地面上滾著糞球一樣，化身為甲蟲外形的太陽神喀普立，也會滾著太陽圓盤橫越天空。這個現象每天周而復始地重複出現，糞金龜因而在埃及人眼裡成為自我創造與重生的偶像。

3. 兀拉厄斯的威脅

聖蛇兀拉厄斯（Uraeus）是太陽神拉的另一個象徵，也是法老王的紋章標記，在一般圖畫中，法老王的額頭上常會出現聖蛇懾人的蜷曲姿勢。人們相信，法老王擁有眼鏡蛇的象徵，是因為他們是大地之神蓋伯的後代。法老王和太陽神結合為一時，會戴上眼鏡蛇形狀的頭飾，據說頭飾上的蛇會對敵人吐出致命的火焰。

4. 荷魯斯的神力

荷魯斯是愛西斯與歐西里斯之子，也是埃及最具威力的神祇之一。左圖中，他以老鷹頭的形象出現，彰顯他身為天空之神的身分。荷魯斯的右眼是太陽，左眼是月亮，隨著古埃及神話故事的嬗變，他逐漸與拉合而為一，成為太陽神的另一個具體化身，稱為拉－哈拉克提。荷魯斯除了是天空之神外，同時也是戰爭之神。

5. 太陽船

這是太陽神橫越天際時所搭乘的船隻，船下是原初之洋努恩，船身的形狀就像埃及尼羅河上的小舟，船尾有巨大的搖櫓。在這趟天空之旅中，拉有七位神祇相伴，負責掌舵的是荷魯斯。

6. 努恩之外，空無一物

依據埃及神話的敘述，太古之初，創世過程開展之前，除了名為努恩的無盡大洋以外空無一物。努恩也是大洪水之神，他和拉都是埃及人生活中不可或缺的，因為太陽神拉讓糧食作物成熟，而努恩則帶來的洪水，為尼羅河沿岸沉積厚厚的土壤，使土地肥沃。因此在這個神話裡，兩位神祇和諧地一起前行，努恩在圖中以雙手高舉拉所乘坐的太陽船。

安海莎草紙，西元前1250年左右

相關參考：太陽神 28-29, 114-15, 160-61, 188-89, 218-19, 222-23, 290-91

埃及王遇害

古埃及神話中有一個相當受人歡迎的傳說，內容是兩位神界兄弟為了爭奪埃及王位而發生的悲劇性故事。這兩位主角是極具美德的歐西里斯，以及惡毒的塞特，後來，歐西里斯的兒子荷魯斯也和塞特發生了爭執。這個神話眾人皆知，因為故事內容與埃及的統治權息息相關，也因為歐西里斯死後又復活的故事讓人們對來世懷抱著希望。

▲ **荷魯斯和塞特的戰鬥**
上圖這個石刻浮雕取自埃及艾德夫（Edfu）的荷魯斯神廟，內容描繪的是荷魯斯與塞特對戰時的場景，船尾坐著的是女神愛西斯。

神話

歐西里斯是埃及第一位君主，他和後來許多埃及國王一樣，娶了姊姊為妻。歐西里斯是位好君王，備受人民愛戴，皇后愛西斯也很得人心，不過歐西里斯有位陰險殘暴的兄弟——塞特，他嫉妒歐西里斯的權位，也對愛西斯心懷不軌。為了除去歐西里斯，他誘騙國王爬進一個木箱裡，隨後將歐西里斯封在箱中，丟進尼羅河。愛西斯找到木箱後，歐西里斯已死，但她仍取回國王的遺體。塞特得知後，又把歐西里斯的遺體切成許多塊。雖然神的身體不可能遭到破壞，不過塞特還是得逞了。

歐西里斯復生

愛西斯決心搶救歐西里斯的身體。塞特的妻子奈芙提斯是愛西斯的姊妹，在她的協助之下，愛西斯找回歐西里斯的屍塊，逐一拼湊起來，並緊緊包裹妥當，製成第一具木乃伊。然後，她變身為鳶，在屍體上方盤旋並鼓動翅膀，將生命氣息注入其中。歐西里斯暫時恢復氣息，但等愛西斯受孕後又前往地府，愛西斯則逃離塞特，帶著七隻毒蠍保護自己。逃亡期間，愛西斯曾受到一位富有的婦女無禮對待，於是她的一隻蠍子螫了婦人之子。愛西斯對這個孩子心生憐憫，用她的神力治癒他，當她後來生產時，她的兒子荷魯斯也遭蠍子攻擊，但她卻已用盡神力因而無法救他。幸好太陽神拉看見愛西斯十分傷心，在同情之下派月神托特治好了荷魯斯。

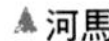

▲ **河馬**
河馬會弄翻河上往來航行的船隻，因而是尼羅河裡相當令人害怕的動物。在這個神話故事中，塞特就是變身為河馬，將荷魯斯的小舟打翻。

荷魯斯和塞特

此時，塞特已篡奪埃及王位。荷魯斯長大後要求叔叔讓位，兩人進行了多次決鬥。有一回，塞特趁荷魯斯睡覺時把他弄瞎了，愛西斯發現兒子失去視力，細心照料後讓他重見光明。後來塞特又試圖強暴荷魯斯，並告訴其他諸神，這個年輕人不配做埃及國王，因為他曾和塞特發生關係，但眾神並未相信他的謊言。最後，他向荷魯斯提出挑戰，希望進行船賽，同時堅持以石頭做成的船來比賽。荷魯斯用木材做成一艘船，抹上灰泥佯裝成石船騙過了叔叔，塞特的船沉入了水中，一氣之下變成河馬，弄翻荷魯斯的船。此時眾神總算瞭解荷魯斯才有資格統治埃及，因而讓他即位為王，並且放逐了塞特。

主要人物

在歐西里斯遇害的悲劇故事中出現的主要人物，在埃及的其他神話傳說裡也扮演了重要的角色。歐西里斯遭塞特殺害後，成為地府的統治者，在埃及人的宇宙觀裡占有舉足輕重的地位，同時也廣受人們的崇祀。愛西斯也是地位十分崇高的神祇，人們將她視為魔法女神和亡者守護者，因而對她獻祭。此外，由於她在傳說中始終守護著歐西里斯及荷魯斯，因此也被視為母性女神，擁有許多信徒。荷魯斯化身獵鷹後成為天空之神，據說太陽和月亮就是他的雙眼。荷魯斯之眼又稱為「瓦傑之眼」（Wadjet Eye），後來成為所有埃及人最喜愛的護身符。至於塞特則是邪惡的化身，也是混亂與毀壞之神。

▲ **歐西里斯**

歐西里斯被描繪成木乃伊，戴著鴕鳥羽毛做成的頭飾，手持國王的象徵物：權杖和連枷。

▲ **塞特**

圖中所見的塞特是神話中的怪獸，有長而彎曲的喙，頭上有兩支犄角，身後還有長尾巴。

▲ **愛西斯**

愛西斯頭戴王座形狀的皇冠，由此可以看出，她最早的身分是法老王的王位象徵。

▲ **荷魯斯**

荷魯斯通常被描繪為獵鷹，或是具有鷹首的擬人化造形，有時則會以小孩的模樣出現。

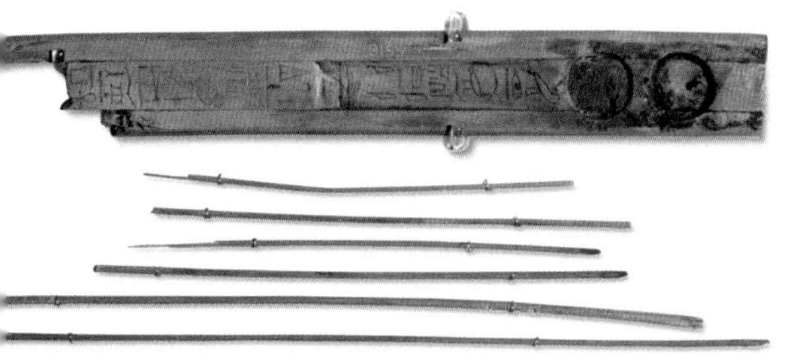

▲ **書寫用具**

埃及人用蘆葦桿做成筆，沾上墨水後在莎草紙上書寫。莎草紙也是以蘆葦做成的，蘆桿筆的形狀經常讓人聯想到托特的細長鳥喙。

托特

托特

托特是一位朱鷺首人身的神祇，也是時間、知識、書寫和月亮之神，他彎曲的長喙宛如新月，黑白相間的羽衣代表月亮的朔望圓缺。根據一些與托特有關的傳說描述，他原是太陽神拉的兒子（見238-239頁），他的智慧可能傳承於父親，或是自行從太陽神所擁有的豐富藏書中學習而來的。據說托特發明了許多不同學門的學問，包括天文、法律、音樂以及醫學，其中的醫學和歐西里斯與荷魯斯父子倆的神話有著非常密切的關係。此外，托特也是埃及象形文字書寫系統的發明者；由於他同時也是掌管魔力的神祇，因此人們相信，象形文字系統本身也具有神奇的力量。

歐西里斯崇拜

歐西里斯的傳說讓人們期待死後依然有生命，他也因而廣受埃及人膜拜。歐西里斯統治冥界，並和阿努比斯及塞爾喀特（Serket）等神一起掌管亡者靈魂通往來世的一系列儀式。對歐西里斯的崇拜源自古埃及重要大城阿比多斯（Abydos），此地經常舉行盛大祭典重現他遇害的故事，神廟還會舉行祕密儀式，除了主祭歐西里斯的祭司外，旁人無法窺見其中的奧祕。西元前一世紀左右，其他神廟也開始紀念歐西里斯之死與重生，同時將儀式與冬末春初的季節交替連結在一起。

塞爾喀特

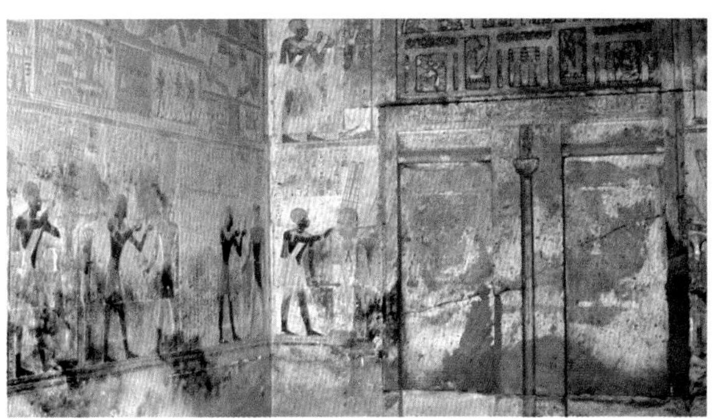

▲ **歐西里斯神廟**

圖為位於阿比多斯的歐西里斯神廟聖殿，殿內以雕刻及壁畫裝飾，內容描繪這位古埃及神祇一生的重要經歷。

相關參考：手足相爭158-59．死亡之神 42-43, 158-59, 190-91, 246-47, 298-99, 300-01, 310-11, 340-41

埃及墳墓中的銘板

這個黃金銘板約手掌大小，上面有避邪用的荷魯斯之眼，原縫在蘇瑟奈斯一世（Psusennes I，西元前1039-991年）的裹布上，遮蓋取出內臟時留下的傷口。

尼羅河諸女神

埃及為數眾多的諸神行列裡還包括許多的女神，她們各自執掌不同的神聖任務，例如創造之神奈斯（Neith），以及許許多多掌管生育力、愛情與分娩的其他女神。這些女神之中大多數都由各自專屬的祭司在神廟裡加以崇奉祭祀，不過一般大眾對她們也總是相當敬重，有時，人們也會將這些女神加以合併，當成一位掌管所有層面的偉大女神來崇拜。來到神廟的朝聖者通常會為女神獻上供品，祈求事業興旺、平安順心、子孫平安。

哈托爾

哈托爾是掌管愛情與生育力的女神，負責庇佑母親與嬰孩，尤其是女人的分娩過程，後來她的形象逐漸和愛西斯合而為一（見240-241頁）。哈托爾本是埃及南方努比亞（Nubia）凶猛的女戰神，外形是隻獅子，荷魯斯出生後（見240-241頁），拉（見238-239頁）把她帶到埃及來照顧這個嬰兒，她漸漸變得溫柔，不再殘暴凶惡，外形也變成母牛，在尼羅河畔的莎草桿（象徵生命）間悠遊，產乳哺餵荷魯斯。荷魯斯長大後，她成為他的妻子；在荷魯斯與叔叔激鬥失去眼睛後，她協助他重拾視力。不料塞特為了報復，把她擄走並加以侵犯，後來荷魯斯救回她，讓她重新在尼羅河畔安居下來。

莎草植株

► **哈托爾**
人們經常將哈托爾描繪成擁有人類外形的女神。她的頭上戴著的牛角冠據說和月經周期有關，犄角之間還有一個太陽圓盤。

▼ **神牛**
哈托爾女神有時也被人們視為銀河的擬人化形象，因為埃及人認為，銀河是從一隻神牛的乳房中流出來的牛奶。

▲ **穆特**
母性之神穆特是太陽神拉的配偶，人們通常把她描繪成一隻禿鷹，後來，她漸漸與哈托爾和巴斯泰等女神的形象合而為一。

▲ **叉鈴**
這是一種像響環似的打擊樂器，使用於古埃及為女神哈托爾舉行的祭祀儀式之中。

保護眾人的女神

塔維瑞特凸出的腹部象徵她懷有身孕，同時也是分娩過程的保護者。孕婦通常會戴著具有她形象的護身符，以求庇佑。根據有些傳說，塔維瑞特會站在地府門口，為重獲新生的靈魂提供協助。

塔維瑞特

女神塔維瑞特本是塞特的配偶，不過當塞特和荷魯斯爭奪埃及統治權時，她背棄了丈夫，轉而協助荷魯斯（見240-241頁）。塔維瑞特的外表十分怪異，看起來簡直像怪獸一樣：她有河馬的頭、獅子的四肢、人類的乳房，在一些畫像裡，甚至還有鱷魚的尾巴。儘管外表恐怖，事實上塔維瑞特扮演的是保護者的角色，她負責分娩的過程，並且驅逐惡靈。在塔維瑞特的畫像中，她上手拿著一個像字母「sa」一樣的辟邪物，那正是保護的象徵，因此這個特質讓她備受埃及人的喜愛，到處都可以見到她的形象。埃及人甚至還有一種做成塔維瑞特形狀的瓶子，其中一個乳房開了一個小洞，只要倒牛奶的時候一邊唸咒語，就能得到女神塔維瑞特賜予的力量及保護。

奈斯

奈斯是女獵人和戰士，角色類似希臘神話中的雅典娜（見36-37頁），在尼羅河三角洲地區，她則是人們心目中的創世之神。奈斯誕生於海洋之中，她發明了分娩生育的過程，同時也創造了諸神和凡人。此外，她還教導埃及人編織技術，因而成為文化英雄。奈斯極具權威，當塞特與荷魯斯搏鬥時，眾神曾來徵詢她的意見，她說敵對雙方都不會死，但塞特放棄了對埃及的統治權，應該給他兩位女神做為補償。另外還有一些神話中提到，奈斯是邪惡大蛇阿培普（見247頁）的母親。

奈斯的盾牌

代表女戰神奈斯的象徵符號是盾牌，盾牌上具有弓或箭交叉的圖樣。

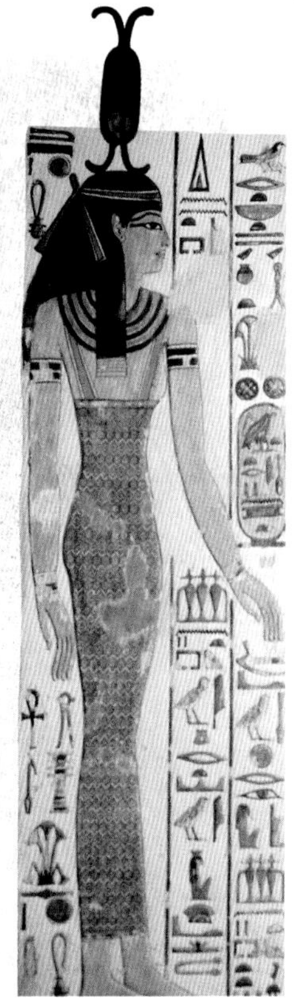

編織者女神

奈斯的象徵標記也可當成頭冠戴在頭上，有時人們也將它解讀為編織用的梭子。

巴斯泰

擁有貓頭人身的巴斯泰，是埃及的性能力與生育力之神。她是太陽神拉的女兒，原本的形象被描繪成一隻獅子，在吼叫聲中充分表現出父親的脾氣。根據另一個與巴斯泰相關的神話描述，她是太陽神的貓，協助拉咬下了大蛇阿培普的頭。身為太陽女神，巴斯泰的兩耳之間有時也會出現象徵太陽的糞金龜。在後來的神話當中，她的形象比較固定，大都以貓的外形出現，性格柔和許多，協助人類消滅害蟲，並帶來生育力。巴斯泰也被視為法老王的護衛，在崇拜她的祭典裡，人們大量飲酒，跳著帶挑逗意味的舞蹈。位於布巴斯提斯（Bubastis）的神廟是祭祀巴斯泰的主要中心，不過因為她相當受到歡迎，因此在埃及其他地方也有廣大的信眾。

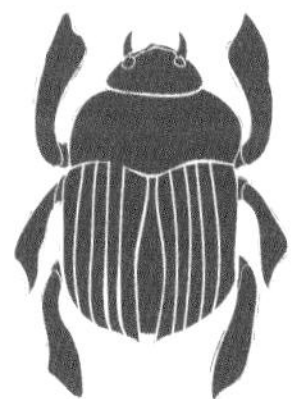

糞金龜

做成木乃伊的貓

古埃及人相當尊崇貓，往往會花錢將貓製成木乃伊，以示對女神巴斯泰的敬意。在布巴斯提斯，人們曾發現多處全部埋葬貓的墓地。

巴斯泰的畫像

巴斯泰具有人類的外形，不過傳說中她有個貓頭。她手上拿著儀式用的叉鈴和一個提籃，有時還會帶著盾牌，盾牌上繪著獅子的頭。

相關參考：生育力與豐饒之神 40-41, 84-85, 114-15, 158-59, 214-15, 308-09, 310-11

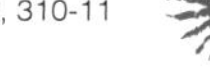

前往亡者國度的旅程

在古埃及人的觀念中，死亡可能是另一次新生命的開始。每當有人過世時，人們會仔細地保存亡者的遺體，並製成木乃伊，因為他們相信亡者即將展開一段通過地府、前往來世的旅程，旅程結束之後，亡者的靈魂將會回到原來的軀體裡展開新生。埃及人對於靈魂前往地府的信仰十分普遍，並且在一個繁複的傳說故事裡仔細描述了這趟亡者的地府之旅。

神話

埃及人相信，人的靈性在死後依然存在，如果遺體得到適當的照顧，靈魂能在來世再回到原先體內。他們認為最重要的是「喀」（ka，生命力）和「巴」（ba，靈魂），如果死後處理得宜，「喀」與「巴」將結合成魂魄，再次在原來的體內復活。為了達到這個目的，人們透過製作木乃伊的程序來適當保存遺體，這個過程其實也重現了歐西里斯遺體獲得保存的經過（見240頁）。製作木乃伊的程序共有七十五道儀式，身體各部位必須經過特殊器材處理才能復活，身體也才會變成適合承載亡者的「喀」的容器，這個過程讓死者走上歐西里斯走過的路，確保他們能邁向通往永生之路。

▲ **歐西里斯**
冥府的統治者歐西里斯負責掌管所有亡者由此生通往來世的過程。

走過杜埃

接下來，亡者即將展開一段旅程，走過被稱為「杜埃」（Duat）的國度，也就是所謂的冥府。在亡者的國度裡充滿各種恐怖的景象和折磨，他們必須經歷火池及毒蛇侵擾等種種危險，不過有許多特殊的咒語可以保護來到此地的靈魂，這些咒語都記載在《亡靈書》裡，這是一本內容非常重要的書，人們通常把它和木乃伊合葬在一起，以便亡者行經黑暗國度時能使用正確的咒語。

靈魂的審判

旅程來到盡頭時，亡者的靈魂必須在「兩件事實」廳堂裡接受審判。首先，靈魂必須先接受一項檢驗，證明清白後才能面對歐西里斯及其他四十二位陪審諸神的考驗。歐西里斯負責這項任務，協助的陪審官有拉、蘇、泰芙努特、蓋伯、努緹、愛西斯、奈芙提斯、荷魯斯及哈托爾等，分別審視靈魂的某個特殊層面。審核後，亡者的靈魂面臨三種命運。罪大惡極者處以再死一次，這最終的死亡缺乏製成木乃伊的儀式，因而無法在杜埃國度裡毫髮無傷。一般的魂魄被送去永久服侍歐西里斯，具有美德的靈魂則可離開此地，得到快樂自由的永生。

▲ **諸神陪審**
當接受審判的靈魂為自己申辯時，一同審判的諸神在一旁虎視眈眈。他們擁有折骨者、飲血者之類的名字，一旦亡者的罪證確鑿，他們就會喝下他的血液。

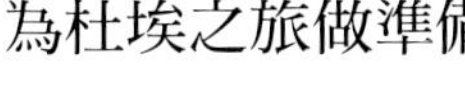

為杜埃之旅做準備

為來世做準備的一系列儀式相當繁複。首先，防腐師將亡者的遺體搬到工作室（稱為「美容室」）裡，在這裡取出亡者的肝、肺、腸和胃等內臟，分別放入保存甕內。接著，他們用數種鹽類混合而成的化學藥劑仔細塗滿遺體全身，再以木屑之類的乾燥材料填塞於體腔內，然後用麻布繃帶纏繞包裹遺體，並加上標記和辟邪物，供人們辨識並保護遺體，最後再把木乃伊放入棺木內妥為保存。

埃及木乃伊

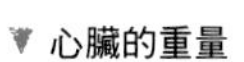

▲ **阿努比斯**

古埃及人相信，發明了製作木乃伊技術的，是豺狼之神阿努比斯。

◀ **保存甕**

這些保存甕用來存放亡者的內臟器官，甕蓋上飾有地府裡相關諸神的頭像，例如阿努比斯，或是歐西里斯。

「兩個事實」廳堂

亡者的靈魂必須在稱為「兩個事實」的廳堂裡受審，這裡有一個天平，天平一端用來放亡者身上唯一沒有被取下的主要器官——心臟，另一端放的是真理與正義之神瑪艾特的羽毛。如果心臟比羽毛還重，就代表充滿罪惡，此時，「亡者吞噬者」阿穆特（Ammut）會將亡者生吞活剝；如果心臟比羽毛來得輕，亡靈就可以進入下一個審判程序。

▶ **托特**

智慧之神托特（見241頁）也是眾神的書記官，他的任務是在審判廳裡待命，並且將亡靈最後得到的判決記錄下來。

▼ **心臟的重量**

阿蒙（見237頁）負責為每個亡者的心臟秤量重量，埃及人相信，心臟含有每個人生前一切作為的紀錄。

冥府諸神

除了歐西里斯、阿努比斯，以及凶惡的陪審諸神外，在埃及神話故事的地府裡，還有許多其他與這個亡者國度相關的神祇，其中有些是具有公羊、烏龜或河馬頭的怪物或恐怖物種，還有一些包括蛇神阿培普，或者也稱為阿波菲斯（Apophis），他和太陽神拉一直進行著永無休止的戰鬥。此外，其他關係較不直接的神祇還有愛西斯的姐姐奈芙提斯，她負責引導法老王走過地府，同時也庇祐保存妥當的亡者器官。

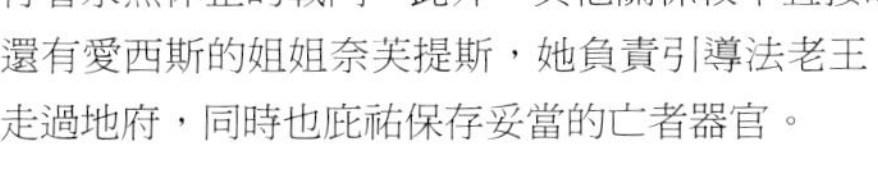

瑪艾特

▲ **奈芙提斯**

奈芙提斯通常被人們認是個既溫柔又慈愛的女神，她和歐西里斯也有一段情，生下了阿努比斯。

▲ **拉和阿培普**

太陽神拉將自己變身為貓之後才打敗了阿培普。蛇神阿培普是冥府裡最惡毒、最讓人害怕的生物之一。

身體和靈魂

在埃及人的想像中，靈魂「巴」是一種有翅膀的生物，它具有亡者的頭以及老鷹的雙翅，在亡者斷氣時飛離他的身體。每天夜晚，「巴」必須和亡者的遺體再次結合，不過只有在遺體經過正確的木乃伊製作過程後才能結合。對埃及人來說，每個人的影子和名字也都是獨立存在的事物，因而也能在經過木乃伊處理後變得不朽。

帶有翅膀的「巴」

相關參考：死亡之神 42-43, 158-59, 190-91, 240-41, 298-99, 300-01, 340-41

▲ **貝南宮廷的浮雕飾板**

貝南人製作令人嘆為觀止的青銅浮雕飾板，展現他們的「奧巴」（Oba，意為統治者），並用來裝飾皇宮。在這片浮雕中，奧巴全副武裝，身旁還有隨從侍候。關於奧巴的事蹟和世系，流傳了許多相關的故事。

非洲西部

非洲西部地區的文化豐富而多樣，
發展出眾多神話體系，從宇宙創世到天氣狀況，
一切自然現象都由各式各樣的不同神祇專門負責。

非洲西部地區的主要範圍由撒哈拉沙漠南緣向南延伸，直到今日迦納與周邊國家的沿岸為止。此地的文明發展已有相當悠久的歷史，從西元前500年開始，帝國與大型城邦起起落落，各自發展出特有的精緻藝術和工藝，其中又以金工尤為知名。這樣的背景，讓非洲西部地區能和其他相隔遙遠的民族相互交易，不受地理環境限制，人們特別熟悉的包括貝南的青銅器及阿善提（Ashanti）的黃金首飾。阿善提王國是位於迦納和象牙海岸沿海一帶的繁盛帝國，大約興起於十八至十九世紀。

▲ **非洲西部地區的大象造型墜子**
非洲西部地區擁有技藝精良的金工傳統。這塊墜子是由迦納的工匠打造的，上頭刻繪了兩隻大象。力大無窮的大象是神話傳說中經常出現的動物。

不可磨滅的傳統

對外貿易讓非洲西部地區有機會與其他地區接觸，交易對象包括穿梭於撒哈拉沙漠的柏柏族（Berber）商人，或是經由海路而來的歐洲奴隸販子。儘管有這些外來影響以及十九、二十世紀歐洲殖民的遺緒，許多地區性的傳統和信仰依然保存了下來，有些甚至還影響了加勒比地區的宗教和神話傳說（見304-311頁）。傳統保存特別完善的幾個族群包括貝南的豐族（Fon），還有貝南與奈及利亞之間的尤魯巴族（Yoruba）。

豐族的神話傳統中，最重要的神祇是利撒（Lisa）和配偶瑪烏（Mawu），有時兩人會組成一位合體神。他們創造了世界，以及所有的動物、植物和人類，並從排泄物中生下許多小孩，其中一位是蛇神丹（Dan），他蜷曲盤繞數千圈的身體撐起了世界；另一位是工匠和戰士的守護神居（Gu），據說他運用自己的技術讓世界更適合人類居住。豐族的眾神行列中，也不乏各種天候之神，單單雷神就有好幾位。

尤魯巴族有一位至高無上的神，名為奧羅倫（Olorun），或稱為奧羅杜馬雷（Olodumare），另外還有眾多奧里夏（Orisha），也就是精靈，他們是最高神祇的具體展現。信徒向一位或多位奧里夏祈求，藉此和至高之神溝通。奧里夏的數目多不勝數，其中有幾位最重要也特別受人歡迎，如神力強大的天神兼雷神尚戈（Shango）和他的配偶——心地仁厚的愛之女神奧蓀（Oshun）。

不變的主題

非洲西部地區的神話中，英雄人物向來是個突出的主題。他有時是文化英雄，帶來工藝和技術，有時是天賦異稟的小孩，一出生就有成人的力量和技巧。這裡也有不少饒富趣味的頑皮妖精神話，最有名的搗蛋妖精是蜘蛛安那斯（Ananse），包括神、人，以及地球上最厲害的生物大象都不是他的對手。安那斯巧施詭計的有趣故事很受歡迎，讓大人和小孩都樂在其中。

▼ **奧巴的儀式用臂飾**
臂飾也是貝南統治者奧巴的儀式用首飾之一。圖中這件臂飾以豹的外形呈現，代表統治者希望能結合豹的種種特質——速度、力量、狩獵本領。

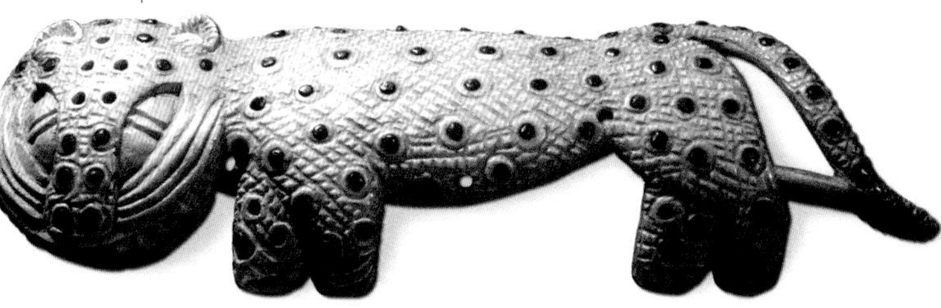

非洲人的起源

關於地球誕生，以及太陽、月亮、星星與各部族祖先的起源，非洲地區的各個民族都有不同的傳說。根據一些故事的說法，人類是從地洞裡冒出來的，但在另外的版本裡，人類則是由一位創世之神塑造而成的。大多數的故事都提到一位至高無上的神以及他的種種作為，不過在達荷美（Dahomey）的創世神話裡，另外還有一條大蛇協助他創造萬物。

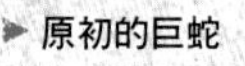

► 原初的巨蛇
在古老的非洲雕像上，常常可以看到人們以蛇纏繞在人類身上的形式來表現創世神話。

神話

根據達荷美（即今天的貝南共和國）的豐族所傳述的故事，創世的過程開始於兩位主角：不朽的男蛇艾杜－威杜（Aido-Hwedo），以及造物女神瑪烏。造物女神生下了無數男神和女神，由於她的子嗣眾多，女神無法為他們一一命名，不過他們依據能力和居所可分成不同的群組，例如：大地之神類，以瑪烏的長子達左吉（Da Zodji）為首；雷神類，由瑪烏的次子索戈布（Sogbo）領軍；海神類，由瑪烏的三子艾戈比（Agbè）統帥。當瑪烏創造出所有的男女諸神之後，她將注意力轉向人類身上，專心用陶土來進行造人的工作。

瑪烏知道，一旦她成功創造了人類，他們需要地方居住，於是決心打造大地。她坐在宇宙之蛇艾杜－威杜的口中，兩人在行進之間塑造出形狀像個大蒲瓜的地球。就在大蛇艾杜－威杜時而扭動、時而蛇行的動作中，世界誕生了。當他蛇行前進時，在沿途打造出蜿延的河流，以及兩側陡峭的峽谷；他的來回擺盪，塑造了地球高低起伏的地形、綿延的山丘，以及和緩的谷地。由於他盤旋的動作，地貌才有多重的變化；一切都像蛇行的痕跡一般彎曲起伏。

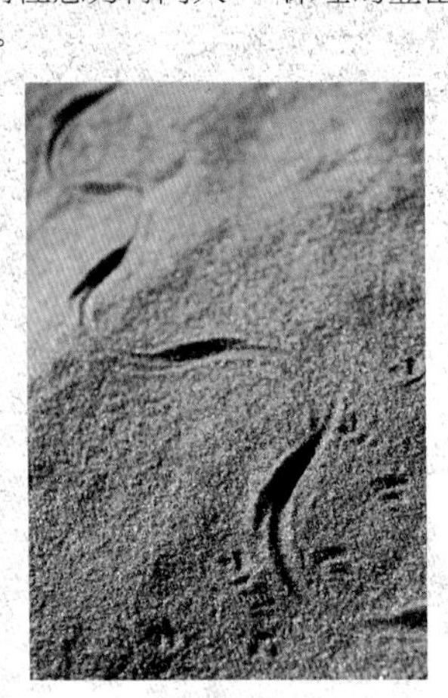

▲ 蛇跡
艾杜－威杜擺盪遊走的路徑刻劃出地面的景觀，這個想法來自於自然現象，因為有些蛇類在沙地上滑行時會造成蜿蜒的痕跡。

每一回的創世之旅暫時告一段落時，瑪烏和艾杜－威杜會停下來稍做休息，在他們落腳的地方，也因而堆積著大蛇的排泄物，隨後，這些排泄物會變成較高的山巒。隨著時光的流逝，這些排泄物逐漸硬化，變成堅硬的岩石，裡頭藏著從艾杜－威杜體內排出的貴金屬，因此所有地底深埋的豐富礦藏都來自於這條原初大蛇。

支撐地球

瑪烏和艾杜－威杜共同創造的大地，漂浮在遼闊的大海之上，而這一片大地與大海，全都包含在一個巨大的蒲瓜裡。然而，大地有太多的岩石和太豐富的礦藏，再加上瑪烏所創造的一切人類和動物，大地上的重量實在過於沈重，瑪烏心裡明白，她必須找出某樣東西來支撐大地，以免它沉下去。於是她告訴大蛇艾杜－威杜蜷起身子，緊緊包圍住大地，並將大地舉高，大地才不會沒入水中。艾杜－威杜很高興能待在冰冷的海水裡，因為他不喜歡大地的熱氣。他大部分時候都靜止不動，偶爾也會換個比較舒服的姿勢，這時會造成地面的劇烈震動，因而引起地震。

主要人物

在豐族的創世神話故事中，主要人物是從旁協助創世過程的大蛇艾杜－威杜，以及身分多重而複雜的創世女神瑪烏。瑪烏是大地和月亮女神，另一方面，她同時也是神祇組合體的其中一半，她的另一半是天空和太陽之神利撒。瑪烏和利撒相遇後結合為一，成為擁有兩個面孔的神祇，合稱為瑪烏－利撒。

▲ **艾杜－威杜**
這隻宇宙巨蛇支撐起大地。在一些故事中，他同時也撐起了天。當炫麗的彩虹出現時，表示他現身了。

▲ **瑪烏**
女神瑪烏據說住在天上。她的眼睛散發出微微的光芒，因而也有傳說是她眼中的微光創造了月光。

有一天，艾杜－威杜
將會吞噬自己的尾巴，
屆時，世界也將沈入大海之中。

孔族的起源

對喀麥隆西北部的孔族人（Kom）來說，蛇扮演的是祖先的角色，並未參與創世的過程。從前，孔族的酋長在和鄰近的豐族作戰時受到重傷，他告訴族人，要跟著巨蛇的行跡移往新的定居地。酋長死後不久，一隻巨蟒出現了，族人緊緊跟在牠彎曲蜿蜒的行跡之後，最後，大蛇終於停了下來，孔族也就在此地落腳，展開新的生活。

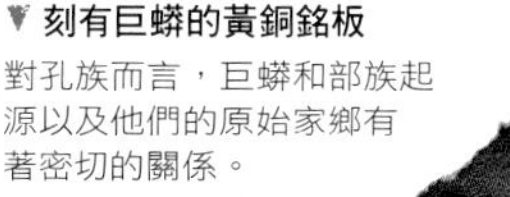

▼ **刻有巨蟒的黃銅銘板**
對孔族而言，巨蟒和部族起源以及他們的原始家鄉有著密切的關係。

宇宙的樣貌

在非洲西部地區，有些民族就和馬利的多貢族（Dogon）一樣，將世界和天空想像成一顆蛋。另外還有些民族認為，宇宙的形狀就像蒲瓜，如對豐族人來說，蒲瓜的一半代表天空，以及空中的太陽與月亮，另一半則代表一個盛水的大容器，漂浮在水上的就是大地。至於大蛇艾杜－威杜，他的工作就是把分成兩半的大瓜瓢撐開。

蛋

蒲瓜瓢

尤魯巴的創世故事

根據奈及利亞尤魯巴族的傳說，天神奧羅杜馬雷派兒子奧巴塔拉（Obatala）下凡創造大地。他給兒子一袋泥土、一隻母雞和一棵棕櫚樹。奧巴塔拉從袋子裡取出褐色泥土，撒在水面上，陸地就出現了。他又把母雞放在地上，母雞四處不斷抓刨，把泥土分開，非洲大陸也就形成了。然後奧巴塔拉用黏土創造了人類。

► **棕櫚樹**
棕櫚樹是奧羅杜馬雷所賜予的珍貴禮物，它的樹汁、油脂和果實，都成為尤魯巴部落相當有用的資源。

▲ **奧巴塔拉**
根據某些傳說的描述，奧巴塔拉（意為：穿白袍的王）是尤魯巴第一座城市的建造者，他的代表特質為純潔、誠實與祥和。

▲ **白色母雞**
奧羅杜馬雷派一隻白母雞協助奧巴塔拉創造地球。這隻母雞長了五個趾頭，四處挖挖刨刨，在地上創造山脊和谷地。

相關參考：非洲創世故事236-37, 252-53, 262-63．蛇與大蛇28-29, 48-49, 92-93, 98-99, 100-03, 160-61, 238-39

安那斯

蜘蛛安那斯是個愛作怪的搗蛋鬼，不過也是非洲西部地區的文化英雄，尤其在迦納境內的阿善提人心中更是如此。安那斯除了欺騙耍詐外，最為人津津樂道的，是他善用腦筋來智取比自己更強大的動物。人們喜歡一再傳述這一類的惡作劇故事，不僅是為了增加趣味，更用來強調大腦和力氣一樣重要。根據某些神話的描述，安那斯這個搗蛋鬼負責在人類與天神尼安美（Nyame）之間傳遞訊息。有些故事甚至認為，因為安那斯說服了天神尼安美創造出太陽和月亮，從此，大地上的人類才有了晝夜之分。

天神的傳信者

天神尼安美是打造萬物的創世之神，但在完成創世之後，其他的事他一律坐視不管。這時，凡間的人類在田裡不斷辛勤工作，完全沒有時間可以休息，安那斯聽見人們的抱怨，吐出一條絲，來到天上的尼安美面前請他幫忙，於是尼安美創造了夜晚，讓眾生能睡覺。然而，人類對黑暗恐懼不已，所以尼安美讓月亮高掛空中，為黑夜提供光亮。後來人們又因為天氣持續低溫而不斷發抖，安那斯再度來到天上稟告尼安美，天神於是在天空放上太陽，為人們提供溫暖，結果凡人無法抵擋如此的高熱，安那斯只好再順著自己吐出的絲上天，為人類請命。這一次，尼安美降下大雨為萬物消除熱氣，不料雨下得太大，洪水淹沒了人類，尼安美又叫洪水退去，最後總算皆大歡喜。

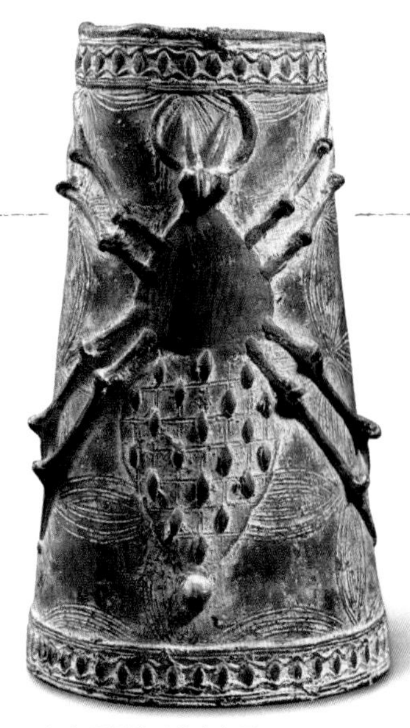

▲ 有安那斯造形的大杯子

這件青銅器製成的器皿來自奈及利亞，杯上雕刻著一隻大蜘蛛坐鎮網中，由此可以看出搗蛋鬼安那斯在非洲西部地區神話中廣為流傳。

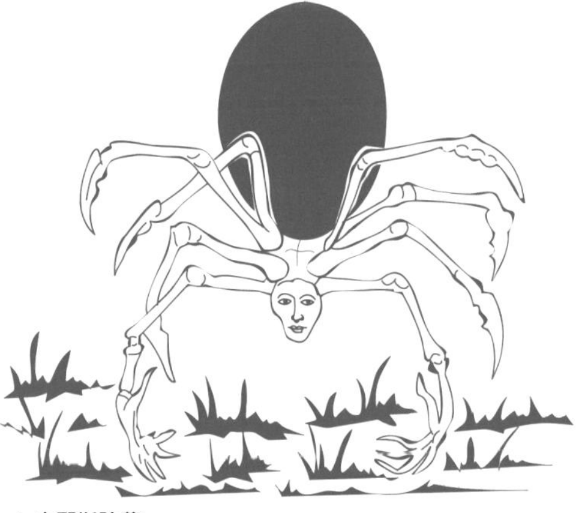

▲ 安那斯除草

根據某個故事版本的描述，安那斯除去一塊田裡蔓生的刺人雜草，而且全身而退，因而贏得了尼安美女兒的芳心。

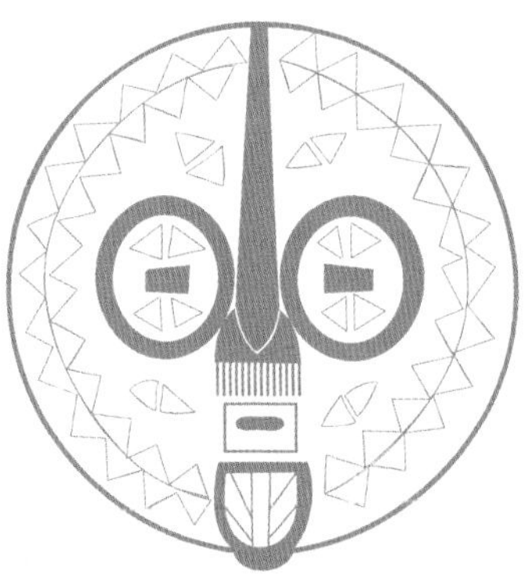

▲ 非洲的太陽與月亮面具

象徵太陽和月亮的面具在非洲西部地區相當常見。太陽和月亮分別為白晝與黑夜的代表，因而擁有重要地位。根據傳說，安那斯曾協助天神創造太陽與月亮。

故事主角

尼安美擁有世界上所有的故事，安那斯想向他買些故事，尼安美於是要他帶一些大黃蜂、一隻巨蟒，還有一隻花豹，做為買故事的代價。安那斯把大黃蜂騙進葫蘆裡，然後拿一根長棍子去找巨蟒，佯裝想比較棍子和巨蟒的長短，巨蟒伸直躺在棍子旁，安那斯快手快腳把牠綁在棍上，巨蟒手到擒來。隨後，安那斯為捕捉花豹挖了一個地洞，在洞上蓋上樹枝加以掩飾，花豹不疑有他，掉到洞裡束手就擒。安那斯把三種動物帶到尼安美面前，實現所有條件，因而贏得了世界上所有的故事。

◀ 花豹

花豹以奔跑速度飛快而聞名於世，並且又是擅長狩獵的動物，照理說安那斯根本不可能成為花豹的對手。

▼ 巨蟒

巨蟒通常靠著絞緊身子來殺死獵物，所以安那斯誘騙大蛇並把牠綁起來，這樣牠就無法發動攻擊。

智取大象

有一天，一隻大象很無聊，希望其他動物和牠一起用頭互撞比賽。除了安那斯外，其他動物懼怕大象的力氣都沒有答應。安那斯和大象約好，比賽將連續進行十四個晚上，前七個晚上由大象先攻。隨後安那斯邀請一隻羚羊晚上到家裡來，因為他想給羚羊一些食物。當時四處正鬧飢荒，羚羊一聽就答應了。結果那天晚上，大象在黑暗中撞死了羚羊。接下來的六天，安那斯用同樣手法騙來了更多動物。七天之後，輪到安那斯展開攻擊，他帶著槌子和楔子，仔細瞄準大象頭部後給予致命的一擊，一下子就殺死了大象，在這場實力相差懸殊的比賽中獲得勝利。

► 大象

這個故事還有另一個版本，據說安那斯第一次攻擊後，大象只覺得頭痛，第二晚安那斯攻擊時瞄得更精準，終於殺死大象。

爭執的由來

從前，有一個人很喜歡和別人爭執，而且還因為動物不認同他的想法就殺了他們。安那斯決定要和這個人交手。當男人開始對安那斯講些稀奇古怪的故事時，安那斯邀請他回家坐坐，但等男人一進門，怎麼也看不到蜘蛛的蹤影。這時安那斯的孩子請他吃最辣的辣椒，讓他的嘴巴像火燒般灼痛。他想喝水，孩子們說，水放在爸爸的燉鍋上，他們怕倒水時會和鍋裡的水混在一起。男人覺得這個藉口十分可笑，和他們爭辯了起來，安那斯回來後對大家說，這個男人老是和別人爭吵不休，實在該死，於是就把這人殺了，並把他的屍體撕成好幾塊，四處丟棄。就這樣，世界各地散布著爭執。

▼ 常見的民間故事素材

辣椒雖然源自美洲，卻成為非洲西部地區食物中相當常見的調味料，後來也融入當地的民間故事裡，例如在蜘蛛與愛吵架的男人的神話中，就可看到它們出現。

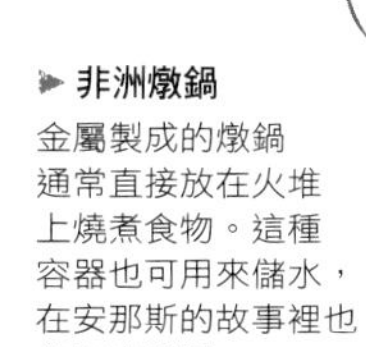

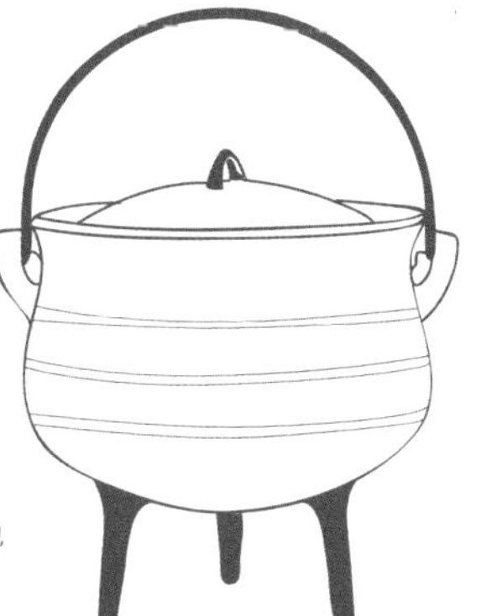

► 非洲燉鍋

金屬製成的燉鍋通常直接放在火堆上燒煮食物。這種容器也可用來儲水，在安那斯的故事裡也曾經出現過。

相關參考：蜘蛛36-37, 228-29．搗蛋鬼 60-61, 96-97, 100-03, 272-73, 286-87, 288-89, 310-11, 340-41

神話傳說中的英雄

世界神話體系中充滿英雄的故事，他們往往是凡人與神結合後生下的子嗣。這樣的背景，讓英雄從父親或母親身上傳承無與倫比的特質，例如：超乎常人的神力、勇氣、智慧，或是能從地府等凶險之處全身而退的特殊能力。此外，他們還成為人民的領導者、建立國家或帝國、在戰爭中扮演決定性的角色、殺死怪獸、匡正錯誤。不過，他們的勇氣，往往也引導他們邁向英雄式的死亡。

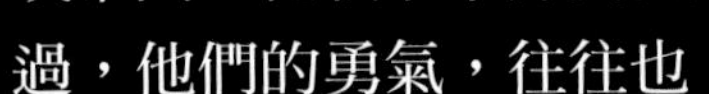

瓊瓊杵

瓊瓊杵（Ninigi）是日本太陽女神天照大御神（見223頁）的孫子，他是仁慈的大地統治者，教導人們種稻，並把神聖的王權傳給後代天皇。

哪吒

哪吒是中國傳說中的英雄，也是一位勇猛的戰將。他出生時是一顆肉球，孩童時期就擁有異於常人的神力，而且擁有能化為三頭六臂的變身能力。

阿周那

阿周那是印度史詩《摩訶婆羅多》當中的偉大射手（見206-207頁）。在他無心戀戰時，克里須那曾說服他，他天生注定會成為戰士。

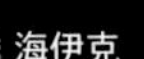

海伊克

西亞地區亞美尼亞的民間故事裡，海伊克（Hayk）是傳說中的英雄人物，他的射箭技法高超，後來殺死名為巴勒（Bel）的邪惡巨人，建立了亞美尼亞王國。

穆山揚那

他是神話中的戰士英雄，也是非洲南部貝索托族（Basuto）的酋長，據說一出生就全副武裝，而且還殺死了怪獸（見275頁）。

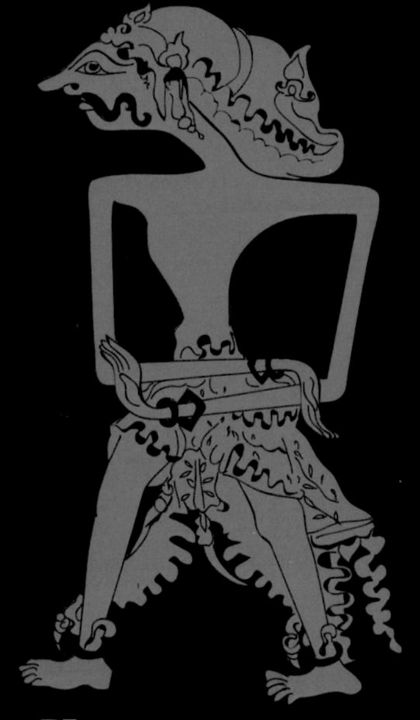

馬勇

馬勇（Aswatthama）是《摩訶婆羅多》中的戰士（見206-207頁）、德羅納之子、般度族與俱盧族的導師，同時也是大戰後俱盧族軍隊中少數倖存者之一。

▲ **高文**

高文爵士是亞瑟王的圓桌武士之一（見126-127頁），他接受挑戰，前往砍下綠巨人的頭，結果差點在這次的冒險裡丟掉了自己的性命。

▲ **渥夫迪特里希**

渥夫迪特里希（Woldietrich）是日耳曼語系傳說中的英雄，通常被認為是英雄狄特里希（Dietrich，見104頁）。他遭自己的父王遺棄，在長期放逐後又回國為爭奪王位而戰。

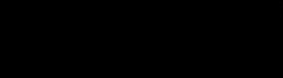

◀ **格魯斯卡普**

格魯斯卡普（Glooscap）是美洲許多森林原住民族的百變英雄。傳說山上有隻老鷹一拍動羽翼就會帶來恐怖的風暴，於是他把鷹的翅膀綁了起來。

◀ **尼奧普托勒莫**

尼奧普托勒莫（Neoptolemus）是阿基里斯和公主戴達米亞（Deidamia）之子，在特洛伊戰爭（見60-61頁）中奮勇殺敵。有些古代文獻則說他是嗜血的殺手。

▼ **赫克特**

普立安王（Priam）之子赫克特（圖左）在特洛伊之戰（見60-61頁）率領特洛伊軍隊，原本毫無敵手，後來阿基里斯（圖右）追著他繞特洛伊城三圈才將他殺死。

▲ **奧瑞斯提**

希臘英雄奧瑞斯提是阿加曼農的兒子。阿加曼農從特洛伊戰爭回國後，遭妻子克莉坦娜絲和情夫埃吉斯托斯謀害（見71頁），後來，奧瑞斯提又將母親及她的情夫殺死。

◀ **金圖**

東非烏干達的布干達族（Buganda）神話中，金圖（Kintu）是世界上第一個人類。他與飼養的牛相依為命，後來才和造物神的女兒南碧（Nambi）結婚。

▲ **一位文化英雄的臉**

這件來自剛果民主共和國的面具，由庫巴．布申哥族（Kuba Bushongo）所製作，面具象徵他們的創立者與文化英雄烏特（Woot），上面裝飾著寶螺的殼，以及手工雕製的紅、白、藍色珠子，十分精緻。

非洲中部

非洲中部地區最主要的地形是剛果河形成的盆地，
剛果河是世界上最長的河流之一，盆地內有範圍遼闊且濃密的雨林。
非洲中部地區的神話故事，充分反映出此地豐富且生機蓬勃的熱帶地景。

居住於非洲中部的民族和非洲南部許多居民一樣，使用的語言都源自班圖（Bantu）語群，因此，非洲中部地區的班圖語族，有部分神話內容和更南方班圖語族的情節相同，其中包括關於英雄的故事。這些英雄通常會遭遇各種怪獸和惡魔，而且往往因為擊敗他們而得到權力和王位，例如尼揚戛族（Nyanga）的史詩英雄門多（Mwindo）就是相當出名的例子。非洲中部地區的其他民族還擁有多神的神話系統，眾神各自掌管宇宙間的特定自然現象。

創世神話

至於非洲中部各地的神話則有相當大的差異，不同版本的創世神話就是最好的說明。例如，剛果民主共和國布申哥族的創世傳說如下：至高無上的神藉由嘔吐創造了宇宙。他依序吐出太陽、月亮和星辰，然後吐出所有的動物，最後是第一個人類。居住在加彭、剛果民主共和國及中非共和國境內的芳族（Fang）則認為，創世的過程分為兩個階段，不是一氣呵成的。首先，最早的創世之神將腋毛、一粒卵石及一部分腦子混合在一起，創造出世界之卵。接著他以自己的精液塗抹這顆卵，隨後從蛋裡孵出了三位神祇，其中一位就是第二回合的創世者，他繼續造出陸地和人類。在剛果民主共和國的艾菲族（Efe）和姆布提族（Mbuti）等其他民族的傳說裡，創世之神在月亮協助下用黏土做出人類，然後為他們加上皮膚，並將血液注入肌膚之中，賜予人們生命。

▶ **家的守護者**

像右圖這樣的雕像被稱為畢特哥（bitegues），來自於剛果民主共和國境內的巴泰凱族（Bateke）。通常一家之長會將畢特哥放在家中面對大門入口處的某個角落，以保護全家不受邪魔的侵擾。

▶ **保護亡者**

根據非洲中部地區的克達族（Kota）傳統，人們會把具保護力的金屬人形貼在祖先的骨灰罈或其他重要遺物上，這個金屬人形被稱為「姆布盧－恩古盧」（mbulu-ngulu）。

神話與現實

構成非洲中部大部分地區的廣大濃密熱帶雨林中，神話顯然和日常生活有著密不可分的關係。皮格米族（Pygmy）認為，他們至高無上的神不僅是創世之神，也是狩獵之神。

在他們的神話裡，創世之神讓第一個人類由天上降至凡間，並透過特定動物與他創造的人類溝通，這個動物通常是大象（被視為雷霆之神）或變色龍。身為獵人之神，他造出所有動物做為人類的食物。他還從星星收集光亮，增添太陽在日間的亮度，為太陽每日持久的光線注入新生命。

英雄與搗蛋鬼

皮格米族的至高無上神也是人類的幫手，在許多非洲中部文化中，也有幾位文化英雄為人們帶來幾項特殊技能。剛果民主共和國的非裘族（Fjort）有個傳說中的鐵匠名叫馮紀（Funzi），他得到天神所贈予的火，並教導人們如何加工黃銅和鐵。在有些故事裡，文化英雄的任務會和搗蛋鬼的事蹟結合在一起，例如，剛果民主共和國的贊德族（Zande）認為，把火帶給人類的，其實是搗蛋鬼妥瑞（Ture）。由於這些傳說人物的存在，非洲中部地區的神話即使經過數幾千年的口耳相傳，依然與原住民的生活息息相關。

隆孔度

根據剛果盆地的芒戈－恩孔度族（Mongo-Nkundo）的傳說，隆孔度（Lonkundo）是他們民族的開創者，也是文化英雄。隆孔度的主要功績是教導人民狩獵，不過有些故事也描述了他的其他生平事蹟，尤其是他和幾位老婆之間的關係。據說他在森林裡搭建房子，並在捕獸陷阱裡捉到他最疼愛的老婆伊蘭卡卡（Ilankaka），後來，這些神話又衍生出關於隆孔度後代的其他故事，充分反映出森林狩獵者的生活既危險又難以預料。

第一位獵人

第一批人類不知道如何狩獵，也沒有什麼謀生技能，他們很懷疑，怎樣才能活下去。一天夜裡，隆孔度父親的靈魂出現在他的夢裡，他告訴兒子，搜尋動物留在地上的腳印，順著足跡追蹤，就能找到動物的藏身之處；找到之後，再用酒椰葉的纖維和小樹枝做成陷阱，就能捕捉動物了。隆孔度醒來後，照著父親的指示去做。他追蹤一隻動物，並在牠走過的路徑上設下陷阱。這個陷阱成功捕捉到獵物，於是隆孔度四處追蹤野獸並設立陷阱，為族人提供食物，並且教導族人如何自己設立捕捉動物的陷阱。從此以後，他們再也不用擔心缺乏食物了。

▲ **獵人的項鍊**

獵人和隆孔度一樣，經常會配戴首飾。這些飾品的材料取自於凶猛或有力的動物，例如象牙或獵豹的牙齒。獵人配戴這些項鍊，希望能藉此得到這些動物的力量。

◀ **設立陷阱**

隆孔度使用長而有彈性的枝椏，以及酒椰葉編成的長索來設立陷阱。狩獵過程最重要的部分是追蹤可能出現的獵物，如此一來，陷阱才能放在獵物經常經過的地點。

◀ **弓與箭**

隆孔度教會第一批人類如何狩獵之後，許多部落的弓箭手變成經驗老道的追蹤者，能在更接近獵物時才射箭。

▶ **飛刀**

飛刀是古代非洲獵人和戰士所使用的武器，原本的設計是為了能高速飛越空中，因此擁有非常強大的威力。

抓到老婆

有一天夜裡，隆孔度夢到他所設的動物陷阱捕捉到太陽。他醒來之後，像平常一樣去查看陷阱，發現有個陷阱裡透出強光，不禁大吃一驚。隆孔度走過去一看，酒椰葉纖維做成的繩圈上竟然綁住了一位名叫伊蘭卡卡（Ilankaka）的美麗女子。隆孔度把女子放了下來，並深深為她的美貌著迷，於是向她求婚。伊蘭卡卡答應了，但是她有個條件：他絕對不能張揚他是用陷阱抓到老婆的。隆孔度答應了，於是兩人住在一起。後來，隆孔度又娶了幾位老婆，整個大家庭也變得十分豐裕。然而，他們的發達引來其他家庭的嫉妒，於是隆孔度和幾位妻子決定搬到森林裡，重新展開新的生活。

抓到伊蘭卡卡
據說伊蘭卡卡被困在隆孔度為了捕捉動物而設置的陷阱裡。由於她沒有隨身攜帶刀子，因此，除了等待獵人出現外，幾乎不可能自行脫困。

鸚鵡
鸚鵡的亮麗羽毛，以及模仿聲音與話語的能力，讓人們以為牠們有能力預言未來，或者會為人們帶來好的預兆。。

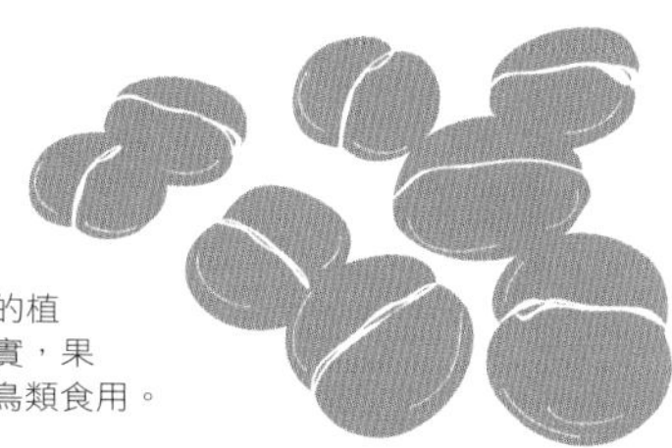

棕櫚果實
油棕是一種價值很高的植物，既可取油又有果實，果實還可供鸚鵡之類的鳥類食用。

失去老婆

隆孔度和幾位妻子搬到森林後，四處尋找可以設立新家的地點。過了一陣子，他們聽到鸚鵡的刺耳叫聲，認為是個好兆頭，就停下來建立家園。他們砍樹造屋，並依據當時的習俗，以人做犧牲獻祭。後來，隆孔度的一個老婆恩索貝（Nsombe）認為自己的房舍太小，為此和他爭吵，並帶著她的小孩尤尼娃（Yonjwa）離開了。大老婆伊蘭卡卡十分高興，覺得隆孔度還是最愛她。伊蘭卡卡平時種植棕櫚樹，採收棕櫚果實，一回隆孔度想多分些果實，兩人起了爭執。隆孔度忘了他曾答應不會拿抓到老婆的事來吹噓，大聲嚷嚷：「別忘了，你是我用陷阱抓到的。」結果伊蘭卡卡就此消失了。

伊騰德與黎安佳

隆孔度後代子嗣中，以孫子伊騰德（Itonde）最為人所熟知，他是尤尼娃的兒子，也就是和隆孔度吵架後離開的那位老婆恩索貝的孫子。伊騰德是著名的探險家，穿越森林旅行，四處雲遊，遇到各種動物都為牠們命名。有一天，他在林中遇見一位名叫姆邦貝（Mbombe）的女子，兩人結為連理。姆邦貝懷孕時，很想吃一種小鳥帶來的奇特果子，伊騰德為了找到更多這種果子而出門，卻遭仇人攻擊而喪命。姆邦貝忍住悲痛產下了多胞胎，這些孩子成為非洲中部地區芒戈語系（Mongo）各部族的始祖，其中一位名叫黎安佳（Lianja）的男孩後來更成為英雄，為父親之死報了仇。

芒戈族的黃銅短劍
製作精良的短劍，是芒戈族獵人極為珍惜的財產，也是擁有顯赫地位的象徵。

為動物命名
人們認為，伊騰德能為各種動物命名，對動物世界想必有很深入的瞭解，並且擁有能影響牠們行為的力量。

相關參考：獵人 266-67, 272-73, 334-35．文化英雄 26-27, 214-15, 262-63

門多

門多的故事是一部傳統史詩，屬於剛果民主共和國境內的尼揚戛族，透過口頭傳說與演出而代代相傳。門多擁有許多神奇的本事，其中包括無可匹敵的神力，以及預見未來的能力。他的特殊際遇與冒險歷程也不少，例如他與親生父親長期處於敵對狀態，另外，根據史詩的描述，他不但去過地府，在亡者的國度裡展現了神力，後來更上了天庭，向諸神學習新的智慧。

門多的誕生

門多是土邦多（Tubondo）酋長仙溫多（Shenwindo）和他最疼愛的妻子共同孕育的兒子。他一出生就擁有能夠預知未來、打敗惡魔的能力，同時也熟稔能在水陸空或地底自由來去的各種技能。然而，他的父親仙溫多並不想要男孩，尤其是本領如此高強的兒子。他擔心年輕人將會挑戰他的權威，因而打算殺死門多，不過由於門多擁有神力而無法成功。後來，仙溫多要求族裡的長老合力把門多封在鼓裡，然後再把鼓丟進河中，除去這個眼中釘。幾位長老依言辦理，沒想到這個鼓順流漂到仙溫多的姊姊那兒，她因而救了門多一命。

▶ 門多

門多是傳說中典型的神童，一生下來就能走路，也會說話。他天生擁有這種異於常人的力量，因此最強大的戰士也無法打敗他或把他殺死。

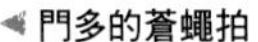

◀ 門多的蒼蠅拍

門多隨身攜帶一個具有神奇魔力的蒼蠅拍，一旦有人朝著他丟擲長矛，他只要拿起這支蒼蠅拍在空中一揮，就能讓飛來的武器偏離方向。

▼ 封存在樹幹裡

在這個神話的某些版本裡，仙溫多的同黨把小門多封在中空的樹幹內，讓他順著河水流到下游去，他們以為這麼做一定能置他於死地。

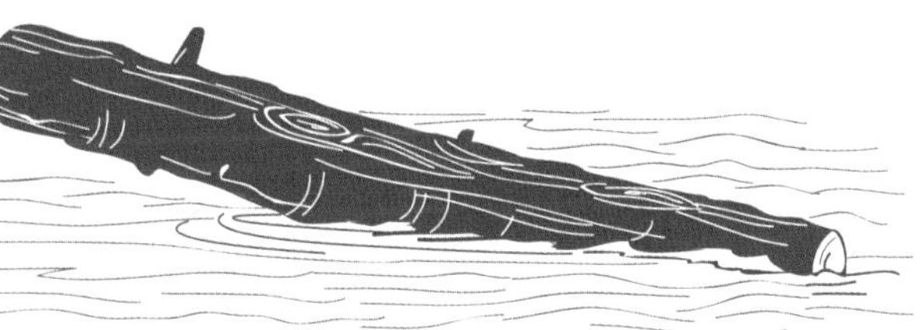

我是門多，生下來就能走路，
生下來就會說話。啊，父親，
你竟然企圖殺我……
然而，你如何傷得了我？

阿隆・謝普，《魔法蒼蠅拍：非洲的超級英雄傳說》
（Aaron Shepard, *The Magic Flyswatter: A Superhero Tale of Aftica*），西元2008年

▲ 貝殼腰帶

地府的統治者謬撒有一條神奇腰帶，腰帶一旦打到人，就會讓人粉身碎骨。謬撒下令要它攻擊門多，將他掠倒在地，不料門多揮一揮他的蒼蠅拍，這條腰帶完全無法傷害他。

▶ 土豚恩譚巴

門多追逐父親仙溫多時，遇到一個名叫恩譚巴（Ntumba）的土豚精靈。他發現仙溫多就躲在恩譚巴的身後，因此把這個藏匿他父親的精靈狠狠揍了一頓。

追至冥府

門多從仙溫多封存他的鼓中逃出後，發誓一定要回家找父親報仇。他的幾位舅舅送他一副鐵製的盔甲，並且和門多聯手摧毀了仙溫多的家，殺死好多人，不料仙溫多卻逃到冥府去了。門多緊追不捨，來到了冥府，他先和冥府的統治者謬撒（Muisa）進行搏鬥，隨後來到他的父親面前。最後，仙溫多終於投降，為了之前企圖殺死門多而表示歉意，同時父子倆協議將王國分成兩半，一半由仙溫多治理，另一半交給門多管轄。他們兩人回到人間後，門多也讓所有當初在戰鬥之中死去的人全都復生。

▶ 閃電大師

這個名為恩庫巴（Nkuba）或閃電大師的精靈，外形就像一隻刺蝟，牠以連續不斷的閃電協助門多攻擊仙溫多的村落。

上天修練

有一天，門多和幾位隨從一起外出狩獵，途中遇見一隻龍吃掉了他的幾位同伴，因此門多把龍殺死，從龍的肚子裡救出了屬下。然而，有一位名叫閃電大師的精靈，他和門多及龍雙方都是朋友，龍的死讓他心裡十分難過，於是閃電大師把門多帶到天上，希望教他一些道理。門多在天上接受了許多艱艱的考驗；閃電大師還告訴他，無論是凡人或是超級英雄，所有人都該尊重其他動物，因為對諸神來說，牠們都是神聖的物種。當門多獲准從天上重返人間後，他告訴所有的族人，一切生物都是神聖的，都應受到尊重。自此之後，他以智慧來治理百姓，王國內平靜了許多年。

傳誦史詩

門多的史詩如今已有文字紀錄，不過它原本是一段完整的表演，形式是冗長的口頭敘述，再穿插歌唱、謎語、諺語、禱詞，以及其他旁白，同時再加上鼓聲和笛聲的伴奏。表演這首史詩的說書人就這樣將它一代代傳承了下來，他們十分珍視這個敘事故事，認為它不僅是一種娛樂，更具體展現了自己民族的歷史、價值觀與信仰。人們相信，透過史詩的表演過程，說書人得以獲得庇佑，免於病痛並且遠離死亡。

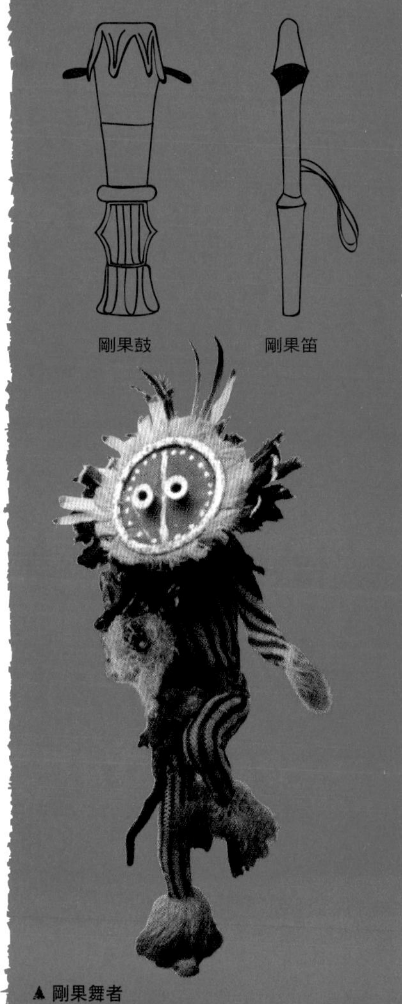

▲ 剛果舞者

舞蹈是非洲文化及口傳文學的重要核心。完整的門多史詩演出通常需要長達數天的時間，表演時，人們必須穿戴傳統服飾，隨後在幾天之內不停地跳舞、唱歌與吟頌。

相關參考：王國之爭158-59, 200-03, 206-07

有智慧的國王

剛果東南地區的布申哥族有一個關於偉大統治者尚巴．波隆貢哥（Shamba Bolongongo）的神話，內容描述了尚巴的成就。在人們的心目中，尚巴是國王，同時也是文化英雄，他正直又有智慧，據說是十七世紀時期實際在位的某位君主，他統一眾多部族，建立強大且具影響力的政治實體。他之所以受到人們的尊崇，除了本身充滿智慧，也由於他避開暴力與戰爭，選擇以智慧來締結盟邦或解決爭端。

尚巴．波隆貢哥

在這個木雕的權杖上，描繪了國王坐在王座上，嚼食著一種具有療效的樹根。他的兩腿交叉，儀式性地一絲不掛，正是典型的布申哥族人。

神話

尚巴．波隆貢哥是布申哥族的王子，充滿好奇心，而且十分好學。身為王位繼承人，尚巴心裡明白，若想更有效率地統治人民，就必須更進一步瞭解人民和他們的生活方式，同時也必須更明確地掌握他們的需求。因此，尚巴從年輕時期就開始四處旅行，走過的地方不計其數。在每趟的旅程中，他盡其所能地向王國境內和其他地區的不同民族學習；只要是這位王子認為將來可能會為他的子民帶來富裕繁榮、平安幸福的事物，都是他學習的目標。

文化英雄

尚巴結束旅途後返回國內，即位成為布申哥族的國王。他將各種新穎的技能傳授給人民，這些技能後來也一直在布申哥族裡廣泛使用。尚巴國王教導人們如何用酒椰葉的纖維來製造織品，以及如何用這些織品來做成衣服。他還教會人民正確調理營養的樹薯根的方法，確保烹調的時間夠久，足以去除可能殘留在植物中的毒素。此外，尚巴也種植棕櫚樹，用它們來製作肥皂；他同時也將吸菸草的習慣帶進了布申哥族的生活當中。

和平愛好者

布申哥族是一個好戰的民族，擅長使用各種武器。不過，尚巴痛恨暴力及殺戮，希望能讓他的人民學習和平之道，因此，他在登上王位不久之後就發布了命令，禁止人們在作戰時使用弓箭，以及一種叫做申戈的飛刀。原本人民認為，在這位禁止使用武器的君主統治下，壞人將為非作歹，但事實證明他們的想法錯了，因為尚巴比任何一位國王更加嚴懲罪犯。儘管如此，他不輕易判處死刑，那是只有面對最窮凶惡極的犯人才會採取的最終手段。

漸漸的，人民明白國王尚巴敬重每一位百姓。他特別關心婦女和兒童，如果有任何人企圖傷害婦孺，一定會受到嚴厲的懲罰。人們找尚巴協助解決問題或爭端時，他一定能提供良好的建議，或為眾人做出公平的裁決。自此之後，尚巴就被視為理想的統治者，雖然不是每一位布申哥的君主都能像他一樣有智慧，或像他這般卓越，不過他們都希望能夠追隨他的腳步。布申哥人通常將尚巴在位的那段期間稱為他們的黃金盛世。

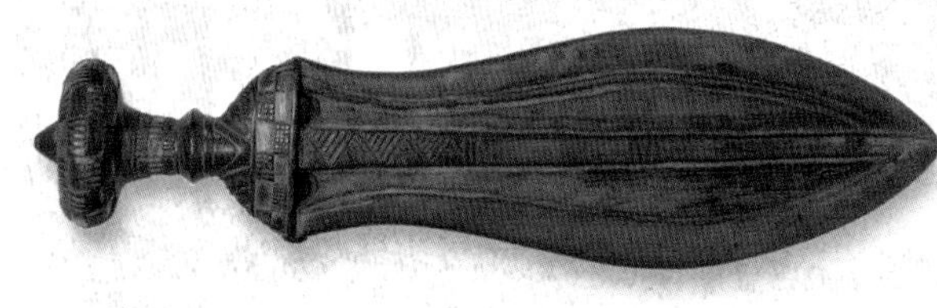

木質匕首

尚巴的王位象徵是一柄木質匕首，不過這只是一個儀式性的武器，因為這位國王極度厭惡暴力，只有在非不得以的極端情況下才會使用武器。

▲ 酒椰織物
酒椰的葉子纖維與枝條可以用來製作繩子、屋頂外層以及其他物品，不過最常見的製作物是圖案粗獷的織品。

▶ 樹薯
樹薯引進非洲後，很快就普及於各地，成為人們的主食。根據傳說，如何正確烹調這種植物以去除毒性，就是尚巴帶給人民的恩賜之一。

▲ 菸草植株
西元1560年前後，歐洲商人將菸草由美洲運至非洲西部，此後菸草可能逐漸獲得尚巴等當地統治者的推廣與提倡。

文化英雄的禮物

根據傳說，尚巴將許多技術引進百姓日常生活中，而且後來證實都對人民極有助益。這些新奇事物是否如故事所說的，都是由那位十七世紀的國王所引入，我們無從得知。樹薯和菸草之類的物品約在十六世紀從美洲傳到非洲，因此傳說可能是根據事實而產生的。不過，酒椰完全是非洲的本地植物，史實所本的尚巴國王可能率先把它拿來編成織物。

布申哥族

布申哥族在非洲中部庫巴人之中居於主導地位，十六世紀以來，他們就以部落聯邦的形式存在。布申哥族有豐富的神話傳統，故事以許多自然界精靈和古聖先賢為中心。根據他們的創世神話，至高無上之神邦巴（Bumba）嘔吐時創造了太陽、月亮和星辰，又吐出動物和第一個人類——烏特後就把世界交給人類。在儀式性的慶典期間，每個國王都要戴上莫仙波威面具，代表原初祖先烏特。

莫仙波威面具

> 不可殺害男子、女子，抑或孩童。
> 難道他們不是申貝（神）之子？
> 難道他們沒有權利繼續生存？
>
> 尚巴·波隆貢哥

庶民的遊戲

另一項由尚巴推廣的發明，是稱為勒雷（Lele）或曼卡拉（Mancala）的遊戲。尚巴發明這個遊戲，是因為他發現人們沉迷於賭博。為了鼓勵人們進行比較安全的娛樂，他教大家玩勒雷。有人認為勒雷是世界上最古老的盤局遊戲，事實上，勒雷發源於阿拉伯世界，後來橫越非洲才傳入此地。勒雷的玩法是使用一塊具有若干凹槽的木板（總數約有三十二個），玩家把小籌碼、核果或石頭放在這些凹槽裡，隨著遊戲的進行而不斷累積籌碼。

和平與正義

在傳統的非洲西部社會當中，兩人或不同家庭之間所發生的爭執，必須由村落的首領出面解決。同理，較大規模的爭端則需交由國王來化解。人們之所以向這些領導者尋求協助，一來是因為領導者的身分地位賦予他們權威，二來則是因為人們相信領導者與祖先或神明有所連繫，而這種想法更強化了領導者權威。人民習於遵從統治者，因為統治者擁有執行一切想法的權力；然而，如果一位君王本身具有過人的智慧，那麼他的判決將更為人民所信服。

◀ 申戈
布申哥族的傳統武器申戈是一種飛刀，在尚巴統治此地的太平時期，他禁止使用這種武器是個重要的關鍵決策。

▲ 勒雷遊戲
勒雷遊戲由兩人一起進行，不同的板子上有不同數目的凹槽，不過目標是一致的——想辦法在遊戲中比對手贏得更多的籌碼。

相關參考：文化英雄26-27, 214-15, 258-59．旅行 34-35, 44-45, 64-67, 78-79, 120-21, 220-221

▲ 吉庫尤族的儀式用盾牌

類似上圖的盾牌，肯亞的吉庫尤人已使用了數百年的時間。圖中展示的這個盾牌，是為了在割禮之後的儀式中跳舞時使用的。對吉庫尤的男孩來說，接受割禮就表示他已由兒童進入成人世界。

非洲東部

非洲東部地區的神話故事，主要描述偉大的眾神為人類帶來生活必需物品，內容由降雨到牛群，一應俱全。除了這些神祇外，還有其他數千個精靈，他們往往為人們的生活帶來直接且與個人較為有關的影響。

非洲東部地區北起衣索比亞，往南經過肯亞和坦尚尼亞，直抵辛巴威及馬拉威北部。人類在此居住的歷史遠比世界上其他地方更為悠久。在肯亞的庫比佛拉（Koobi Fora）及坦尚尼亞的奧杜威谷地（Olduvai Gorge），考古學家在遺址裡發現最早的人類遺跡，以及與人類相關的原人遺跡，其中有些甚至可追溯至四百萬年前。非洲東部的地理條件變化多端，許多高地大致涼爽又乾燥，靠近海岸地區則炎熱而潮濕。人類在此居住的長久歷史，發展出各種文化，同時也充分反映了這些地理特色。在這些不同的文化裡，例如肯亞與坦尚尼亞的馬賽族、馬拉威的壇布卡族（Tumbuka），都擁有許多出色的神話。

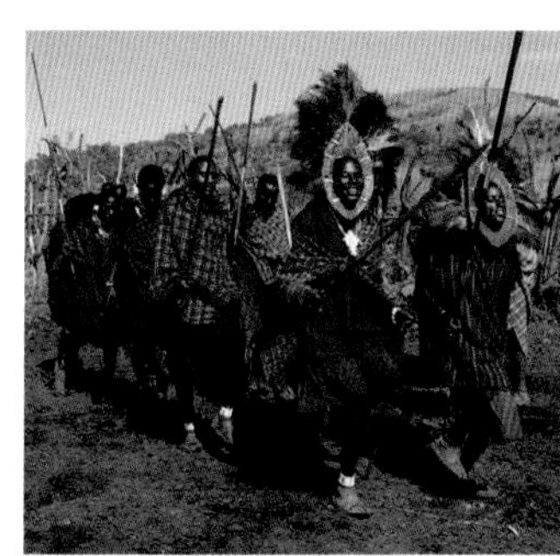

▲跳舞的馬賽族男人

坦尚尼亞的馬賽族男人依儀式之需帶著長矛做為武裝，跳起儀式性的舞蹈。依照傳統，這一類的舞蹈是在他們準備作戰、成年禮或歡迎客人時進行的。

馬賽牧人的牛隻神話

馬賽人傳統上依靠放牧牛隻維生，他們最重要的神是創世之神恩凱（Enkai），在某些神話版本裡，他為馬賽人帶來了第一隻牛，而從這些故事中也可看出，選擇狩獵、採集或農耕生活的其他民族扮演了什麼樣的角色。馬賽人的萬神殿裡冠蓋雲集，其中包括恩凱的配偶——月之女神歐拉帕（Olapa）。牛隻是人們賴以維生的支柱，同時也出現在馬賽族關於死亡與來生的神話中。每個人在出生後都有守護靈守護著，而當死亡來臨時，守護靈就成為亡者的審判官，在世間為善的人，靈魂可以前往一個牛隻眾多的國度；在世時行事猥瑣的人，靈魂就會去到一個沒有水也沒有牛的地方。

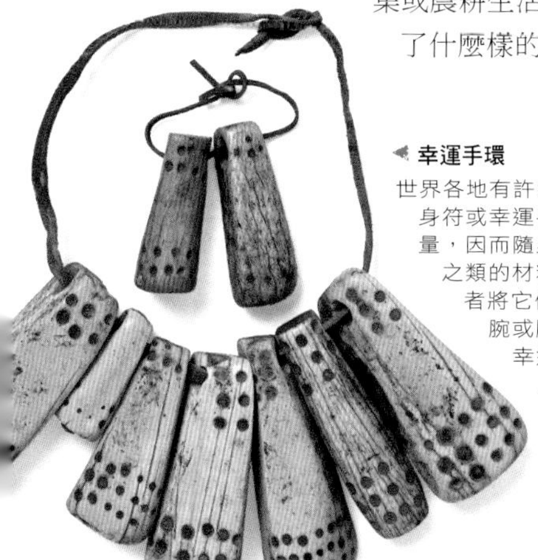

◀幸運手環

世界各地有許多文化都認為，護身符或幸運手環具有特別的力量，因而隨身攜帶這些用骨頭之類的材料製成的物品，或者將它們穿戴在脖子、手腕或腳踝上。左圖中的幸運手環來自衣索比亞，據說可以確保牛隻成功繁衍。

精靈與動物

除了至高無上之神，許多文化都有一大群其他精靈。這些精靈有時有動物的形體，許多傳統中趣味或勸世的故事都和這些動物有關，有些甚至已流傳到世界各地廣為人知，例如，馬拉威壇布卡族的至高無上之神名叫裘塔（Chiuta），他是壇布卡族的創世者，是萬能的天神，開啟了宇宙創世的過程，同時也是豐饒之神，帶來賦予生命的雨水。壇布卡族除了與裘塔相關的神話故事外，還流傳著關於三種動物的故事：聰明的烏龜、愛搗蛋的野兔，還有邪惡的土狼。在這些故事中，人們靠著烏龜的智慧，才能打敗野兔的詭計或土狼的惡行。

成年禮

除了這一系列的神話及寓言之外，非洲東部和非洲的其他地區一樣，擁有相當豐富的儀式與慶典的傳承。各種儀式分別搭配特別的音樂與舞蹈，標示出人生歷程中的幾個重大階段，其中尤以青少年轉變為成人的成年禮儀式最為重要。儘管經過殖民時期或近代的洗禮，此地已和非洲以外的其他文化長期接觸，不過這些儀式與典禮至今依然保留得相當完整，傳統信仰與傳說因而也得以生生不息。

第一群牛

馬賽族大多住在肯亞境內，以放牧牛隻維生，他們有許多神話內容描述人類如何開始擁有牛隻，而在非洲其他放牧民族裡也有類似的故事，可見牛隻對當地生活富足與否有很大的影響力。在其中一個神話裡，有一個人出身肯亞及坦尚尼亞以狩獵採集為生的部族，他和出身馬賽族的人形成了強烈的對比。這些以狩獵採集為生的人，通常被放牧民族稱為多羅布（Dorobo），意思是沒有牛的人。

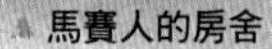

▲ 馬賽人的房舍

當天空之神從天上派送牛隻來到大地時，李伊尤躲在自己的屋內。傳統馬賽人的房舍牆壁是用牛糞糊成的，經太陽曝曬後，牛糞就會變硬。

神話

很久很久以前，有個多羅布人和一頭大象及一條蛇住在一起。有一天，大象生了小象，這個人靠近母象時，母象為了保護小象而攻擊他，結果他為了自衛而把母象殺死了，躲在一旁觀望的蛇也被他殺死，小象害怕自己性命不保，心生警覺逃走了，留下多羅布人孤伶伶的。

來自眾神的指示

小象不停地跑，遇到一位名叫李伊尤（Le-eyo）的馬賽族人，於是把媽媽和蛇的遭遇告訴他。李伊尤聽了後十分好奇，來到多羅布住處透過樹叢偷窺，想看看情況如何，卻驚訝地發現，眾神使者奈特魯克普（Naiteru-kop）正在和多羅布說話。奈特魯克普告訴他，隔天清晨到樹林裡的空地碰面，到時將會給他一份大禮。李伊尤決定比多羅布更早抵達約定的會面處。次日天才剛破曉，李伊尤匆匆出發趕到會面地點，這時多羅布還在熟睡。李依尤一到空地，奈特魯克普以為多羅布來了，便開始對他說話。神的使者叫他回家後在屋子附近圍起籬笆，然後殺死一隻野生動物並取下皮，再把肉放入皮裡。全部完成後，待在屋子裡靜靜等著。奈特魯克普強調，即使在屋子裡聽見外面傳來再大的打雷聲，還是要躲在室內，李伊尤回答他一定會遵守。

▲ 生火

馬賽人旋轉一根引火棒，利用摩擦生熱來生火。根據一些神話故事的描述，馬賽人的牛隻就是乘著引火棒而降臨大地上的。

牛隻出現

李伊尤回到家，一切都依照指示辦理。不久，外頭傳來一陣雷鳴般的聲音。起先，李伊尤留在屋內，但聲音實在太驚人，他嚇得不停發抖。後來，他還是忍不住出去一探究竟。他看到天空之神恩凱從天上降下一條獸皮，一大群牛順著獸皮走下人間，令他大吃一驚。就在他看著這一切時，獸皮隨即消失在天際。這時李伊尤有了好多牛，天空之神告訴他，如果他聽話乖乖待在房子裡，應該還能得到更多牛隻。自此以後，馬賽人成為世界上所有牛隻的主人，多羅布則不得不繼續過著他們原本的狩獵生活。

牛與馬賽人

馬賽人相信他們被賦予任務，有責任守護世界上的所有牛隻。在傳統的馬賽族聚落中，每個人都必須參與照顧牛隻的工作，男人負責放牧，女人負責擠奶。牛身上的肉和乳汁是人們的主食，牛皮可用來製作衣服，牛角和牛骨則可製成各式的用具。有時如果沒有其他東西可以飲用時，人們甚至會喝下牛血。因此，每個家庭所飼養的牛隻數量，顯示了他們的財富狀況以及社會地位。即使在今天，馬賽人買賣其他物品時，仍可能會以牛隻來取代現金。

▲ **馬賽新娘**

當馬賽男人準備成家時，依照傳統，他的家人必須提供一筆聘金給女方家庭。通常，馬賽人會以牛隻來做為聘金。

▲ **地位的象徵**

每個馬賽族的家庭大約擁有十五頭牛，這個數量足以穩定供應牛奶與牛肉，而且還能留下足夠的牛隻來繁殖或在交易中交換。

一夫多妻制的起源

肯亞的農耕民族吉庫尤人（Kikuyu）長期與馬賽族通婚。吉庫尤族從母姓，不過卻允許男人娶一個以上的老婆。根據他們神話故事的描述，過去的情況正好相反，原本是每個女人擁有好幾位丈夫。然而，當所有女人都懷孕且無力防衛時，男人起而反抗，改變了習俗，因而獲得擁有多位老婆的權利。不過女人仍堅持部族的命名必須依循母系，她們同時還威脅男人，如果想讓孩子加上男人的部族姓氏，她們將會把生下來的所有男孩全都殺死。

► **吉庫尤族的男人與妻子**

這對吉庫尤族的夫妻身上穿戴著傳統的部族服飾；如今，矛和盾通常用於慶典儀式的舞蹈當中。

創世之神恩凱

許多馬賽族的神話都是以創世之神恩凱為主角。恩凱是天空之神，同時也代表太陽和雨，他和配偶月神歐拉帕一起住在天上。有一天，恩凱要求人們在夜裡把圍欄打開別關上，不過，並不是所有人都依照他的吩咐去做。遵從天神旨意的人隔天一早起來發現，原來恩凱賜給他們母牛、綿羊和山羊。這些人就是後來的馬賽人。至於多羅布則變成狩獵者，吉庫尤人則選擇以耕作來維生。

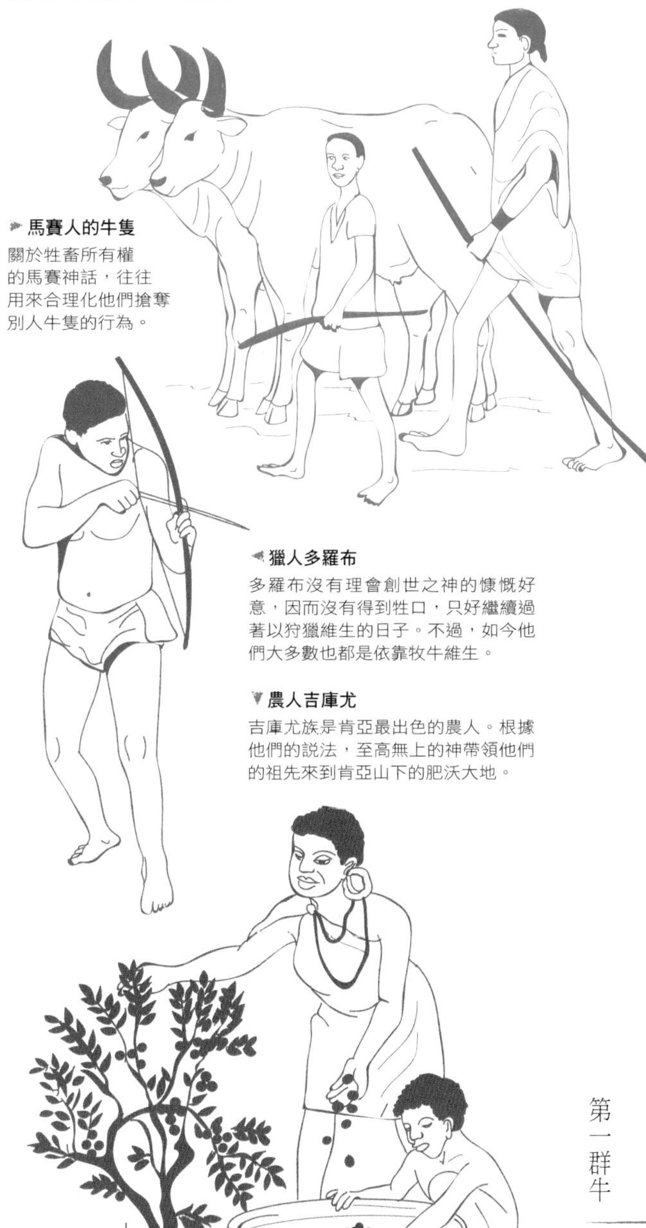

► **馬賽人的牛隻**

關於牲畜所有權的馬賽神話，往往用來合理化他們搶奪別人牛隻的行為。

◄ **獵人多羅布**

多羅布沒有理會創世之神的慷慨好意，因而沒有得到牲口，只好繼續過著以狩獵維生的日子。不過，如今他們大多數也都是依靠牧牛維生。

▼ **農人吉庫尤**

吉庫尤族是肯亞最出色的農人。根據他們的說法，至高無上的神帶領他們的祖先來到肯亞山下的肥沃大地。

相關參考：牛 90-91, 172-73, 224-25．非洲的天空之神 236-39, 252-253

薩滿

薩滿是儀式的領導者，也是治療者，又被認為是巫醫，在許多傳統社會當中，薩滿扮演著重要的角色。絕大多數的薩滿對自己民族的傳說與宗教有頗深的瞭解，同時，他們也藉由與精靈之間的神祕連繫來取得力量。與精靈的接觸，讓薩滿得以排除惡靈造成的傷害，藉以治療病痛，同時更能預見未來。

與精靈接觸

為了達成醫療效果或是求取預言，薩滿會與精靈世界進行接觸。他們往往利用音樂和舞蹈的催眠式韻律讓自己進入出神狀態，以便進入精靈世界，有時還會配合使用具刺激精神作用的物質。薩滿也經常會利用鼓聲的節奏，他們的鼓本身也是薩滿專用的法器。有時，薩滿會把自己與精靈世界的接觸視為一趟前往當地的旅程，並且把出神的狀態解讀為正在拜訪精靈，甚或是飛入精靈世界。

▼ **貝南的巫醫**
在非洲西部的貝南地區，巫醫一直相當受到人們的敬重，在貝南歷史裡，巫醫甚至曾經擔任過酋長。

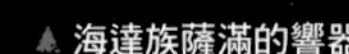

▲ **海達族薩滿的響器**
海達族（Haida）是北美洲西北部的民族，他們的薩滿依傳統會搖動特製響器來進入出神狀態。

▼ **西伯利亞的薩滿**
薩滿一詞源自於西伯利亞通古斯族（Tungus）的語言，薩滿在醫療和驅邪方面的作用，自古就是通古斯族傳統文化的一部分。

► **非洲薩滿的鼓**
典型非洲薩滿使用的鼓通常外型又瘦又長。訓練有素的人能透過它來創造繁複且饒富深意的樂聲，人們因而認為精靈確實會透過這個鼓說話。

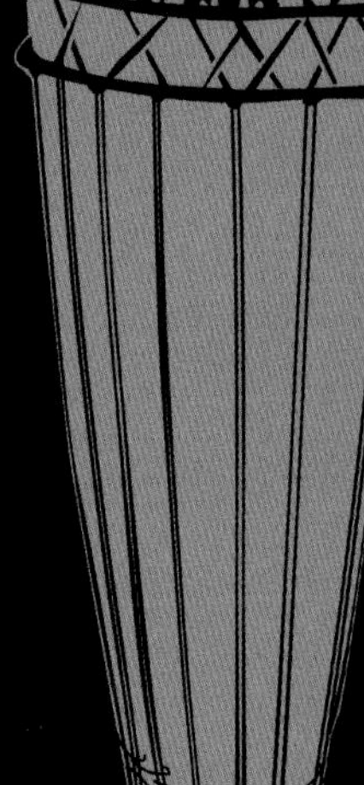

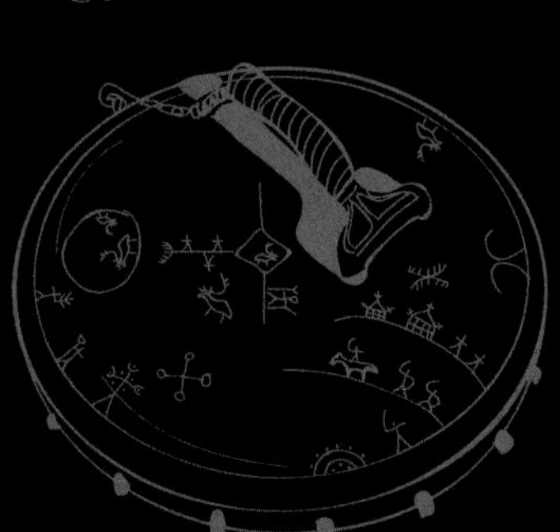

▲ **拉普蘭薩滿的鼓**
西伯利亞人或拉普蘭人（Lapps）等北方民族的薩滿，傳統上會使用馴鹿毛皮做成的淺鼓，鼓上裝飾著具有魔力的符號。

儀式用面具與死亡面具

具有精靈相貌的面具，是薩滿的重要道具之一。透過這個面具，薩滿不只是像演員戴上面具那樣喬裝成薩滿，而是能真的變成面具所描繪的精靈，或是讓精靈透過薩滿做為媒介來說話。和所有其他的薩滿道具一樣，面具的製作與使用都要十分謹慎。在某些文化中，人們還會為去世的薩滿提供一個面具，協助他由生者轉換至死亡狀態。

▲ **薩滿的死亡面具**
這個面具放在一位阿留申群島薩滿遺體臉上，以免他的靈魂留在體內不走。

▼ **威力強大的面具**
這個蒙古族的薩滿面具上繪有新月和星辰，這是代表力量的古老象徵。

▲ **稻靈面具**
這個面具上所描繪的是稻米精靈，印尼沙勞越的薩滿在稻田裡進行儀式時會佩戴這個面具，以祈求作物豐收。

▲ **易洛魁族的面具**
在北美洲的易洛魁族（Iroquois），屬於假面幫（False Face Society）的薩滿會戴上如上圖的面具，以便取悅精靈，並進行治療。

治療和符咒

薩滿的許多工作內容和治療有關，大多數的薩滿都相當熟悉如何運用具有療效的藥草。此外，許多文化自古以來就相信疾病是惡靈出現所造成的，驅除這類惡靈也就成為薩滿的傳統責任。許多薩滿會在身上佩戴符咒，避免讓這類惡靈靠近。

◀ **印尼薩滿的人偶**
印尼薩滿從很久以前就會使用圖中這種人偶來驅除邪靈，並招來好運。由人偶上刮下來的碎屑，也可成為藥劑的配方之一。

▲ **藥包**
一位美洲原住民的薩滿夢見老鷹，因而將老鷹綑綁起來，藉此引導來自友好精靈的力量。

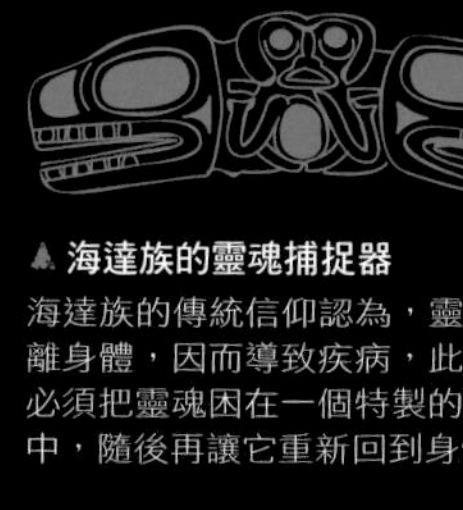

▲ **海達族的靈魂捕捉器**
海達族的傳統信仰認為，靈魂會脫離身體，因而導致疾病，此時薩滿必須把靈魂困在一個特製的道具當中，隨後再讓它重新回到身體裡。

◀ **海達族薩滿的項鍊**
海達族薩滿依傳統會佩戴項鍊，上面裝飾著具強力治療效果的符咒，符咒則由一塊塊骨頭組合而成。

靈力強大的女子

大多數的薩滿都是由男人擔任的，不過從韓國到南非，以及北美洲的西岸，有許多部族中也有女性的薩滿。一般來說，女性薩滿和男性薩滿執行同樣的工作，不過也有時人們會認為女性薩滿具有更大的力量，因為只有她們才有辦法治癒某些特別嚴重的疾病。

▲ **蒙古族的女薩滿**
蒙古國就是一個同時擁有女性薩滿和男性薩滿的地方。這裡的每一位薩滿都必須非常努力用功，他們從傳統之中或者向前輩以及精靈學習。

▲ **非洲南部地區的儀式用面具**

非洲南部有許多地區的人會在慶典儀式中使用面具。上圖中的面具收藏於安哥拉的一座博物館裡，它能完全掩蓋穿戴者，讓他在儀式期間能轉變身分，化身為面具上所描繪的精靈。

非洲南部

非洲南部地區一直有狩獵民族與農耕民族同時居住於此地，因此神話也形成兩個截然不同的傳承系統，其中的諸神、英雄和精靈，對如今仍在此生活的民族來說還是相當重要。

非洲南部地區包含安哥拉、辛巴威，以及更南邊的幾個國家。這裡是文化相當多元的區域，最早居住者在非洲大陸以外地區被通稱為布須曼人，包括：科伊科伊族（Khoikhoi）、繖族（San）、孔恩族（!Kung，冒號表示他們語言中的彈舌音），他們靠獵取野生動物及採集野生植物果實為生。後來，包括科薩（Xhosa）或祖魯等農耕民族不知何時開始移入本區，他們使用班圖語族的語言，緩慢而逐步占用土地，逐漸將各個狩獵採集民族驅趕到更偏僻的地方。

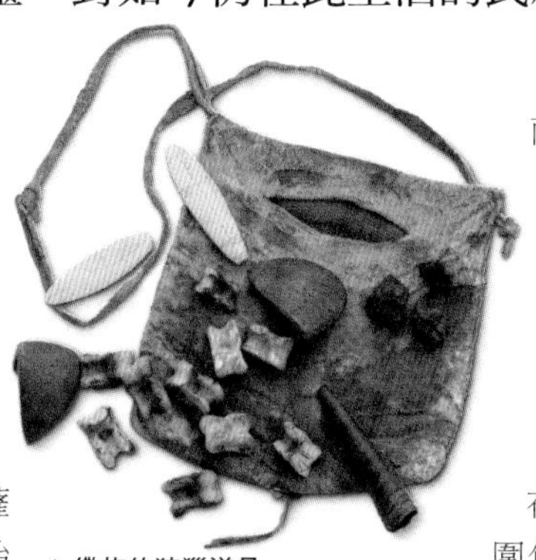

▲ **繖族的狩獵道具**

繖族擁有傳統的占卜儀式，人們透過這些儀式來決定哪裡是最好的打獵地點。雕刻精美的羚羊骨頭與犄角，是用來提供解答的用具。

南非的科伊科伊族（Khoikhoi）稱呼至高無上之神為加馬布（Gamab）或高納（Gauna），他是天空之神，也是死亡之神，據說會從天上射箭取人性命。科伊科伊族其他重要神祇還有邪惡之神古那布（Gunab），以及能在死後重新帶回生命的雨神祖伊（Tsui）。

在科伊科伊族的神話傳統中，惡鬼的範圍包括食人怪艾伽姆哈（Aigamuxa），它具有人形，但眼睛長在腳底而不是頭上；還有長得像獵豹的斑紋怪戛－戈里布（Gagorib），它安靜又有耐心地躺在凹坑底部，等待不幸受害者自投羅網。

狩獵採集民族的神話

因此，非洲南部地區的文化傳統，由兩組差異甚大的民族混合交織而成。非洲南部的狩獵採集者（或布須曼人）擁有複雜的神話，包括諸神、英雄和一大堆怪獸般的惡鬼。

▲ **「布須曼人」的洞穴壁畫**

非洲的藝術家早在數千年前就曾在岩石上作畫。狩獵採集者的藝術家描繪出打獵場景，讓我們能進一步瞭解他們古老的信仰體系，圖中是大約二千年前在辛巴威馬托布山（Matobo Hills）洞穴內的壁畫。

班圖語族的神話

使用班圖語的民族中，科薩族的神話同樣擁有諸神、祖先及其他精靈。諸神的最高領導者是至高無上之神烏提科（uThixo）。傳統上，人們透過祖靈與烏提科溝通，科薩人認為他們全是始祖塔夏維（Tashawe）的後代，對他特別尊敬。在重要場合裡，因綳基（imbongi，意為：祈禱師）會陪伴酋長出席，他的工作是唱歌稱頌酋長和祖先，藉此鞏固統治者與過去出現過的虛擬英雄間的關係。

非洲南部地區的神話傳說裡也有許多人們熟悉的精靈，他們為人們招來不幸、疾病，甚至死亡。著名的例子有托克洛西（tokoloshe），這是薩科族和祖魯族傳說中的一種類似侏儒的精靈。據說他會趁人睡覺時將人壓在床上，所以人們傳統上會用磚塊把床墊高，讓托克洛西搆不著。

雖然非洲南部地區曾有受歐洲人殖民的歷史，但傳統神話故事依然廣泛地保留了下來。這些神話與重要儀式有關，也與生活的基本層面連結，同時歷史悠久，神話的普及延續了原住民的文化，以及他們對於土地的歸屬感。

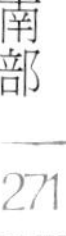

繖族的神話

繖族是被通稱為「布須曼人」的眾多民族之一，以狩獵維生，主要居住於波札那、納米比亞及南非等地。繖族神話體系裡的故事內容，描述了他們第一位祖先誕生的過程，以及狩獵的起源等對繖族影響重大的事，故事當中的主要角色包括：蜜蜂，牠們是蜂蜜的製造者，同時也是創造力與智慧的象徵；還有螳螂，牠們是與人類創世過程有關的原初精靈；此外還有伊蘭羚羊，牠們是獵人經常追逐的羚羊種類之一。

第一批人類

天地初始，一隻蜜蜂背著一隻螳螂，準備飛越一條幽黑且水流十分湍急的河。河水的水面太寬，蜜蜂很想找一塊堅實的地面停下來休息，因為背上螳螂的體重帶來了負擔，讓牠感覺著實吃力。螳螂在蜜蜂背上似乎變得愈來愈沈重，蜜蜂因而愈飛愈低，最後實在耗盡了氣力，不得不在水面上開始漂流。就在蜜蜂載浮載沉之際，忽然看見一朵半開的白色花朵，那花兒正在等待破曉，希望在陽光的協助下開花。於是，蜜蜂把螳螂放在花朵上，臨死之前將第一個人類的種子植入螳螂的體內。日出時分，太陽升起，花兒綻放，天氣變得溫暖，當螳螂醒來時，他體內的種子也發芽了，第一個繖族人也隨之誕生。

▲ **南非的大地**

繖族居住在非洲南部的喀拉哈里沙漠（Kalahari Desert），此地水源稀少，和創世之初截然不同，水因而成為珍貴的物資，對繖族人來說也象徵著生命。

▲ **繖族的岩窟藝術**

繖族人是傑出的畫家，他們用天然顏料在懸崖和洞穴裡作畫。這些繖族藝術家的創作主題包括狩獵和喀拉哈里沙漠裡的動物，這些同樣也是神話裡的主題。

第一次出獵

螳螂創造了世界上第一隻羚羊類動物——伊蘭羚羊，並用蜂蜜將牠養大。有一天，一位年輕人在水窪邊看見了這隻羚羊，於是跑去告訴他的父親，也就是瓜孟艾族（Kwammang-a）的祖先。這位父親拿出弓箭射死了大羚羊。出去採集食物的螳螂回來後看見羚羊遭人射死，而且瓜孟艾族的同伴正在分食羚羊肉，心中十分憤怒，想射殺那些獵人卻都沒辦法射中，於是拿出羚羊的膽囊，將它剖開，讓膽汁流得到處都是，全世界因而淹沒於黑暗之中。後來螳螂又把膽囊丟向空中，變成了月亮。此後，人們在夜晚狩獵時還有月亮能為他們提供光線。

▲ **伊蘭羚羊**

繖族的獵人捕捉的通常都是牛羚或是較小的動物，不過因為伊蘭羚羊是力量的象徵，因而經常成為神話中的重要主角。

拉坎雅那

拉坎雅那（Hlakanyana）是個愛作怪的搗蛋鬼，是南非的科薩族（Xhosa）和祖魯族神話中的角色之一。這位「神童」在離開媽媽肚子之前就會說話，而且吵著要出來，出生之後馬上就能走路，而且立刻朝著牛欄走去，想要好好大吃一頓，以解除飢餓感；不過他想吃的不是母乳，而是烤肉。拉坎雅那長大後，經歷了一連串的冒險歷程，其中大多數都是他為了取得食物而捉弄人類或動物的故事。

拉坎雅那的燉鍋

一天晚上，拉坎雅那悄悄溜出門，從村子裡其他男孩設的陷阱裡取出他們捕到的所有鳥兒，並帶回家交給媽媽烹煮。媽媽把鳥一股腦兒放入燉鍋裡，燉煮了一整個晚上。第二天清晨，拉坎雅那很早就起床，隨後把燉好的鳥兒吃得乾乾淨淨只剩下鳥頭，然後把燉鍋塞滿牛糞，鳥頭放在最上面，又回到床上假裝睡著。媽媽醒來時，拉坎雅那也跟著起床，假裝才剛睡醒，並抱怨媽媽起得太晚，說不定把食物都燒壞了。他還說，如果沒有趕快把鳥肉從鍋子裡拿出來，肉可能早就變成牛大便了。媽媽對他的話嗤之以鼻，可是等她前去查看食物時，發現如同兒子所預料的，鍋子裡全都是牛糞。這時拉坎雅那還告訴媽媽，她沒有資格吃這些鳥，所以一個人又把所有的鳥頭全都吃光了。

▶ 燉鍋

和拉坎雅那相關的神話傳說中，食物是不可欠缺的題材。不過在另一個傳說裡，被放入大鍋裡煮的是他自己，當時他被一個老女人抓走，後來靠著小詭計才逃了出來。

◀ 小獵豹

獵豹是非洲最有效率的獵食動物，拉坎雅那必須運用機智，才能欺騙獵豹，吃掉牠的孩子。

拉坎雅那和小獵豹

有一回，拉坎雅那遇見了四隻小獵豹，當時牠們的媽媽正好不在身邊。母獵豹回來後，準備攻擊拉坎雅那，這個搗蛋鬼卻鼓起他的三寸不爛之舌告訴母獵豹，他會在她外出尋找獵物時保護小獵豹，並說他會幫她們一家搭建一間屋子。母獵豹離開後，拉坎雅那蓋了一個入口很小的屋子，然後吃掉其中一隻小豹。獵豹媽媽回來時，他一次帶一隻小豹出來讓母獵豹哺乳，讓她誤以為四隻小豹都安然無恙。接下來的兩天，他故技重施，但到了第四天，他四次都帶剩下的同一隻小豹出來欺騙母獵豹，母獵豹漸漸起了疑心，想要擠進屋內查看情況，這時，拉坎雅那就趁機從後門逃走了。

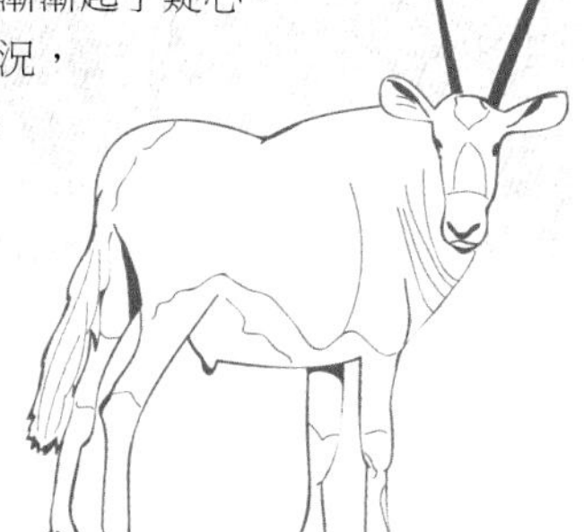

▶ 羚羊

大型貓科動物經常捕食大型羚羊。對獵人來說，大型羚羊比小獵豹更容易成為追獵的對象。

相關參考： 非洲的創世故事236-37, 250-51, 252-53, 262-63．獵人258-59, 266-67, 334-35

非洲南部的民間故事

非洲南部各民族的文化中有個相當重要的部分，那就是民間故事。傳奇與民間故事包括各式各樣的題材，其中亙古不變的主題，就是令人嘖嘖稱奇的「神童」，例如他們不尋常的誕生、他們的冒險事蹟，以及許多與動物相遇、神話般的經歷。人們經常以自然界與日常生活中的真實事件為基礎，例如乾旱和饑荒，結合各種不尋常或無法解釋的事件，交織成許多故事。

烏龜與野兔

從前，有一回叢林裡非常缺水，所有的動物都努力想辦法嘗試，希望能夠恢復水源，不過野兔毫不在乎，因為牠不想浪費心力做這件事。後來，只有烏龜成功了，牠在乾枯的河床上不停用力跺腳，直到出現水塘出現為止。動物們擔心懶惰又狡猾的野兔會來偷水，每天夜裡輪流在水塘邊看守。首先由土狼站崗，接著是獅子，可是野兔騙過了牠們倆，取走好幾瓢的水。後來烏龜自告奮勇擔任守衛，他在背上的殼塗滿黏稠的黏鳥膠，悄悄躲在水塘的底部。野兔來到水塘邊時，四下無人，牠以為沒人看守，於是先喝了個痛快，隨後又跳到水裡去洗澡，結果牠的腳黏在烏龜的殼上，完全動彈不得。到了天亮，其他動物都來了，當牠們明白怎麼回事後，就把野兔綁起來，以示懲罰。

▶ **對比的角色**
許多故事都是以烏龜和野兔做為對比的角色。野兔速度快，但性子急又容易覺得無聊，而烏龜速度雖慢卻有智慧。

班圖人

目前已知大約有四百個族群稱為班圖人，他們使用的語言相近，來自於非洲中部和西部地區，其中許多人早在十一世紀之前就往南方遷移。非洲南部的班圖族群包括科薩族和祖魯族，傳統以農耕與畜養牲口維生。這些民族擁有豐富的藝術及工藝傳統，還有數量相當龐大的神話，內容包括創世故事，以及解釋死亡源起的傳奇故事。

班圖工藝品

蛋與小孩

某一天，有個女孩和朋友一起出外摘葉子時發現了一顆土狼的蛋，於是就把蛋帶回家，沒想到媽媽把蛋扔進火堆裡去了。後來，土狼來找牠的蛋，女孩的母親告訴牠實情，土狼聽到後非常生氣，威脅她要把下一個孩子交出來。從這天開始，土狼每天都來找這個女人，告訴她，如果不交出小孩就要吃掉她。有一天，女人發現小腿前面腫了起來，瘡愈長愈大，最後爆了開來，隨後跑出一位男孩，他全副武裝，不但能走路，還能說話。他告訴女人，他名叫卡欽蘭比（Kachirambe），意思是脛骨生出的孩子。當土狼來找他時，根本抓不到這個敏捷又機智的神童。最後，卡欽蘭比開始反擊，並且殺死了土狼。

土狼

土狼的外形奇特，經常出現在非洲南部神話的特殊場景裡，這個土狼生蛋的故事就是一個例子。

為家人煮飯

這個故事中，土狼蛋對女孩的媽媽沒有任何用處，所以她把蛋丟進為家人煮飯的火堆裡。

變色龍

這種生物經常出現在非洲的神話裡，在這些故事中，人們往往會特別強調變色龍的動作十分緩慢。

壁虎

壁虎的主要特徵是速度快，而且能在垂直立面上行動。這些特質使牠成為許多非洲傳奇故事裡常見的主角。

死亡降臨

至高無上之神創造了人類之後，認為應當讓他們也能永生不死。他想找個傳話人，把這個好消息告訴人類，於是找了正好經過眼前的變色龍來代他傳遞消息。然而，變色龍速度很慢，而且很容易分心，經常為了食物或休息而在半路上停了下來。不久，至高無上之神又改變了心意，認為他親手創造的人類應當壽命有限比較好。這一回，他選擇另一種生物——動作迅速的壁虎來擔任信差，為他傳送訊息。神諭一旦發布就無法廢除，因此，人類究竟能永生不死，或是終究會死，就看這兩位傳話人究竟誰先抵達。很不幸的，壁虎很快就追上了變色龍，並且為人們帶來了壞的消息——人不能永生不死。

男孩戰士

從前，有隻恐怖的怪獸襲擊貝索托族的某個村落，吃掉所有動物和人類，只有一名孕婦躲在畜欄內逃過一劫。後來，怪獸因為吃太多，卡在山路上動彈不得。就在當天，孕婦分娩了，但生出來的不是嬰兒，而是已發育成熟的年輕男子，她為兒子命名為穆山揚那（Moshanyana），意思是小男孩，在某些版本裡叫做帝陶拉尼（Ditaolane）。穆山揚那聽母親說完事情經過後就出發去消滅怪獸，當他剖開怪獸肚子時，怪獸吞進去的人全都活著跑出來了。

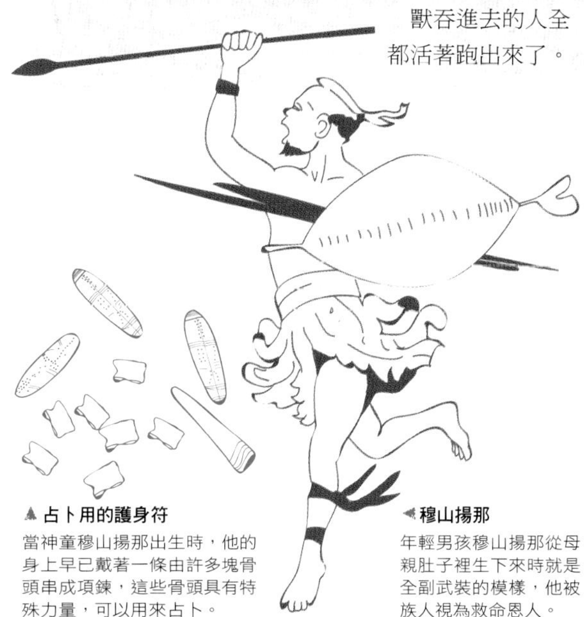

占卜用的護身符

當神童穆山揚那出生時，他的身上早已戴著一條由許多塊骨頭串成項鍊，這些骨頭具有特殊力量，可以用來占卜。

穆山揚那

年輕男孩穆山揚那從母親肚子裡生下來時就是全副武裝的模樣，他被族人視為救命恩人。

相關參考：烏龜162-63, 196-97．怪獸46-47, 52-53, 54-55, 64-67, 72-73, 98-99, 106-07, 156-57, 228-29

美洲

據說最早來到美洲的人類，是橫越連接西伯利亞與阿拉斯加的陸橋而來的，當時海面還沒上升，白令海峽也尚未形成。我們至今仍無法確定人類何時開始這趟旅程，時間範圍從最久遠的西元前六萬年，到最近的西元前一萬年之間，專家的說法各不相同。然而，無論發生在什麼時候，對那些長途跋涉的人來說，這絕對是一趟改變生命的冒險之旅，而且這也只是一連串南行之旅的開始，他們接下來的遷徙之路更加漫長。有些人在橫越北美洲時，在當地落地生根並繁衍了後代，其他人則繼續前進，少部分人甚至還抵達了南美洲最南端的火地島（Tierra del Fuego）。

這一系列的旅程如此漫長，必然耗費了數千年或數萬年的時間來進行。在這期間，人們為了適應南、北美洲不同地區的環境，也逐漸發展為各式各樣的部族。以北美洲來說，當地至少就有二千個左右的不同部族。不過，並不是所有部族都能全數倖存。經過部族之間的衝突戰鬥，以及十七世紀開始進入北美的歐洲移民帶來最具毀滅性的征服，這些不同部族最後只剩下三百個左右的北美洲原住民族。

北美洲原住民各部族之間的原有生活差異極大。許多人生活在小而分散的社群，有些則集合成為大型城鎮聚落，例如北美洲南部的培布羅族（Pueblo）。如今，許多民族居住在保護區內，這些小塊的土地特別保留給原住民，讓他們能在區內悉心保衛祖先的文化遺產。這些倖存下來的民族，正是大量神話寶藏的守護者，神話內容包括各種起源故事，還有數目繁多的自然界神祇、搗蛋精怪和文化英雄。在這些神話中，傳統與狩獵、農耕

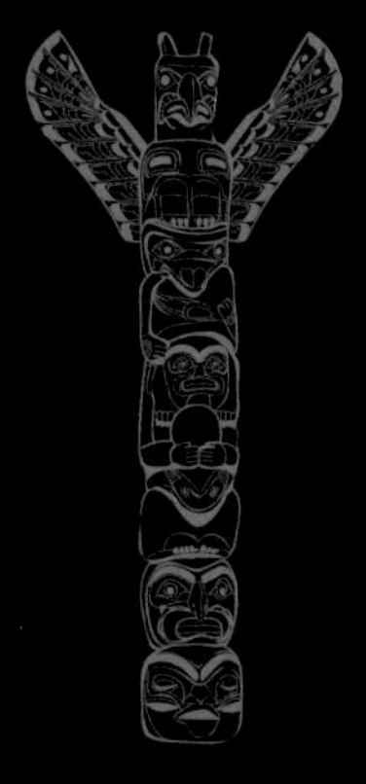

我們走過後留下的種種痕跡，將永遠留在他人記憶之中。

達科塔族（Dakota）諺語

和戰鬥息息相關，與當地的環境和發展也有著密切的關係，因而顯得獨特且卓越。

再往南，來到大家熟知的中美洲，與戰爭和獻祭犧牲相關的神話占了絕大多數。美洲印第安民族，例如馬雅、托爾鐵克（Toltec）、阿茲特克等，各自發展出了不起的城市、紀念性建築，以及階級式的社會結構。不過他們讓人印象最深的，應是為了鞏固信仰而進行的殘酷行為，其中包括為取悅嗜血諸神而獻祭活人，有時甚至還是大規模的獻祭。

如今，這些行為早已消失，不像北美洲的傳統那樣持續至今。不過，他們依然留下令人著迷的遺產，包括諸神故事，以及過去舉行祭典的石砌神廟。南美洲的印加人和其他文明同樣也留下了建築遺址，展現他們對諸神的虔信，尤其是太陽神印提（Inti），在石刻及精美的黃金製品上都能看見他的形象。

來自南美洲的旅人也定居在加勒比海諸島，他們同樣也擁有代表太陽或住在太陽上的神祇。不過，和美洲其他地方相較之下，加勒比海人自十五世紀與歐洲人接觸之後，在種族與文化上都更像個大熔爐。從神話學的角度看來，最大的衝擊來自於基督宗教（尤其是羅馬天主教派），以及從非洲輸入的黑奴。這些黑奴當中有許多人是非洲西部原有信仰的信徒，他們的傳統，逐漸融合了加勒比海當地信仰，以及天主教中的一些觀念、象徵與聖者，因而產生了巫毒等各式信仰。這種種的信仰依然保留至今，成為美洲地區的另一項活傳統。

▲ **野牛皮上所繪的日舞**

日舞（Sun Dance）是大草原上許多美洲原住民族會舉辦的年度慶典儀式，目的是為了加強信仰，並確保接下來仍能平安健康。由圖中出現的基督宗教的十字架可以看出，可能也有歐洲人參與了這場十九世紀的盛會。

北美洲

北美洲原住民族的各式神話，至今仍是其民族與文化認同中不可或缺的部分。在這些代代相傳的故事裡，許多正好反映出他們的不同信仰體系與儀式的精髓。

第一批人類抵達北美洲之後，在北美大陸上開枝散葉；他們分別適應極為迥異的環境，在各處落地生根，形成彼此距離遙遠的社群。在這樣的背景之下，美洲原住民逐漸發展為許多各自獨立的多元民族，不但族群間的文化差異相當大，在原住民生活中依然不可或缺的豐富神話體系，同樣也可說是南轅北轍。

▲薩滿的面具
當薩滿的身體保持出神狀態時，他的靈魂仍能前往遠方旅行。圖中面具上描繪的符號正代表著這樣的旅程。

各不相同的文化

儘管美洲原住民的生活與神話差異很大，彼此之間仍有一些相似之處，而且通常都反映在地域和環境方面。舉例來說，西北部的原住民傳統上定居於以木造房舍組成的村莊裡，家家戶戶都會傳述自己的氏族始祖故事；這些祖先首先建立了氏族目前的居地，並在雕刻繁複的圖騰柱上呈現神話中的動物形象。西南部的原住民也有類似的聚落，不過當地的房子不是木屋，大多都是以泥磚建造而成的，同時經常可以見到許多家庭群聚在一起的大型培布羅族社群。這些西南部民族的神話描述了當地民族的起源，強調「出現」的故事，以及農業的開始。人們會在儀式中戴上精心製作的面具，模擬精靈，或者「變成」精靈，這也是本區的重要特色。

中央大平原又是另一塊相當獨特的區域。這裡是游牧民族的傳統居住地，他們狩獵野牛，日常生活中也充分利用野牛的各個部位，由肉到皮毛全都派上用場。此地充滿關於動物的神話，還有許多控制大自然力量的神祇；在重要儀式進行時，人們還必須抽一管菸獻給諸神。

在美國東部地區盛行的是森林、湖泊與河流等地域的精靈，充分反映出當地的地理環境。更往北方，還有更多獨特的文化，例如北極圈內的民族，他們的神話之中有很多關於海豹或魚類等的動物故事，牠們都是漁獵生活者所追捕的獵物，不過也被視為和人類一樣是具有靈魂的生物。

神話與生活

對美洲原住民而言，神話向來與日常生活息息相關。賦予西北諸部族自我認同身分的祖先、大平原區的天氣諸神，以及北極圈內的動物，這些人事物自古以來都被人們認為與現實生活的關係密切。關於打雷或其他神祕的自然現象究竟如何影響農耕、漁獵，甚至是人類的生存，在這些神話裡也都能找到解釋。此外，有許多神話非常特殊，只限於在儀式的某個過程裡才能講述，而且通常由祭司或薩滿依不同的時令來進行。這些關於神祇的故事深刻而有力，它們代代相傳，成為各民族的珍貴遺產。對美洲原住民來說，它們至今仍保有神奇的力量。

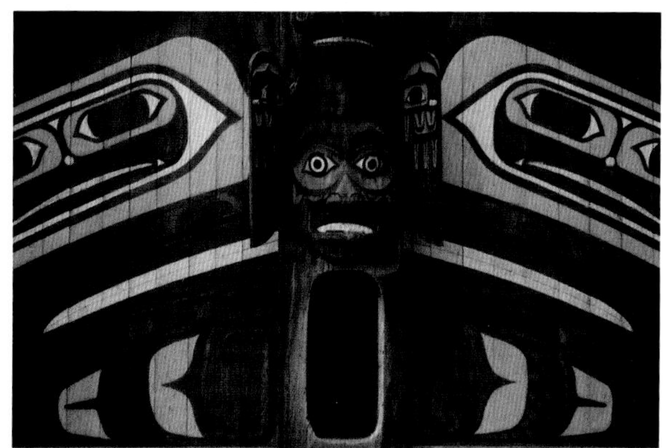

▲阿拉斯加部族的房屋裝飾
阿拉斯加的部族傳統木造房屋裝飾著色彩豐富的符號和圖形，用來標示屋子主人的家族世系。無論人形或代表祖靈的動物形，例如圖中所見的渡鴉，這些都是房屋裝飾時經常可見到的典型圖案。

納瓦荷族的出現

納瓦荷族是北美西南部的原住民族，他們的神話聚焦於「出現」，這個神話也出現在培布羅等其他西南部族的傳說中，內容敘述第一民族經過一個個不同的世界，不停往上遷徙，最後終於抵達了他們通常稱之為第四世的這個世界。其他相關神話內容包括：大地女神大化女、她的孩子孿生戰士，以及其他在受傷或迷失後向諸神尋求協助的人物。

◀ **郊狼**

在納瓦荷族的第一民族神話中，郊狼是重要主角之一，人們認為牠會帶來死亡。

神話

天地初始，是所謂的第一世或黑色世界。此時世界一片黑暗且有四個角落，角落裡分別有黑、白、藍、黃四種不同顏色的雲柱。黑雲和白雲在東北角相遇，生下了第一個男人，藍雲和黃雲在西南角相遇，生下了第一個女人。接著一陣白色的風吹落兩支玉米，掉進第一個男人和女人的身體裡，同時也為他們注入了生命。他們兩人的後代是空氣族，起先沒有具體的形狀或外形。後來族人開始爭吵，對所處的世界十分不滿，因此往上攀爬，來到第二世。

不快樂的世界

第二世又稱藍色世界。第一民族的人們來到這裡後，和以前一樣不快樂。所有人不斷爭吵，幾乎人人都心存不滿。第一個男人下定決心，他們應該離開這裡，搬到下一個世界。他找來一個鮑魚、一個白色貝殼，還有綠松石和黑玉，做成一支權杖，帶領大家往上到第三世，也就是黃色世界。在這裡，人們生活逸樂，而且違背自然，最後終於招致不幸。一場大洪水出現，毀滅了這個世界。第一個男人心想，想避開洪水就必須往更高處去，於是建了一座高山，又種下一棵西洋杉、一棵松樹，還有一枝雄性蘆葦，不過這些植物都長得不夠高，無法通往下一個世界，所以他又種了一枝雌性蘆葦，終於讓族人爬進第四世，又稱為閃亮世界。

第四世

第一民族抵達第四個世界後，舉行祈福的儀式（見下頁），建造第一個「汗屋」供冥想和治病，並利用從第三世帶來的土壤打造聖山。第一個男人為族人蓋了房舍，將太陽和月亮高掛在天上，區別白晝與夜晚；來自第一世的黑色之神和郊狼（參見289頁）等神則從旁協助。黑色之神小心翼翼把星星排列在空中，但郊狼對他的慢動作失去耐性，草草把星星灑遍天際。此時，人們終於開心地過著富足的生活。

◀ **聖山**

在美國的納瓦荷族印第安保留區內，有許多山被納瓦荷人視為聖地。他們認為有些山頭是女性，有些則是男性；它們共同象徵了大自然的平衡。

大化女

大化女是納瓦荷族最重要的女神之一，她代表大地，以及宇宙的和諧。根據一些傳說，她是由第一個男人所創造的，隨後又用自己的身體創造出納瓦荷族的祖先。不過其他版本則有不同說法，認為她是天空與大地的女兒，或是第一個男孩（代表思想）和第一個女孩（代表語言）的後代。大化女之所以有這個名字，是因為她能迅速且不斷從某個生命階段變換到下一階段（嬰兒，女孩，女人，老婦人），當她在四天之內進入青春期時，人們為她舉行了青春期的儀式。因此，後來所有納瓦荷族的女孩長大成為女人時，也都要進行這個儀式。

循環變化
大化女象徵著四季的變化與循環。在每個不同的季節，她都會換上不同顏色的衣裳，代表某個季節已經來臨。

人類和玉米
圖中毯子上的圖案，是依據納瓦荷族的砂畫編織而成的，內容描繪的是一棵玉米的兩側分別站著第一個男人和第一個女人。由此也可看出玉米在納瓦荷人生活占有重要地位。

第一民族

在納瓦荷族的起源神話中，主要以第一民族為故事的中心。他們帶領納瓦荷人的祖先經歷了最初的三個世界，來到最後的第四世；而大化女的誕生，正是由第一個男人和第一個女人安排的。有關第一民族與其出現，以及大化女的故事，因而也形成了納瓦荷族重要祭典的主軸。這個祭典儀式被稱為「祈福之祭」，據說是大化女將儀式內容傳給納瓦荷人的，內容是透過儀式來祝福某人，確保他的身體健康，生活美滿。祈福之祭在許多場合進行，例如出生、結婚，還有女孩的青春期儀式，納瓦荷人因而也透過這些生活中的重要事件來紀念第一民族。

孿生戰士

大化女有兩個兒子，其中一個名為「殺敵者」，他的父親是太陽；另一個叫做「水之子」，是水的後代。雖然兩個男孩的父親不同，但他們同時出生，所以總是被認為孿生子，就連太陽也以為水之子是他的孩子。這兩個小男孩和母親一樣，很快就長大了。有一天，他們決定去找太陽，請他協助他們打敗在陸地上橫行的惡靈和怪獸。他們來到太陽住所時，太陽給他們威力強大的箭，並告訴他們如何消滅惡靈。這對孿生戰士同心協力，一起打敗為數眾多的怪物，讓他們的國度裡不再有邪惡存在，而他們消滅的怪物包括：名叫提爾傑特（Teelget）的食人羚羊，名叫增哈列（Tsenhale）的恐怖巨禽，以及稱為葉叟（Yeitso）的鱗片怪獸。

蜘蛛女
據說孿生戰士有位聰明的祖母，名叫蜘蛛女。她提供建言，協助孿生戰士踏上征途，以智取勝而打敗惡魔。

砂畫

許多美洲原住民族都會製作砂畫，例如納瓦荷族、阿帕契族（Apache）、昔延族（Cheyenne）以及培布羅等。他們以砂子、玉米花粉和壓碎的花瓣等乾燥材料，在地面或地板上排出圖案。這些繪畫是儀式治療典禮的一部分，而且會從不同神話中選取場景來加以描繪。實際上，不同儀示有數千種，各有相關的獨特圖案。人們在儀式期間排出這些圖案，儀示結束後立刻清除乾淨。

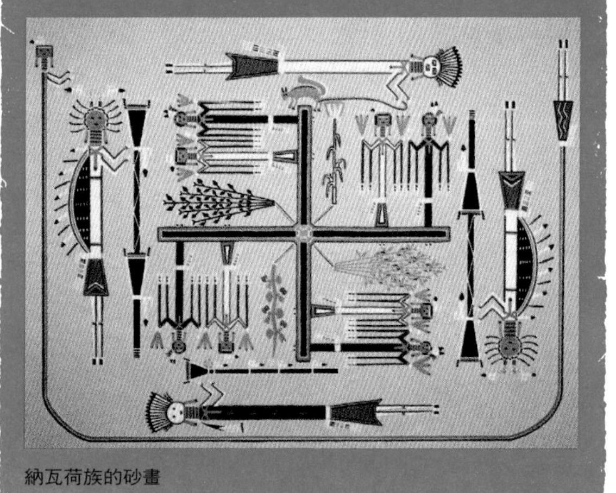

納瓦荷族的砂畫

相關參考：美洲的創世故事 286-87, 306-07, 314-15, 330-31

祖先

幾乎世界上所有民族都尊崇祖先或敬愛祖先，不論所謂的祖先指的是遠古的祖宗或是近期的長輩。許多神話中都有關於第一批人類的故事，有些文化還會將祖先列為宗教性的供奉對象。人們常以各種不同的方式來表達對祖先的敬意：描繪於宗教性的藝術作品中、試著與已離我們遠去的魂魄聯絡、以特殊的貢品或其他儀式來榮耀祖宗。有些文化則更進一步提升祖先的靈魂，賦予他們和諸神一樣的崇高地位。

敬拜先人

人們對祖先的崇敬是舉世皆同的現象，不過在某些民族當中，這已成為其宗教信仰的核心，例如：在東亞信奉神道教的日本、美洲的某些原住民族，以及祖先在原住民信仰中扮演極為重要角色的澳洲。這些信仰體系各不相同，也以截然不同的方式來對待祖先，儘管如此，他們都同樣尊敬這些為自己族人在大地上建立了第一批家屋的前人。

▲ **神道教的祭壇**
神道教的信徒通常會定期前往墓地祭拜祖先，同時也會留意保持墓碑的整潔，此外，他們還會把各式避邪物品放在神靈或祖靈的神龕之上。

► **亡者之日**
在墨西哥和其他國家中，亡者之日是祭拜祖先的日子，人們戴上彩色髑髏面具，認為這樣就能與亡者的靈魂接觸並鼓勵他們來看看在世的親友。

► **儀式用的酒壺**
古代中國人在祭拜祖先時，會使用許多像右圖中這類的儀式用的容器。在中國，許多祖先都已被人們加以神格化了。

◄ **圖騰柱**
對美洲西北沿岸的原住民來說，圖騰柱上繪製的動物或傳說的生物，和家族及家族史有關，可以從中看出家族的歷史、親屬關係和信仰。

人類起源

神話的功用之一就是解釋人類從何而來，因此，幾乎所有神話都有故事談到最早的人類——通常是神用泥土或木頭做出來的男人和女人。這些最早的人們通常不知道如何在世界上生存，因而會有一位神祇或文化英雄出現，教導他們生火等謀生的技能。其他的始祖神話還包括某些值得尊敬的生物，他們可能是文化英雄，或因為有重大的成就而很有名望，例如協助同伴和後代，因而受到像祖先一樣的尊崇。

◀ **大禹**

禹（見215頁）是中國古代的先賢之一，據說他建造了水道系統，並且還鑿穿了巫山。

▶ **戴茨伯**

戴茨伯是古代斯拉夫人的太陽神。他駕著馬車橫越天空。在某些傳說當中，戴茨伯已被人們視為是俄羅斯人的始祖。

◀ **阿斯克與恩布拉**

阿斯克（灰燼）和恩布拉（榆樹）是北歐神話中最早的人類，由奧丁、維利和維等神雕製而成（見91頁）。

動物起源

在世界各地的神話體系當中，故事裡的角色經常會改變外形，最常見的變身，是精靈在變成原初之人前，會先化身為動物的外形現身。在澳洲的「夢世紀」神話裡出現的都是這一類的祖先，而在其他的文化中，動物祖輩象徵的是兩個不同氏族之間的結合。此外，動物先祖如此普遍，也顯示了人類與自然之間的緊密關係。

▲ **袋鼠**

有些澳洲原住民族群將袋鼠視為他們的直系祖先，另外也有其他族群認為，袋鼠是由另一位祖輩人物藉由吟唱而創造出來的。

◀ **蛇**

蛇是很常見的生命象徵，不同種類的蛇，出現在世界各地許多民族的祖先神話中，包括澳洲地區的某些原住民族，以及古代的印歐語系各民族。

▲ **熊**

對歐洲北部、亞洲北部以及北美洲的許多民族來說，人們自古以來就把熊視為氏族的祖先。

鬼

鬼是指死者的魂魄在生者眼前顯現，這個想法在大多數文化中都存在。人們通常認為鬼的出現是因為心中有所不滿足：他們回到此世，有時是因為葬禮不適當，有時是因為某些放不下的怨念，因而無法在來世安頓。這類鬼魂在生者眼中可能非常可怕。對某些民族來說，妖怪會和鬼結合而變成惡靈，如印度的厲鬼（bhut）。在其他文化中，如日本，鬼被視為原本就會出現在來世的一份子。

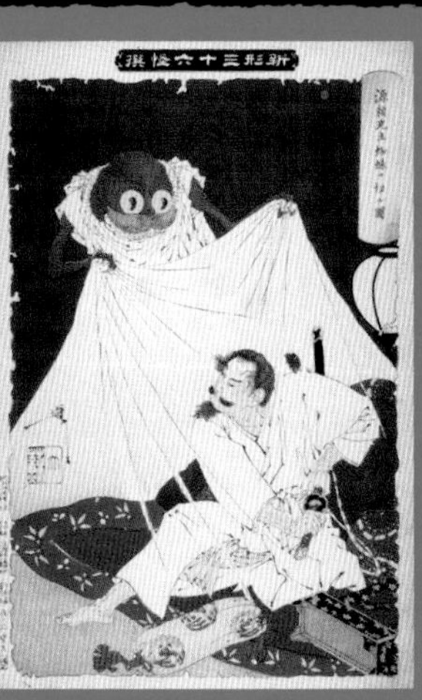

▲ 日本的鬼

在日本神話中，從死亡到轉世投胎必須要經過大約三十六個階段，在這段期間內，亡者被稱為餓鬼（gaki），有些還會附身在人間的生物身上。

▶ 鬼屋

在歐洲地區，許多人普遍相信房子會鬧鬼，有些鬼會盤踞在人類的房子裡，把住在屋裡的人類嚇走。

▲ 鬼伴

在西班牙的瓦倫西亞地區，據說人將死之際，會有某位遭咒詛的人帶領一群孤魂野鬼組成的「鬼伴」在夜裡找上門來。

偷走光明的渡鴉

渡鴉是北美洲神話體系中最常出現的角色之一，對西北沿岸的民族來說，牠既是一個搗蛋鬼，也是文化英雄。將光明帶到世上應歸功於渡鴉，因為牠運用巧計和變化外形的本領，把太陽、月亮和星星高掛在空中。在某些文化中也傳說渡鴉帶來了火，第一批人類也是由他創造或發現的。

◀ 渡鴉
這個木製響器是由特林吉族（Tlingit）的工匠製成的，外形是渡鴉，特林吉人認為渡鴉是人類的好朋友。

神話

天地初始，世界包覆在全然的黑暗之中，因為天空之主藏起了所有的光，把光密封在一個又一個盒子裡，堆在屋子的一角，小心翼翼地守護著。年老的天空之主非常自私，不想讓光透出來，結果，世上其他人在黑暗中無法好好捕魚或狩獵，不得不一邊摸索一邊尋找食物。他們很快就習慣利用觸覺來行動，走路時扶著熟悉的樹木，或者依照前人走過後在地面留下的凹痕而前進。他們努力設法讓自己勉強進行日常活動，不過有一隻特別的生物——渡鴉，對於持續的黑暗感到非常不滿。他厭倦了在黑暗中跌跌撞撞尋找東西，希望能輕鬆覓食。

渡鴉的巧計

渡鴉發現光就藏在天空之主的屋子裡之後，想出了一個計謀，打算進入屋內——他決定轉世投胎到天空之主的家裡。他知道天空之主美麗的女兒定期會到某個湧泉處去打水，有一天，他聽到她朝泉水走來，隨即變身為一只松針，讓微風將他吹向這位年輕女子，飄落在女孩裝滿水的桶子裡，跟著她回家。回家的路上，女孩停下來休息喝口水，變成松針的渡鴉就在不知不覺間被她吞下肚。

渡鴉投胎

渡鴉進入天空之主的女兒體內後，她就懷孕了。當渡鴉以人類嬰兒的外形出生時，有著一頭烏黑濃密的頭髮，還有一個像鳥喙一般高而挺的鼻子，粗啞的啼哭聲宛如鳥叫。不久，這個孩子就能夠四處爬行了。天空之主整天陪著小孫子玩耍，樂此不疲，對於小孫子的所有要求也都一一照辦。渡鴉在四處探索的過程中發現，天空之主謹慎地守著屋內角落裡的一堆盒子。有一天，他試著去玩那些盒子，只要盒子被拿走他就哭個不停，天空之主不得不對孫子的要求讓步，把其中最小的那個盒子給了他。渡鴉發現盒子裡裝的是星星，將它們一下子全都拿了出來，玩得開心不已，然後在老人家還來不及阻止之前，就把星星從屋子的排煙口丟了出去，就這樣，天空出現了星星。

後來，渡鴉再次放聲大哭，天空之主為了安撫他，又把第二個盒子拿給他。這個盒子裡裝的是月亮，渡鴉把月亮當成球拿來拍，很開心地玩了好一會兒，然後又把月亮從排煙口丟上了天空。這時候，天空之主還沒發現孩子的真實身分其實是渡鴉，而且還把整組盒子裡最大的那一個拿給哭鬧不休的渡鴉玩。這個大盒子裡裝的是太陽，這一回，渡鴉變回了鳥，把太陽銜在口裡，朝著天空飛去。這個世界終於充滿了明亮的日光，然而，天空之主和他的女兒再也沒見過那個小孩。

▲ 太陽面具
渡鴉將太陽以及太陽的溫暖帶到了阿拉斯加等嚴寒的北部地區，這個舉動，讓渡鴉在當地神話與傳說中成為受人歡迎的角色。

變成孩童的渡鴉

在所有版本的神話故事裡，人們都把渡鴉描述為索求無度的小孩，他的祖父因為溺愛他，讓他把玩那些裝著光的祕密盒子。根據一些故事的描述，渡鴉急著回到原來的身分，因此當他看到全家為了慶典而忙碌時，立刻把握時機變回原來的鳥形，搶走光球，隨即遠走高飛。另外還有其他版本的不同說法，據說星星被藏在一個袋子裡，變成孩童的渡鴉仍保留著尖嘴，因此用嘴啄破袋子，讓星星跑出來，照亮了天空。

◀ 天空之主

老邁的天空之主是渡鴉的祖父，是個善惡兼具的角色。他因為嫉妒之心而獨自守護著所有的光源，但卻讓自己的孫子把玩。

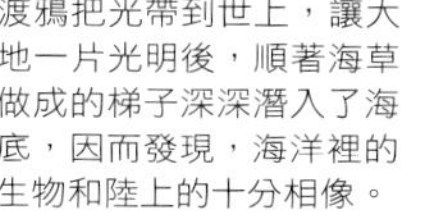

▶ 海草

渡鴉把光帶到世上，讓大地一片光明後，順著海草做成的梯子深深潛入了海底，因而發現，海洋裡的生物和陸上的十分相像。

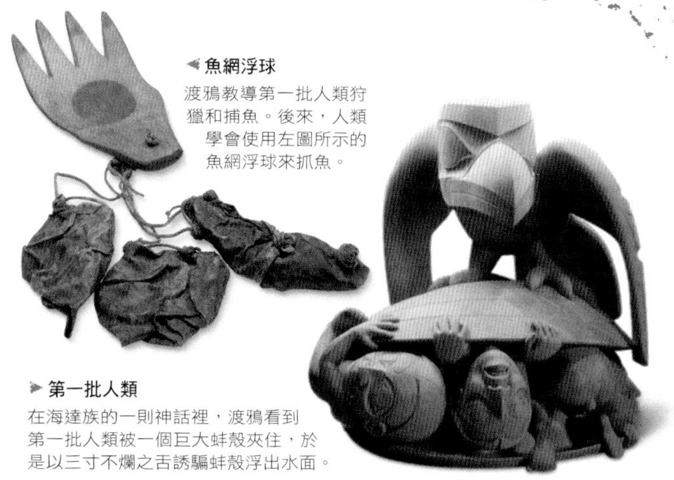

◀ 魚網浮球

渡鴉教導第一批人類狩獵和捕魚。後來，人類學會使用左圖所示的魚網浮球來抓魚。

▶ 第一批人類

在海達族的一則神話裡，渡鴉看到第一批人類被一個巨大蚌殼夾住，於是以三寸不爛之舌誘騙蚌殼浮出水面。

渡鴉與世界開創

對北美洲的海達族（Haida）等許多部族而言，渡鴉是造物之神。根據某個故事的說法，渡鴉在嘴裡叼著許多小石子，飛過大海。他用這些小石子創造了恆星和行星，然後又拍動翅膀，帶來一股強風，颳出河床和谷地，同時也形成了高山，而他的排泄物則讓地面變得肥沃。最後，渡鴉還創造了第一批人類，但也有人認為，人類在世上出現時，他只是一旁守護的角色。

> 搗蛋鬼渡鴉利用巧計
> 哄騙生物出現，
> 這些小小的居民，
> 就是海達人的始祖。

尋火者

在加拿大沿岸昆沙羅特群島（Queen Charlotte Islands）的一則故事裡，灰鷹酋長是太陽、月亮和火的守護者，渡鴉和灰鷹的女兒成為好朋友，並趁機將酋長的珍藏偷走。原是白色的渡鴉在空中盤旋，把太陽和月亮放到定位，嘴裡還銜著一團火，煙把他的羽毛全薰黑了。後來火燒得太旺，他只好把火丟到一堆石頭上，這就是兩塊石頭相擊就會冒出火花的原因。

◀ 知更鳥

把火帶到人間的故事也和另一種鳥兒有關，那就是北美知更鳥，人們認為，牠胸前如火焰般的紅色就是最好的證據。

▶ 鼴鼠

在某些北美洲的神話裡，有許多動物都曾試著竊取火種，鼴鼠就是其中之一，可惜最後失敗了。

生命的賦予者

許多不同動物或鳥類和渡鴉一樣，對人類命運有重要影響。牠們和生命及死亡有關，在傳說中的表現方式是將某些東西丟進水裡，根據沈浮來判斷生死。根據一則特林吉人的神話，狐狸（象徵祖先）把一些大黃樹枝丟進海裡，樹枝浮了起來，狐狸認為這是人類能活下去的徵兆。

◀ 紅頭美洲鷲

在一則北美神話中，一隻紅頭美洲鷲往海裡丟了一顆石子，石子沈下後又沖上岸，生命因而得以出現。

▶ 狐狸

狐狸對人類懷著善意，因而希望丟入水中的大黃枝條可以浮起來，因為這象徵著人類能夠存活下來。

相關參考：搗蛋鬼60-61, 96-97, 100-03, 252-53, 272-73, 288-89, 310-11, 340-41

天空之旅

北美洲的原住民文化長久以來就對天空充滿各種想像，他們對照天體的運行來安排重要儀式的時間，以及預測季節的更迭。在一些最常見的神話當中都提到了太陽、月亮和星星，另外有些神話則描述了祖先遊歷天界的旅程，黑腳族（Blackfoot）的日舞傳說就是其中一例。這些故事對於這些星球的角色和運行方式提出了解釋，至於看似隨機排列的星星，他們認為是某人把星星灑在空中造成的。

日舞

有一則黑腳族的神話是許多人相當熟悉的。根據這個故事的描述，月亮和太陽的小兒子名叫晨星，他愛上了一位名叫白羽的女孩，女孩也接受了他的愛意，於是兩人順著蜘蛛絲來到天上，和晨星的父母一起過著快樂的日子，後來，兩人還生下了一個男孩，取名為星兒。有一天，白羽奉命去採收根莖類作物，不過其中有個大蘿蔔據說不能亂動。她一時好奇心起，把蘿蔔拔了起來，結果天空中出現了一個洞。白羽因為不遵守規定必須接受懲罰，不得不帶著兒子回到大地。她過世後，星兒乘著夕陽射出的光線往上爬，來到天上拜訪祖父，並向太陽學會了日舞。太陽告訴他，如果黑腳族族人舉行慶典來榮耀太陽，那麼他就會治癒所有疾病。這就是日舞儀式的起源。

白羽
白羽即將返回大地時，晨星送給她一件以麋鹿皮製成的袍子，當作告別的禮物。他說，只有純潔的女子才有資格穿上這件袍子。

日舞的頭飾
日舞儀式舉行期間，立誓忠於太陽的神聖女子全在頭上配戴如左圖一般的頭飾，頭飾的組成物代表神話故事中的各個部分。

日舞
不同的原住民文化都會舉行日舞儀式，不過彼此間仍有共通的元素，例如：唱歌、跳舞，以及苦行。

星星的力量

坡尼族（Pawnee）也舉行日舞儀式，向太陽表示感謝之意，並祈求太陽的保護、賜予生育能力，以及更新季節的交替。根據他們的神話，日舞的起源來自於一個年輕人在夢中得到的靈感。坡尼人仔細觀察天象，將屋舍對齊羅盤的四個方位，建蓋出有排煙孔的房子，以便能看到某個星座。包括迎接春季或出獵之前所舉行的各式儀式，他們也都會藉由觀察星星的運行來排定日期。坡尼人相信，如果依據星辰變動來舉行儀式，宇宙就能繼續運作，人類也因而得以興旺。

星圖

坡尼人會在星圖上記載他們的觀察結果。星圖所描繪的是夜空，通常畫在鹿皮上，並且收在神聖的包裹之內，可見具有相當的重要性。

坡尼族

坡尼人對於星辰及星辰在夜空中的移動已累積了相當豐富的知識，因而在草原上行進時能夠辨認方向，不會迷路。

科欽瑪那哥

科欽瑪那哥（Kotcimanyako）的故事和常見的神話主題大致相同，大意是某人被交付某樣東西，雖然明知不能偷看，可是仍忍不住要看一眼。

四散的星星

科奇地培布羅族（Cóchiti Pueblo）有一個故事描述了從前發生的一次大洪水，以及人們為了躲避水患而逃往北方的經過。後來，陸地開始乾燥，人類之母雅蒂庫（Iatiku）告訴他們沒事了，可以準備南下返回故鄉。她把一個袋子交給名叫科欽瑪那哥（Kotcimanyako，意為藍羽）的小女孩，要她帶著，但不准打開。科欽瑪那哥的好奇心很強，忍不住要打開來看一看。她一把袋子解開，立刻就有成千上萬的星星灑了出來，四處飛散，最後全飛到天上去了。雖然科欽瑪那哥很快又把袋子綁緊，但裡面只剩少數幾顆星星。科欽地培布羅人回到故鄉後，科欽瑪那哥告訴雅蒂庫她已經打開了布袋，她們倆只好小心翼翼把剩下的星星放在天空中正確的位置上，因此人們只知道最後這幾顆星星的名字。

銀河的起源

許多美洲原住民的神話都會敘述銀河的起源，納瓦荷族以黑色之神為主角的創世故事就是其中之一（見282-283頁）。有一天，黑色之神（又被視為火的創造者）正仔細安排星星在空中的位置。排列星星是一件慢工出細活的工作，因為星星的排列必須形成正確的圖案，而且黑色之神非常謹慎，希望把事情做好。然而，搗蛋鬼郊狼在一旁看了一會兒，實在受不了黑色之神的進度緩慢，於是一把搶走裝著剩餘星星的袋子，並且一股腦兒全倒進天空中，創造出銀河。

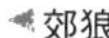

銀河

對許多美洲原住民族來說，銀河是橫跨天空的通道，也是亡者靈魂會經過的路。

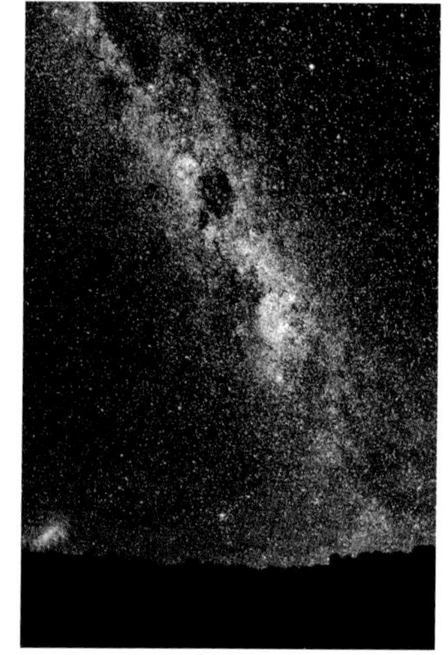

郊狼

在許多美洲原住民神話中，郊狼都以搗蛋鬼或文化英雄的形象出現。在納瓦荷族的銀河傳說裡，牠更是一個缺乏耐心的角色。

相關參考：洪水故事30-31, 196-97, 212-13, 214-15, 314-15, 328-29．星星318-19, 334-35, 340-41

極北之地的神話

北美洲最北部地區的民族，傳統上依靠在寒冷的北極海中狩獵捕魚維生，因此，他們的神話以海洋和海之神祇為主，內容包括解釋海洋生物起源的故事，還有對魚類、海豹、海象和鯨等生物的收穫為何有淡旺季之分的說明。這些神話中出現了不少精靈，許多民族都有這類神話，伊紐特族（Inuit）就是其中之一，他們相信薩滿（見268-269頁）之所以能與這些精靈溝通，往往是藉由擁有動物外形的精靈助手伊紐亞（Inua）的協助。

海洋女神

塞德娜（Sedna）是海洋女神，又稱海女，她能帶來風暴，影響鳥類和動物的遷徙。塞德娜原是一位美麗女孩，擁有一頭柔美秀髮，後來一位年輕人承諾給她一件毛毯，讓她每天享用美食，於是她答應和他結婚。然而，她一回到家就發現，年輕人原來是鳥人假扮的，還會虐待她。塞德娜的父親發現後，殺死了男人，把她帶上小船，打算接她回去。這時，鳥人的精靈掀起一陣強烈風暴，塞德娜的父親為了平息精靈的憤怒，只好把她丟下船，而且還砍下女兒的手指，以免她爬回小艇。這些手指後來都變成第一批海洋生物，塞德娜則沉入海底，變成海洋女神。

◀ **塞德娜**
塞德娜外形類似海象，因為沒有手指，所以很喜歡薩滿潛到海底去幫她梳理滿頭糾結的頭髮。

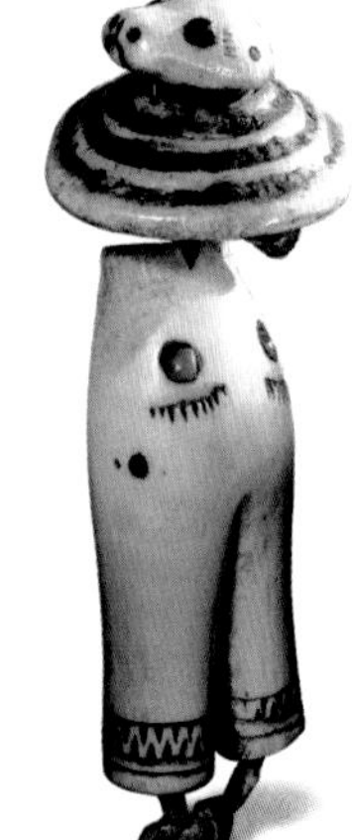

◀ **海豹造型的工藝品**
海豹是塞德娜賜給伊紐特族的禮物之一，牠為人們提供肉、皮與油脂。伊紐特族的工匠會雕刻海豹造型的工藝品，圖中這件呈現的是海豹浮出水面的模樣。

▶ **魚叉**
在某個儀式中，薩滿召來塞德娜的靈魂，並用施過法力的魚叉刺它，確保能滿載而歸。

▼ **塞德娜掉下船**
塞德娜的父親切下她的手指，結果每根手指依序變成各不相同的海洋生物，例如現在住在海洋裡的海豹、鯨和魚類等等。

▶ **阿拉斯加的薩滿面具**
薩滿男孩會戴上如右圖中所示的面具，如此一來就能從身體裡釋放出靈力，以便與其他精靈溝通。

太陽人

太陽精靈原本是一個飽受哥哥虐待的年輕女子，她內心充滿極度的悲傷和沮喪，因而以自殘來傷害自己，隨後逃離殘暴的哥哥，來到遙遠的異鄉生活。她在天空高處定居，變成人們口中所謂的「太陽人」。每天早上，太陽人都會出現在天空中，她通常穿著橘色的衣服，身上的條紋代表過去留下來的可怕傷疤。然而，她的哥哥並未就此罷手，他化身為月亮，橫越天空試圖追捕她，卻又一直無法如願，因而才有太陽和月亮輪流在空中出現的現象。人們對於太陽人的遭遇感到十分難過，不過母親們更將她視為寒冷家鄉裡珍貴的能量來源，讓嬰兒在暖和的陽光下曝曬取暖。

◀ **受傷的太陽**
在北極圈內，橘色的太陽經常會在天空中形成一種類似斑痕的色澤，讓人聯想起太陽人身上的傷痕。伊紐特族人相信，太陽的熱度能將力量注入兒童的四肢，讓他們跑得更快、更靈巧，成為機敏的獵人。

薩滿男孩

在阿拉斯加葛威欽族（Gwich'in）的神話裡，有一個貧窮的男孩擁有薩滿的特殊能力。有時候，他會運用自己的特殊本領為部落帶來豐盛的食物，有時則會確保部落的人能夠擁有源源不絕的馴鹿，因為這種動物的肉可以食用，皮毛則可用來製作衣服和帳篷。有一天，男孩薩滿做了一項重大的宣示。他告訴母親，他想到天上一遊。他還說，媽媽若想他時，可以在月亮上找到他，而且只要看到他，就能知道大地上的食物供給情形。如果她見到薩滿男孩站直身子或向後彎，表示會有充沛的食物可供人民享用，這時，人們應該要和老人及孤苦無依的人分享食物。如果媽媽看到他身子朝前彎，表示馴鹿的數量不會太多，人們應該準備儲備他們的糧食。

阿連奎

太陽人（參見上文）的狠心哥哥名叫阿連奎（Alignaq）。他變成月亮後，依然不死心地繼續追逐自己的妹妹，不吃不喝，因而變得愈來愈瘦。後來他消失了三天去大吃一頓，吃飽後又回來繼續追逐太陽人。這就是為什麼月亮會有圓缺變化的原因。阿連奎身為月神，同時也管理天氣和潮汐。他住在月亮上的大型冰屋裡，另外還有馴鹿之類的獵物靈魂和他作伴，其中陸地動物的靈魂住在他的冰屋裡，至於海豹和海象等海洋動物的靈魂，則在他門外的水槽中悠游。阿連奎大部分的時間都在天上奔走，繼續他的天際追尋之旅，但他的眼睛仍緊盯著人類的行為。如果有人做了壞事，他會讓這些人捕不到獵物，直到他們改邪歸正為止。

▲ **馴鹿**
伊紐特族人相信，即使是動物也有靈魂，因此他們在殺死動物後會加以祭拜，至於這些死去的獵物靈魂則會和阿連奎住在一起。

◀ **月亮精靈**
左圖中這個由木頭和北極熊毛製成的套指面具，是阿拉斯加女性在跳舞時配戴的，它代表著月亮精靈阿連奎。

相關參考：海洋之神 30-31, 158-59, 160-61, 294-97, 338-39

雅赫奇蘭的浮雕

圖為馬雅城市裡出土的雕刻品之一，此城位於墨西哥嘉帕斯州（Chiapas）的雅赫奇蘭（Yaxchilan）。浮雕上內容是西元681年統治者盾虎（Shield Jugar）的登基儀式，他的名字以圖像文字記載在浮雕的最上方。

中美洲

中美洲諸文明崇祀各種活躍且各具特色的神，
祭祀地點在引人矚目的金字塔狀神廟裡。
在這些神祇的相關神話與祭儀中，血祭儀式扮演著關鍵的角色。

所謂中美洲如今包括墨西哥，以及貝里斯、瓜地馬拉和宏都拉斯等鄰國所在的區域，十六世紀歐洲征服者抵達前，此地已發展出極成熟的都市文明，並出現了數個文化力量。首先是奧美克族（Olmec，西元前1500至前400年），曾生活於墨西哥南部的拉文塔（La Venta）等地；薩波特克族（Zapotec，西元300-600年），在墨西哥南部米特拉（Mitla）和蒙特阿班（Monte Alban）等建城；馬雅族（西元300-900年），興盛於猶加敦半島烏斯馬爾（Uxmal）和提卡爾（Tikal）等地；托爾鐵克族（Toltec，西元900-1180年），在德斯科科湖（Lake Texcoco）北方的土拉（Tula）建都。最後是奠基於特諾奇提特朗（Tenochtitlan）的阿茲特克族（西元1300-1521年），就在今日墨西哥市，是中美洲輝煌文化最後展現。

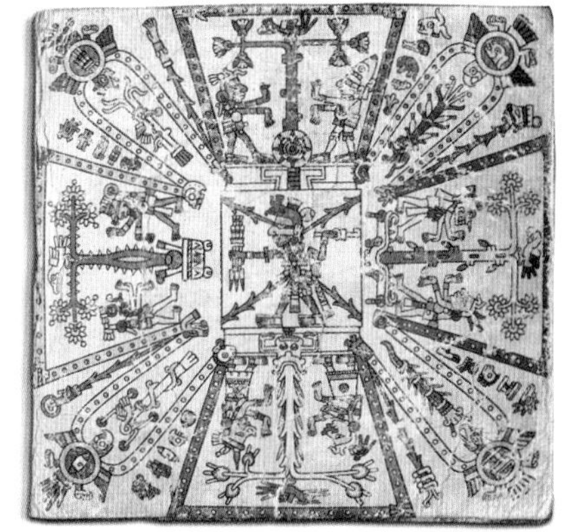

菲赫瓦里－馬耶抄本的其中一頁

阿茲特克的統治者、諸神，以及精密的曆法，都以所謂的雕文書寫符號，記錄在好幾本統稱為抄本的書中。這些文件的意義至今尚無法完全解讀，因而仍困擾著學者專家。

共有的成就

薩波特克、馬雅、托爾鐵克和阿茲特克等民族有若干共通點。這些文明都發展出使用所謂「雕文」的圖像符號書寫系統；他們都是經驗豐富的天文學家，同時有兩套曆法並行：一種與現代曆法類似，另一種是以二百六十天為一儀式年的宗教曆法。他們都有神祇繁多的複雜神話體系，其中許多位負責天氣和農耕，這些是中美洲民族賴以維生的因素。有些神祇因延襲原來文明或因不同分身而有多重身分，如阿茲特克的特茲卡特里波卡（Tezcatlipoca），身為戰神時稱為姚托（Yaotl），身為風神時叫姚利．艾赫卡托（Yoalli Ehecatl）；至高無上的羽蛇神奎扎科亞托（Quetzalcoatl）也是風神，又叫艾赫卡托（Ehecatl）。

祭祠這些神祇的神廟大致相似，它們建築在高而陡的金字塔上方，通常位於廣場中，控制早期的中美洲城市。其中許多金字塔如今依然矗立，見證了建造者的精湛技術，以及中美洲民族投入宗教信仰的龐大資源。

血祭犧牲

大多數中美洲文化另一共通之處就是血祭。阿茲特克和之前的民族都相信神祇需要人血的滋養，部分原因是他們造人時耗費了自己的血，其中又以托爾鐵克和阿茲特克特別注重，他們通常用戰俘來獻祭。許多中美洲的儀式藝術如頭骨雕刻、描繪祭司揮舞犧牲者人皮的圖像，以及盛放犧牲者心臟的塑像，具體反映了這項宗教活動的實際情形。

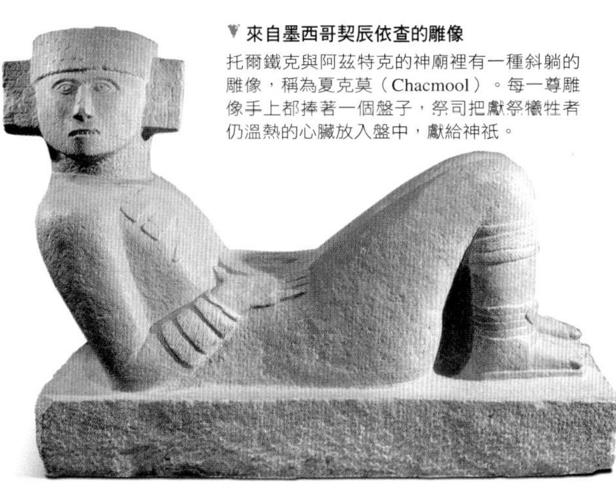

來自墨西哥契辰依查的雕像

托爾鐵克與阿茲特克的神廟裡有一種斜躺的雕像，稱為夏克莫（Chacmool）。每一尊雕像手上都捧著一個盤子，祭司把獻祭犧牲者仍溫熱的心臟放入盤中，獻給神祇。

波波爾烏

基切馬雅族（Quiché Maya）是居住在瓜地馬拉高地區的原住民族，他們的創世故事與其他神話，記錄在一本名為《波波爾烏》（*Popol Vuh*，意為議定書）的書冊裡，書中文字大約是在十六世紀中期抄寫下來的，當時西班牙人已征服當地，抄本內容來自一本更古老的馬雅雕文，神話故事則可再往上溯幾個世紀。傳說裡的重要段落之一，是關於一對雙胞胎英雄闖入馬雅人地府希巴爾柏（Xibalba）的冒險之旅。

▶ **世界之樹**
馬雅人的世界之樹象徵了他們的宇宙觀。這棵樹的樹根位於希巴爾柏，也就是地府，最頂端的枝椏則是天上世界。

神話

天地初始，海神古庫馬茲（Gucumatz）和天神天之心決定造人，讓他們在地上繁衍，並且崇敬諸神。然而，他們第一次嘗試失敗了，創造出來的生物無法說出諸神名字，而且只會嗥叫吵鬧，因而成為第一批動物。兩位造物者拿起黏土試圖造出另一個種族，結果全都肢體扭曲，無法言語，還會溶解在水裡。兩位神祇因接連的失敗大感挫折，於是拜訪了先知希皮亞科克（Xpiyacoc）與絲姆坎內（Xmucane），他們比諸神更年長，也更有智慧。先知告訴造物者，要用木頭製造男人，用蘆葦桿製成女人。不過，諸神還是不滿意這些生物，因為他們不願崇拜創世之神，於是天之心降下大洪水，將他們全部淹沒。顯然，在成功創造人類之前，是不可能天下太平的。

地府

先知有一對孿生兒子，分別叫做烏互納普（Hun Hunahpu）和烏庫互納普（Vucub Hunahpu）。他們整天打賭、玩球來消磨時間，嬉鬧時發出極大的噪音，惹火了希巴爾柏（Xibalba，地府）的諸王，於是派遣信差來下戰書，邀請兄弟倆參加一場球賽。當這對兄弟下到希巴爾柏時，地府諸王開始對他們施以殘忍的伎倆。他們首先要兄弟倆坐在長凳上，長凳非常燙，他們坐下後立刻跳了起來。接著諸王又把雙胞胎送到地府裡一個叫做暗室的地方過夜，裡頭只有一隻火炬和兩支雪茄發著微微的亮光。隔天早上，希巴爾柏諸王向他們討回火把和雪茄，卻發現已燒得精光，因而宣稱要將兩兄弟處死。兩兄弟就這樣被推到獻祭的球場上處死，烏互納普的頭被切下來掛在樹上，這棵樹的果實就是第一批葫蘆。

▲ **烏互納普與絲奎可**
少女絲奎可伸出了手，想從葫蘆樹上摘取一顆誘人的果實，這時候烏互納普卻從樹上對她吐了口水，結果絲奎可因而懷了身孕。

孿生英雄的誕生

有位名叫絲奎可（Xquic）的地府女孩看到葫蘆樹後想摘下果子，但烏互納普對她吐口水，讓女孩懷孕了。女孩的父親很生氣，下令將她處死，她只好逃走，並和烏互納普的母親住在一起，後來生下孿生英雄互納普（Hunahpu）和斯巴蘭奎（Xbalanque）。孿生英雄和烏互納普與烏庫互納普一樣很愛玩球。他們知道父親和叔叔被希巴爾柏諸王殺死後，決定為他們報仇。有一天，他們開始玩球並發出很大噪音。希巴爾柏諸王提出球賽的挑戰，他們答應了。（下接296頁）»

主要的神祇

馬雅諸神通常擁有許多個替換的名字，某些神在歷史中的不同時期會變得比較重要。伊札姆那（Itzamna）是早期馬雅的至高無上之神，不過到了基切馬雅時代，他則成為抽象的力量。對於基切馬雅族人來說，眾神分布在兩大領域—— 海洋與天空，且各有統治者，分別是古庫馬茲和天之心。此外也有一些惡神，如烏庫奎伊絲（Vucub Caquix，意為七鸚鵡），他本是地府之神，卻佯裝為太陽，後來受到孿生英雄攻擊，最後因上當而被擊敗。

▼互納普射殺烏庫奎伊絲

烏庫奎伊絲是一位驕傲的神，他的外形像鳥，大洪水之後由他統治世界。雖然孿生英雄之一的互納普想用吹箭射殺他，但最後還是讓他逃走了。

◀伊札姆那

伊札姆那是早期住在天上的造物之神，據說也是醫藥之神，同時也是文字書寫的發明者。有時人們會將他描繪成人形，有時則具有蜥蜴的外形。

◀古庫馬茲

古庫馬茲是人類的創造者之一。他是一條有羽毛的蛇，而且基切馬雅人把他和阿茲特克的至高無上之神奎扎科亞托（見298-299頁）畫上等號。

> 天之心只要說出那個詞語 ——「大地」，大地就像一陣輕煙似地從海中升起。
>
> 《波波爾烏》

孿生英雄

馬雅人和世界許多文化一樣，認為雙胞胎是神奇的生命體，在歷史中扮演著特殊角色。有時他們也認為，孿生英雄互納普和斯巴蘭奎是統治者的祖先。這對雙生子運用堅忍和勇氣，騙過希巴爾柏諸王並將他們擊敗，而且還和心生嫉妒的表兄弟（吼猿諸神）及暴虐的烏庫奎伊絲（Vucub Caquix）作戰，最後成為天上最高統治者—— 太陽神和月神。孿生英雄常和馬雅的玉米神（見296頁）一起出現在畫像裡，在某些傳說中，玉米神被視為他們父親的重生。

▲兔子書記

球賽期間，一隻兔子出現協助孿生英雄（見296頁）。在馬雅的水罐上，有時會將兔子描繪成書記。

▲互納普與斯巴蘭奎

這對孿生兄弟消滅了邪惡的世界，建立了英雄事蹟，同時更為人類的成功創世預先鋪好了路。

第一批生物

古庫馬茲和天之心所創造的第一批生物當中，有美洲虎、鹿和蛇。這幾種動物都是威力強大的象徵：美洲虎象徵獵人，鹿象徵在祭神慶典上食用的神聖動物，蛇則象徵天空，因為在馬雅人的語言裡，「蛇」和「天空」兩個詞很像。

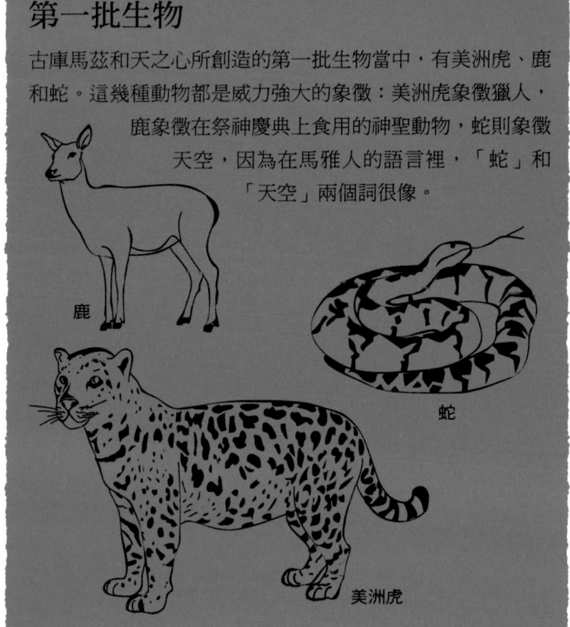

在希巴爾柏求生存

孿生英雄互納普和斯巴蘭奎來到希巴爾柏後，歷經了一連串的致命考驗。每個晚上，他們都被安排在暗藏危機的不同房子裡過夜：暗屋、刀屋、寒屋、虎屋、火屋、蝙蝠屋等；就算兄弟倆平安度過了每一個夜晚，第二天的白天還必須和希巴爾柏的諸王進行球賽。每天夜裡，他們靠著機智克服難關，例如在暗屋裡使用螢火蟲，因此雪茄不會燒盡，他們也不致於落入當初父親和叔叔受害的陷阱。最後一晚，他們躲在吹箭管內逃避毒蝙蝠的攻擊，不過互納普把頭伸了出來，結果一隻蝙蝠咬掉了他的頭，頭顱滾到了球場裡。

互納普遺失了頭顱，斯巴蘭奎只好想辦法為他的兄弟雕刻一顆新的頭顱，雙胞胎因而得以併肩參加球賽。一開始，他們用互納普的頭當球，斯巴蘭奎把它擊到場外，一隻兔子悄悄將頭顱拿回來給他，斯巴蘭奎趁希巴爾柏的眾王忙著找球時，將他兄弟的頭裝了回去，然後改用另一個球開始比賽。最後，孿生英雄輕鬆贏得勝利。

◀球賽選手

如左圖中罐上圖案所顯示的，孿生英雄找到父親和叔叔穿過的護具，隨後穿上它們前往參加球賽。這些護具當中包括木製或皮製的軛，可以圍在腰上，用來擊球。

▶玉米神

最後，第一批人類終於由玉米製造而成，因此馬雅人崇拜玉米神。圖中所繪的玉米神，戴著像玉米纖維般的頭飾。

克服死亡

然而，希巴爾柏的眾王因為落敗而憤怒不已。他們將孿生英雄捉起來放進火爐裡燒，並且把他們的骨頭磨成粉，將骨灰灑入河水裡。

六天之後，孿生英雄重新出現了，他們告訴希巴爾柏眾王，他們把自己重新拼湊了起來，同時也已經發現讓死者復生的方法。眾王半信半疑，要求雙胞胎兄弟證明所言不假。斯巴蘭奎讓互納普躺平，挖掉他的心臟，然後要他的兄弟站起來。互納普果然站了起來，希巴爾柏的眾王在一旁看得驚訝不已。他們深感震撼，有的甚至堅持孿生英雄也在他們身上做一遍，讓他們也能體會死而復生的感覺。於是，互納普和斯巴蘭奎讓他們一個接一個躺平，並且挖出了他們的心臟。不過狡猾的兩兄弟並沒有讓地府諸王死而復生。

就這樣，孿生英雄減少了死亡的懾人威力，削弱了希巴爾伯王國的力量，終至克服了死亡。隨後，互納普和斯巴蘭奎重新回到大地，再由地面升上了天空，成為太陽和月亮。他們兩人完成了任務，戰勝無所不在的死亡能量；此時他們也已確認宇宙做好了適當的準備，能讓即將創造出來的人類得以在地球上生存。

球賽

中美洲的球賽由兩支隊伍互相競賽，每隊各有二至十一名選手，比賽的目標是取得一個實心小橡皮球的控球權，然後越過位於對手那邊的得分線，或是將球投入高掛在球場側壁上方的狹窄球框內。球員在比賽中只能用膝蓋、手肘和臀部來擊球，禁止使用雙手或雙腳。對馬雅人來說，球賽重現了孿生英雄和希巴爾柏諸王之間的鬥爭，同時也具有宗教作用，有時在球賽結束之後，甚至會以落敗的隊伍來做為宗教祭典中獻祭諸神的犧牲。

◀球場

左圖這個黏土模型仿製了馬雅球場的典型外觀。比賽時，觀眾坐在兩側欣賞場中球員為球拚鬥的情景。

馬雅的地府

馬雅的地府稱之為希巴爾柏（意為：恐懼之地），世間的每一個人無論生前是否善良或具有美德，死後都會來到此地。希巴爾柏是個陰暗的地方，一共有九層，這裡的統治者正是帶來大洪水、暴風和戰爭的幾位神祇。死者抵達希巴爾柏之後，必須先渡過一條血河，接受住在此地的恐怖諸王一連串的試煉。只要亡者能夠過得了這些關卡，就能獲得和攣生英雄一起住在天上的資格。馬雅人莫不希望自己能夠成功度過所有考驗，就像攣生英雄經歷了所有苦難之後仍存活下來一樣。

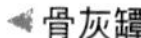

◀ **骨灰罈**

馬雅人的葬禮習俗差異很大，有些社會階級較高的人會採取火葬，並將骨灰放在華麗的容器內。

第一批人類

造物者最後終於用玉米麵糰成功創造出第一批的四個男人，也為他們造出四個女人。天之心吹了一口霧氣進入他們眼中，所以人們只能看見近處的東西，也不會想要成為神。這些人逐漸繁衍昌盛，不過他們渴望有光，因而請求諸神賜予火種，眾神也同意了，但要求人們獻祭以示感謝。

▶ **放血儀式**

為了榮耀諸神，人們會舉行放血儀式，儀典過程中，祭司會儀式性地以帶刺的繩子刮一下信徒的舌頭。

◀ **馬雅人**

馬雅人認為自己是「真正的人」，同時也相信他們是人類世界與諸神世界之間的調停者。

這是新的創作成品，
泥土製造成的，
看起來似乎不怎麼理想。

《波波爾烏》

馬雅人的信仰

與自然相關的神祇備受馬雅人的崇拜，而且數量非常龐大；負責宗教事務的祭司則精通歷史、儀式及曆法的計算，他們為了鞏固自已的權力，對馬雅統治者世系尤其熟稔。

馬雅人在祭儀中特別尊崇漁夫、獵人、養蜂人等群體，而在眾多儀式當中，最重要的據說是慶祝馬雅新年的節慶。

▶ **出自帕連奎的雕刻**

在帕連奎（Palenque）等遺址裡的神廟雕刻使用馬雅的圖像式雕文書寫而成，記錄了統治者的歷史，包括戰爭成就以及與他族的結盟。

▼ **馬雅神廟**

圖中是位於契辰依查的馬雅神廟，這是一座典型的神廟建築，建構於九層的金字塔頂端，象徵著馬雅地府裡的九層世界。

馬雅人的曆法

馬雅人使用好幾種不同的方法來計算日子、月分和年，他們同時也將這些曆法運用於信仰之中，以便計算祭祀日期以及其他重要日子。最古老的馬雅曆法的歷史至少可上溯至西元前六世紀，據說它的發明應歸功於神祇伊札姆那。這套曆法以十三天為一個循環，構成一年二百六十個日曆大，這個系統通常用來計算何時舉行宗教儀式和慶典。此外，馬雅人還有一個以二十天為一循環、一年三百六十五天的曆法。這兩種曆法有時會結合在一起，形成更長的循環周期。

馬雅的曆法石

相關參考：攣生子 78-79, 282-83．復仇 18-19, 38-39, 46-47, 70-71, 100-03, 150-51

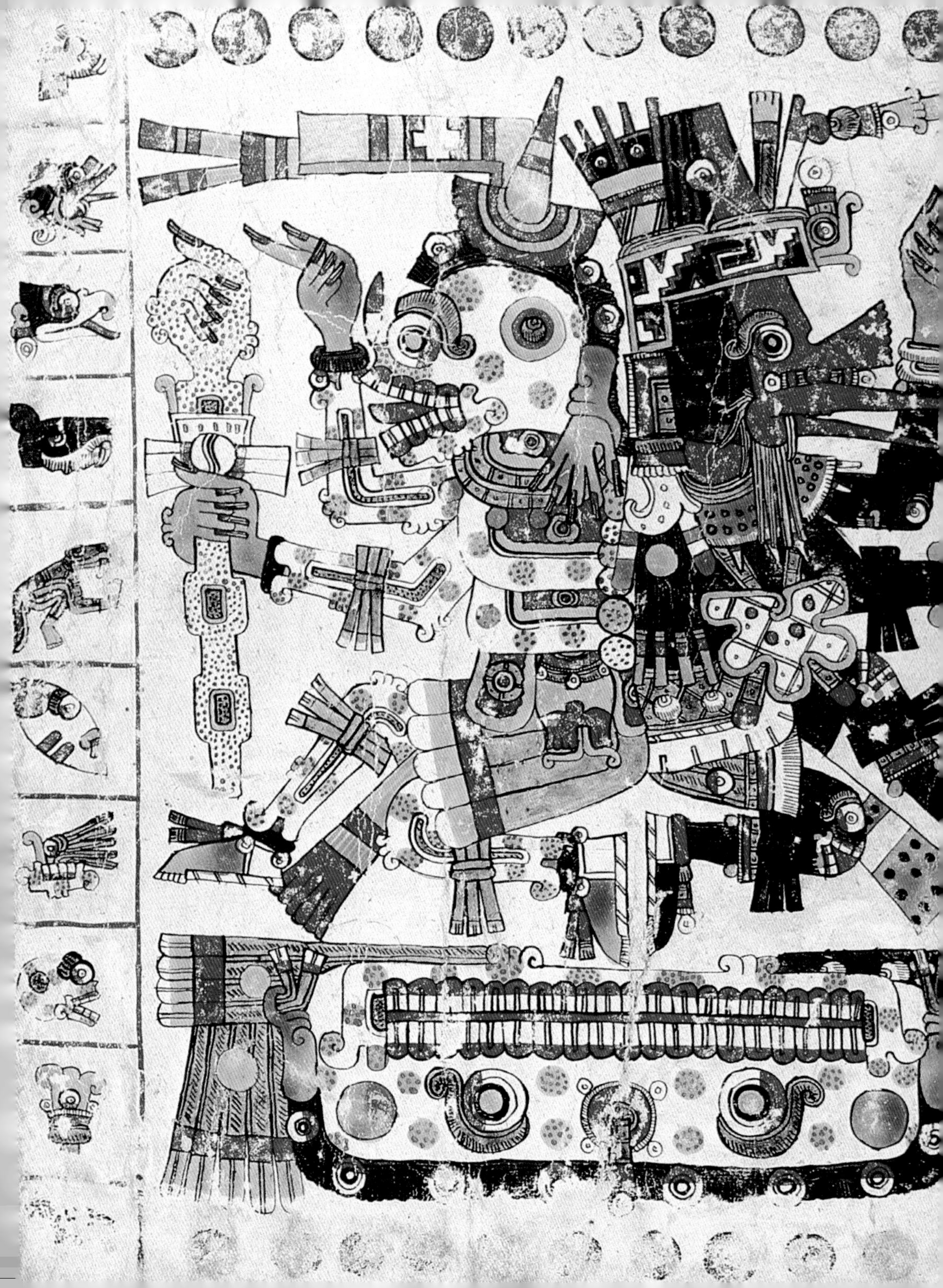

羽蛇的神話

偉大的阿茲特克神祇奎扎科亞托（Quetzalcoatl）又稱為羽蛇，因為他一半是鳥（quetzal，綠咬鵑），另一半是蛇（coatl）。奎扎科亞托扮演了十分重要的角色，他既是教導人們如何種植玉米的創世之神，同時也是傳授人類度量時間的文化英雄。此外，奎扎科亞托也會以風神艾赫卡托（Ehecatl）的身分出現，太陽在他的吹襲下滾過了天空，他的狂風也橫掃了天界。在某個故事裡，他變成艾赫卡托，下到父親死神米特蘭泰庫特利（Mictlantecuhtli）統治的地府，企圖偷走死者的骨頭，以便創造新種人類，不過他在飛翔時不小心把骨頭弄掉了，還來不及撿起來就被一隻鵪鶉啄了幾下，因此骨頭變形了。後來艾赫卡托灑上自己的血，試著讓它們活過來，結果它們長成高矮不同的人，一誕生就立刻又死了。

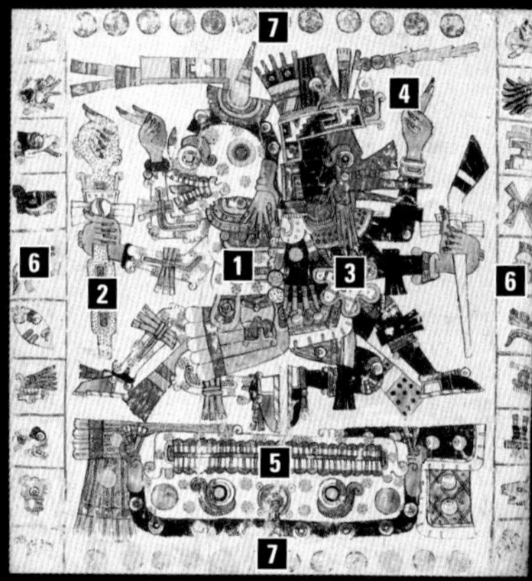

1. 米特蘭泰庫特利

死神的外形是一個骷髏骨架，身上戴了一條垂掛著數顆眼球的項鍊。他全身的骨頭滿布紅點，代表獻祭給他的犧牲者的血。阿茲特克人認為，諸神用他們自己的血創造出人類，因而定期將人類獻祭給眾神，補償所欠的債。

2. 儀式用權杖

米特蘭泰庫特利的手中握著一個儀式用權杖，稱為奇卡瓦茲特里（chicahuaztli）。權仗用骨頭製成，裝飾著鈴鐺，上面就像死神自己的骨頭一樣，也灑滿了來自為死神獻祭的犧牲者身上的血。

3. 艾赫卡托

這是風神奎札科亞托變身後的另一個分身。他在臉上戴著一個有鴨嘴的紅色面具，胸前裝飾著一個響螺的殼，稱之為「風之寶石」。阿茲特克的祭司會佩戴類似的裝飾品，貝殼往往切成曲線形狀，象徵風所造成的漩渦。

4. 羽冠

奎扎科亞托頭上戴的帽子裝飾繁複，而且具有各種不同的象徵意涵。寬邊帽沿有梯狀的黑色、紅色和白色圖案，可能象徵風的吹拂。帽子後方，紅色羽毛的羽莖上還有一對眼睛，讓人聯想到綠咬鵑的羽毛。紅、黑、綠三色的錐狀帽，模仿的是一些奎扎科亞托神廟的錐狀屋頂；帽子前方的突出物是一把小刀，很像阿茲特克祭司在舉行人類獻祭時所用的刀。

5. 發笑的頭顱

米特蘭泰庫特利和奎扎科亞托站在一個人類頭骨上，這個頭顱上下顛倒，畫風獨特，帶著可怕的微笑，露出一道長長的牙齒和牙床，在兩顆瞪得大大的眼睛之間還有一個圓形雕文，也就是圖像式書寫符號。根據雕文的說明，這是用來獻祭的犧牲者。這顆頭顱和死神的骨頭一樣，上面灑著血跡般的點狀物。

6. 阿茲特克人的曆法

在圖中兩名神祇的左右兩側各有一列以雕文書寫的曆法。這套曆法一共有二十個周期，兩側雕文中的每個符號代表二十個周期之一，每個周期又以十三天為一個循環，有時也稱為「儀式月」，這二百六十天構成阿茲特克人所稱的「儀式年」。在這二百六十天中的某個晚上，祭司會找出一個人當成犧牲代表死神獻祭。有些學者認為，祭司會儀式性地食用犧牲者。

7. 日期骰

此圖頂端和底部的兩排紅色圓盤，代表阿茲特克曆法中「儀式月」的一天，不過每排只有十二個圓盤，而不是十三個，那是因為左右兩列中的每個雕文，就代表每個「儀式月」的第一天。

阿茲特克《波西亞抄本》（*Codex Borgia*）中的艾赫卡托和米特蘭泰庫特利，西元十五世紀左右

相關參考：蛇和巨蛇28-29, 48-49, 92-93, 98-99, 100-03, 160-61, 238-39

阿茲特克的自然諸神

許多阿茲特克的神祇掌管人類賴以生存的各種自然力量。這些神祇當中，有的是可怕的怪獸，他們對待大地及大地上的居民相當殘暴無情。阿茲特克王國相當於現在的墨西哥一帶，這些神祇的行為，充分反映了當地的惡劣氣候與環境。在與他們相關的故事裡，經常會提到以人類獻祭，例如一位神祇要求在他讓作物成熟前，人們必須先祭祀人血。

希培・托泰克

希培・托泰克（Xipe Totec）的字面意思是「去皮神」，如此一來，已可大致猜出與這位神祇有關的傳說內容。希培・托泰克是春之神，據說只要大地發生糧荒，他就會把自己的皮剝下來，為結穗的種子示範該如何萌芽成長。人們榮耀希培・托泰克的獻祭儀式包括：信徒剝下獻祭犧牲者的皮，披在自己身上，隨後像希培・托泰克一樣，將皮從身上脫下，露出自己，象徵著鼓勵植物在春天發芽。另一個獻給希培・托泰克的祭祀儀典中，人們將犧牲者綁起來，隨後用箭朝他們射擊，讓他們的血滴在代表大地的一塊圓形石頭上，象徵著滋養土壤。

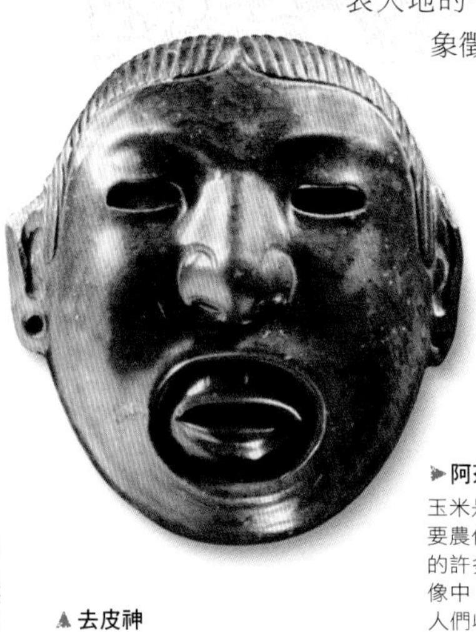

▲去皮神
希培・托泰克是春之神、玉米之神，也是豐饒之神，他通常被描繪成青年男子的模樣，似乎象徵著即將成熟的稚嫩作物。

►阿茲特克農人
玉米是中美洲的主要農作物，在此地的許多圖畫和雕像中，都描繪了人們收成這種主要糧食的過程。

▲變成泡沫的水
漩渦、瀑布以及其他快速流動的各種水的樣貌，對嘉琪德莉卡而言都是特別神聖的。據說人們經常看到她出現在流動的水之前，「變成泡沫的神」也是她的稱號之一。

►美之女神
人們往往將嘉琪德莉卡描繪成一位美麗的女子，她身穿藍色與綠色的衣服，配戴著精美的珠寶，有時也會戴著蘆葦做成的頭飾。

嘉琪德莉卡

嘉琪德莉卡（Chalchiuhtlicue，玉裙之女）是阿茲特克的美之女神，也是雨神德拉洛克（Tlaloc，參見下一頁）的妹妹，是陽光照射在水流上所產生的光影的具體象徵。嘉琪德莉卡也是水之女神，和哥哥的關係親密，兩人一度成為夫妻。然而，天上擁有兩位與水相關的神祇，為大地帶來許多的洪水與颶風，這對夫妻只好分開。後來羽蛇神奎扎科亞托（見298-299頁）將嘉琪德莉卡帶回人間，她就成為大地掌管河水、溪流、湖泊與其他水體的女神。

◀ **暗黑之神**
人們通常將特茲卡特里波卡的膚色形容為黑色的，象徵著在漆黑的夜晚時分橫越天空的黑色太陽。

▼ **特拉爾泰庫特利**
在某個阿茲特克創世神話的版本裡，特茲卡特里波卡擊敗了原初之獸特拉爾泰庫特利，並在牠背上創造大地。

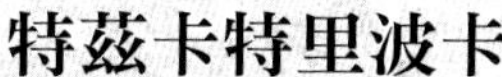

特茲卡特里波卡

特茲卡特里波卡（Tezcatlipoca，冒煙的鏡子）原是太陽神，但卻遭到罷黜，最後成為阿茲特克的地府之神。他有許多具體表現方式，其中之一是在夜間吹起的大風；在其他場合裡，他會以美洲虎的外形出現（參見下文）。特茲卡特里波卡在空中出現時就是大熊星座。據說他會在夜晚以骷髏外形在大地晃蕩，這時透過肋骨還能看到他的心臟。人們認為，擊敗他的唯一方法就是挖出他的心臟。特茲卡特里波卡隨身帶著一面能夠看透人心的鏡子，人們若在鏡子裡見到自己的影像，也可一窺未來。

德拉洛克

阿茲特克的雨神德拉洛克擁有四個宮殿，全都位於山頂上。他在每個宮殿裡都儲存了一大桶水，其中三桶分別帶來晨雨、中午的陣雨，以及傍晚的毛毛細雨，另一桶則是猛烈的暴雨。德拉洛克還請了幾位稱為德拉洛奇（Tlaloque）的雲僕負責把雨運到大地，這些雨有雙重功用：雨水能滋潤大地，強烈的暴雨則表達德拉洛克的憤怒情緒。德拉洛克還有一座美麗的花園，園裡種滿茂盛的植物及豐美的果樹。這是一個如詩如畫的地方，因病去世者的靈魂死後會來到這裡；遭受雷擊或溺斃等因為德拉洛克的神力而亡的犧牲者，也可進入這座屬於雨神的樂園。

▶ **雨神形狀的器皿**
製成德拉洛克頭形的器皿，據說是為了在崇祀雨神的神聖儀式中用來收集雨水的。在位於墨西哥市特諾奇提特朗地區的阿茲特克遺址裡，人們發現了許多這一類的器皿。

◀ **奎扎科亞托**
羽蛇神奎扎科亞托與阿茲特克的風神艾赫卡托後來逐漸被視為同一位神祇，他們同時又與德拉洛克有了密切的關連，因為阿茲特克人相信，一旦吹起了風，就預告著雨的來臨。

▶ **德拉洛克的武器**
德拉洛克發出的雷聲，有時也會被人們比擬為巨大的斧頭敲擊天空所造成的聲音，因此，這種武器和雨神德拉洛克也有了連結。

美洲虎

在阿茲特克人的信仰裡，美洲虎代表奎扎科亞托的對手——特茲卡特里波卡。特茲卡特里波卡遭奎扎科亞托拉下太陽神的王座後，變身為美洲虎的外形，並且被稱為泰波約洛托（Tepeyollotl，意為：山之心）。他是阿茲特克的夜之神，會發出巨大的嘶吼聲，人們認為那就像落石或火山爆發時所造成的巨大噪音。特茲卡特里波卡的破壞力極強，根據某個神話的描述，他失去了太陽神的寶座之後，一氣之下就將世界毀滅了。對阿茲特克人來說，美洲虎成為力量的象徵，有一群阿茲特克的菁英戰士甚至還以美洲虎來自稱。

化身為美洲虎的特茲卡特里波卡

相關參考：天氣之神 188-89, 194-95, 308-09, 318-19

阿兹特克雨神的浮雕

圖中阿茲特克雨神及雷神德拉洛克從陶罐裡倒出水和作物。這件浮雕刻於石盒上，統治者阿威特索托（Ahuitzotl，西元1486-1502年）的骨灰就裝在盒內。

▲ **博物館裡展示的巫毒精靈**

這是博物館裡舉辦的巫毒信仰特展中所陳列的各種精選用品，其中包括一副骷髏，以及許多色彩鮮豔且精心刻製的木製雕像，這些雕像分別代表不同的神祇或精靈。

加勒比海地區

加勒比海地區的原住民泰諾人（Taíno）擁有豐富的神話，其中包括許多神祇與精靈。這些神話不僅歷久彌新，也影響了日後來到此地的歐洲及非洲移民的信仰。

泰諾族大約在西元前5000年由南美洲來到加勒比海一帶，同時也帶來了對至高眾神的崇拜，以及對自然界的無數精靈的信仰。這些神祇掌管一系列的創世歷程，數不盡的精靈則無所不在，而且具有變化外形的能力。這樣的信仰，與這個經常遭颶風及暴風雨蹂躪的地區正好相互呼應。

泰諾人相信精靈有兩類：生之精靈戈埃查（goeiza），以及亡者之靈烏庇亞（hupia），據說烏庇亞貌似蝙蝠，而且會在夜晚誘拐或綁架婦女。另外還有一些神祇稱為切覓（cemí），他們的首領是海洋之神于卡胡（Yúcahu，樹薯精靈），以及豐饒與淡水之神艾塔貝（Atabey）。有些傳說也提到會協助農人且愛好和平的尤契優（Yukiyú），還有暴風與颶風之神尤若坎（Juracán）。「切覓」一詞也用來稱呼因為被神附身而擁有神奇精神力量的人。

新來的人

十五世紀末，由於哥倫布抵達巴哈馬群島，加勒比海地區開始受到歐洲的影響。後來，歐洲人將非洲奴隸帶入了本區，非洲文化因而也加入了當地的文化大熔爐裡。加勒比海地區的神話體系裡最著名的神話傳說，混合了本地泰諾族、歐洲及非洲的元素，這一類文化混合最有名的例子，無疑就是稱為巫毒（voodoo，也拼為Vodou）的海地信仰體系。

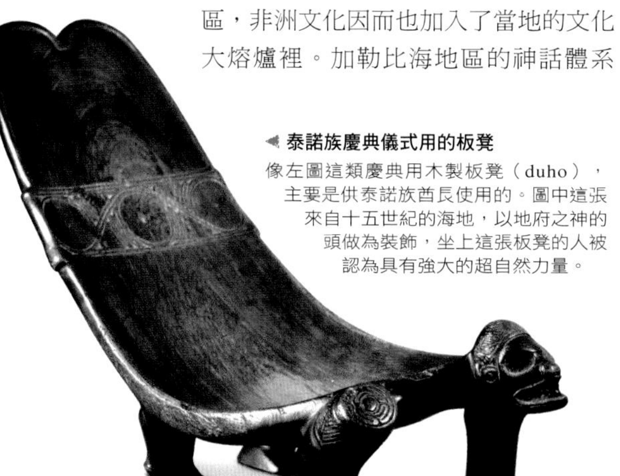

泰諾族慶典儀式用的板凳

像左圖這類慶典用木製板凳（duho），主要是供泰諾族酋長使用的。圖中這張來自十五世紀的海地，以地府之神的頭做為裝飾，坐上這張板凳的人被認為具有強大的超自然力量。

外來的雷神

尚戈是奈及利亞境內尤魯巴族的雷電之神，在加勒比海地區的許多地方也成為相當重要的神祇。他的形象通常右圖中所見的雕像一樣，以類似雙頭斧（oshe）的模樣出現。

巫毒信仰結合了原住民泰諾族的民間傳說元素，以尤魯巴族、剛果族和達荷美族神話為主的非洲信仰，以及法國殖民者的羅馬天主教；這些法國殖民者約在十七世紀才來到加勒比海地區。巫毒信仰中還有為數頗多的神祇與精靈，統稱羅娃（loa），他們掌管萬事萬物，從生育到死亡，從大象到魚，信仰儀式由女祭司或男祭司負責。另外，較不為人所知的古巴信仰——聖特里亞（Santería），同樣結合了在地與外來的信仰與儀式，豐富而多元。

眾多精靈

加勒比海群島的其他地區，由上述多重文化發展出不同類別的混合文化。在蓋亞那以及許多島嶼社群，傳說有一群名叫鍾貝（jumbee）的惡靈，他們涵蓋了所有生物種類，包括住在河裡的精靈、有害的動物，以及死於難產的婦女靈魂。此外，也有些鍾貝就像狼人和吸血鬼等歐洲怪物。對此地的許多人來說，這類精靈十分活躍而且一直存在，對他們的日常生活有著重大的影響。

五個紀元

泰諾族居住於加勒比海的希斯潘諾拉島（Hispaniola），他們的創世故事有一個與眾不同的特色：它不僅描述男人和女人出現的創世歷程，同時也勾勒了一系列共五個歷史紀元的過程，內容涵括了十五世紀歐洲移民抵達此地之前的人類簡史。此外，他們還有其他神話故事敘述了原初人類的活動，以及海洋、魚、月亮、樹木和鳥類的出現過程。

神話

宇宙的創世過程，以及世界人類的創造，跨越了五個紀元之久。第一紀元初始，至高無上之神雅涯（Yaya）的兒子反叛父親，於是雅涯就把他殺死了。大神將兒子的骨骸放在一個巨型的葫蘆裡，掛在自己的屋內。幾天之後，雅涯往葫蘆裡一看，發現骨頭已變成在水中悠游的魚。雅涯的妻子取出幾條魚來烹煮，夫妻倆好好享受了一頓大餐。有一天，葫蘆裂開了（有的故事版本說是來訪的客人弄破的），水流到地球上，形成圍繞加勒比諸島的海洋。

▲岩壁上的畫作

泰諾族的岩雕繪畫擁有生動而有力的輪廓，通常描繪泰諾神話中居住於宇宙中的諸神。圖中是大地女神艾塔貝（參見309頁），她在分娩時有時會採用坐姿。

人類的出現

第一批人類泰諾族出現時，進入了第二紀元。在希斯潘諾拉島上的高瑙（Caonao）一地有兩個洞穴，泰諾族從其中一個洞穴出現，後來學會在海裡捕魚為生。不過他們之中有些人出門時被太陽抓走了，變成樹木，因為他們天亮時才回家。另外還有一個男人原本應在其他人出外捕魚時看守洞穴，但因為怠忽職守而遭太陽變成石頭。有了這些前車之鑑，另一個男人在天亮之前醒來，想趁太陽升起前抓些魚，但也被太陽變成鳥，見到第一道日光就會鳴叫。時光流逝，剩下的泰諾人離開此地到其他島嶼探查，隨後就在發現的肥沃土地上開始耕作了。

新的生活方式

到了第三紀元，女人出現了，成為男人的同伴，人口因而成長，人們逐漸發展出文明，也學會了生活的技術。第四紀元，人類遍布於加勒比海諸島。他們設立了聚落，學習如何種植他們的糧食作物——樹薯。他們建立村莊，發展出流利的語言，生活和樂。這樣平靜的生活持續了好多年，直到歐洲人來到了加勒比海地區，一切才都變了樣。

泰諾族的最後一個紀元——第五紀元肇始於1492年歐洲航海家哥倫布的到來。泰諾人把這個事件視為一項災難，因為它摧毀了傳統的生活方式。歐洲移民對待泰諾人極為殘酷，而且帶來了新的疾病，造成許多部族的滅絕。

▲泰諾族的象徵

上圖是某個泰諾部族的標誌圖像，圖像的裡面和外面的圓圈分別代表著太陽和月亮。

雅涯與伊蒂芭之子

根據一些海洋創世過程故事的描述，有一天，雅涯把裝了魚的葫蘆順手放在屋裡，沒怎麼特別留意它。後來，有四個小孩跑到雅涯家裡來玩，他們的母親是因難產而死的大地之母伊蒂芭．卡胡芭芭（Itiba Cahubaba）。這四個孩子一看到葫蘆就把它拿下來想看個究竟，而且還吃掉了裡頭的幾條魚。突然間，雅涯回來了，孩子們匆匆忙忙想把葫蘆放回去，結果反而掉在地上摔碎了，葫蘆裡裝的東西全都灑了出來，於是四兄弟連忙逃到祖父家去了。

第一批生物

根據泰諾族的創世故事，太陽把從某個神祕洞穴裡出現的人變成了鳥、樹木或石頭。鳥類出現在許多泰諾族的神話裡，例如有個泰諾人被變成清晨鳴叫的鳥，還有啄木鳥協助創造了第一個女人（參見下文）。另外有個故事解釋了蜂鳥為什麼有一身光鮮的羽毛：某人因亂倫受懲罰變成了月亮，而且臉上長滿痘子，後來，蜂鳥用尖嘴叼著月亮的孩子，讓月亮能看看他，所以月亮讓蜂鳥擁有亮麗的羽毛當作獎賞。泰諾族的神話也傳述了瓜亞荷那（Guayahona）的故事，他既是文化英雄，也是薩滿（見268-269頁），曾到遠方島嶼尋找青銅合金，泰諾人因為青銅合金具有金色光澤而視為珍寶。

葫蘆裡的水噴湧而出。據說，這就是海洋的起源。

▲ 海中的魚類

雅涯的葫蘆打破時，裡頭的魚全都灑了出來。這項來自大海的豐富禮物，因而成為泰諾人維生的主要來源。

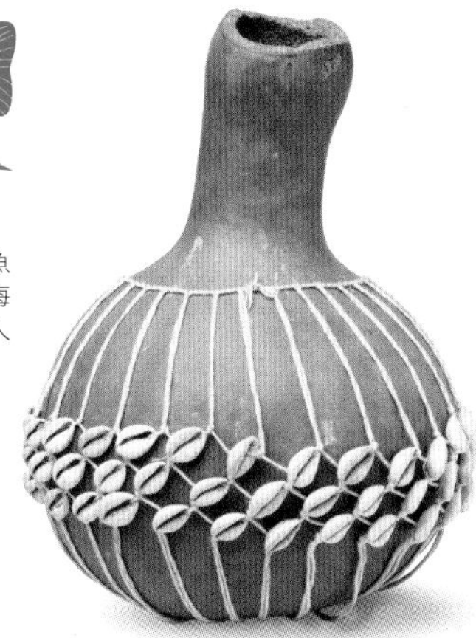

► 泰諾人的葫蘆

葫蘆既是儲物的容器，同時也象徵了誘惑。有些神話故事描述破掉的葫蘆變成一艘獨木舟，伊蒂芭的幾個孩子於是划著它逃走了。

具有珠寶般美麗羽毛的蜂鳥

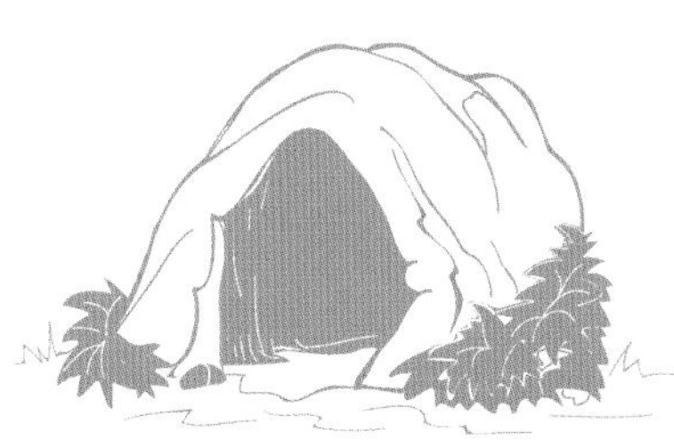

▲ 原初洞穴

第一位泰諾人是從一個名叫蓋帕荷華（Ceibajagua）的洞穴出現的。其他加勒比海地區的民族是從另一洞穴出來的，因而有不同的習俗。

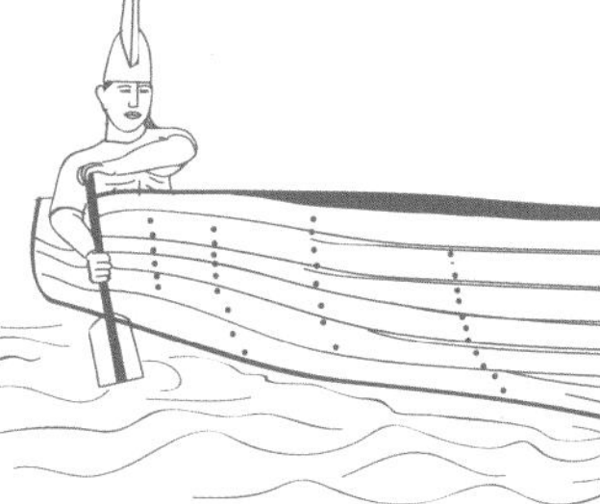

▲ 探險家瓜亞荷那

神話傳說中的英雄瓜亞荷那曾經歷多次的探險之旅；其中有一回，他還說服島上的所有女人和他一起遠行。

◄ 加勒比海的漁夫

泰諾人的神話傳說經常提到和出海捕魚歷程有關的故事，因為捕魚是他們主要維生方式之一。此外，他們也是造船技術優異的民族。

女人的創生

根據泰諾族的創世神話，據說第一批人類出現時只有男人。某個下雨天，這些男人從海裡捕魚回來，看見樹上落下了奇怪的生物，它們看起來像是女人，可是身上並沒有生殖器官。男人靠直覺就知道這些生物正是他們所需要的女人，因此把它們抓了起來，並且把啄木鳥綁在它們身上。啄木鳥以為這些生物是樹木，開始在它們身上打洞，結果造出了女性器官，於是第一位女人就此誕生了。

◄ 啄木鳥

啄木鳥被稱為茵里麗（inriri），在神話中是指「在樹上打洞的人」。他們因為創造了女人而受到泰諾人尊敬。

相關參考：美洲人的創世故事 282-83, 286-87, 314-15

諸神與精靈

歐洲移民來到加勒比亞海地區之前，泰諾族數百年來一直住在大安地列斯群島（Greater Antilles）和巴哈馬群島，住在小安地列斯群島（Lesser Antilles）的是加勒比各族，雙方是競爭對手。泰諾族人以狩獵與捕魚維生，同時也發展出農業，種植玉米和樹薯。他們的信仰包括崇祀精靈、諸神和祖先，其中又以掌管豐饒與作物生長的神祇特別重要。他們透過儀式性的舞蹈及口頭傳說，讓神話得以代代相傳。

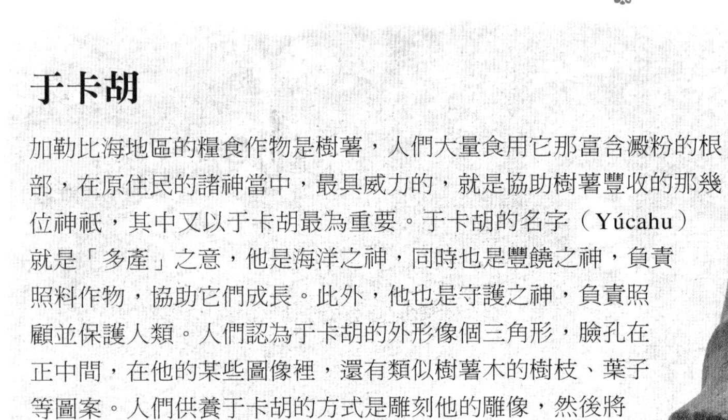

于卡胡

加勒比海地區的糧食作物是樹薯，人們大量食用它那富含澱粉的根部，在原住民的諸神當中，最具威力的，就是協助樹薯豐收的那幾位神祇，其中又以于卡胡最為重要。于卡胡的名字（Yúcahu）就是「多產」之意，他是海洋之神，同時也是豐饒之神，負責照料作物，協助它們成長。此外，他也是守護之神，負責照顧並保護人類。人們認為于卡胡的外形像個三角形，臉孔在正中間，在他的某些圖像裡，還有類似樹薯木的樹枝、葉子等圖案。人們供養于卡胡的方式是雕刻他的雕像，然後將雕像埋在田地裡，並且在埋有雕像的土壤上灑水加以供養。這個倒水的行為「滋養」了于卡胡的雕像，如此一來，于卡胡促進生長的能力將會散布在農田裡。

◀三尖石
在加勒比海地區，經常可以看到以三尖石外形呈現的于卡胡形象，人們常將這些石頭當成供品埋在土裡。有時人們將這位神祇的頭頂做成乳頭的形狀。

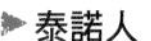

◀樹薯
樹薯樹在加勒比海地區稱為于卡（yuca），它可在煮熟後食用，或者製成麵包。于卡胡的三尖造形往往被認為象徵著樹薯根的三角形外觀。

▶泰諾人
泰諾人住在由茅屋圍成圓圈的村落裡。他們在稱為科努可（conuco）的大型土堆上種植他們的糧食作物，據說這是來自于卡胡的發明。

▶ **母神**

艾塔貝的蹲踞姿式，和許多社會中的女人在分娩過程裡所採取的姿勢相類似。艾塔貝是母性的象徵，人們會將她的雕像傳給孕婦，希望能避免生產過程中的種種不順利。

艾塔貝

女神艾塔貝是偉大的神祇于卡胡的母親，她和兒子一樣是位豐饒之神，同時也是大地女神、母性女神，以及負責掌管湖泊與河流等水域的神祇。艾塔貝會為大地帶來雨水，身邊偶爾會有她的傳信者瓜陶法（Guatauva）及洪水女神科亞特里榭（Coatrischie）隨侍一旁。人們通常將艾塔貝描繪成蹲踞之姿，由於這個姿勢，她的腿就像蛙腿一樣彎曲著，因此，常會讓人把她和蛙類聯想在一起。青蛙在適合交配的季節裡會大聲鳴叫，而此時也正是熱帶地區雨季的開始，年度新栽植的樹薯作物也剛種下不久。由於這種種的因素，艾塔貝女神和青蛙之間建立了自然連繫，人們因而也認為，負責掌管淡水與土壤豐饒肥沃的就是艾塔貝。

澤密的雕像

泰諾人在祭祀時所用的雕像稱為澤密（Zemi）。它們不僅只是當成雕像來使用，同時也是神祇的具體呈現。這些雕像所代表的神祇範圍十分廣泛，從于卡胡這一類廣受眾人敬拜的大神，到只有少數後輩才知道的家族祖先都包括在內。人們通常依照澤密的階級來加以排列，並且在許多不同的場合中使用，例如洞穴等聖地的公開儀式，或是在家中設祭壇所進行的私人禮拜。此時，信徒會向澤密敬酒當成獻祭，也會唱歌來表達敬意，並會對著雕像禱告或祈願。

▲ **木製小雕像**

據說有時樹靈會「要求」信徒讓他具有實際的形象，於是人們將木頭刻成儀式用的小雕像，就成為所謂的澤密。

▲ **精靈的臉**

許多澤密象徵著不知名的精靈，或許也象徵祖先。在泰諾人的家族中，祖先是重要的祭祀對象。

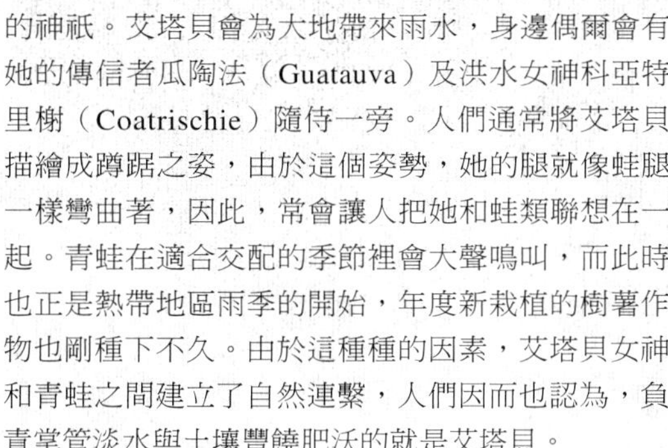

瓜凡舍

泰諾人認為，加勒比海地區的天氣型態是諸神各有權勢造成的。帶來雨水的是朋納耶爾（Boinayel，灰蛇之子），在他出現前，天空會先出現陰暗的雨雲。他的兄弟晴空之神麻羅乎（Márohu）則帶來好天氣，是與朋納耶爾抗衡的另一股勢力。有時，暴風雨神及掌管颶風的瓜凡舍（Guabancex）若大發脾氣，則會破壞原有的和諧與平靜。如果瓜陶法和科亞特里榭和她同一陣線，更加勢不可擋。

◀ **颶風女神**

女神瓜凡舍雕像上的四肢朝著不同方向彎曲。人們認為，這種表現方式象徵著颶風掃過地表時的蛇行路徑。

▲ **憤怒的女神**

颶風所帶來的極度強風，是加勒比海地區生活裡常見的情形。此時島民的日常作息都被迫停擺，直到風之女瓜凡舍的怒氣消退為止。

相關參考：生育力之神 40-41, 84-85, 114-15, 158-59, 214-15, 244-45, 310-11

傑德

傑德（Ghede）是古老的海地愛神、性慾之神以及生育力之神。在海地的巫毒信仰中，傑德是死神，同時也是一群精靈的名字，代表了死亡與生育力。「羅娃」的概念在巫毒文化中相當重要。羅娃是重要的祖靈，象徵並影響著自然界的特定層面，其中包括稱為巴隆（Baron）的精靈；依據不同的巫毒傳統的說法，巴隆是精靈的首領，或是傑德某個面向的展現。海地有許多信仰和儀式關照了死亡與性這兩個相對但又相關的主題，而所有的精靈就是其中的核心。

傑德與性

身為性之精靈，傑德將性視為不可或缺的事，無所謂好壞。他擁有貪求無饜的性慾，這也反映在他對食物和酒精的大量需求上。從這幾個方面所顯露出來的個性，正足以突顯這位精靈世俗的、奢華的生活。傑德向來喜歡毫不掩飾地談論與性有關的話題，對於希望隱藏性需求或對性事習慣抱持壓抑態度的人來說，這些露骨的話語顯得荒謬或令人尷尬。他經常會說些有色笑話，而且面不改色地誇耀自己的性能力。此外，傑德也是復活與生命力的具體象徵，因而擁有強大的療癒能力，據說對小孩特別有效。世故且個人風格強烈的傑德，和弟弟艾撒卡（Azacca）的感情非常好。艾撒卡個性較為莽撞，外形像農夫一般的他是一位農業精靈，也是農人的守護神，傑德經常會參加他的祭典。

▲ **傑德的追隨者**

據說傑德喜歡跳舞，舞步快速而且奔放。崇拜傑德的慶典中，例如「亡者之日」，他的信徒會盡情舞蹈，並且經常往往會進入一種出神的狂喜狀態。

◀ **黑雄雞，傑德配偶的象徵**

傑德是死亡與生育力的精靈，人們獻祭給他的供品包括黑雄雞、蠟燭、棺材模型，以及在鑲著金幣的瓶子裡裝進蘭姆酒。黑雄雞也是傑德的配偶瑪曼．布利基特（Maman Brigitte）的象徵之一。

▶ **瑪曼．布利基特的記號**

瑪曼．布利基特和傑德一樣，擁有旺盛的性慾。巫毒信仰的儀式會在地上畫出稱為菲博（vever）的圖案，如此就能召來神祇，而瑪曼．布利基特的菲博包含了心形和十字。

星期六男爵

星期六男爵（Baron Samedi）是羅娃祖靈中最為人所熟悉的面貌，通常稱為男爵，但他還有其他化身，例如：十字架男爵（Baron La Croix），或墓之男爵（Baron Cimetière）。在不同的傳統裡，人們將男爵視為傑德精靈一族的首領或父親，或是傑德精靈的擬人化形象。星期六男爵通常被描繪成優雅的模樣，擁有蒼白或骷髏般的臉，身著黑衣，戴著白色大禮帽和深色眼鏡。他用長長的菸桿抽菸，拎著一根拐杖。他是通靈師，能在人間和精靈界之間溝通。他帶著亡者的靈魂去地府（見43頁），據說也能控制僵屍，還有能力可以修補僵屍的魂魄，讓他們得以復生。

▲ **星期六男爵**

星期六男爵有各種變化多端的形象，有時他戴著大而華麗的帽子，帽子前方裝飾著人類頭骨的圖案。

▲ **星期六男爵的象徵**

巫毒信仰是非洲、加勒比海地區，以及羅馬天主教等各種信仰的混合體，因為星期六男爵和死亡有關，十字架在他的菲博圖案中甚為明顯。

▼ **塔羅牌**

塔羅牌源自中世紀的義大利，用於占卜，可能是隨著早期歐洲移民而傳入加勒比海地區。傑德經常會透過塔羅牌來提出指示。

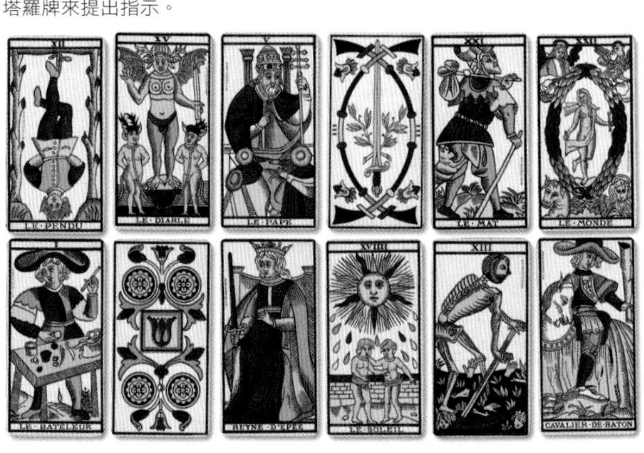

傑德與占卜

根據傳統說法，傑德經常喜歡出現的地點是十字路口，此地象徵著生與死、人與精靈兩個世界的交接之處。傑德是負責掌管這個交會點的精靈，被認為擁有特殊的預言能力，以及能夠透視未來的本領，因此人們會為了切身問題來找傑德，請求他為他們提供答案，尤其是關於生育方面的困擾。他們獻上祭祀用的供品，請求祭司代為向傑德提出問題，至於傑德回覆的答案，則會出現在蘭姆酒滴在地上所形成的圖案中，或是透過擲骰子、抽塔羅牌後得出的謎樣訊息裡。傑德所提供的建議經常令前來祈求的信徒覺得很難實行，儘管如此，信徒仍相信這些建議很有道理，也十分敬重。

傑德精靈

傑德也是一大群精靈共同的名字，他們分別具有不同功能，擔任通靈者或陰陽兩界之間的媒介就是其中之一，信徒可以輕易接觸他們，並能得到建議。這些精靈各自具有獨特的個性與角色，例如，傑德．尼布（Ghede Nibo）的外表是個早夭的年輕人，死亡原因可能是暴力導致的；據說他是墓地的守衛，也是早夭者的保護者。傑德．帝．馬利斯（Ghede Ti Malis）則是一個搗蛋鬼，他的惡作劇包括愚弄人類以騙取食物。

▶ **巫毒旗**

在巫毒儀式進行過程中，有很多道具是絕對不可或缺的，例如有一面鑲了金幣的旗子，上面繪有傑德的象徵，只要將這個旗子展開來，就表示儀典即將正式開始。

相關參考：生育力之神 40-41, 84-85, 114-15, 158-59, 214-15, 244-45, 308-09

▲ 印加的黃金圓盤

印加人珍愛黃金，認為黃金是太陽神印提的汗，然而，十六世紀的西班牙征服者只將黃金看成貴重金屬，因此把大部分的印加工藝品都熔掉了。上圖這件金盤上所描繪的是印提大放光明。

南美洲

南美洲孕育了許多擁有不同神祇與神話的文化，
其中延續最久的是印加文明，
他們的興盛地是南美洲西岸及安地斯山區。

過去三千多年來，南美洲誕生了一個個高度發展的文明。大部分較先進的文明發源於安地斯山區，分布於現在的祕魯、智利、玻利維亞和厄瓜多爾等國境內。最早興起的是祕魯北部的查文文化（Chavin culture，西元前850-前200年左右），接著在大約西元前600年至西元900年之間，還有許多其他王國發源於祕魯境內和鄰近區域，包括：帕拉卡斯王國（Paracas Empire）、莫希文化（Moche），以及瓦里（Huari）和蒂亞瓦納科（Tiahuanaco）兩大文明。

神話的主題

這些文化留下不少文物，如建築、雕刻、陶器、黃金首飾與織品等，但都不曾發展出書寫系統，因此關於他們的神話所知有限。然而，學者從他們工藝品中的人物辨認出其中許多是神祇，而且通常就以他們最明顯的特徵來命名，如：枴棍神、露齒神、美洲虎神……等。對於後期原住民的研究顯示，他們敬拜祖靈、與當地地貌有關的諸神，以及生育力之神。在南美洲其他地方不同民族的信仰系統裡，經常可見到各種地域精靈、創世諸神，以及教導人民農耕等重要技術的文化英雄。這些早期文化之中，某些還擁有一個特別的主題，那就是太陽崇拜。在蒂亞瓦納科（Tiahuanaco）的主要考古遺址裡，大門廊上就有一個類似太陽神的人物，專家們相信，莫希文化中的某個重要神廟，就是人們祭祀太陽神的地方。

▶ **銀製玉米穗軸**

技巧純熟的印加金工，打造了這個玉米穗軸的銀質模型，由此可看出，人工種植的玉米對印加人是多麼重要的糧食作物。五月玉米年度收成時，他們會舉辦一場大規模的慶典儀式，年輕的印加貴族會到庫斯科的街道上遊行，並吟頌祈禱詞。

印加人到來

印加人在西元1230與1532年間建立位於安地斯山區的王國，將蒂亞瓦納科視為起源地之一，並和前人一樣崇拜太陽。印加人相信他們的統治者是太陽神印提後裔，他們的起源神話就以祕魯的庫斯科（Cuzco）一帶為根據地。據說一群祖先（三兄弟與三姊妹）從庫斯科附近某個洞穴裡出現，並為印加的真正統治者立下許多先例，例如：佩戴黃金首飾、和姊妹結婚，並在山頂設立祭壇。

▲ **鹿頭塑像**

在傳統的南美洲神話體系與宗教信仰中，動物精靈扮演著相當重要的角色，上圖這件莫希族的陶製鹿頭塑像正是其中之一。

王國和神明

印加王國國土範圍極大，從厄瓜多爾沿南美洲西部邊緣向下延伸直到智利中部為止，首府位於庫斯科，也有馬丘比丘（Machu Picchu）等其他都市中心。國內有先進官僚體系及完善的公路網，信仰是以庫斯科一座大神廟的印提崇拜為核心，不過仍有其他神祇，包括創世之神維拉科查（Viracocha）、豐饒之神以利亞帕（Ilyap'a），還有月亮女神瑪瑪．基莉雅（Mama Kilya）。印加人是手藝精湛的金工，也賦予黃金極大的宗教意義。

有個印加人熟知的埃爾多拉多（El dorado，黃金人）神話源自於哥倫比亞且流傳已久，其中提到新國王登基典禮時，人們會用金粉覆蓋他，然後抬到湖中央，再奉獻更多黃金給湖水。這些傳說引起西班牙征服者的想像並在十六世紀前來此地追求財富。它們至今依然引人入勝。

印加王國的起源

在十六世紀西班牙人征服祕魯的數百年前，印加人在南美洲西部的安地斯山區建立了一個龐大的王國。他們擁有精緻的口傳文化，神話內容講述關於起源的各種不同傳說，這些故事全都是以一位名叫曼可．卡帕克（Manco Capac）的祖先為主角，他和許多隨從由一個洞穴出現，來到人世。

▶ **曼可．卡帕克**

曼可．卡帕克和所有印加統治者一樣，和太陽關係密切。根據一些傳說，他參加庫斯科的慶典儀式時，頭上戴著一支黃金羽毛。

神話

印加的創世之神名為孔．提奇．維拉科查（Con Tiki Viracocha），或簡稱為維拉科查，是印加神話當中最重要的神祇。在大多數的創世神話版本中，他從的的喀喀湖（Titicaca）的湖水中出現，創造了巨人族。不過他對自己創造的這些生物很不滿意，所以召來了名為烏奴．帕查庫提（Unu Pachacuti）的大洪水，把巨人族淹沒。接著，他用湖畔撿來的小石子打造出第一批人類，並且賜予這些人類不同的語言、風俗和食物，讓他們散居世界各處。然而，根據其他一些版本的傳說說法，維拉科查把第一批人類送進了某個洞穴，要他們等待適當時機再現身。據說，這個洞穴位於一個名為帕卡里坦波（Pacaritambo）的地方，大約在現在庫斯科市西南方約二十五公里（約十六哩）處。其他說法則認為，該地的真名為坦波托科（Tambotocco，有窗的酒館），因為那些人類在天然洞穴裡造了三個儀式用的入口。

人類出現

安地斯山區民族的酋長是一位名叫曼可．卡帕克的男人，他和三個兄弟及三個姊妹住在洞穴裡，其中一位姊妹名叫瑪瑪．奧克優（Mama Ocllo），也是他的妻子。他們都是印加王國的皇族，也就是後來印加統治者的祖先。後來，一小群印加貴族的人經由其中一個出入口離開了洞穴，多數代表較低階級的農民和奴隸，則從另外兩個洞穴出入口出現。就這樣，第一個印加聚落建立了。

▲ **庫斯科**

印加王國的首都位於現在祕魯境內的庫斯科市。除了的的喀喀湖外，這裡及附近地區裡有許多的神殿與聖地，是印加信仰最重要的地方。

印加人民與太陽神

關於印加創世神話，有些編年史敘述的是另一種版本。根據這個版本的說法，曼可．卡帕克和其他印加人是太陽神印提在的的喀喀湖畔創造出來的（見318頁）。太陽神給曼可．卡帕克一根黃金短棒或權杖，引導人們在湖畔附近走動，要求他們只要停下來休息或吃東西時，就把黃金權杖插在地上。印提告訴他們，過一陣子他們會來到一個地方，黃金權杖插入土裡時會完全陷下去，表示那個地方的土壤深厚肥沃，印提又告訴曼可．卡帕克，到時就在那個位置建造都城。人們遵循太陽神的指示晃遊了好一陣子，終於來到一處黃金權杖消失在土裡的地方。印加人在不遠處建立了都城庫斯科，曼可．卡帕克成為印加王國的首任統治者，開啟了印加王朝。

維拉科查

印加人相信，維拉科查（Viracocha）創造人類後就在一旁守護他們，並且默默提供了協助。這位神祇喬裝成一位乞丐，混在印加人之間顯現奇蹟，並且傳授人民一些生存所需的技能。然而，絕大多數的人都不願聽從這位神祇的勸告，最後他只好含著淚水悄悄離開了人間。維拉科查認為，有一天，眼淚將會造成另一場的大洪水，將所有人類全都毀滅。因此，在描繪著維拉科查的面具上，往往會看到神的雙眼正流著眼淚。

象徵維拉科查的黃金面具

▼奇普

奇普（Quipu）是印加人使用的工具之一，由幾段打結的繩子或皮革製成，用來計算或記錄事情。

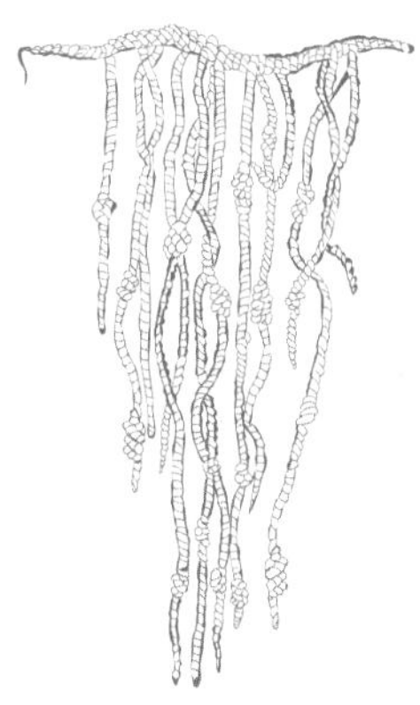

▲馬丘比丘

這座位於山頂的城市遺址令人驚嘆。這裡有一間神廟有三扇窗，或許是為了呼應印加人由三個出口的洞穴出現的傳說。

►印加人的陶壺

在印加人的陶器裡，人形壺十分常見，它們的用色亮麗，有時會描繪或塑造成神祇的頭。

印加人

印加人雖然沒有發明輪子或傳統的書寫系統，不過仍擁有高度發展成熟與繁複的文明。他們的工匠十分擅長織品與陶器的製造，建築技術也非常卓越，在他們的石砌建築中，石牆不需使用灰泥就能密合，而且相當堅固。印加人的道路系統縱貫安地斯山區的國土各處，因而也發展出一套通訊體系，以維持王國的統一。印加的神話不僅承認他們來自的的喀喀湖的平凡出身，同時也說明了他們在太陽神印提榮光照耀下，企圖創建一個遼闊王國的渴望。

帕卡．瑪瑪是大地之母，總有一天，我們都會回到她的身邊。

海洋與大地的諸神

在印加神話當中，海洋和大地其實是兩位女神。海洋女神是瑪瑪．科查（Mama Cocha，海洋之母），她是漁夫與水手的守護者。大地女神是帕卡．瑪瑪（Paca Mama，大地之母），她是印加神話中十分重要的神祇，是太陽神印提的配偶，而且人們會為她獻上駱馬做為犧牲。根據一些後期的印加神話故事，帕卡．瑪瑪嫁給火神兼雨神帕恰馬克（Pachacamac），兩人一起生下了星星、月亮，以及整個世界。

◄帕卡．瑪瑪

大地女神帕卡．瑪瑪被人們視為豐饒的象徵，並且被描繪成一位裸體女子。印加人首度進入庫斯科之前，就以她的創造物駱馬來進行獻祭儀式。

加爾西拉索．德．拉．維加

加爾西拉索．德．拉．維加（Garcilaso de la Vega，西元1539-1616年）是西班牙征服者與印加公主的孩子，成年後幾乎都在西班牙生活，但他忠實地捍衛源自於母親的印加文化。1609年，他出版了《王室回憶錄》（*Royal Commentaries*），書中詳述印加民族的文化與生活方式；八年後，他又出版了第二部，內容描述西班牙人征服印加的故事。儘管他的基督宗教背景讓他對於印加宗教和儀式的記載有所曲解，但他描繪的印加生活仍屬於第一手史料，彌足珍貴。

加爾西拉索．德．拉．維加

相關參考：美洲的創世故事282-83, 286-87, 306-07

取自祕魯木乃伊的黃金面具

祕魯北部的齊穆族（Chimú）在十二至十五世紀盛極一時。他們用「太陽流的汗」——黃金來製作入殮用的面具，覆蓋在已製成木乃伊的貴族階級臉上。

安地斯山的眾天神

印加民族被視為是太陽的子民。他們的君王往上追溯世系，自認是太陽神印提的後裔，印提在重要的神廟中也占據了主要的位置，儘管如此，印加人仍然崇敬許多來自天界的其他神祇。這些神祇通常會庇祐印加人民，確保他們有足夠的水源能夠種植作物。偶爾，他們也會透過雷擊或日蝕等激烈懾人的自然現象，提醒人們莫忘神威。

印提

印加民族的太陽神名叫印提，又稱為白晝的領導者，對印加人而言，他是眾神之中最為重要的神祇。印提是一位和善的神，不僅守護著人間，用陽光賜予大地溫暖，同時也主動協助地面上的人們。在這一類的神話當中，印加的祖先曼可．卡帕克與瑪瑪．奧克優（見314頁）是印提的兒子和女兒，他們學會謀生技能後被送到人間，將生存方法傳授給人類，因而成為印加王朝的始祖。印加的統治者在首府庫斯科建造了許多奢華的神廟獻給印提，其中有一座因為華美的裝飾而得到「黃金屋」之稱。印提的主祭神廟有特別的方位，印提神像的臉才能每天都面向朝陽升起的第一道光芒。人們通常將印提描繪成一個黃金圓盤，圓盤散發著無數的光芒。

▶ 女祭司雕像

榮耀太陽神的祭祀儀式由經過特別訓練的女祭司主持，女祭司被稱為瑪瑪科納（mamacona，神選的女人），她們的另一個身分是是印加君王的妾。

▲ 印提圖案

上圖為祕魯地區早期的納斯卡（Nazca）文化的棉製織品，上面的圖樣具有放射狀元素，色彩溫暖，象徵著太陽神印提。

▶ 繫日柱

這是位於馬丘比丘的一個裝置，稱為茵替瓦塔納（Intihuantana post，意為繫日柱），據說使用於儀式之中，或用來計算曆法。

▲ 印加的農耕

印加農人種植的農作物種類不少，其中包括馬鈴薯和南瓜等。他們對於雷神伊雅布特別虔誠，並且會在他的祭壇獻上犧牲，以祈雷神降雨。

伊雅布

印加的雷神伊雅布（Illapu）是一位好戰的神祇，以彈弓做為武器。在一則神話中，伊雅布縱身一跳就跨過了天空，在天上留下一道陰影，結果變成銀河。他用彈弓瞄準姊妹手中拿著的水罐，當他發射時，皮繩發出的聲響就形成了雷聲，石頭在空中飛行時劃出的光就成為閃電，石頭擊中水罐後，大雨就從天空傾盆而下。伊雅布是為大地帶來雨水的神祇，因而廣受印加人民的敬重。他們為伊雅布建造專屬廟宇，並前往廟中祈求降雨；這些神廟通常建於山上，如此才能更接近伊雅布所居住的天界。如果人們極度渴望雨水，有時會用人做為祭祀的犧牲，以討好伊雅布。

瑪瑪・基莉雅

月亮女神瑪瑪・基莉雅是印提的配偶，有些神話則認為她是印提的姊妹。瑪瑪・基莉雅是與太陽神對照的女神，被視為印加統治者的母系祖先，負責掌管夜間。印加人相信，月蝕是有妖怪把瑪瑪・基莉雅咬掉一塊，預示著災禍即將發生，因此他們會對著天空揮舞武器，發出巨大的噪音，以便趕走妖怪。瑪瑪・基莉雅也是守護女人的女神，在月事期間守護女人，保護她們的生育力，並要求她們堅守結婚時的誓言。

▲ **月亮女神**
印加人相信，女神瑪瑪・基莉雅會在夜間守護著人們。在滿月的夜裡，人們可以清楚地看見她的大臉與大眼睛。

▲ **銀製藝品**
黃金屬於印提，銀則屬於瑪瑪・基莉雅。銀製品是為了向她致敬而製作的，在庫斯科的月亮女神神廟裡，人們以大量的銀來加以裝飾。

▼ **天界的橋樑**
七種色彩的彩虹既亮麗又耀眼，再加上它看起來彷彿能夠連結大地的人間以及諸神的天上世界，因此，象徵彩虹的奇楚在印加民族的眾神之中占有特殊的地位。

奇楚

在印加人的觀念中，他們認為彩虹是一位外表長得像雙頭龍的神祇，名叫奇楚（Chuichu）。他們知道彩虹與太陽之間存在著某種連繫，然而仍始終無法真正理解，彩虹多重的色彩究竟是如何產生的。印加人認為，彩虹是來自太陽神印提的禮物或訊息，用來顯示慈愛之神奇楚所在的位置。由於奇楚將天上的諸神世界與人間的大地連結在一起，因而被視為天界的傳話者或信使，能協助太陽神和雨神將他們賜予生命的禮物送到人間。對某些人來說，彩虹之神是一種更神奇的力量的具體示現，它維繫了印加民族宇宙觀之中的三個基本部分：天、大地，以及地下王國。

星辰諸神

印加人將天上的繁星視為慈愛的諸神，這些神祇和瑪瑪・基莉雅一樣，會在夜裡守護著人類。印加人和現在的天文學家或占星家的做法相同，他們辨識出不同的星辰，再將它們分成星群或星座，不像世上某些文化認為星星只是隨意散布在空中。不過，印加人的星群擁有特殊的印加名稱與身分：一般所稱的天琴座是印加人的駱馬星座，天蠍座是他們的貓星座，昴宿星團則是小母親星團或是倉庫星團。這些星座有的備受印加社會某些階層的敬重，例如，倉庫星團廣受農人和種植者崇拜，因為據說它會保護並滋養人們所儲存的種子。

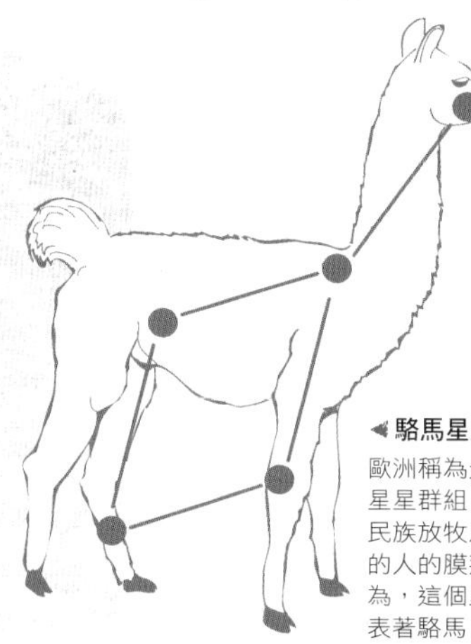

◀ **駱馬星座**
歐洲稱為天琴星座的星星群組，受到印加民族放牧及飼養駱馬的人的膜拜，他們認為，這個星群組合代表著駱馬。

相關參考：天氣之神188-89, 194-95, 300-01, 308-09，星辰288-89, 334-35, 340-41

各地域的精怪

古代的許多民族認為整個地球都充滿精靈或鬼怪，其中許多居住並守護著特定的地域。人們視為具有超自然特殊意義的地方，特別可能有精靈藏身其中，例如：山峰、湖泊、河流、森林、巨石等，都屬於這種在地形景觀裡特別突出的地點，當地居民和外來的過客都會以物品奉獻給這些地域專屬的精靈。

水域裡的精怪

河流、湖泊和湧泉等不同的水域，全都擁有各自的專屬神祇或精靈。這些神怪同時反映出水的雙重性質：生命缺少不了它，但它同時也可能帶來危險。他們有些既仁慈又和藹，如印度的恆河女神就是一例；有些則有雙重性格，帶來豐饒或生命，也有讓人溺斃的危險。

◀恆河女神

恆河女神（見208-209頁）是恆河的具體化身，也是印度最神聖的河流女神，能淨化所有在河中沐浴的人。

▶湖女

湖女（見第126-127頁）是出現於亞瑟王傳說及凱爾特神話當中的精靈，她送給亞瑟那把著名的神劍，同時也是亞瑟王和所屬騎士的保護者。

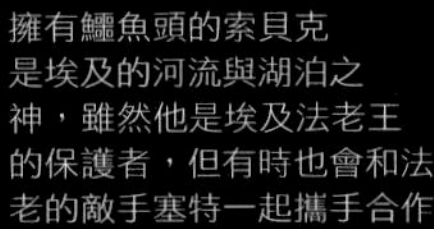

◀索貝克

擁有鱷魚頭的索貝克是埃及的河流與湖泊之神，雖然他是埃及法老王的保護者，但有時也會和法老的敵手塞特一起攜手合作。

▶河精

這位中歐地區的水之精靈，心情好的時候會將魚兒引進網子裡，生氣時，則會製造危險的急流與風暴。

▼涅瑞伊得

希臘神話中的涅瑞伊得（Nereid）是泰坦神涅柔斯（Nereus，海之老者）的五十位女兒，她們經常協助陷於危難的水手。

◀露莎卡

根據斯拉夫神話，露莎卡（見136頁）是水中的女精靈，會以煽情的歌聲誘惑意志不堅的男人進入湖裡，有時她們也會在草原上跳舞，讓土壤肥沃。

▲昂丁

在日耳曼和其他歐洲的傳說裡，昂丁（Undine）是生來沒有魂魄的水中仙子，只有嫁給凡人並懷了他的孩子，才能獲得靈魂。

▲富士山

在日本的神道信仰裡，世上有數不清的神靈（kami），其中許多和明顯的地景特徵有關，例如，富士山白雪皚皚的神聖火山山峰就是最知名的例子之一。

大地上的精靈

自古以來，人們始終相信，在高山、奇岩等特殊地方，通常住著當地的專屬精靈或神祇。一般而言，他們都是地方性的鬼神，只會收到附近居民或路過的旅行者的獻祭，不過像巨大山脈這一類特別壯觀地點的神祇，則會吸引從四面八方遠道而來的朝聖者。

▶地靈

羅馬人將特定地方的守護精靈稱為地靈（genius loci）。人們認為他的外貌可能像個有翅膀的小孩，或是像蛇的模樣。

▼提布亞

在毛利人的神話中，名叫提布亞（Tipua）的惡靈居住在樹木或岩石之類的地景裡，通常旅行的人一定會在這些地方獻上供品。

樹叢與森林裡的精靈

樹木的長壽和高度，還有樹叢或森林裡的黑暗與神祕氛圍，讓很多民族想像某些特定的樹木、樹叢和森林會住著守護精靈。這些精靈難以捉摸，不過他們的主要興趣是保護所屬領地，以及住在其中的生物，有時也包括當地的守林人。外地來的旅行者若想穿越不熟悉的樹叢或森林，往往會為該地的守護精靈獻上祭品，希望藉此能得到守護精靈的庇佑，保護他們在旅途中不會發生任何意外，也不會遇到搶劫或其他的不幸遭遇。

◀西爾瓦諾斯

羅馬人的精靈西爾瓦諾斯（Silvanus）是樹木、森林和田野保護者，他同時也護衛邊界，確保沒有人會竊取鄰居的土地。

▶德萊雅得

希臘神話體系中的德萊雅得（Dryad）是與橡木關係特別深遠的仙子，她們通常被人們描繪為外貌異常美麗但卻十分害羞的年輕女孩。

▼譚恩

毛利人的樹木與森林之神是精靈譚恩（Tane）。根據一個神話的描述，他用沙子造出第一位女子來做為自己的妻子（見340-341頁）。

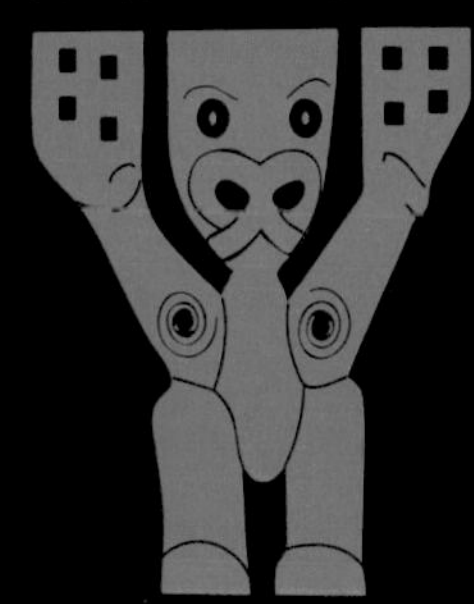

◀萊茨

在東斯拉夫的民間故事裡，萊茨（Leshii）會守護樹木以及住在森林中的動物，他們通常和人長得很像，但能改變形象化身為任何一種動物。

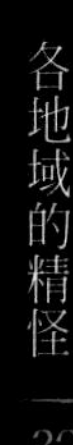

大洋洲

洋洲由澳洲及其北方和西方的眾多島嶼所組成。這些陸地散布在一片廣大的地理區域內，發展為四個獨特的文化區：澳大利亞本身；美拉尼西亞，包括紐幾內亞，以及一串較小的島嶼和火山造成的群島，如所羅門群島和新赫布里群島（New Hebrides）；密克羅尼西亞，包括紐幾內亞北方的數個島群；最後是廣泛而星散的玻里尼西亞，分散在由紐西蘭、夏威夷及復活節島所形成的三角地帶內。

澳大利亞是許多原住民的家鄉，這些部族的語言與文化相去甚遠，雖然彼此間的傳統和信仰各不相同，但共通的模式是都有一位至高無上的天神，同時擁有許多以祖靈或文化英雄等形式出現的其他神祇。在許久之前，這些祖靈或文化英雄走過大地，造出山川等地形，創造了第一批人類，還教導人類如何生活。由於這些祖靈所經歷的旅程，大地被人們視為神聖，同時也形成原住民信仰的核心，透過儀式及藝術而讓人們代代傳誦並注入新的生命。

大洋洲星羅棋布的島嶼，孕育出各種不同的神話。例如，在美拉尼西亞，傳統上認為大地自始就存在。超自然界的精靈改變世界的樣貌，讓它成為現在的模樣。這些超自然界的精靈和祖靈一樣自古就受到人們的崇拜，並且因為擁有名為「瑪吶」（mana）的神力而受到敬重。任何看似超乎人類控制範圍或不屬於正常自然程序的事情，人們都以瑪吶來加以解釋，而自然或超自然的力量往往相互依存。在加羅林群島（Caroline Islands），稱為「阿呢」（ani）的精靈結合了祖靈與神祇的角色，傳統上被視為居於特定生物體內，例如鳥類、魚、動物和樹木。

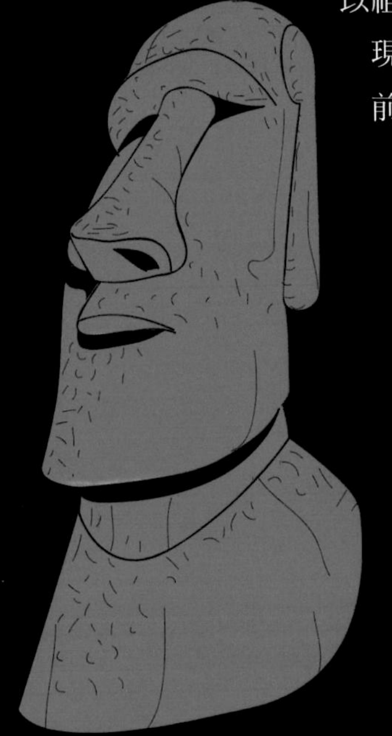

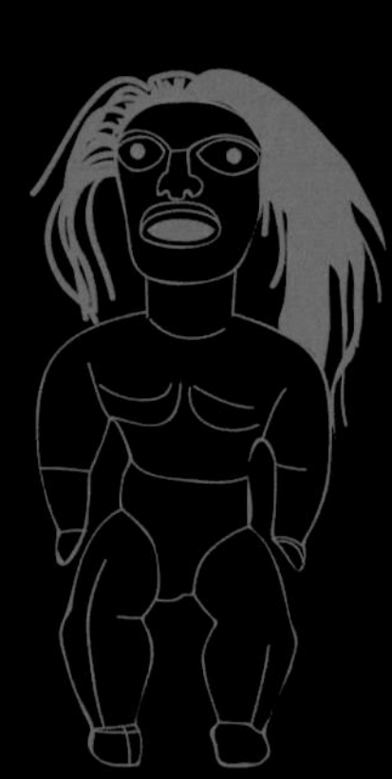

太平洋地區的精靈世界多采多姿，就像此地的珊瑚礁或海岸的植物相一樣豐富炫麗。在這裡，人們使用超過千種以上的不同語言。

簡・科納佩特（Jan Knappert）
《太平洋地區的神話故事》（*Pacific Mythology*），西元1992年

玻里尼西亞諸多歧異小島的神話體系雖然龐雜，但卻相當一致，由此可推論它們可能到了相當近代才由某個島或群島傳播至其他島嶼。這些島嶼擁有為數眾多的諸神，以及相當複雜的神話。例如，紐西蘭的創世故事主角是一名叫做蠻伊（Rangi）的神祇，他被迫和伴侶地球之母帕芭（Papa）分開，進入天界，但他們的後代繁衍昌盛，神祇的數量暴增，隨後就是人類的創世過程，以及人們熟悉的女性墮落的故事。玻里尼西亞諸民族是航海的民族，他們的祖先應是由遠方橫越了深不可測的大海而來的，因而神話中也有一些關於穿越宇宙的奇幻之旅。他們經常將地府想像成一個地窖，人們死後靈魂就被送到這裡，只有英雄的魂魄會被送到天上的樂園，和眾神相處在一起。對這些島民來說，諸神無所不在——他們在地底下、地面上，他們也在無盡的海洋彼端。

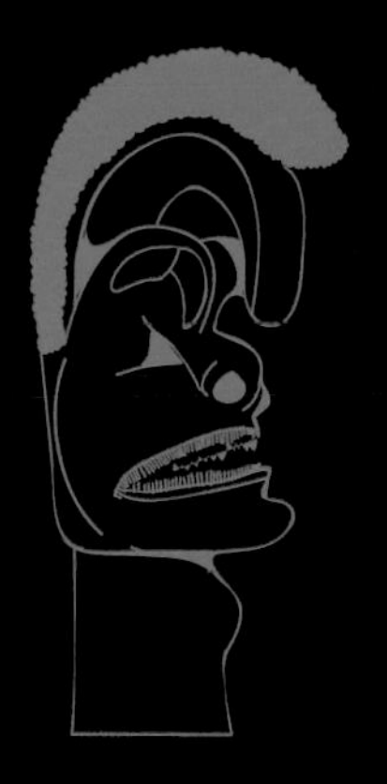

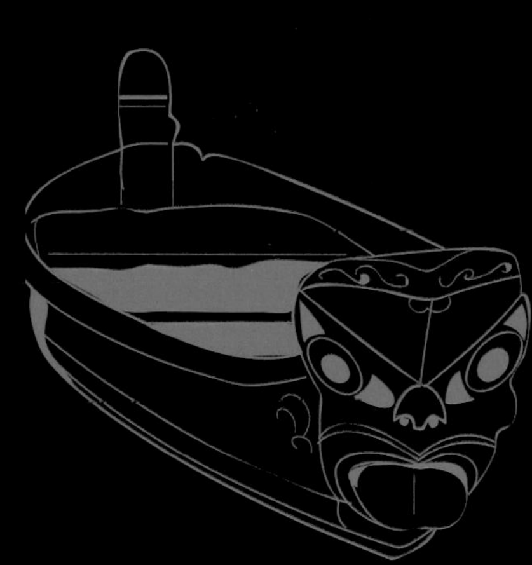

▲原住民的洞穴藝術

岩畫在澳洲已有悠久的歷史。原住民將他們的祖先和長輩直接畫在岩石上，因而形成人與土地之間一種親密的連繫。上圖是位於北領地卡卡度國家公園（Kakabu National Park）裡的原住民岩畫。

澳大利亞

澳洲原住民族的神話五花八門，不過也有許多相似之處。這些神話故事解釋並強化人們和土地之間的關係；他們認為，人與土地的關係早在時間初始就已經存在。

歐洲人在十八世紀末抵達澳洲時，發現大約有四百個不同的原住民部族居住於這塊大陸。這些部族人口不多，有時僅有幾戶人家，有時大約有五十人；儘管澳洲的部分地理環境有時極為嚴峻，但每個部族都已找到能永續存活的地方。我們無法確定人類來到澳洲的確實時間，根據推測可能是在大約五萬年前從印尼過來的。這些原住民依靠狩獵和採集維生，數千年來都不曾改變生活方式；他們尚未發展出金工或陶器之類的工藝，較晚抵達的歐洲人因而認為他們「原始」，事實上，他們已非常適應在這片土地上的生活。

▲ **袋鼠精靈**
這件原住民的藝術品上出現許多祖先的圖像，包括明顯可見的袋鼠精靈。這類圖像反映了創世故事的關鍵角色，以及它們對於族群認同的重要性。

起源神話

每個澳洲原住民部族都有自己的語言和神話，這些故事解釋了原住民族的起源與意義。對原住民族來說，歐洲史學認為他們是幾萬年前來到澳洲的這種說法，和他們並無關連。畢竟，他們自己的神話早已說明原住民族如何出現在澳洲，同時也敘述了各民族與土地之間的緊密連繫；這塊土地不僅孕育了他們，也賦予他們的祖先特定的角色。很不幸的，有些澳洲原住民族未能生存下來，因此有些神話也已隨之佚失了。至於那些至今仍流傳的故事，依然是原住民信仰的核心，一代又一代持續地傳頌著。

祖先走過的旅程

儘管許多原住民的神話體系各不相同，但彼此之間仍有一些共通之處。這些神話都以祖靈（通常是動物精靈）為核心，他們在天地初始時展開走過遼闊家園的旅程，創造了大地及一切地理景觀，為一切植物、動物及住在這片土地上的其他生物帶來生命，並創生此地所有的精靈——甚至是未來才會誕生的人和生物的精靈。

這個賦予世間萬物生命的古老事件稱為「夢境」或「夢世紀」，這個名稱反映了一個想法：祖靈由漫長的沉睡中甦醒，以便進行化育萬物的過程，完成偉大的工作後，他們又回復永恆的沈睡。

關於夢世紀

時至今日，人們仍然能夠感受得到夢境或夢世紀的古老事件。藉由重述關於夢世紀的故事，以及正確地進行儀式，原住民就能再度經歷那次創世的過程，並與精靈達成某種溝通。從這個角度來看，夢世紀永遠存在於當下。

夢世紀的故事包括橫越這片土地的旅程，這片土地也因而產生了許多來往迂迴的古老小徑，各自代表著不同部族所描述的故事，同時解釋了各種自然景觀存在的原因。神話本身和石頭、山嶺、溪流與水坑等地點一樣，具有深遠的靈性意義，而藉由部族的儀式與藝術的表現，它們得以重新擁有鮮活的生命力。

► **繪有旺吉納的樹皮畫**
在澳洲西部的金伯利（Kimberley）地區，旺吉納（Wandjina）是古代的造物精靈，也帶來賜予生命的雨水。據説這類精靈的畫像就是在賦予他們形體，因而深受尊敬。

彩虹蛇

彩虹蛇有許多名字，是澳洲原住民神話體系當中最為常見的精靈。彩虹蛇具有多重的身分，在某些文化中，他甚至參與了人類的創世過程。和彩虹蛇相關的神話，其中有兩個主題特別重要。首先是他擁有產生水的能力；水能帶來生命，但相對也會變成具毀滅性的洪水，足以消滅整個部族。另一個重點是他擔任橋梁的功能，連結大地的人間與天上的諸神世界，並讓人類得以擁有精靈世界的智慧。

從蛇腹中逃出

北領地（Northern Territory）的沿岸樹林區叫做安恆地區（Arnhem Land），在當地西部，人們稱呼彩虹蛇為恩嘎里歐德（Ngalyod），有時會把他描繪成擁有一對細長尖角及鱷魚尾巴的模樣。恩嘎里歐德十分可怕，他會吃人，而且脾氣很暴躁，在某個神話中，有個小孩因為哭鬧吵到了恩嘎里歐德而被吃掉。在一個人們熟知的恩嘎里歐德故事裡，他和人類的創世過程有關。有一天，彩虹蛇很餓，吃了三隻鳥，其中一隻是綠霸鶲。彩虹蛇和其他蛇類一樣，直接把獵物完整吞下肚裡。這三隻鳥兒進到蛇肚之後想要逃出來，於是在恩嘎里歐德的腹部啄開一個洞，從蛇腹冒出來，成為第一批人類。他們隨後殺死彩虹蛇，定居在大地。

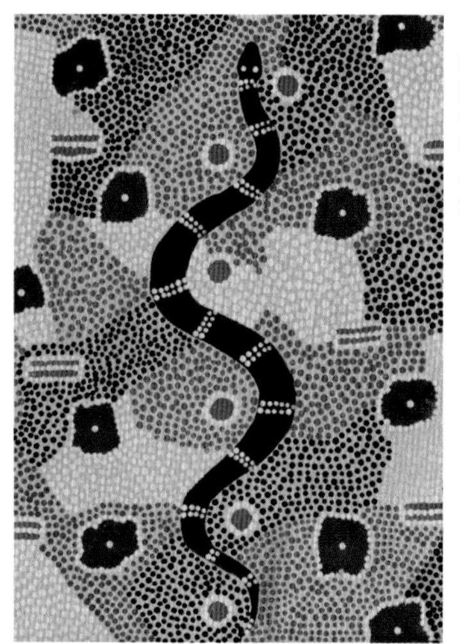

◀ **恩嘎里歐德**

彩虹蛇恩嘎里歐德是安恆地區的藝術家最喜愛的創作主題。在當地，人們尊崇彩虹蛇為掌管雨季的精靈，他同時也和生育力、豐收，以及賜予生命的能力有關。

▲ **恩嘎里歐德與因嘎爾納**

安恆地區西部的創世故事裡，恩嘎里歐德是第一位夢之母因嘎爾納（Yingarna）的兒子，他還協助她照顧其他孩子。

◀ **原住民的樹皮畫**

原住民用天然的顏料在樹皮上描繪出神話故事中的場景。每當有人過世時，人們常會將亡者的精神領域描繪在棺木上。

洪水來襲

德莊安族（Djauan）是安恆地區的原住民族，在他們的一則神話裡，有一位漁夫發現了別人吃剩的黑色魚骨，認出這些魚骨屬於他正在尋找的一種稀有魚類。這名漁夫既生氣又沮喪，於是唱了一首歌，獻給庫利喬彭哥（Kurrichalpongo，意為黑石之蛇）。這時，天上降下一支色彩斑斕的弧形彎弓，也就是彩虹蛇。彩虹蛇在某個湖中挖掘了一個洞穴，隨後放出一陣大洪水，沖走了附近的所有部族，只留下德莊安族。後來他又生下一些蛇蛋，交由族人孵化，他則在繼續地上刻劃出河川、山脈以及其他的地理景觀。

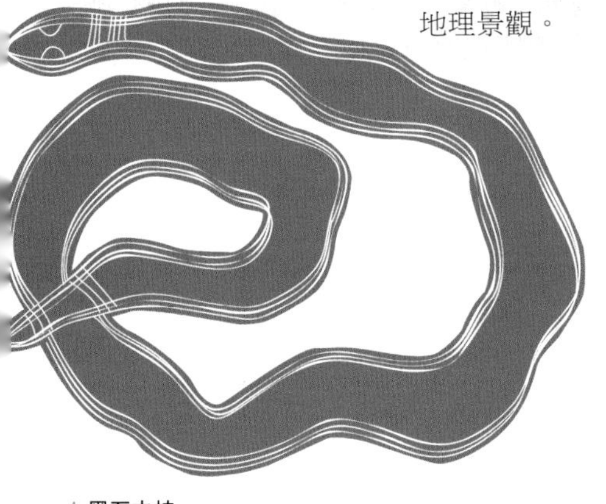

▲黑石之蛇

這種生物擁有引發洪水的能力。依照傳統，德莊安人打算從湖裡取水或開始捕魚之前，都會先徵求黑石之蛇的同意。

▲人與蛇

彩虹蛇是薩滿的導師，也會帶來水；不過，根據某些神話故事的描述，他也是創造第一位男人和第一位女人的創世之神。

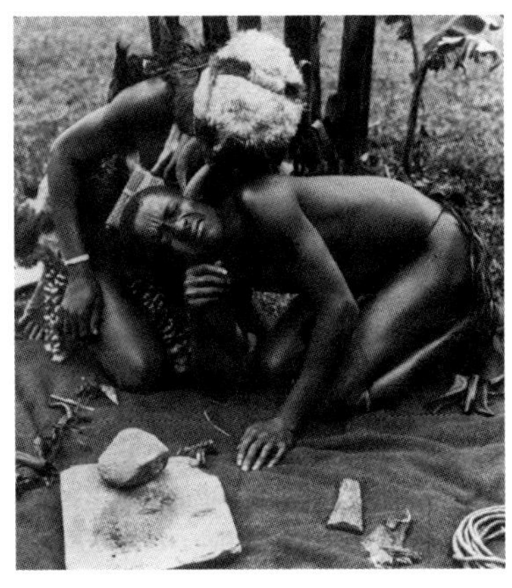

▲原住民的治療師

每當薩滿開始進行他們的治療儀式時，都會先與精靈接觸，並且請求他們提供協助。上圖中，一位薩滿治療師正以一支牛角進行傳統的放血儀式。

彩虹的另一端

澳洲原住民的薩滿（見268-269頁）擁有治療疾病和預見未來的能力，因而向來都受到人們的敬重。人們相信，薩滿所具有的知識都是從精靈那裡得來的，而且也有好多個不同的神話分別說明了薩滿究竟如何獲取這些知識。在這些傳說當中，有些故事認為，薩滿曾到天上的國度一遊，有些則說他們曾在空中飛翔。根據其中一個版本的說法，薩滿藉由彩虹蛇的身體前往天上。他們沿著彩虹往上走，由位於大地的人間，走向位於彩虹蛇身體另一端那個屬於精靈與祖先的國度，並且在那裡住了一段時間，和許多精靈相處在一起，接受關於治療與占卜技術的指導。

太攀

名為「太攀」（Taipan）的蛇往往被認為是彩虹蛇。他對生死具有極大的影響力，甚至能控制雨和雷。太攀十分寵愛自己的兒子，有一天，他的兒子愛上藍舌蜥蜴瓦拉（Wala）的女兒，兩人一起私奔。瓦拉因為女兒沒有經過他的同意就自行與別人結婚，心裡十分不高興，於是開始追捕這對儷人，並且殺了太攀的兒子。兒子之死讓太攀極為憂傷，他把大部分家人都送到大地深處的黑暗之中，把兩位姊妹送上天界，她們在天上取得死去外甥的血，把紅色加進彩虹裡。

▲藍舌蜥蜴

根據這個神話故事的描述，藍舌蜥蜴瓦拉帶著太攀之子的心臟和血來找悲傷的太攀，她想讓太攀看看，因為他的憤怒，最後竟帶來這樣的結果。

相關參考：蛇與大蛇28-29, 48-49, 92-93, 98-99, 100-03, 160-61

原初姊妹

在一個廣泛流傳於澳洲的原住民神話中，有一對遠祖時代的姊妹攜手走遍安恆地區，人們通常稱她們為瓦威拉克（Wawilak）或瓦基拉格姊妹（Wagilag Sisters）。她們倆和彩虹蛇相遇後所發生的不幸（見328-329頁），可視為男性與女性之間的衝突。雖然蛇把女人吞下了肚，不過這對姊妹後來還是活了下來；她們從蛇腹中逃出來，和狡猾的敵人和平共存。這則神話更鞏固了一個觀念：若希望萬物和諧，男性與女性力量缺一不可。

神話

有一天，兩名女子從海洋中走出來，踏上澳洲北領地安恆地區的海岸。她們是一對姊妹，年長的那一位帶著一個嬰兒，另一位則懷有身孕。姊妹兩人都帶著矛，使用這種武器時非常熟練，於是朝著內陸走去，希望捕捉一些動物來吃。這對姊妹是創世者，她們一路走，沿途造出各種地理景觀，並為之命名；換言之，她們形塑了一切。她們持續向前走，懷孕的妹妹感覺自己即將分娩，兩姊妹就在一處名叫密利爾米納（Mirrirmina）的水窪旁設立營地，生起火來。

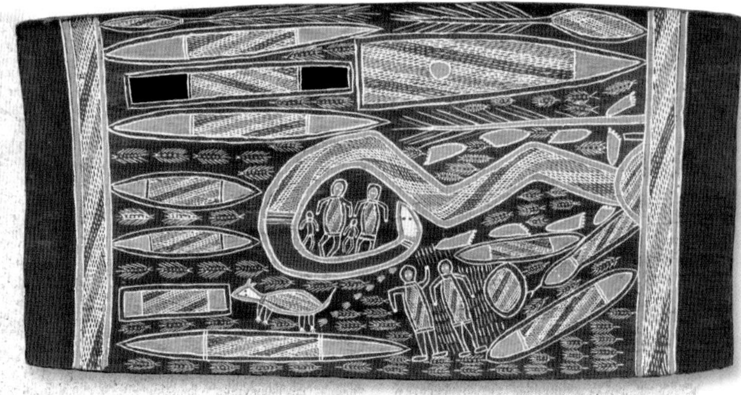

▲ **姊妹倆**
上圖作品中央描繪的是彩虹蛇纏繞著兩名帶小孩的女人，呈現原初姊妹的神話故事。

屬於彩虹蛇的生物

後來姊姊出去獵取食物，妹妹靜靜躺著，最後總算生下了孩子。當姊姊回來準備開始做飯時，發生了一件怪事。她捕來且已屠宰的動物全都從煮鍋裡跳了出來，鑽進水坑裡逃走了。兩姊妹不曉得這個水坑就是彩虹蛇居住的地方，當地的所有動物都由他掌管，因此他不會讓這對姊妹食用這些動物。同樣的事發生幾次後，姊姊走到水坑想一探究竟。彩虹蛇聽到她的腳步聲，從沈睡中醒來，挺起身子攻擊這兩位闖進他地盤裡的女子，還把兩人和她們的小孩全都吞到肚子裡去了。

姊妹重返人間

在這過程中，彩虹蛇發出了很大的聲響，激烈的動作把其他所有的蛇都吵醒了，紛紛問他發生了什麼事。起先彩虹蛇不肯據實以告，只說他抓到一隻袋鼠並且把牠吃了。然而眾蛇並不相信，他才承認自己吞下了兩姊妹。這時，忽然一陣風吹過，猛烈的季風狂掃這片大地，風雨交加且異常狂暴，彩虹蛇只好把兩姊妹和她們的孩子全部吐在一座蟻丘上，她們兩人因而獲得了重生。

◀ **蟻丘**
當彩虹蛇將兩姊妹吐在蟻丘上時，成群的螞蟻不停噬咬她們，帶來一陣陣的劇痛，於是這兩個女人和她們的小孩很快就醒了過來。

瓦威拉克姊妹

關於人們通常稱為瓦威拉克姊妹的這個姊妹傳說，許多原住民部族所講述的是各自不同的版本。儘管如此，每個版本之間仍有共同的主題，那就是故事裡都描繪了不同性別之間的衝突。原初姊妹象徵著女性的智慧，在故事中，她們被推崇為傑出的獵人，而且擁有形塑大地的能力。當彩虹蛇把姊妹倆吞下肚時，他也在這個過程中從她們身上獲得了一些智慧。從此之後，部族裡的傳統智慧與知識一直都交由部落裡的男性成員來負責守護，並且從他們的手中傳承給下一代的男性，它們因而得以代代相傳。

部族的象徵物
瓦威拉克姊妹經常出現在儀式中所使用的雕像上。圖中右邊那一位是妹妹，她因為剛經歷分娩過程，因此在胸前繫著一件束帶來支撐胸部。

庫那庇比

在一些關於瓦威拉克姊妹的故事裡，她們兩人的母親是大地之母庫那庇比（Kunapipi），也有人認為，她還擁有另一個永恆不朽的「老婦」身分，是象徵男性的彩虹蛇的女性對手。在另一些神話中，她則是男人、女人及世上所有動物的創造者。庫那庇比要求她的隨從在身上塗上顏色，以展現對特定家族或群體的忠誠。有些人還相信她是古代的漫遊者之一，和一群原初男性和女性英雄人物一起旅行。她的智慧以及具有創造力的特質，代表了靈性力量的女性層面。

賈拉粉紅胸鳳頭鸚鵡
賈拉粉紅胸鳳頭鸚鵡聽從庫那庇比的指示，在儀式中把自己畫成如此模樣。

鱷魚
另一個崇拜大地之母庫那庇比的古老家族是鱷魚，他們把自己的身體塗成綠色。

原住民的諸神

原住民的神話體系中有數千種神祇，其中最常見的特色，是這些故事都和神祇曾走過並創造出來的土地有密切的關連；這種特色也可在瓦威拉克姊妹的神話中清楚看出。許多神祇都擁有變身能力，或許會借用某種動物的外形（見285頁）；他們同時也是某個人類部族或家庭的祖先。大多數神祇都專屬於特定的地域，並且在當地落地生根，不過也有些是全澳洲眾所皆知的神，彩虹蛇就是其中之一。

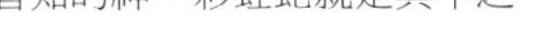

旺吉納
旺吉納是職司豐饒與大自然力量的神祇，人們在他們的身上描繪白色的條紋，代表天上降下來的雨。

太陽神
根據某個神話，太陽是一支火把，太陽女神葛諾葳（Gnowee）為了尋找她走失的孩子，每天拿著火把橫越過天空。

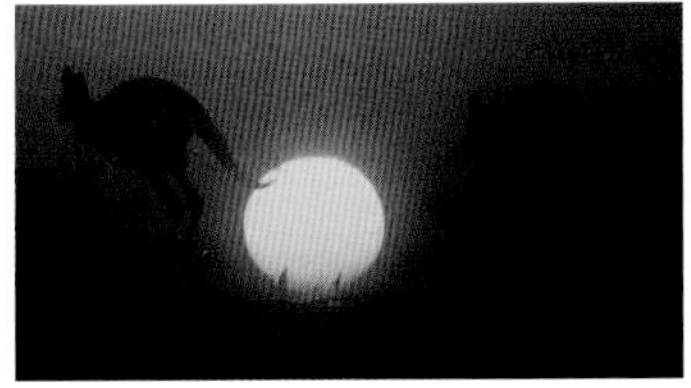

儀式與慶典

原住民舉行許多不同的儀式，從慶祝新生命誕生到死者的葬禮，每種場合都有特定的儀典。在部落居民全體出席的其他典禮當中，人們以唱歌和舞蹈來重現夢世紀的精靈故事（見327頁）。據說有些儀式最早是由原初姊妹開始實行的，目的是阻止彩虹蛇接近她們。從儀式中可以看出，世界初始的一切都和祖先有關。

繪有原住民儀典的圖畫

相關參考：蛇與大蛇28-29, 48-49, 92-93, 98-99, 100-03, 160-61, 328-29

在澳洲北部安恆地區的優努族（Yolngu）的一個神話裡，據說有一隻名叫魯嗎魯馬的鯨魚從海裡出現，他假扮人類的外形後娶了兩個妻子，並且周遊四處傳授各種神聖的儀式。優努人雖然很感激魯嗎魯馬的教導，可是漸漸覺得他很難相處，因為他的食量驚人，而且濫用自己神聖的地位來滿足口腹之欲。只要看到好吃的東西，魯嗎魯馬就會搓著雙鰭，聲稱那是神聖不可侵犯的食物，只有他才能夠享用。這種事一再發生，人們漸漸失去耐心，就把他和他的兩個妻子都殺了。魯嗎魯馬即使在臨死之際，仍繼續教大家神聖的儀式，這些儀式安恆地區的民族至今仍奉行不悖。

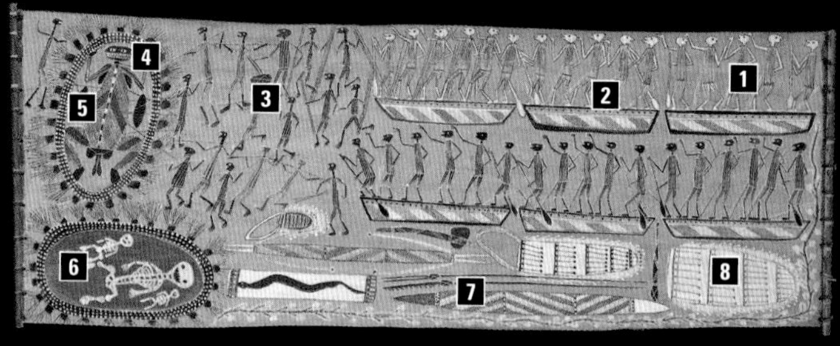

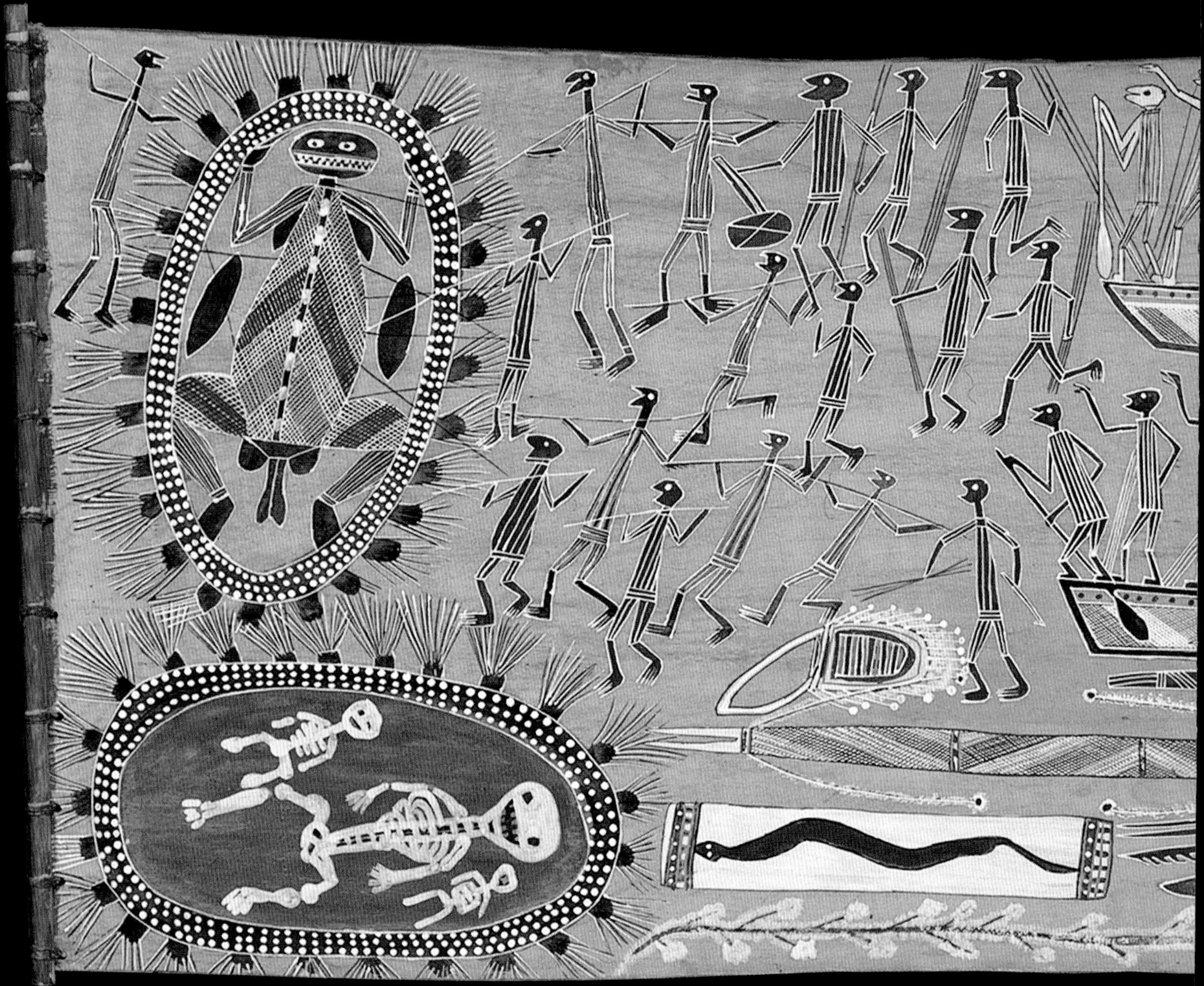

1. 出征

優努族人因為魯嗎魯馬一再取走他們的食物而感到憤怒，於是出發去追捕他。在安恆地區，人們認為包括優努族在內的一切事物都屬於兩個「半族」（moieties，儀式上的分群）的其中之一，這兩個半族分別是杜瓦（Dua）和伊利底亞（Yiridja）。杜瓦相信他們的祖先是渡海而來的，伊利底亞則認為先民經由陸路來到此地。圖中，人們身上不同顏色的彩繪，可用來區隔杜瓦和伊利底亞兩個半族身分。

2. 獨木舟

優努族的男人確認了魯嗎魯馬原是經由海上來到此地的事實後，搭乘獨木舟朝他前進。雖然魯嗎魯馬已變為人形，當牠想捕魚的時候，依然會再變回鯨魚。

3. 攻擊

杜瓦和伊利底亞兩個半族的男人在獵物後頭緊追不捨，手中還高舉著矛和棍棒，準備發動攻擊。當他們殺死魯嗎魯馬後，奮力將他的身體撐起來，倚靠在一棵樹上，隨後用藤蔓繞過他的脖子和胸部並加以綁緊，讓他牢牢固定在樹上。

4. 遮蔭的棚屋

這些男人綁好魯嗎魯馬之後，又搭建了幾座可以遮蔭的棚屋，為魯嗎魯馬遮風蔽雨。這些用樹葉與枝條搭建而成的結構，和鯨魚之前教他們建蓋的形式大致相同。儘管優努人對魯嗎魯馬有所不滿，但他們仍承認他具有很重要的地位。每當要舉行魯嗎魯馬所傳下來的祭典儀式時，優努族仍會在神聖的土地上搭建起這種棚屋。

5. 魯嗎魯馬之死

魯嗎魯馬雖然遭到矛的攻擊，但仍繼續將神聖的典禮儀式傳授給眾人。從本圖中可以看出，魯嗎魯馬的身上覆蓋著神聖的圖案，這些花紋是他臨死之前在自己身上刻劃出來的，以便在最後一刻仍能教導人們所謂「麻萊因」（mareiin）的神聖儀式。這些圖案象徵著優努族祖先的故事。

6. 骨骸

魯嗎魯馬二位妻子的骨骸就躺在他身旁。這兩名女性是他從優努族偷來的，不論魯嗎魯馬到哪裡，她們都會跟在他身旁，一起傳授人們許多儀式，尤其是安恆地區女性所使用的儀式。她們和魯嗎魯馬一樣也因為遭到矛的攻擊而死，後來也和丈夫合葬在一起。

7. 儀式用的道具

從本圖下方出現的物品我們可以看出，優努人將魯嗎魯馬在神聖典禮儀式中所用的物品全部收集在一起。這些道具包括：一把木柄的石斧、一個稱為蹦鐸（bondok）的擲矛器、幾支舉行儀式時用來製造需用到的聲響的敲擊棒；此外還有一對網袋。

8. 網袋

網袋由纖維編織而成，是用來收藏神祕的儀式用器具。圖中出現的網袋有兩種不同型式，其中一種帶有提把，供伊利底亞半族使用，另一種沒有提把的，則是給杜瓦半族使用。網袋的形狀代表一對名叫德揚嘎伍（Djanggawuls）的祖輩姊妹的子宮，人們認為她們永遠處於懷有身孕的狀態。

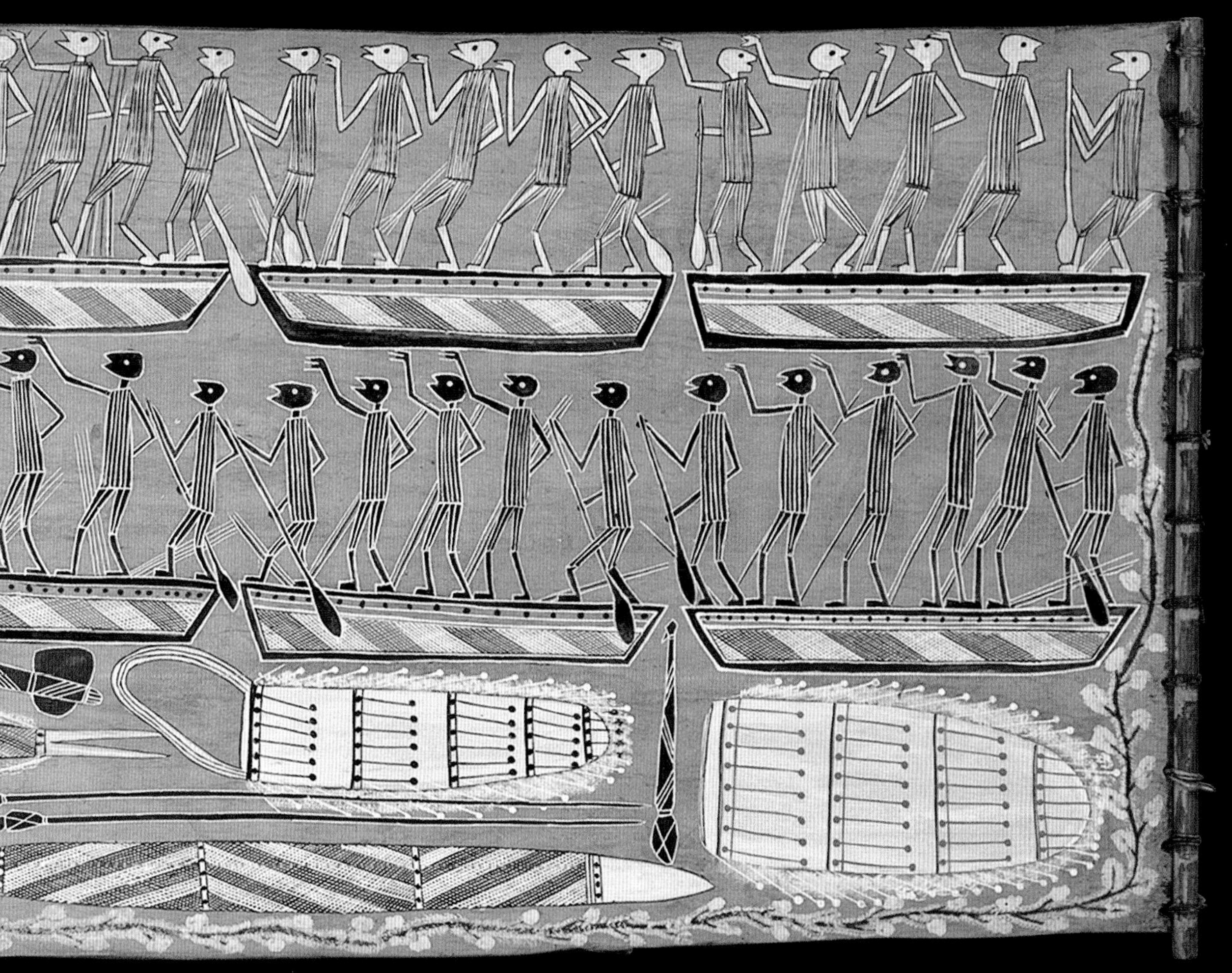

相關參考：變身者34-35, 96-97, 108-09, 132-33, 140-41, 176-77, 190-91, 198-99, 200-03, 240-41, 286-87

勃蘭－勃蘭－霸特

許多原住民神話是以幾對兄弟為故事的中心。這類傳說的其中之一，描述了兩位祖先尤利（Yuree）和汪傑爾（Wanjel）的旅程。這對兄弟又稱為勃蘭－勃蘭－霸特，他們的神話不僅解釋了兩人如何為澳洲的地景命名，讓不同地貌有了生氣，更敘述兄弟倆與凶惡對手對戰的經過。這些對手之一是名叫溫布林（Wembulin）的針鼴精靈，兩兄弟為了替外甥之死報仇而和溫布林打鬥，最後殺死了溫布林。

神話

從前有一位大神名叫多昂（Doan），他是一位能力很強的獵者，外形佯裝成負子鼠。有一天，他打算獵捕一隻名為普爾拉（Purra）的厲害袋鼠，持續追逐了好幾哩遠，最後還是讓袋鼠躲過了。就在多昂幾乎要追上袋鼠時，他闖入了針鼴溫布林的地盤，溫布林原本和兩個女兒正在休息，不得不起身攻擊多昂。多昂一開始僥倖逃過了，但後來仍落入了溫布林手中。溫布林殺死多昂，和女兒一起把他吃了，然後又出動去追逐袋鼠。

兄弟的復仇

尤利與汪傑爾是多昂的舅舅，兩人都是勇敢的戰士，因為多次征戰而聲名遠播。他們十分疼愛外甥，多昂失蹤時，兩位舅舅都出動去尋找他的蹤影。他們在尋找過程中發現，一群螞蟻忙著把幾撮負子鼠的毛和肉搬回到牠們的巢穴裡，這對兄弟開始懷疑外甥可能已經遇害。不久，他們來到溫布林攻擊多昂的地點，在這裡發現了外甥的屍體，而且地上到處都是劇烈掙扎的痕跡。兩兄弟於是開始四處尋找針鼴的蹤影，打算為外甥多昂的死報仇。他們兩人是了不起的追蹤者，很快就找到了針鼴走過的路，小心謹慎地跟在後面，第三天就找到溫布林和他的家人。這時，兄弟倆發動了突擊，殺死針鼴，隨後娶他的兩個女兒為妻。

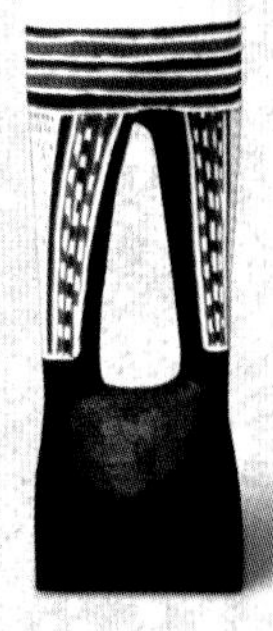

► 人像雕刻

澳洲原住民的藝術中，人像雕刻相當豐富。依據勃蘭－勃蘭－霸特的神話，尤利使用木頭雕了一個酷似汪傑爾的人像，讓他的兄弟得以復生。

創世工作

回家的路上，尤利和汪傑爾開始後悔娶了針鼴姊妹。他們知道，這對姊妹對父親的死極為憤怒，似乎很想報仇，兄弟倆於是殺了自己的妻子，往鄉間出發。他們在旅途中為所有植物、岩石、樹木及當地河流命名，將生命注入身邊遇到的萬物中，混沌的空無因而逐漸轉變為生機蓬勃的富饒大地。

時光飛逝，尤利和汪傑爾完成創世之後展開一連串的冒險，但汪傑爾卻不幸遇害。幸好機智的尤利又讓兄弟復生，兩兄弟重新踏上另一次長途之旅，再也沒有回來。有些說法認為，他們其實一直活著，就像雙子星座最亮的那兩顆星——卡斯托爾（Castor）與波呂克斯（Pollux），永遠散發著光芒。

▲ 殺死溫布林

尤利和汪傑爾追蹤溫布林三天後，發現針鼴正在睡覺。兄弟兩人悄悄潛伏靠近，然後把溫存林殺了。

主要人物

就像澳洲原住民「夢世紀」神話中的大部分角色（見327頁），勃蘭－勃蘭－霸特的神話裡有些角色雖然被視為永生的精靈，但也有動物的形體。這些精靈中，有些是傳述故事者的祖先，因而扮演著具有超自然能力的角色，這也是為什麼一般負子鼠不可能殺死袋鼠，多昂卻能追逐普爾拉，因為他詮釋的是祖先生命史中的特殊事件。然而，無論多昂和溫布林的能力多麼高強，真正的故事主角其實是尤利和汪傑爾，他們的英勇與機智讓人佩服。

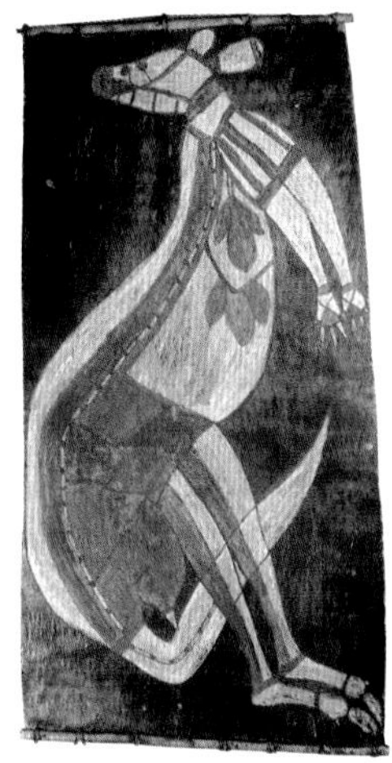

普爾拉

勃蘭－勃蘭－霸特的神話中，強大的普爾拉成為獵人追捕的對象。不過，在其他許多澳洲神話裡，袋鼠是英雄，也是祖靈。

多昂

多昂的個子雖小，卻有驚人的本領，在神話中，他追捕獵物的速度極快，或許這是因為負子鼠能輕易橫躍過空中而激發的靈感。

南十字星座

夜空在澳洲原住民神話裡占有重要地位，勃蘭－勃蘭－霸特的故事也是如此。在兩兄弟的英雄事蹟裡，他們曾把名叫崩雅（Bunya）的人變成負子鼠，以免遭受鴯鶓猛烈攻擊，隨後又用矛刺死這隻名叫青嘎爾（Tchingal）的鴯鶓。南十字星座經常會和這兩兄弟一起被提及，據說是因為它的星群象徵著故事裡的鴯鶓、負子鼠，以及殺死青嘎爾的矛。

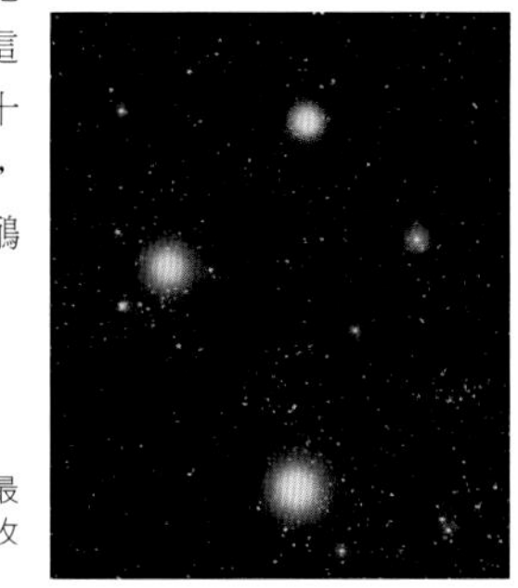

南十字星座

對西北海岸的原住民族來說，南十字星座中最亮的四顆星星是火的起源的象徵，而火正是攸關人類生死的資源。

> 我們所有人都是這個時空的過客……我們此生的目的，是為了觀察、學習、成長、愛人，然後，我們就會踏上回家的路途。
>
> 澳洲原住民諺語

汪傑爾之死

勃蘭－勃蘭－霸特故事進行到結尾時，汪傑爾遭一隻名叫葛圖克（Gertuk）的毒蛇咬了一口。尤利拚了命想救他，但毒蛇的毒液還是取走了他的性命。後來，尤利找了一棵樹，將樹幹雕刻成酷似汪傑爾的模樣，然後運用法術賦予它生命。尤利讓汪傑爾重新復活之後，又教他走路、說話，隨後，兄弟兩人繼續踏上他們的旅程，最後來到了大地的盡頭，定居在一個洞穴內。勃蘭－勃蘭－霸特兄弟死後上升到天空中，許多人認為，他們已變成天上的一雙星星。

葛圖克

圖中這種毒蛇是澳洲各地相當普遍的蛇種，牠在故事中咬了汪傑爾一口。在某些版本中，名為葛圖克的毒蛇，其實是一隻莫波克蛙嘴夜鷹（mopoke，澳洲的一種小型鴞類）。

同胞搭檔

澳洲的原住民神話中，經常可見到同胞搭檔，尤其是兄弟檔。其中有的兄弟就像尤利與汪傑爾一樣，兩人的關係緊密而且忠誠；有的則是個性相反的對照型兄弟，彼此間因而常發生衝突。有一個神話中的主角就是這種類型，當兄弟兩人爭奪水源歸屬權時引發了洪水氾濫。兄弟當中有一人很謹慎，把他找到的水全都放在皮囊裡，但他的兄弟並沒有這樣做。後來沒存水的那個人渴了，還打翻了兄弟的水袋，結果灑出來的水又造成一場大洪水。

原住民的樹皮畫

同胞搭檔經常會在原住民的樹皮畫中出現，其中一對是瓦爾地－庫特雅拉（Warti-Kutjara，意為蜥蜴人），他們解救受攻擊的女子，後來兩人都升天了。

相關參考：獵人258-59, 266-67, 272-73．星辰288-89, 318-19, 340-41

▲ **聖像般的復活節島巨石像**

復活節島上大約有六百個大型石製頭像，有些幾近二十公尺高（約六十五呎），許多立在稱為「艾呼」（ahu）的石製葬墓平臺上。這些頭像可能象徵著祖先，不過它們確實的意義目前尚無法確定。

玻里尼西亞

玻里尼西亞各個民族居住的島嶼，稀疏地星散於一片遼闊的區域內。這些民族擁有數不盡的神祇與神話，其中許多充分顯示了他們對美麗而危險的海洋環境的瞭解程度。

構成玻里尼西亞的許多太平洋小島，主要散布在復活節島、夏威夷和紐西蘭之間的廣大三角形區域；美拉尼西亞則是指從西北的加羅林群島，延伸到東南萬那杜之間的長條狀地區，由於文化上的許多相似之處，很多考古學家也把美拉尼西亞涵括在東側的玻里尼西亞裡。形成這些文化相似點最可能的原因，是一波波移民潮由菲律賓和印尼西部出發，經過美拉尼西亞來到玻里尼西亞。這些遷徙約從西元前1000年之前某個時刻開始，期間進行了數百年之久。

早期的航程

人們當初來到這些小而偏遠的島嶼，早期的主要交通工具是以木頭鑿出的簡單獨木舟，後來才是利用舷外浮材協助平衡的拼板船，這實在是一趟令人驚訝的旅程。雖然這些早期的航海家已發展出十分有效率的槳與帆，但他們在沒有羅盤或其他導航工具協助下航向茫茫大海。為了找出前進方向，他們應該是依賴星星的位置、海浪的型態及持續的風來確定方位的。儘管如此，他們究竟如何定位，或在經歷了數百公里的航程抵達某個島嶼後，如何再回到家鄉，我們實在所知有限。

也因為這樣的背景，這些太平洋島民的神話中擁有許多航海故事。玻里尼西亞的英雄不僅越過海洋旅行，還去過太陽、天上和地府；他們在地府裡發現了火，把火帶回來給人們使用。其他遠行之神包括捕魚之神，如斐濟的恩道西納（Ndauthina）。他小時候，媽媽會把燃燒的蘆葦綁在他頭上，這樣一來，就算他游出珊瑚礁外，在岸上仍能看到從外海傳回來的亮光。

氏族祖先的雕像
圖中的木製女性祖先像，取自於某個毛利人氏族聚會所的一件牆上壁飾。這間聚會所在1842年建於紐西蘭北島的馬奴圖凱（Manutuke）。

夏威夷的至高無上神
這件十九世紀的木製雕像，表現的是名為圖（Tu）或庫（Ku）的夏威夷至高無上神。這位威力強大的神祇，也是掌管戰爭、天氣及動植物生育力之神。

被拋棄的英雄

文化英雄兼搗蛋鬼毛依（Maui）在玻里尼西亞廣為人知，他和海洋的關係也相當深遠。據說他是一個棄兒，襁褓時期媽媽就把他丟到海裡，因此終其一生都與海洋息息相關。他在捕魚時抓到的是陸地而不是魚，這是因為他使用的是魔法武器才辦得到；這個武器是用一位始祖女神的頷骨製成的，他用骨頭的尖端把陸地挑起來。不過他的兄弟看到後把所有的陸地都弄亂，並且丟進海中，玻里尼西亞的眾多小島嶼就是這樣出現的。

洪水的故事

毛依在水中十分自在，但玻里尼西亞的神話也提醒人們：海洋可能會帶來極大的危險。在夏威夷的一個洪水神話裡，女神由海洋深處升起，帶來巨大的海嘯或浪潮，引發的洪水造成極大的破壞，不過英雄努烏（Nu'u）自己造了一艘船，乘著船逃過災難。美拉尼西亞的其他島嶼也有類似的故事，其中有位名叫夸特（Qat）的英雄用自己的船逃過洪水。太平洋島上各民族的神話，其中有許多故事就像前面的傳說一樣，一方面說明他們對周遭環境的險峻十分尊重，另一方面也展現他們有足夠的能力來適應環境。

檀加洛艾

檀加洛艾（Tangaroa）又稱為塔艾洛（Ta'aro），或是塔加洛艾（Tagaroa），他是太平洋諸島最顯赫的神祇之一。某些地方認為他是海神，但在大溪地及薩摩亞、東加和吐瓦魯等其他社群，人們將檀加洛艾視為宇宙和一切物種的創造者。有些民族認為，檀加洛艾是原初之神巒伊與帕芭的兒子，但根據這個神話的其他版本，檀加洛艾是從一個大貝殼裡冒出來的，後來他把兩片外殼拆開，宇宙因而從中誕生。

神話

很久很久以前，世界尚未誕生，甚至還沒有眾神控制整個宇宙的時候，除了無盡的虛空漂浮在一個大殼之內，其他一切都不存在，這個大殼名為露米亞（Rumia），形狀像個蛋。當時四周淨是一片黑暗，什麼都看不見，就連孤伶伶飄浮著的大殼也看不見。然而，在這個大殼裡起了一陣騷動，創世之神檀加洛艾出現了。他沒有父親也沒有母親，殼裡也沒有其他神祇和他在一起。他為自己帶來了生命，等待時機創造整個世界。

天與地

有一天，檀加洛艾終於開始行動了。他從殼內頂著殼往外推，殼裂成兩半後，他才從裡頭走了出來。檀加洛艾一現身就大喊：「有人在嗎？」然而，他並沒有得到任何回應，四下只有黑暗與寂靜。接下來，檀加洛艾開始創世的過程。首先，他取來破殼的一半，然後舉高，形成天空的巨穹，隨後又把另一半的殼放在下方，完成了地面。接著，檀加洛艾四下張望，發現除了自己的身體外，沒有任何東西能讓他用來完成創世的任務。於是他取下自己的肉，製造地上的土壤，用自己的脊椎骨造出山脈，用其他器官造出空中的雲朵。檀加洛艾甚至利用自己四肢的指甲，讓海裡的生物有了外殼和鱗片。

◄海豹神

根據某個復活節島的神話描述，檀加洛艾登陸他們的島時，他的外形是隻海豹，卻有人臉，而且還會說話。

►海神

檀加洛艾從自己的身體創造出其他諸神，人們經常將他描繪成許多神在他身上爬來爬去的樣子。

人類出現

接下來，檀加洛艾從自己的體內召喚出其他神祇。他們一個接一個出現，其中一位較特別的是工匠之神——圖，他協助檀加洛艾繼續進行創世的工作。這對搭檔一起努力，造出樹木和動物，遍布在大地上。他們隨後又造出第一批人類，名為提爾（Til）和希娜（Hina），並且還鼓勵這兩個人彼此接近，以便孕育下一代。

檀加洛艾認為，他所創造的萬物都有外殼，就像宇宙初始時他有一個殼一樣。天空是包含了太陽、月亮和星星的殼；大地也是一個殼，它是一個龐大的容器，其中包含所有的岩石、河川與湖泊，而植物能在大地表面上生長，動物能在上頭行走。就連人類也有自己的殼；女人的子宮就是孕育新生命的殼。

檀加洛艾在紐西蘭

在紐西蘭，檀加洛艾是毛利人的海神，也是原初之神帕芭和轡伊的兒子。宇宙初始，大地女神帕芭和天空之神轡伊緊緊擁抱在一起，他們的幾個孩子也緊緊包覆在兩人的懷抱之中。檀加洛艾和其中幾位兄弟姊妹齊力把兩位大神推開，開啟了創世的過程。然而，這個行為觸怒了他的兄弟——風神陶希利馬提亞（Tawhirimatea），他引來猛烈的暴風雨對著他們狂吹。檀加洛艾的一些後裔嚇壞了，躲進森林裡，檀加洛艾則因為兄弟森林之神譚恩（Tane，見340-341頁）庇護這些逃走的人而發生爭執。他用潮浪攻擊譚恩的領土，捲走所有生物並沖入水中。

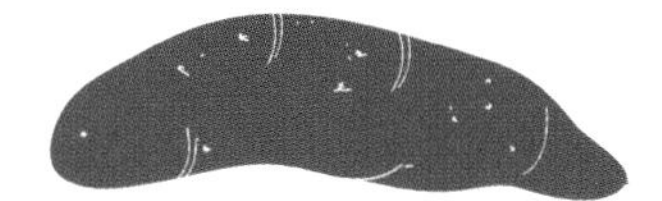

▲**薯蕷**

陰曆的月分當中，有幾個晚上是以檀加洛艾來命名的。據說，在這些「檀加洛艾之夜」種下的薯蕷，會長出品質最好的塊狀根。

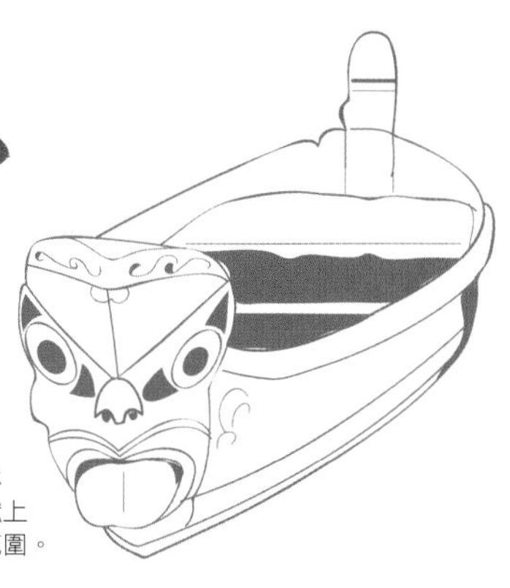

▶**毛利人的獨木舟**

檀加洛艾和譚恩是死對頭，住在森林的民族在乘船出海前會向檀加洛艾獻上供品，因為他們即將進入他的勢力範圍。

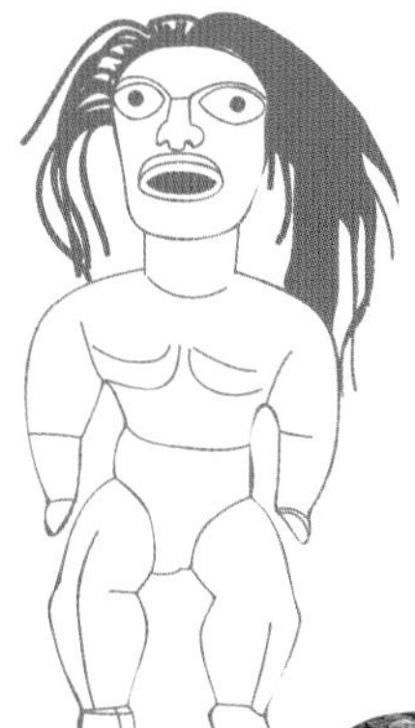

◀**佩萊**

佩萊是火山女神，人們認為，夏威夷群島全都是由她創造出來的。不過，熾熱的岩漿也讓她成為毀滅之神，如果有人不小心觸犯了她的禁忌，她就會突然爆發。

▲**庫凱伊利莫庫**

庫凱伊利莫庫（Kukailimoku）是希娜的配偶，也是大神庫（或稱為圖）的分身。庫凱伊利莫庫是戰爭、林地及農作物之神，在夏威夷普遍受到工匠的崇拜。

▶**帕芭圖阿努庫**

大地之母，或稱帕芭圖阿努庫，是原初夫妻中的那位女性。當她舉起手，放開與丈夫的長期擁抱，他們的孩子因而才有機會見到陽光。

玻里尼西亞諸神

檀加洛艾是玻里尼西亞最古老的神祇之一，在某些神話當中，他還是至高無上之神。許多玻里尼西亞的神祇以暴風或颶風的形式來顯示神威，例如風神陶希利馬提亞就是其中一，人們將這類的玻里尼西亞神祇視為天神來崇拜。依據某些神話的說法，檀加洛艾的兒子毛依（見341頁）用繩索套住太陽，讓它放慢速度，並強迫太陽在夏天讓日照時間拉長一些。女神希娜負責控制潮汐，在某些版本中，她也是西風之神。另外還有許多威力強大的大地之神，例如火山女神佩萊（Pele）在夏威夷位居主宰地位。其他神祇還包括出現在創世之始的母神，她被稱為帕芭，或是帕芭圖阿努庫（Papatuanuku）。

玻里尼西亞其他創世神話

太平洋諸島有許多創世故事以毛依為主角。他用一支大魚鉤把這些島嶼一個個從海底釣起來，創造了玻里尼西亞的無數小島。有些創世神話以地府的一位大神為中心，她從自己的身體變出第一批神祇和人類。有些神話描述光明與黑暗的結合開啟了一系列的聯姻，而宇宙中的萬事萬物，正是從這系列的聯姻創造出來的。另外在一些故事當中，天空之神塔嘎洛艾（Tagaloa）的木匠兒子把木屑四處亂丟，形成島嶼。不過大部分神話一致認為檀加洛艾是創世之神，也是水手的守護神。

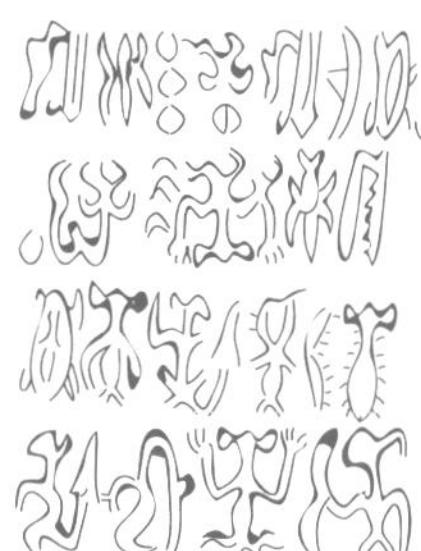

▲**朗哥朗哥刻板**

人們在復活節島上發現了一些木製刻板，上面刻有如圖中所示的神祕象形銘文，它記載的可能是一個尚不為人所知的創世故事。

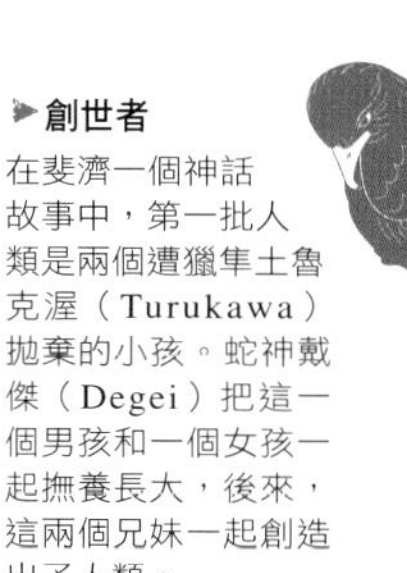

▶**創世者**

在斐濟一個神話故事中，第一批人類是兩個遭獵隼土魯克渥（Turukawa）拋棄的小孩。蛇神戴傑（Degei）把這一個男孩和一個女孩一起撫養長大，後來，這兩個兄妹一起創造出了人類。

> 喔，無盡空間中的檀加洛艾，
> 用白晝驅散了雲霧。
>
> 丹尼斯・卡瓦哈拉達
> 《1992年的旅程：航向拉洛東加島》，西元1992年

相關參考：海神30-31, 158-59, 160-61, 290-91, 294-97

死亡的起源

毛利人的死亡起源故事，和他們的森林之神譚恩有關。譚恩是原初之神巒伊和帕芭的兒子之一（見339頁），這對天神只生了男孩，沒有女兒。譚恩用沙與黏土為自己捏塑了一個妻子，後來又和自己的女兒——美麗的依娜－蒂塔瑪（Hine-titama，意為暮光少女）結婚，結果觸犯了禁忌，因而將死亡帶到世上。這個神話是個悲傷的故事，因為譚恩是種下第一批樹的神，對人類相當友好，沒想到為人間帶來死亡的卻也是他。

神話

譚恩的故事要從宇宙初始的時候開始講起。那時世上只有少數幾位神祇，尚無人類。譚恩大部分的時間都在照顧他的森林。起先，他因為樹種得不好而遇到很多困難，但後來樹木總算成長茂盛了起來。這時候，譚恩沒有那麼多事可做了，變得有些落寞。他想要有個妻子，但巒伊和帕芭這對原初夫妻所生的全都是男孩，他不知去哪裡才找得到另一半。他先找了自己的母親，但她拒絕了；後來試過好些伴侶，生出來的後代都變成蛇、石頭還有溪流。譚恩不喜歡這樣，他一直在想，究竟怎麼樣才能找到一位能夠讓他滿意的伴侶。

▲ **依娜－奴依－塔－波**

地府之后是死亡女神及夜晚女神，她將死亡帶給人類，人們無論多麼努力，終究無法躲過死亡的來臨。

等她長大後，譚恩也娶她為妻。有一天，她來到一個村莊，和當地居民聊天時順口提到她不知道自己的生父叫什麼名字，人們告訴她，其實她就是譚恩的女兒。這個事實讓她既震驚又羞恥，於是逃到宇宙最幽黯的地方——地府裡去，這裡是波（Po，意為黑暗）的地盤。

後來，譚恩發現年輕的妻子不見了，開始四處尋找她的下落。最後，他終於聽到依娜－蒂塔瑪唱歌的聲音。那是一首十分悲傷的歌曲，歌詞是說：「是你嗎，譚恩，我的父親？」譚恩明白，依娜－蒂塔瑪已經知道事實的真相。他也曉得她的聲音來自地府，但他卻無法進入黑暗國度去找她，因為依娜－蒂塔瑪拒絕讓他進來。

捏塑一個妻子

最後，譚恩來到一處沙灘，取了一些泥巴和沙子混合起來，捏塑成一個女子。他站在女子身邊，把生命的氣息吹進這個形體當中，還為她起了一個名字：依娜－郝－歐奈（Hine-hau-one，意為泥塑少女）。他們倆在一起後，依娜－郝－歐奈生下了一個女兒，名叫依娜－蒂塔瑪（意為暮光少女）。依娜－蒂塔瑪不知道父親是誰，

死亡降臨人間

依娜－蒂塔瑪對著譚恩大聲說，要他待在地上有光的世界，為她的孩子做一個好父親，讓她繼續留在地府中。她說，等時候到了，她會出去抓走孩子，帶他們下來黑暗國度。從此之後，所有人類和動物都不免一死。這就是死亡降臨世間的經過，而暮光少女自此也變成依娜－奴依－塔－波（Hine-nui-te-po）——偉大的黑暗女神。

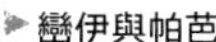

譚恩

譚恩是森林之神，他將木材和植物纖維當成禮物賜予人類，讓人類能夠製造出許多有用的東西。不過，他剛開始種植第一批樹時，事情進行得並不順利。當時譚恩把樹木的外形想像成人的模樣，枝條是腳，樹根是頭髮，於是就把樹上下顛倒過來種，根部在空中，因而無法生長。後來，他回想起當初創世之際（見第339頁），他和兄弟檀加洛艾合力將巒伊與帕芭推開時的站姿，隨後就明白應該如何用正確的方法來栽種樹木。譚恩另一項對人類的恩賜是光，他透過太陽與月亮將光亮帶給所有的人類。

▼譚恩和兄弟們
在毛利人的木雕上，經常刻劃著譚恩與他的幾位兄弟一起將天地分開的過程。

►巒伊與帕芭
根據毛利人的創世故事描述，譚恩和他的幾位兄弟合力推開緊緊相擁的原初之神——天神巒伊和大地之神帕芭，因而形成了世界。

毛依到地府

搗蛋鬼毛依是凡人，不過他並不想死，因此決心要騙過死亡女神——依娜－奴依－塔－波。毛依的母親曾告訴過他，如果一個人能爬著穿過女神的身體，那麼就能永生不死，相對的，女神因此就會死亡，而且此後人間再也不會有死亡。

有一天，毛依遇見沈睡中的依娜－奴依－塔－波，十分欣喜，趕緊爬入女神體內。這時，他的朋友全都笑出聲來，其中有一隻扇尾鶯實在笑得太大聲，吵醒了女神，女神一怒之下，在毛依還沒從她嘴裡爬出來前就把他壓扁。毛依就這樣死了，而死亡女神則繼續掌管死亡。

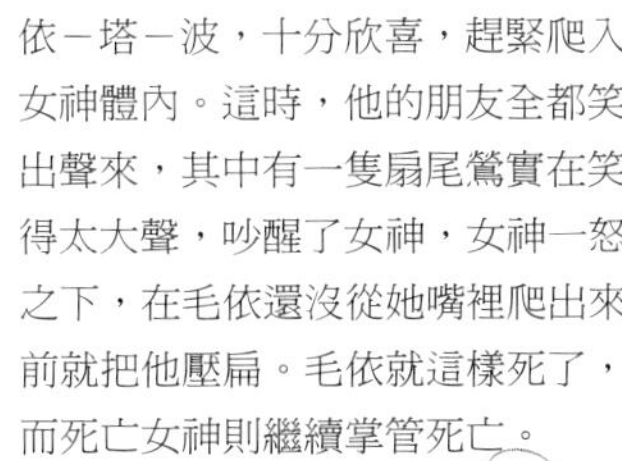

◄通往地府的閘門
根據毛利人的神話，死亡的過程就像「爬進睡著的死亡之母的子宮內」，因此，通往地府的閘門被人們視為進入依娜－奴依－塔－波體內的通道，引導人們進入大地深處的黑暗之地。

►毛依
毛依是位偉大的搗蛋鬼兼英雄人物。在一個關於毛依的神話中，毛依從海底拖拉起一隻大魚，大魚後來變成紐西蘭的北島，這個島的形狀的確就像條魚。

> 讓水分開，讓天成形，
> 讓地出現。
>
> 毛利人的創世歌謠

星辰的神話

毛利人將人類的名字和個性賦予星辰，並將它們和諸神聯想在一起。例如，年終歲末之際，馬妲利基（Matariki，許多小眼睛）、陶圖魯（Tautoru，獵戶座的腰帶）、塔庫魯阿（Takurua，天狼星）等星星連成一線，因此對毛利人來說就是死亡女神由地府升上來的標誌。像馬妲利基（又稱七仙女）這樣的星座，自古就被認為是地球的守護者，也一直被視為豐年之兆。

◄馬妲利基
有些神話認為，這個星團之中包括了馬妲利基和她的六位姊妹，她們協助太陽往南行進。

相關參考：森林134-35, 136-37, 258-59．星辰288-89, 318-19, 334-35

神聖之石

古代宗教信仰的遺蹟中，最令人震懾的應該是人們在神廟或在一般地形中所立、所雕刻的巨大石塊。它們象徵強而有力的神話與神祇，對製作的人來說則具有極大的神力。數百年甚至是數千年來，它們依然瀰漫著神秘的氛圍。

立石

世界上有許多遺址具有特殊意義，其中有些地點因為具有大形立石而聞名，有些地方只有單獨一顆石塊，有些則有眾多石塊分別排列成圓圈、長列，或形成幾個石頭群組。這些石頭大多在數幾千年前就已矗立在大地上，其中有些已知是墓石，有些是戶外的神廟，但還有許多至今仍不清楚其確實用途。它們的配置通常會刻意對齊日出的方位或某個明顯的星座，人們因而認為，或許天界之類的神話和這些立石的涵意有所關連。

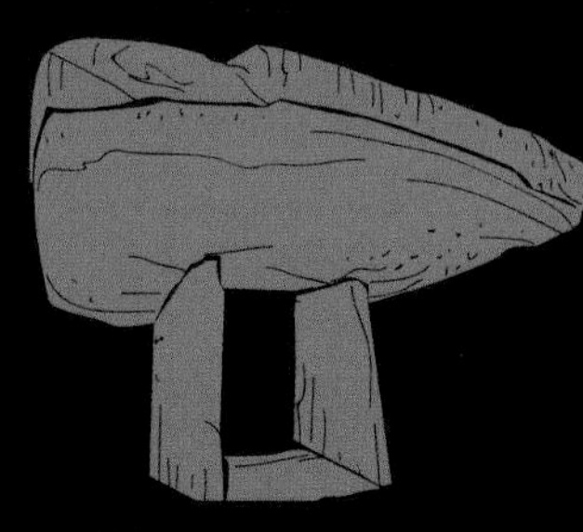

日本
在日本的許多遺址中，直立的石頭像支柱般撐起大而平的石塊。這些令人印象深刻的構造其實是墓，上方平坦的石頭是墓頂。

埃夫伯里
埃夫伯里（Avebury）的巨大石圈約在西元前2500年形成，是英格蘭南方一處儀式用地景的一部分，包括防禦工事、約一百塊石頭組成的大道，以及其他史前時代的紀念碑。

卡內克
西元前3300年前後，法國的卡內克（Carnac）就矗立著大約一千一百塊的石頭，由東向西排列成十一長列，或許和天文學用途有關。

巨石陣
英格蘭的巨石陣約有五千年的歷史，中間是一圈巨石，類似神廟般的複雜結構。夏至當天的太陽正好會由其中一塊石頭的正上方升起。

烏魯盧

聖石

在澳洲的北領地，有一塊天然的露岩在夕陽照耀下熾然發亮。這塊巨岩對當地原住民具有深刻的意義，他們稱之為烏魯盧（Uluru），是夢世紀偉大祖先所走過古老路徑上的重要地標（見327頁）。巨岩上的每一道痕跡都有特殊的意義，其中有一側的記號是毒蛇族在戰爭時灑下的血，還有一對洞穴是某位祖先的眼睛。

石雕

大部分文化中，人們會以雕刻來呈現諸神的形貌，因為石頭的材質耐久，特別適合用來雕製神像。人們通常認為這些雕像不僅是藝術作品，他們也相信，以正確方式製造並懷抱著應有的崇敬，神祇確實會進駐神像之中。石雕是諸神、精靈及祖先永遠定居之處，對製作者而言確實具有神力。

▶ **瑪雅的石碑**

古代墨西哥及瓜地馬拉的馬雅人曾設立石碑，用來紀念統治者的祖先——無論是實際的祖先或是傳說中的先賢。右圖中是神祇奎扎科亞托化身為「晨星」之後的模樣。

▲ **佛陀頭像**

上圖是一個佛陀的頭像，深陷在泰國馬哈泰寺（Wat Mahathat）的一棵菩提樹根之間，據說它原本埋在土裡，後來隨著樹木生長而逐漸露出地面。

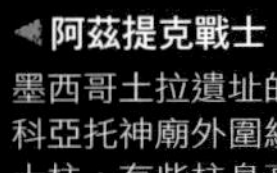

◀ **阿茲提克戰士**

墨西哥土拉遺址的奎扎科亞托神廟外圍繞著戰士柱，有些柱身高達五公尺（約十六呎），它們能激勵阿茲提克的士兵奮勇作戰。

▲ **納西．羅斯坦**

伊朗的納西．羅斯坦遺址裡有許多早期波斯王的墓。圖中的浮雕描繪的是西元三世紀時，國王沙普爾一世（Shapur I）打敗兩位羅馬皇帝：瓦勒利安（Valerian）與阿拉伯的菲利普（Philip the Arab）。

▼ **肚臍石**

希臘神祇宙斯（見24-25頁）命令兩隻老鷹分別從世界西邊及東邊盡頭對飛，直到彼此在中間相遇，牠們相遇的位置就用一個肚臍石做記號。

◀ **奧美克頭像**

西元前800至500年間，奧美克族在墨西哥興盛一時，他們會以一整塊玄武岩雕製巨大的石製頭像，這些頭像可能是古代的領導者。

▲ **復活節島的頭像**

數排巨大石製頭像矗立於南太平洋的復活節島上，每個最多重達六噸，面向大海遠眺，它們可能為了紀念島上原來的住民的祖先而建。

索引

一～三劃

一神論 monotheism 167
七將攻底比斯之役 "Seven Against Thebes" 59
七福神 Luck, Seven Gods of 164
九天玄女 Jiu Tian Xuann 213
人魚 mermaids 32
八仙 Eight Immortals 16, 217
八幡 Hachiman 175, 227
十車王 asharatha, King 200
三官大帝 primordial Emperors, three 213
三神組 triple deities 41, 115
三寶磨 Sampo 100, 101-2
上帝 Shang Di 216
于卡胡 Yúcahu 305, 308, 309
亡者之日 Day of the Dead 284
《亡靈書》Book of the Dead 239, 246
兀拉厄斯 Uraeus 239
土地公 Tu Di Gong 111
大化女 Changing Woman 111, 282, 283
大母神 Great Mother 85
大母神：古希臘 Greece, ancient 13, 15
　非傳統女英雄 antiheroines 70-1
　英雄 heroes 44-53, 58-9, 61, 64-7, 72-3
　起源神話 origin myths 26-7
　創世神話 creation myths 16-17
　諸神 deities 20-1, 23, 24-5, 28-39
大地之母，參見大地之神 Mother Earth 110
大地之神 Earth deities 110-111
　中國的大地之神 Chinese 111
　毛利人的大地之神 Maori 325, 339
　古希臘的大地之神ancient Greek 16, 17, 37, 40, 110
　古埃及的大地之神 ancient Egyptian 111
　古羅馬的大地之神 ancient Roman 76
　印加的大地之神 Inca 315
　印度的大地之神 Hindu 110, 189, 191, 202
　西亞的大地之神 West Asian 157, 163, 180, 181
　阿茲特克的大地之神 Aztec 110
　非洲的大地之神 African 250, 251
　美洲原住民的大地之神 Native American 110, 111, 282, 283
　原住民的大地之神 aboriginal 331
　挪威的大地之神 Norse 91
　泰諾人的大地之神 Taíno 307, 309
　斯拉夫的大地之神 Slavic 110, 143
大禹 Yu the Great 285
大國主 Okuninushi 227
大壺節 Kumbh Mela festival 209
女人國 Land of Women 121
女媧 Nü Wa 212, 213, 214, 219
小仙子 fairies 33
小姆指 Petit Poucet, Le 57
小金雞 cockerel, golden 141
山姥 Yama Uba 228

四劃

中國 China 163, 184-5, 211, 214
　地獄 Underworld 42
　英雄人物 heroes 214-15, 254
　祖先 Ancestors 284
　創世神話 creation myth 212-13
　諸神 deities 111, 164
　諸聖先賢 sages 214, 215
丹 Dan 249
丹納烏斯的女兒 Danaus, daughters of, 71
互納普 Hunahpu 294, 295, 296
公牛／庫利 Bull of Cooley 116, 117
公牛崇拜／克里特島 bull cult, Cretan 51
厄里克托尼厄斯 Erichthonius 37
厄爾斯特故事 Ulster Cycle 116-17
天山 Tian Shan 163
天之心 Heart of Sky 294, 295
天官 Tian Guan 213
天神 sky deities 8
　毛利人的天神 Maori 339
　北歐的天神 Norse 90
　古希臘的天神 ancient Greek 24-5
　古埃及的天神 ancient Egyptian 241
　古羅馬的天神 ancient Roman 76
　西亞的天神 West Asian 150, 157, 158, 181
　吠陀的天神 Vedic 189
　芬蘭的天神 Finnish 103
　非洲的天神 African 249, 251, 252, 267, 271
　美洲原住民的天神 Native American 286, 287, 294, 295
　凱爾特的天神 Celtic 115
　斯拉夫的天神 Slavic 131
　蒙古／突厥的天神 Mongol / Turkic 162-3
天堂之牛 Bull of Heaven 156, 157
天照大御神 Amaterasu 211, 222, 223, 224, 226, 227, 254
天鵝女 swan woman 173
太陽神 sun deities 8, 9
　日本的太陽神 Japanese 185, 222, 223, 224, 226
　古希臘的太陽神ancient Greek 16, 17, 66
　古埃及的太陽神 ancient Egyptian 236, 237, 239, 240, 241, 245
　印加的太陽神 Inca 313, 314, 318
　西亞的太陽神 West Asian 149, 154, 156, 161. 180, 181
　吠陀中的太陽神 Vedic 187, 188
　非洲的太陽神 African 251
　美洲原住民的太陽神 Native American 283
　凱爾特的太陽神 Celtic 115, 117
　斯拉夫的太陽神 Slavic 131, 143, 285
太陽神話 sun myths
　中國的太陽神話 Chinese 219
　天上的十個太陽 Suns of Heaven, Ten 219
　古埃及的太陽神話 ancient Egyptian 231
　非洲的太陽神話 African 252
　美洲原住民的太陽神話 Native American 286, 288, 291
　原住民的太陽神話 aboriginal 331
太攀蛇 Taipan 329
孔子／儒家思想 Confucius / Confucianism 211, 213, 216
孔族 Kom People (Cameroon) 251
尤利 Yuree 334-5
尤里西斯（喬埃斯作品）Ulysses (Joyce) 67
喬埃斯／《尤里西斯》作者 Joyce, James: Ulysses 67
尤契優 Yukiyú 305
尤若坎 Juracán 305
尤瑟．潘卓崗 Uther Pendragon 126
尤瑞皮底斯 Euripides 13, 47
尤頓海姆 Jotunheim 90, 92
尤魯巴族（奈及利亞）Yoruba people (Nigeria) 165, 175, 249, 251, 305
尤彌爾 Ymir 90
巴 ba 246, 247
巴力 Baal 149, 158-9
巴比倫 Babylon 139, 146, 147, 149, 150-1, 153, 154-5
巴克斯 Bacchus 77
巴斯泰 Bastet 139, 235, 245
巴德爾 Balder 94, 97, 98
文藝復興 Renaissance 15, 27
日本 Japan 184, 185, 211
　亡者國度 Underworld 43
　立石 standing stones 342
　祖先 ancestors 284
　神靈 kami 211, 223, 227, 321
　神祇 deities 164, 175, 211, 222-3, 224. 254
　鬼 ghosts 285
　創世神話 creation myths 222-3
《日本書紀》Nihongi 227
日耳曼語系神話 Germanic myths 89, 109, 255
日舞 Sun Dance 280, 288-9
月老 Yue Lao 216
月亮 moon 191, 219, 252, 286, 288, 291
月神 moon deities:
　日本的月神 Japanese 226, 227
　古希臘的月神 ancient Greek 17, 41,43
古埃及的月神 ancient Egyptian 240, 241
月神：印加的月神 Inca 313, 319
月神：西亞的月神 West Asian 149, 151, 180, 181
　非洲的月神 Afncan 251, 265, 267
月讀 Tsuki-yomi 226, 227
比弗洛斯特橋 Bifröst bridge 92, 93
毛利族神話 Maori mythology 174, 320, 339, 340-1
毛依 Maui 339, 341
水之精靈 water sprites / spirits 13, 130, 131, 137,320
水官 Shui Guan 213
水怪 nixes 137, 320
水蛭子 Hiruko the leech-child 222
火／火神 fire / fire deities 169, 191, 222, 227, 287
火鳥／史特拉汶斯基作品 Firebird, The (Stravinsky) 141
火鳥傳說 firebird legend 140-1
牛隻 cattle 90, 161, 265, 266-7

五劃

丘比特 Cupid 77, 138
以利亞帕 Ilyap'a 313
仙女 nymphs 44, 45, 136
仙溫多 Shenwindo 260, 261
出雲大社 Izumo shrine 227
加拉哈德 Galahad, Sir 126, 127, 129
加馬布（高納）Gamab (Gauna) 271
北美洲原住民族 Native North Americans 278, 281
　日舞 Sun Dance 280, 288-9
　英雄 heroes 255, 286-7
　祖先 ancestors 281, 284
　神祇 deities 110
　創世神話 creation myths 111, 282-3, 287
　薩滿信仰 shamanism 268, 269, 281
北國之女 Maid of the North 100, 102, 103
北歐神話 Norse mythology 9, 89, 92-3, 285
北歐創世神話 creation myth 91-2
北歐諸神 deities 42, 94-5, 96-7, 99, 174
半人馬 centaurs 27, 32, 47, 72
卡內克立石 Carnac standing stones 342

卡戎 Charon 42
卡西歐皮雅 Cassiopeia 55
卡桑札基，尼可斯／《奧德賽：現代續篇》 Kazantzakis, Nikos: The Odyssey, A Modern Sequel 67
卡涅什 Kanesh 161
《卡勒瓦拉》 Kalevala 89, 100-3
卡莉普娑 Calypso 66
卡斯托爾和波呂克斯／波里杜西斯 Castor and Pollux / Polydeuces 73, 83, 334
卡欽蘭比 Kachirambe 275
卡德莫斯王 Cadmus, King 34, 59, 71
卡默洛特 Camelot 126, 127, 128
卡麗絲托 Callisto 24
古那布 Gunab 271
古事記 Kojiki 227
古拉 Gula 150
古庫馬茲 Gucumatz 294, 295
古朗隆．穆爾 Gradlon Meur 121
古羅馬 Rome, ancient 13, 15
　建國神話 founding myths 56, 78-9
　英雄 heroes 78-9, 80
　諸神 deities 76-7, 82-5
司芬克斯 Sphinx 58, 59
史瓦羅格 Svarog 131
史瓦羅齊克 Svarozhich 131
史廷菲利斯湖的鳥群 Stymphalian birds 46
史特里伯 Stribog 131
史特拉汶斯基，伊格爾 Stravinsky, Igor 12, 141
史特拉汶斯基：《火鳥》作者 Firebird, The 141
尼布甲尼撒 Nebuchadnezzar 149
尼安美 Nyame 252-3
《尼貝龍根之歌》 Niebelungenlied 109
尼約德 Njörd 91
尼梅亞雄獅 Nemean lion 46, 47
尼揚戛族（剛果） Nyanga people (Congo) 257, 260
尼奧普托勒莫 Neoptolemus 255
尼福爾海姆 Niflheim 90, 92
尼德霍格 Nidhogg 93
尼摩希妮 Mnemosyne 25
巨人 giants 33
　北歐巨人 northern European 90, 92, 94, 96, 98, 100, 104
　古希臘巨人 ancient Greek 16, 17, 18, 39, 64, 65, 72
　印度巨人 Hindu 203
巨石陣 Stonehenge 342
巨怪 trolls 33
布干達族／烏干達 Buganda people (Uganda) 255
布申哥族／剛果 Bushongo people (Congo) 256, 257, 262, 263
布利 Buri 90
布林希兒 Brynhild 108, 109
布洛度薇特 Blodeuwedd 124
布倫丹／聖徒 Brendan, Saint 121, 123
「布須曼人」，參見尚族 'bushmen', see San people
布塔 Ptah 237
布瑞吉特 Brigit 165
布爾 Bor 90
布蘭／有福的布蘭 Brân the Blessed 124, 125
弁財天 Benten 164
弗里克索斯 Phrixus 71, 73
弗栗多 Vritra 188
弗高 Forgall 116
弗雷爾 Freyr 91,
弗諾斯 Faunus 85
弗蕾亞 Freyja 91, 94, 96, 99, 139
札爾 Zal of Persia 56, 171
玄奘 Xuanzang, monk 220, 221
玉米神 Maize God 295, 296
玉皇大帝 Jade Emperor 213, 216-17, 220, 221
瓜凡舍 Guabancex 309
瓜亞荷那 Guayahona 307
瓜孟艾族 Kwammang-a 272
瓜陶法 Guatauva 309
瓦力胡 Warihu 181
瓦西麗莎 Vassilisa 135
瓦威拉克 Wawilak Sisters 330-1
瓦納爾 Vanir 91
瓦爾哈拉 Valhalla 89, 92, 99, 174
瓦爾基麗 Valkyries 99, 108, 109
甘納米德 Ganymede 24
申戈刀 shongo knife 262, 263
申諾伯 Chernobog 143
白老翁 Tsagaan Ebugen 173
皮里托斯 Pirithous 51
皮里亞斯王 Pelias, King 72, 73
皮松 Python 29, 165
皮格米族 Pygmy people 257
皮格馬利翁 Pygmalion 39
立夫與立夫索拉瑟 Lif and Lifthrasir 98

六劃

伊凡／馬僮 Ivan the stable boy 140, 141
伊凡王子 Ivan, Prince 132-3
伊卡魯斯 Icarus 53
伊札姆那 Itzamna 295, 297
伊吉普托斯 Aegyptus 71
伊克希昂 Ixion 68
伊邪那祈 Izanagi 222, 223, 226
伊邪那美 Izanami 43, 222, 223, 226, 227
伊里克汗 Erlik Khan 162
伊里亞德 Iliad (Homer) 39, 60, 61, 67
伊底帕斯 Oedipus 56, 58-9
伊底帕斯情結 Oedipus complex 59
伊南娜 Inanna 139, 149, 154-5, 156, 157, 181
伊娜拉 Inara 160
伊朗（另可參見波斯） Iran 168
伊格卓索 Yggdrasil 91, 92-3, 98
伊涅阿斯 Aeneas 38, 78-79, 80, 83
伊涅阿斯紀 Aeneid (Virgil) 78
伊特魯里亞人 Etruscans 76
伊紐亞 Inua 290
伊紐特族 Inuit people 290
伊馬 Yima 167
伊勒 El 158, 159
伊莉莎 Elissa 78, 79
伊提歐克里斯 Eteocles 58, 59
伊斯 Ys 121
伊斯凡迪亞王子 Isfandiyar, Prince 171
伊斯奇勒斯 Aeschylus 13, 17
伊斯塔 Ishtar 139, 149
伊斯蘭 Islam 167, 180, 181, 233
伊森王 Aeson, King 72
伊絲米妮 Ismene 58
伊舒 Eshu 165
伊菲珍妮雅 Iphigenia 71
伊雅布 Illapu 318
伊蒂芭．卡胡芭芭 Itiba Cahubaba 307
伊爾瑪 Ilma 100
伊爾瑪瑞南 Ilmarinen 100, 101, 102
伊歐尼斯 Eioneus 8
伊歐勒斯 Aeolus 64, 78, 79
伊盧揚卡 Illuyanka 160
伊騰德 Itonde 259
伊蘭卡卡 Ilankaka 258, 259
伐由 Vayu 167, 187, 189
伐伽 Vak 190
伐摩那 Vamana 197
伐樓拿 Varuna 189
伐羅合 Varaha 197
伏羲 Fu Xi 213, 214
冰霜之父 Father Frost 57
列王紀 Shahnama 170, 171
印加族 Incas 8, 9, 313, 314-15, 318-19
印度（另可參見印度教） India 184
印度尼西亞 Indonesia 138, 201, 269
印度教／印度神話 Hinduism / Hindu mythology 57, 57, 110, 138, 164, 174, 175, 184, 187, 200-3, 204, 254
印提 Inti 8, 312, 313, 314, 318, 319
吉尼斯精靈 Genius 83
吉姆列 Gimle 92
吉迦依 Kaikeyi 200
吉庫尤族（肯亞） Kikuyu people (Kenya) 267
吉祥天女 Lakshmi 138, 164, 189, 199
吉菲昂 Gefion 165
吉爾迦美什 Gilgamesh 146, 149, 154, 156-7
同胞搭檔 sibling pairs 335
各地域的精怪 Land, spirits of 321
因陀羅 Indra 167, 174, 187, 188, 189, 199, 203, 209
地官 Di Guan 213
地府 Underworld 8, 42-3, 115
　中國的冥府 Chinese 220
　日本的地府 Japanese 222, 223, 226
　毛利人的地府 Maori 240, 341
　北歐的地府 Norse 42, 92, 93, 98
　古希臘的地府 ancient Greek 15, 16, 17, 18, 19, 26, 38, 40, 41, 44, 46, 51, 58, 64, 65, 68-9
　古埃及的地府（杜埃） ancient Egyptian (Duat) 235, 239, 241, 246-7
　西亞的地府 West Asian 146, 154, 155, 156, 159
　芬蘭的地府 Finnish 101, 102, 103
　阿茲特克的地府 Aztec 301, 303
　玻里尼西亞的地府Polynesian 325, 339
　馬雅的地府（希巴爾柏） Mayan (Xibalba) 294, 296, 297
　斯拉夫的地府 Slavic 142
　蒙古／突厥的地府 Mongol / Turkic 162
地獄，參見地府 hell see Underworld
地靈 Genius loci 321
圭蘭妮 Grainne 118, 119
多昂 Doan 334, 335
多貢族 Dogon people (Mali) 251
多羅布（肯亞） Dorobu (Kenya) 266, 267
夸特 Qat 337
宇宙之戰 Cosmic War 18-19, 24
安克米杜 Enkmidu 154
安努 Anu 150, 157, 160
安那斯 Ananse 97, 249, 252-3
安卓美妲 Andromeda 55
安奇杜 Enkidu 156, 157 (154)
安娜依塔 Anahita 167
安娜琪 Ananke 25
安庫 Ankou 43
安海莎草紙 Papyrus of Anhai 239
安得瓦利 Andvari 108, 109
安凱西斯 Anchises 38, 78
安菲特里昂 Amphitryon 24
安蒂岡妮 Antigone 58, 59
安緹歐琵／安提奧琵（不同女神） Antiope 24, 51, 70
成吉思汗 Genghis Khan 163
托克洛西 tokoloshe 271
托特 Thoth 235, 236, 240, 241, 247
朱比特 Jupiter 15, 76, 80, 84, 115
朱悟能 Zhu Wuneng (Pigsy) 221
朱諾 Juno 76, 78, 82, 83
死亡（死亡的起源） death, origin of 275, 340
百臂巨人 Hundred-Handed Giants 16, 17, 18, 39
米奈勞斯 Menelaus 60, 61
米娜娃 Minerva 76
米特蘭泰庫特利 Mictlantecuhtli 42, 303
米納克希 Meenakahi 175
米蒂亞 Medea 72, 73, 75
米達斯 Midas, King 69
米德嘉德 Midgard 91, 92, 93
米緹絲 Metis 18, 25, 36
羊人 satyrs 32, 35
羽蛇，參見奎扎科亞托 Plumed Serpent see Quetzaicoatl
老子 Laoze 213, 216, 220
老虎之舞 tiger dance 173
自然界的精怪，參見土地（大地的精怪；水之精怪；森林精怪） nature spirits 8, 102, 136-7, 172
艾戈比 Agbè 250
艾伊提斯 Aeëtes, King 72, 73, 75
艾伽姆哈 Aigamuxa 271
艾庇米修斯 Epimetheus 27
艾杜－威杜 Aido-Hwedo 250, 251
艾里曼西野豬 Erymanthian boar 46, 47
艾亞佩特斯 Iapetus 19
艾卓斯特斯王 Adrastus, King 59
艾倫．麥米利安 Aillén mac Midgna

118
艾特納 Etna, Mount 16, 19
艾莫 Emer 116
艾菲族 Efe people (Congo) 257
艾塔貝 Atabey 305, 306, 309
艾奧貝提斯 Iobates 52, 53
艾瑟馬斯王 Athamas, King 71
艾瑞斯 Ares 20, 25, 38, 39, 77, 174
艾爾西俄斯 Alcaeus 45
艾爾希米德皇后 Alcimede, Queen 72
艾赫卡托 Ehecatl 303
艾撒卡 Azacca 310
艾蓮 Elaine 129
艾蕾許吉卡兒 Ereshkigal 154, 155
西王母 Xi Wangmu 216, 217, 220, 221
西貝流士 Sibelius, Jean 103
西柏莉 Cybele 82, 85, 111
西格弗里德，可參見西格德 Siegfried 105
西格恩 Sigyn 96
西格德 Sigurd 108-9
西遊記／吳承恩著 Journey to the West (Wu Chengen) 221
西雷諾斯 Silenus 35, 82
西爾瓦諾斯 Silvanus 321
西臺人 Hittites 147, 149, 160-1, 167
西藏 Tibet 42, 176, 178

七劃

佛陀／佛教 Buddha / Buddhism 162, 176, 184, 185, 197, 211, 216, 217, 220, 221, 223, 343
佛洛伊德，西格蒙 Freud, Sigmund 59
佛騰諾斯 Vertumnus 85
何仙姑 Ho Hsien Ku 217
佐爾文 Zurvan 168
伽具土 Kagutsuchi 222, 227
伽毗羅 Kapila, sage 208, 209
伽摩 Kama 138
克多，尚／《奧菲斯》作者 Cocteau, Jean: Orphée 45
克沙特拉．威爾亞 Khshathra Vairya 169
克里安王 Creon, King 46, 59
克里波狄斯 Charybdis 31, 72, 73
克里特 Crete 50-1
克莉坦娜絲 Clytemnestra 70, 71, 255
克萊美妮 Clymene 19
克羅納斯 Colonus 58, 59
克羅諾斯 Cronus 16, 17, 18, 24, 26, 27, 39, 40
利爾 Llyr 124
利撒 Lisa 249, 251
努恩 Nun 236, 239
努烏 Nu' u 337
努緹 Nut 236, 239, 246
吳承恩 Wu Chengen: The Journey to the West 221
吸血鬼 vampires 33, 131, 305
吠陀 Vedas 187, 188-9, 191, 192, 203, 206
夾撞岩石 Clashing Rocks 72, 73
妥瑞 Ture 257
巫毒 voodoo 43, 279, 304, 305, 310-11
巫師 witches 13, 131, 132, 134-5
希巴爾柏諸王 Xibalba, lords of 294, 295
希皮亞科克 Xpiyacoc 294
希牟鳥 Simurgh 56, 171
希利歐斯 Helios 16, 65, 66, 67
希波克瑞尼神泉／馬泉 Hippocrene spring 53
希波萊特斯 Hippolytus 31, 70
希芙 Sif 94, 96
希培．托泰克 Xipe Totec 301
希須那 Sheshnag 191
希爾達 Hilde 104
希爾達勃朗特 Hildebrand 104, 105
希碧 Hebe 25
庇里俄斯 Peleus 72, 73
庇里德瑞 Pryderi 125
庇席雅 Pythia 29
志那都比古神 Shina-tso-hiko 227
李伊尤 Le-eyo 266
杜木基 Dumuzi 154, 155
杜沙納 Dhu Shara 180, 181
沙悟淨 Sha Wujing 221
沙馬什 Shamash 149, 154, 156, 157, 167
沙提 shakti 199
沙頓福舟塚 Sutton Hoo ship burial 107
汪傑爾 Wanjel 334-5
沃乎．馬那（善思神） Vohu Manah 168, 169
沃迪亞諾伊 Vodyanoi 137
沃爾坎 Vulcan 77
灶君 Kitchen God (Zao Jun) 216
狄阿烏斯 Dyaus 189
狄特里希 Dietrich 104-5
狄雅 Dia 68
狄奧多里克／東哥德國王 Theodoric of the Ostrogoths 104
狄蜜特 Demeter 18, 20, 31,40, 76
狄歐斯居里 Dioscuri 83
肚臍石 omphalos 343
男爵 Baron 310, 311
芒戈－恩孔度族（剛果） Mongo-Nkundo people (Congo) 258-9
谷德倫 Gudrun 105
貝努鳥 Benu bird 237
貝南 Benin, West Africa 248, 249, 268
貝索托族（南非） Basuto people (Southern Africa) 254
貝勒努斯 Belenus 115
貝勒羅豐 Bellerophon 52-3
貝絲特拉 Bestla 90
貝奧武夫 Beowulf 106-7
貝奧武夫（詩） Beowulf (poem) 89
貝爾坦（祭典） Beltane 115
那羅辛訶 Narasimha 197
忒伊亞 Theia 17
忒斯皮俄斯 Thespius, King 47

八劃

亞利馬太的約瑟 Joseph of Arimathea 129
亞舍拉 Athirat 159
亞美尼亞 Armenia 254
亞述／亞述人／亞述王國 Ashur/ Assyrian Empire 146, 147, 148, 149
亞述巴尼拔二世 Ashurbanipal II 157
亞特蘭妲 Atalanta 56, 73
亞特蘭提斯 Atlantis 19
亞馬遜人 Amazons 46, 52, 70
亞斯塔蒂，參見伊斯塔 Astarte, Ishtar
亞瑟王 Arthur, King 112, 113, 119, 126
亞瑟王傳奇 Arthurian legends 13, 113, 126-9, 320
亞圖姆 Atum 239
依娜－奴依－塔－波 Hine-nui-te-po 340, 341
依娜－郝－歐奈 Hine-hau-one 340
依娜－蒂塔瑪 Hine-titama 340
來世，參見地府 Afterlife see Underorld
佩里，雅各布／《歐律迪絲》作者 Peri, Jacopo: Euridice 45
佩林諾 Pellinore, Sir 127
佩格塞斯 Pegasus 52-3, 55
佩格塞斯（飛馬） Pegasus 52, 53
佩涅提斯 Penates 83
佩特拉 Petra 181
佩萊 Pele 339
侏儒 Dwarfs 33, 96, 98, 104, 108
具有法力的物品 magical objects 109
命名 naming 259
命運 fortune
命運女神 Fates 17, 25, 32, 165
命運之神 fate, deities of 164-5
坡尼族 Pawnee people 289
坦達洛斯 Tantalus 69
奇美拉 Chimaera 52. 53
奇楚 Chuichu 319
奈芙提斯 Nephthys 236, 240, 246, 247
奈特魯克普 Naiteru-kop 266
奈斯 Neith 244, 245
妮亞芙．金奧爾 Niamh Chinn Óir 120
妮修布魯 Ninshubur 155
姆布提族（剛果） Mbuti people (Congo) 257
姆邦貝 Mbombe 259
定光 Sadamitsu 229
宙斯 Zeus 8, 13, 15. 18, 19, 20, 24-5, 26, 27, 30, 38, 39, 40, 66, 67, 68, 76, 175, 343
子嗣 offspring 25, 28, 34, 36, 41, 46, 54, 56, 69
風流韻事 love affairs 24, 25, 29, 34, 36, 37, 46
尚巴．波隆貢哥 Shamba Bolongongo 262-3
尚戈 Shango 175, 249, 305
居 Gu 249
居魯士大帝 Cyrus the Great 57
帕卡．瑪瑪 Paca Mama 315
帕西人 Parsis 168
帕西斐 Pasiphae 31, 50, 70
帕卓克路斯 Patroclus 60, 61
帕芭 Papa 324, 338, 339, 340, 341
帕芭圖阿努庫 Papatuanuku 339
帕恰馬克 Pachacamac 315
帕納塞斯山 Parnassus, Mount 29
帕齊法爾 Perceval, Sir 126, 127, 129
帕羅蘇羅摩 Parashurama 197
幸運，幸福 luck 164
底比斯 Thebes (Greece) 34, 37, 46, 58-9, 73
彼立賓，伊凡 Bilibin, Ivan 12
怖軍 Bhima 207
拉坎雅那 Hlakanyana 273
拉格納洛克 Ragnarök 98-9
拉達曼提斯 Rhadamanthus 25
拉雷斯 Lares 83
拔都 Batu Khan 163
易經 I Ching 214
昂丁 Undines 320
朋納耶爾 Boinayel 309
林伽 lingas 194
林姆斯基－高沙可夫 Rimsky-Korsakov, Nikolai 137, 141
林鴿傳說 wood dove, legend of 137
武士 samurai 229
波利菲摩斯 Polyphernus 31, 64, 65, 67
波希芬妮 Persephone 38, 40, 43, 44, 111
波里尼西斯 Polynices 58, 59
波里杜西斯 Polydeuces 72, 73
波里勃斯王 Polybus, King 58
波里戴克迪斯 Polydectes, King 54, 55
波波爾烏 Popol Vuh 294-5
波索爾 Bolthorn 90
波斯人 Persia 147, 166, 167, 168-71
波斯古經 Avesta 169
波夢娜 Pomona 85
波赫約拉的女兒（西貝流士） Pohjola' s Daughter (Sibelius) 103
波賽頓 Poseidon 18, 19, 20, 25, 30-1, 36, 41, 50, 55, 60, 65, 66, 67, 70, 71, 77
法夫納／龍 Fafnir the dragon 108, 109
法老王 pharaohs 237, 245, 247
法鄔娜 Fauna 85
治療 healing 115, 269, 329
肯伊爾德 Kunhild 104
芙圖娜 Fortuna 14, 164
芙麗格 Frigg 97, 94
芙蘿拉 Flora 84
芭芭．雅嘎 Bába Yagá 132, 133, 134-5
芬厄爾 Fenrir the wolf 98, 99
芬尼亞故事集 Fenian Cycle 118-19
芬因．麥庫爾 Finn mac Cool 113, 118-19, 120
芬蘭，參見《卡勒瓦拉》 Finland, see Kalevala
金太郎 Kintaro 228-9
金古 Kingu 150, 151
金字塔 pyramids 237
金羊毛 Golden Fleece 44, 72, 73
金努恩加溝 Ginnungagap 90
金圖 Kintu 255
門多 Mwindo 257, 260-1
陀涅拉 Tuonela 103
陀涅拉之鵝 Swan of Tuonela 101, 102, 103

阿方那西耶夫，亞歷山大 Afanasiev, Alexander 133
阿加曼農 Agamemnon 60, 61, 71
阿加曼農的面具 mask of Agamemnon 61
阿瓦隆 Avalon 126
阿多尼斯 Adonis 38, 39
阿伽斯提耶，智者 Agastya, sage 188
阿克里西俄斯王 Acrisius, King 72, 73, 75
阿努比斯 Anubis 235, 241, 247
阿里曼 Ahriman 143, 147, 168, 169
阿呢 ani 324
阿周那 Arjuna 206, 207, 254
阿拉伯半島 Arabia 167, 180-4
阿拉魯 Alalu 160
阿果斯 Argos 54, 55, 59, 71
阿果號 Argo, the 72, 73
阿果號英雄 Argonauts 45, 72-3
阿波羅 Apollo 13, 15, 16, 19, 20, 25, 28-9, 41, 44, 45, 60, 69, 78, 79, 115, 165
阿芙羅黛蒂 Aphrodite 20, 38-9, 50, 60, 61, 76, 138, 139, 180
阿美利妲 Ameretat 169
阿胡拉．瑪茲達 Ahura Mazda 143, 174, 167, 168-19
阿夏 Asha 169
阿娜特 Anat 159
阿烏莎 Al-Uzza 180, 181
阿特力士 Atlas 17, 19, 49
阿特蜜絲 Artemis 19, 20, 24, 25, 41, 51, 54, 55, 56, 76, 87
阿耆尼，或名火天 Agni 187, 188, 189
阿茲特克族 Aztecs 43, 110, 139, 279, 293, 300-1, 303, 343
阿基里斯 Achilles 18, 60, 61, 62, 65, 255
阿培普 Apep 236, 245, 247
阿梅沙．斯彭塔 Amesha Spenatas 169
阿連奎 Alignaq 291
阿斯克里琵俄斯 Asclepius 16, 28, 77
阿斯克與恩布拉 Ask and Embla 90, 91, 285
阿斯嘉德 Asgard 90, 92
阿善提族（迦納） Ashanti people (Ghana) 252
阿普 Appu 161
阿普蘇 Apsu 150, 151
阿瑞安赫德 Arianrhod 124
阿爾買提 Armaiti 169
阿爾諾，馬修 Arnold, Matthew 170
阿瑪席雅 Amalthea 18
阿蒙（參見：「拉」） Amun see Ra
阿蒙－拉 Ra (Amun-Ra) 235, 236, 237, 239, 240, 241, 244, 245, 246, 247
阿盧那 Aruna 188
阿穆特 Ammut 247
阿蕾特 Al-Lat 180-1
阿薩爾 Aesir 91, 92
阿麗雅德妮 Ariadne 50, 51
青春之鄉 Land of the Young 120
青春之鄉 Tir na nÓg 120
非裘族（剛果） Fjort people (Congo) 257
妲娜伊 Danaë 24, 25, 54, 55
宓芙／皇后 Maeve, Queen 116, 117
芮安娜 Rhiannon 125

九劃

俄羅斯 Russia 12, 132-3
削鐵劍 Excalibur 126, 320
勃蘭－勃蘭－霸特 Bram-Bram-Bult 334-5
南十字星 Southern Cross 35
南托蘇薇妲 Nantosuelta 114
南娜 Nanna 151
哈奴曼 Hanuman 97, 202
哈托爾 Hathor 139, 235, 236, 244, 246
哈辛，尚／《菲卓拉》作者 Racine, Jean: Phèdre 70
哈都勃朗特 Hadubrand 105
哈琵 Harpies 72
哈達 Hadad 181
哈德 Höd 97, 98
哈穆特 Hartmut 105
奎扎科亞托 Quetzalcoatl 293, 300, 301, 303, 343
姚托 Yaotl 293
姚利．艾赫卡托 Yoalli Ehecatl 293
威納莫伊南 Väinämöinen 100, 101, 102, 103
威爾斯神話 Welsh mythology 113, 124-5
帝俊 Di Jun 219
帝釋力 Tishtrya 167
建速須佐之男 Susano-O 222, 223, 226-7
思琳克絲 Syrinx 87
恆河 Ganges, River 190, 191, 208-9
恆河女神 Ganga 208, 209, 320
拜勒柏 Byelobog 143
持國 Dhritarashtra 206
星星的神話 star myths 286, 288, 289, 319, 341, 335
星期六男爵 Baron Samedi 43, 311
柯林斯 Corinth 52, 58
查理曼 Charlemagne 105
柏修斯 Perseus 13, 25, 47, 54-5, 56
柏格密爾 Bergelmir 90
毗耶娑 Vyasa, scribe 206
毗濕奴 Vishnu 138, 184, 186, 187, 189, 194, 195, 198, 199, 209
化身 avatars 197, 200, 203, 206
毗濕伐卡馬 Vishwakarma 191
毗濕婆彌羅 Vishwamitra 200
毗濕摩 Bhishma 206, 207
洪水神話 flood myths
中國的洪水神話 Chinese 215
古希臘的洪水神話 ancient Greek 30
印加的洪水神話 Inca 314, 315
印度的洪水神話 Hindu 189
西亞的洪水神話 West Asian 146, 156, 157
玻里尼西亞的洪水神話Polynesian 337
美洲原住民的洪水神話 Native American 282, 289
斯拉夫的洪水神話 Slavic 143
洛克許 Rakhsh 170, 171
洛奇 Loki 94, 96-7, 98, 99
洛神 Luo Shen 211
珊蘇 Samsu 181
玻里尼西亞 Polynesia 325, 339
砂畫 sand paintings 283
祈福之祭 Blessingway ceremony 282, 283
祆教 Zoroastrianism 168-9
禹 Yu (dragon) 215
科伊科伊族（南非） Khoikhoi people (South Africa) 271
科利班特（西柏莉的信徒） Corybantes 85
科亞特里榭 Coatrischie 309
科舍伊／不死的科舍伊 Koschei the Immortal 132-3
科阿特立庫 Coatlicue 110
科南 Conán 119
科欽瑪那哥 Kotcimanyako 289
科薩族（南美洲） Xhosa people (South Africa) 271, 273
突厥神話 Turkic mythology 162-3
約克海南 Joukahainen 100
約孟剛德 Jörmungand 98, 99
美杜莎 Medusa 54-5
美洲虎 Jaguar 295, 300
美索不達米亞 Mesopotamia 139, 149, 151, 157, 159
美惠三女神 Graces, three 25
羿 Yi the archer 219
耐姬 Nike 175
英雄／神話中的英雄 heroes, mythical 254-5
英雄事蹟／北歐 sagas, Norse 6, 109
迦太基 Carthage 78, 79
迦南 Canaan 158. 159, 181
迦約馬特 Gayomart 168, 169
迦爾吉 Kalki 197
迦爾納 Karna 56, 206
迦樓羅 Garuda 189
迪斯．帕特 Dis Pater 115
郊狼 Coyote 97, 282, 289
面具 masks 201, 269, 270, 281, 317
音樂 music 28, 44-5, 69, 131, 137
食蓮者之國 Lotos Eaters 64
首哩薄那迦 Surpanakha 202

十劃

俱毗羅 Kubera 172
俱盧之野 Kurukshetra, battle of 206, 207
俱盧族 Kauravas 206, 207
修巴西亞 Hupasiya 160
修羅托 Xolotl 42
剛沙 Kamsa 57
原住民 Aborigines 9, 324, 326, 327, 328-33, 342
哥倫布，克里斯多夫 Columbus, Christopher 306
哪吒 Nezha 254
埃及，古代 Egypt, ancient 232, 235
亡靈書 Book of the Dead 231, 246
來世 afterlife 235, 246-7
神祇 deities 11, 139, 175, 235, 240-1, 242, 244-5
創世神話 creation myths 236-7
埃夫伯里 Avebury stone circle 342
埃吉斯托斯 Aegisthus 71, 255
埃努瑪埃利什 Enuma Elish 150-1
埃達 Edda, Norse 89
埃爾多拉多 El Dorado 313
夏威夷 Hawaii 337, 339
娑伽羅 Sagara, King 208, 209
席拉和克里波狄斯 Scylla and Charybdis 64, 65, 72, 73
席瑞斯 Ceres 76, 82
庫丘林 Cúchulain 113, 116-17
庫米的西貝兒 Cumean Sibyl 78, 79
庫那庇比 Kunapipi 331
庫倫特 Kurent 143
庫馬爾比 Kumarbi 160
庫凱伊利莫庫 Kukailimoku 339
庫斯科 Cuzco 314, 318
庫萊沃 Kullervo 102, 103
庫蘭 Culann 117
恩利爾 Enlil 157
恩基 Enki 97, 154, 155, 156
恩凱 Enkai 265, 266, 267
恩道西納 Ndauthina 337
時母，音譯為伽梨 Kali 174, 198, 199
晃通 Todong 176
書寫 writing 91, 146, 158, 241, 297, 339
桂妮薇兒／皇后 Guinevere, Queen 113, 126, 127, 129
桑納托斯 Thanatos 69
桑遮那 Sanjana 188
柴可夫斯基 Tchaikovsky, Peter 12
柴頓 Triton 31
格拉緹雅 Galatea 39
格林／巨人 Grim the giant 104
格威戴恩 Gwydion 124
格倫德爾 Grendel 106, 107
格倫德爾之母 Grendel mother 106, 107
格涅什 Ganesh 187
格勞克斯 Glaucus 31
格魯斯卡普 Glooscap 255
格薩爾王 Gesar Khan 176-7, 178
泰坦神／泰坦女神 Titans / Titanesses 16, 17, 18-19, 24, 25, 26, 34, 36, 39, 40, 41, 175
泰芙努特 Tefnut 236, 246
泰風 Typhon 18, 19
泰勒馬科斯 Telemachus 66
泰諾族（加勒比地區） Taíno people (Caribbean) 305, 306-9
浦伊爾王子 Pwyll, Prince 124, 125
海比力昂 Hyperion 16, 17
海伊克 Hayk 254
海克力斯 Heracles 13, 15, 25, 27, 44, 46, 47, 49, 72, 73, 175
海克力斯的勞役 Labours 46-7
海姆達爾 Heimdall 92, 93, 99
海底國 Land under the Waves 121
海倫（特洛伊的海倫） Helen of Troy 60, 61
海神 sea deities:
北歐的海神 Norse 91
古希臘的海神 ancient Greek 30-1
印加的海神 Inca 315

西亞的海神 West Asian 158, 161
吠陀中的海神 Vedic 189
非洲的海神 African 250
美洲原住民的海神 Native American 290, 294, 295
馬雅的海神 Maya 294
凱爾特的海神 Celtic 124, 125
海斯佩麗提絲 Hesperides 17, 49
海斯佩麗提絲的金蘋果 golden apples of Hesperides 46, 49
海達族 Haida people 287
海爾 Hel 42, 92, 93, 98, 99
海德拉 Hydra 46, 47
浩娃妲 Haurvatat 169
涅索斯（半人馬） Nessus the centaur 47
涅普頓 Neptune 77
涅菲麗 Nephele 71
涅瑞伊得 Nereids 320
涅蘇 Naoise 117
烏互納普 Hun Hunahpu 294, 295
烏巴巴 Humbaba 156, 157
烏戈 Ukko 103
烏加利 Ugarit 149, 158-9
烏拉諾斯 Uranus 16, 17, 18, 36, 39
烏庫互納普 Vucub Hunahpu 294
烏庫奎伊絲 Vucub Caquix 295
烏特 Woot 263
烏提科 uThixo 271
烏塔那匹茲姆 Utnapishtim 147, 156, 157
烏圖 Utu 149, 154
烏爾 Ur 146, 147, 149
烏魯克 Uruk 146, 147, 149, 156, 157
烏魯盧 Uluru 342
特林吉族 Tlingit people 287
特洛伊的木馬 wooden horse of Troy 60
特洛伊的帕里斯 Paris of Troy 57, 60, 61
特洛伊戰爭 Trojan War 39, 60-1, 62, 71, 78, 255
特修斯 Theseus 50-1, 58, 70
特茲卡特里波卡 Tezcatlipoca 293, 300, 301
特舒卜 Teshub 149, 160
狼 wolves 56, 79, 98, 99, 140, 141
狼人 werewolves 13, 33, 131, 136, 305
班圖語系諸民族 Bantu peoples 271, 274
盎格魯－薩克遜人 Anglo-Saxons 89, 106-7
祖伊 Tsui 271
祖先 ancestors 284-5
祖先的 ancestral 285
祖魯族（南非） Zulu people (South Africa) 271, 273
神化 deification 80, 175
「神明」 "immortals" 211
神祇 deities 235, 282, 289
「神童」傳說 "wonder-child" legends 273, 274, 275
神聖之石 stones, sacred 342-3
神農 Shen Nong 215
神道教 Shinto 185, 223, 224, 284, 321
神廟 temples
布邦奈瓦的神廟 Bhubaneshwat 187
薇絲塔的神廟 of Vesta (Rome) 82
中美洲的神廟 Mesoamerican 213, 297
中國的神廟 Chinese 211
卡納克神廟 Karnak 237
印加神廟 Inca 315, 318
佩特拉神廟 Petra 181
帕德嫩神廟 Parthenon 15, 36
阿比多神廟 Abydos 241
阿格里琴托神廟 Agrigento 15
塔廟 ziggurats 149, 151
路克索神廟 Luxor 234
德爾菲神廟 Delphi 29
蘇尼翁神廟 Sounion 31
神諭和預言 oracles and prophecy 71, 165
阿果號 Argo 73
西貝兒 Sibyls 78, 79, 165
傑德 Ghede 311
提瑞西阿斯 Tiresias 37, 58, 65
奧菲斯 Orpheus 45
德爾菲 Delphi 15, 29, 58, 59. 71, 165
神靈 kami 211, 223, 227, 321
索什揚 Saoshyant 168
索戈布 Sogbo 250
索弗克里斯 Sophocles 47, 59
索列姆 Thrym 96
索貝克 Sobek 235, 320
索奇匹利 Xochipilli 139
索奇奎特薩爾 Xochiquetzal 139
索拉伯 Sohrab 170
索爾 Thor 88, 94, 96
級長戶邊命 Shina-to-be 227
納巴泰人 Nabataeans 180, 181
納瓦荷族 Navajo people 282-3, 289
納西．羅斯坦 Naqsh-i-Rustam 343
納蓋提科 Nagaitco 111
般度族 Pandavas 206, 207
起源神話 origin myths 7, 285
中國的起源神話 Chinese 212
巴比倫的起源神話 Babylonian 150
北歐的起源神話 Norse 90-1
古希臘的起源神話 ancient Greek 26-7
印加的起源神話 Inca 313, 314
印度的起源神話 Hindu 190, 191
波斯的起源神話 Persian 168, 169
非洲的起源神話 African 251,272
美洲原住民的起源神話 Native American 282-3
原住民的起源神話 aboriginal 9, 328
泰諾的起源神話 Taíno 306, 307
馬雅起源神話 Mayan 297
斐濟的起源神話 Fijian 339
蒙古／突厥的起源神話 Mongol / Turkic 162, 172
迷宮 labyrinth 50, 51
閃電倉鼠 lightning Master 261
馬 horses 125, 171, 172, 176, 177, 178
馬丘比丘 Machu Picchu 315, 318
馬坦利基 Matariki 341
馬勇 Aswatthama 254
馬南南．麥里爾 Manannán mac Lir 119, 121
馬洛理，湯馬斯 Malory, Thomas 113
馬茲／格威內斯的馬茲 Math of Gwynedd 124
馬畢諾奇 Mabinogi 113, 124-5
馬提．敘拉．任利亞 Mati Syra Zemlya 143
馬雅 Maya 243, 279, 294-5
馬爾斯 Mars 56, 77, 174
馬賽族（肯亞） Masai people (Kenya) 232, 265. 266-7
高爾．麥摩那 Goll mac Morna 119
鬼伴 Santa Compaña 285
鬼魂 ghosts 285

十一劃

《偶像錄》 Kitab al-Asnarn 181
勒雷棋 Lele game 263
動物／參見牛隻；馬匹；美洲虎；狼； animals; see also cattle; horses; jaguar; wolves 31, 46, 47, 73, 93, 116, 133, 135, 141, 162, 172-3, 187, 188, 189, 220-1, 227, 229, 240, 252-3,261, 272, 273, 274-5, 287, 291, 334-5
曼可．卡帕克 Manco Capac 314, 318
曼娜特 Manat 180, 181
堅戰 Yudhishthira 206, 207
基督／基督宗教 Christ / Christianity 92, 99, 103, 107, 124, 127, 128, 129, 131, 135, 142, 233, 279
培布羅族 Pueblo people 278, 282, 283, 288
婆利蒂毗 Prithvi 110, 187, 189, 191
婆林 Vali 202
婆提毗 Bhudevi 110
婆盧沙 Purusha 189, 191
婆羅多 Bharata 200, 201
婆羅伽巴提 Prajapati 190, 191, 199
密米爾 Mimir 91, 92
密特拉 Mithra 167
康卓莉 Kundry 127
康科瓦爾王 Conchobar, King 116, 117
張果老 Chang Kuo 217
彩虹 rainbow 92, 93, 319
彩虹蛇 Rainbow Snake 328-9, 330, 331
悉多 Sita 200-2
戛－戈里布 Ga-gorib 271
排燈節 Diwali 203
啟示錄 Apocalypse 99
梵天 Brahma 184, 187, 190, 192, 194, 195, 197, 198, 203, 208
梅妮雅 Mania 83
梅林 Merlin 127
梅嘉拉 Megara 46
梅爾．頓 Máel Dúin 121
《梨俱吠陀》 Rig Vecla 187, 189, 191
球賽，中美洲 ball game, Mesoamencan 296
異世界 Otherworlds 113, 118, 120-1, 124
符咒 charms 269
莎孚 Sappho 45
莫里斯，威廉／《沃爾松家的西格德》作者 Morris, William: Sigurd the Volsung 109
莫莉根 Morrigan, the 116, 175
莫德雷德 Mordred 126, 127
莫蔻莎 Mokosha 110
荷尼爾 Hoenir 91
荷米斯 Hermes 20, 25, 28, 34, 39, 42, 54, 61, 64, 67, 77
荷威格 Herwig 105
荷馬 Homer 6, 13
《伊里亞德》 Iliad 39, 60, 61, 67
《奧德賽》 Odyssey 31, 64-7
荷魯斯 Horus 235, 236, 240, 241, 244, 245, 246
荷魯斯之眼 Eye of 241, 242
蛇 serpents 295
伊盧揚卡 Illuyanka 160
Jörmungand 98, 99
Nidhogg 93
丹 Dan 249
太攀 Taipan 29
皮松 Python 29, 165
艾伯普 Apep 236, 245, 247
艾杜－威杜 Aido-Hwedo 250, 251
希須那 Sheshnag 191
拉登 Ladon 49
彩虹蛇 Rainbow Snake 328-9, 330, 331
蛇髮女妖 Gorgons 54-5
蛇類（可參見索引：「蛇」） snakes 93, 253, 285, 295, 335
蛋，原初的／宇宙的 egg, primeral / cosmic 7, 16, 17, 251, 257, 338
被遺棄的孩子 Abandoned children 56-7
連孟凱南 Lemminkäinen 100, 101, 102, 103
陰陽 Yin and Yang 213
陶希利馬提亞 Tawhirimtea 39
雪山神女 Parvati 195, 199
鳥類 birds 16, 38, 141, 163, 173, 251, 259, 287, 307, 310
火鳥 firebird 140-1
原初之鴨 primal duck 101
史廷菲利斯湖之鳥 Stymphalian 46
貝努 Benu bird 237
渡鳥 Raven 286-7
麻磋 Matsya 197
麻羅乎 Márohu 309

十二劃

傑佛瑞／蒙茅斯的傑佛瑞 Geoffrey of Monmouth 113
傑森 Jason 15, 44, 72-3, 75
傑德 Ghede 310-11
凱戎（人馬） Cheiron the centaur 27, 72
凱爾特神話 Celtic mythology 12, 113, 114-21. 138, 165, 174, 175, 320
凱撒大帝 Julius Caesar 79
創世神話 creation myths 7
中國創世神話 Chinese 212-13,

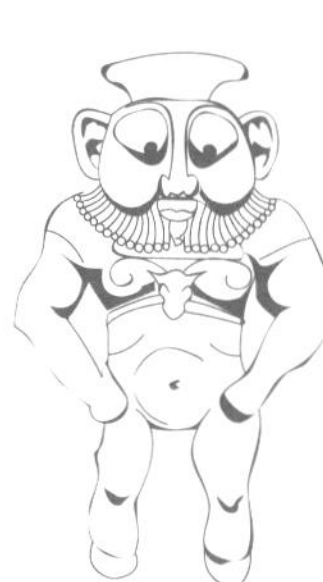

219
太平洋諸島的創世神話 Pacific Islands 338-9
巴比倫創世神話 Babylonian 150-1
日本創世神話 Japanese 222-3
毛利人的創世神話 Maori 324, 339
古希臘創世神話 ancient Greek 16-17
古埃及創世神話 ancient Egyptian 236-7
印度創世神話 Hindu 190-1
波斯創世神話 Persian 168
芬蘭創世神話 Finnish 101
非洲創世神話 African 249, 250-1, 257, 263
美洲原住民創世神話 Native American 287
挪威創世神話 Norse 90-1
泰諾人創世神話 Taíno 306-7
斯拉夫創世神話 Slavic 143
蒙古／突厥創世神話 Mongol / Turkic 162-3
創世 creation of 295, 307
勞林／侏儒國王 Laurin the dwarf-king 104
博爾斯 Bors, Sir 126, 129
喀 ka 246
喀普立 Khepri 235, 239
喀爾喀人（蒙古） Khalkha people (Mongolia) 172
喀蘭亞茨 Kranyatz 143
喜波麗妲 Hippolyta 46
圍攻魯瑪魯馬 Lumaluma, killing of 332, 333
圍棋 Weiqi game 215
堯帝 Yao, Emperor 215
富士山 Fuji, Mount 321
富格斯．麥羅埃赫 Fergus mac Róich 117
彭圖斯 Pontus 16
復活節島頭像 Easter Island heads 336, 343
惡作劇之神／惡作劇神話 trickster figures / myths 96, 97, 101, 102, 108, 119, 155, 249, 252-3, 255, 257, 265, 273, 286, 289, 311, 337, 341
惡魔 demons:
日本的惡魔 Japanese 223
印度的惡魔 Hindu 33, 188, 189, 190, 195, 198, 199, 200, 202, 208
西藏的惡魔 Tibetan 176. 177
波斯的惡魔 Persian 171
美索不達米亞的惡魔 Mesopotamian 155
挪威的惡魔 Norse 98
提尼亞 Tinia 76
提布亞 Tipua 321
提林斯城 Tiryns 52, 53
提阿抹 Tiamat 150, 151
提毗 Devi 187
提瑞西阿斯 Tiresias 37, 58, 65
斑斑石 Benben stone 236, 237
斐濟 Fiji 337, 339
斯巴蘭奎 Xbalanque 294, 295, 296
斯瓦托菲姆 Svartelfheim 92
斯拉夫神話 Slavic mythology 12, 131, 136-7, 285, 321
斯拉夫諸神 deities 110, 142-3
斯雷普尼爾 Sleipnir 91
斯圖魯松，斯諾里 Sturluson, Snorri 89, 93
普里阿普斯 Priapus 38, 82
普洛提斯 Proteus 31
普勒沃寧 Pellervoinen 102
普爾拉 Purra 334, 335
普羅米修斯 Prometheus 26, 27, 49
普羅特斯 Proetus, King 52, 53
森林裡的精怪 woods, spirits of 321
森姜珠杜 Sechan Dugmo 176, 177
渡鴉 Raven 286-7
渥丹 Wotan 109
渥夫迪特里希 Wolfdietrich 255
湖女 Lady of the Lake 126, 320
猶大 Judas Iscariot 123
猴子，西遊記 Monkey, adventures of 220-1
絲姆坎內 Xmucane 294
絲奎可 Xquic 294
絲特妮波雅 Stheneboia 52
腓羅克利提斯 Philocretes 60
舜 Shun, Emperor 215
菩薩 Bodhisattvas 211, 217
華格納 Wagner, Richard 109, 127
萊厄斯 Laius, King 58
萊柏 Liber 84
萊茨 Leshii 321
萊斯楚貢 Laestrygonians 64, 65
菲比 Phoebe 17
菲卓拉 Phaedra 70
《菲卓拉》（作者：哈辛） Phèdre (Racine) 70
菲頓 Phaeton 53
費度西 Firdausi 171
費迪亞德 Ferdiad 116
跋吉羅陀 Bhagiratha, King 208, 209
隆孔度 Lonkundo 258-9
隆瑟佛之役 Roncevaux, battle of 105
雅佳薇 Agave 35
雅典 Athens 15, 30, 36, 50, 51, 70
雅典娜 Athena 9, 15, 19, 20, 25, 30, 36-7, 49, 52, 60, 61, 66, 67, 174, 180, 245
雅拉克妮 Arachne 37
雅涯 Yaya 306, 307
雅蒂庫 Iatiku 289
須羯哩婆／猴王 Sugreeva the monkey-king 202
須彌山 Meru, Mount 189, 190, 191
馮紀 Funzi 257
黃金時代 Golden Age 27, 84
黃帝 Huangdi (Yellow Emperor) 213
黑公主 Draupadi 206, 207
黑天克里須那 Krishna 57, 187, 197, 206, 207
黑色之神 Black God 282, 289
黑帝斯 Hades 18, 19, 25, 38, 42, 44, 54, 69
黑腳族 Blackfoot people 288

十三劃

圓桌武士 Knights of the Round Table 119, 126, 127
圓桌武士 Round Table 127
塞克麥特 Sekhmet 175
塞柏洛斯 Cerberus 42, 46. 47
塞特 Set 235, 236, 240, 241, 245
塞馬拉 Semara 138
塞爾喀特 Serket 241
塞德娜 Sedna 290
塔比奧 Tapio 102
塔米娜 Tahmina 170
塔拉尼斯 Taranis 115
塔洛斯 Talos 72
塔夏維 Tashawe 271
塔維瑞特 Taweret 235, 245
塔穆茲 Tammuz see Dumuzi
塔羅牌 tarot cards 311
奧丁 Odin 9, 89, 90, 91, 93, 94, 96, 97, 99, 108, 109, 174, 285
奧巴塔拉 Obatala 251
奧立佛 Oliver 105
奧多亞塞 Odoacer 105
奧里昂 Orion 41
奧里夏 Orishas 249
奧林帕斯山 Olympus, Mount/ Olympian
奧林帕斯諸神 gods 12, 15, 16, 17, 18, 19, 20-1, 23, 30, 39, 40, 41, 52. 53, 54, 60, 67, 68, 84
奧芬巴哈的《奧菲斯地府行》 Offenbach, Jacques: Orphée aux Enfers 45
奧美克族的頭像 Olmec heads 343
奧菲斯 Orpheus 44-5, 72, 73
奧瑞亞 Ourea 16
奧瑞斯提 Orestes 71, 255
奧蓀 Oshun 249
奧德修斯 Odysseus 31, 36. 60,61, 64-7
奧德賽（荷馬著） Odyssey (Homer) 31, 64, 67
奧羅杜馬雷 Oludumare 251
奧羅倫 Olorun 249
愛西斯 Isis 236, 239, 240, 241, 244, 246, 247
愛努族 Ainu People (Japan) 185
愛洛斯 Eros 28, 38, 77, 87, 138, 139
愛神 love deities 8, 28, 38-9, 60, 61,76, 77, 180, 181
愛琴斯王 Aegeus, King 50, 51
愛雅 Ea 150, 151, 155, 156
愛爾克米妮 Alcmene 24, 25, 46
愛爾蘭神話 Irish mythology 33, 115, 116-21, 123
愛歐 Io 24, 25
愛歐斯 Eos 16
愛諾 Ino 70, 71
溫布林 Wembulin 334, 335
溫格斯 Oenghus 138
瑟西 Circe 64, 65, 67
瑟納諾斯 Cernunnos 114
瑟琳娜 Selene 41
瑞金／鐵匠 egin the blacksmith 08, 109
瑞雅 Rhea 17, 24, 34, 40, 41
當克娜 Damkina 150
稚日女尊 Wakahiru-me 227
聖杯 Grail, Holy 113, 126, 127, 128, 129
聖特里亞 Santería 305
聖經 Bible 146
葉蓮娜公主 Yelena, Princess 140, 141
葛休提娜娜 Geshtinanna 155
葛威欽族（阿拉斯加） Gwich' in people (Alaska) 291
葛隆．佩比 Gronw Pebyr 124
葛路克／《奧菲斯和歐律迪絲》作者 Gluck, Christoph: Orfeo ed Euridice 45
葛圖克 Gertuk the snake 335
裘塔 Chiuta 265
裘塔米迪斯 Teutamides, King 55
賈卡絲妲 Jocasta 58, 59
道教 Daoism 185, 211, 213, 216, 217
道德經 Daode jing 213
達左吉 Da Zodji 250
達剎 Daksha 195
達荷特 Dahut 121
達磨 dharma 195, 207, 209
雷．勞．葛非斯 Lleu LIaw Gyffes 124
預言，參見神諭與預言 prophecy see oracles and prophecy
鳩里摩 Kurma 197
鳩槃羯叻拿 Kumbhakarna 203

十四劃

嘉琪德莉卡 Chalchiuhtlicue 301
圖 Tu 174, 338, 339
圖拉真皇帝 Trajan, Emperor 181
圖騰柱 totem poles 281, 284
夢世紀／夢境 Dreamtime / Dreaming 327, 328, 331, 342
《奪牛記》 Tam BO Cuailgne 117
嫦娥 Chang E 219
寧呼爾薩格 Ninhursag 157
漾 Yamm 158
漁夫之王 Fisher King 129
瑣羅亞斯德 Zoroaster 147, 167, 169
瑪什耶和瑪什尤 Mashya and Mashyoi 168, 169
瑪艾特 Ma' at 236, 247
瑪西俄斯 Marsyas 29
瑪利 Mari 43
瑪呐 mana 324
瑪亞 Maia 25
瑪烏 Mawu 250, 251
瑪烏－利撒 Mawu-Lisa 279, 251
瑪曼．布利基特 Maman Brigitte 310
瑪莉亞塔 Marjatta 103
瑪督 Marduk 150, 151, 153
瑪瑪．基莉雅 Mama Kilya 313, 319
瑪瑪．奧克優 Mama Ocllo 314, 318
瑪瑪．科查 Mama Cocha 315
瑪麗亞．莫瑞芙娜 Márya Morévna 132-3
瑪麗亞莎 Mariassa 135
福祿壽三仙 Happiness, Three Gods of 164
精靈 elves 33, 92, 98
維 Ve 90, 91, 285
維加，加爾西拉索．德 Vega, Garcilaso de 315
維列茨 Veles 142

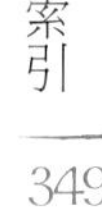

維吉爾 Virgil 13, 78
維利 Vili 90, 91, 285
維京人 Vikings 89, 98, 109
維拉科查 Viracocha 313, 314, 315
維格拉夫 Wiglaf 106, 107
維納斯 Venus 76, 78, 79, 80, 139
維達 Vida 99
蒙古 Mongols 162-3, 172-3, 176
蒙古／突厥神話 Mongol / Turkic mythology 162-3, 269
蒙台威爾第／《奧菲斯》 Monteverdi, Claudio: Orfeo 45
蒙根 Mongán 121
蓋文爵士 Gawain, Sir 113, 127, 255
蓋伯 Geb 111, 236, 239, 246
蓋亞那 Guyana 305
蜜若琵皇后 Merope, Queen 58
蜥蜴瓦拉 Wala the lizard 329
蜘蛛 spiders 36, 228
蜘蛛：安那斯 Ansnse 97, 249, 252-3
製成木乃伊 mummification 235, 246, 247
赫丘力士，參見海克力斯 Hercules 85
赫瓦格密爾 Hvergelmir 92
赫克特 Hector 60, 61, 62, 255
赫克緹 Hecate 41, 43
赫利孔山 Helicon, Mount 53
赫拉 Hera 18, 20, 24, 25. 29, 34, 35, 39, 49, 60, 61, 68, 71
赫特爾 Hetel 105
赫莉 Helle 71
赫絲緹亞 Hestia 18, 20, 40, 76, 82
赫菲斯特斯 Hephaestus 18, 19, 20, 26, 27, 29, 36, 37, 38, 39, 54, 77
銀河 Milky Way 289, 318
齊穆族面具 Chimú mask 317

十五劃

德弗札克 Dvořák, Antonín: Rusalka 136
德拉洛克 Tlaloc 300, 301, 303
德莊安族（澳洲） Djauan people (Australia) 329
德萊雅得（樹精） dryads 321
德爾瑟 Dirce 34
憤怒女神 Furies 32, 59, 71
摩努 Manu 191, 197
摩特 Mot 159
摩訶婆羅多 Mahabharata 187, 197, 206-7, 254
摩訶提毗 Mahadevi 199
摩醯濕 Mahisha 198, 199
樂朵 Leto 25, 28, 41
歐西里斯 Osiris 235, 236, 239, 240, 241, 246, 247
歐辛 Oisín 119, 120
歐里修斯國王 Eurystheus, King 46, 49
歐姆斐樂 Omphale 85
歐拉帕 Olapa 265, 267
歐律納美 Eurynome 16, 17, 25
歐特 Otr 96, 108, 109
歐特溫 Ortwin 105
歐普絲 Ops 82, 84, 85
歐菲昂 Orphion 16
歐維德 Ovid 13
歐德姆布拉 Audhumla 90
歐羅芭 Europa 24, 25
潛土者 Earth Diver 7, 111
潘朵拉 Pandora 27
潘妮洛普 Penelope 66
潘修斯 Pentheus 35
潘恩 Pan 69, 87, 114
盤古 Pan Gu 7.212
稻荷神 Inari 227
蓮花生大士 Padmasambhava 176
魯贊 Lutzen 176, 177
黎安佳 Lianja 259
墨丘利 Mercury 77, 78, 83

十六劃～十八劃

壇布卡族（馬拉威） Tumbuka people (Malawi) 265
戰神 war deities 8, 25, 36, 38, 142, 174-5, 181
曆法，中美洲 calendars, Mesoamerican 293, 297, 303
澤丹 Dzeden 176, 177
澤密雕像 zemi images 309
澤費洛斯 Zephyrus 84
獨眼巨人／塞克羅普斯 Cyclopes 16, 17, 18, 31, 39, 53, 64, 65, 67, 78
盧尼文 runes 91, 92
盧烏 Lugh 117, 118, 174
盧魯 Lullu 150
盧諾塔爾 Luonnotar 100, 101
穆山揚那 Moshanyana 254, 275
穆罕默德 Muhammad 167, 180
穆特 Mut 244
穆斯貝爾／穆斯貝爾海姆 Muspell / Muspelheim 90, 93
羲和 Xi He 219
諾西卡 Nausicaa 66, 67
諾恩 Norns 93, 165
諾索斯 Knossos 51
閻摩 Yama 42
閻魔王 Emma-O 223
霍爾穆斯達 Qormusta 162
龍 dragons:
中國的龍 Chinese 215, 219
巴比倫的龍 Babylonian 153
日本的龍 Japanese 226
北歐的龍 northern European 93, 106, 107, 108, 109
波斯的龍 Persian 171
非洲的龍 African 261
龍王 Longwang the dragon king 216
龜與兔的傳說 tortoise and hare legend 274
闍吒優私 Jatayu the vulture 202
優努族（澳洲） Yolngu people (Australia) 332, 333
優律迪絲 Eurydice 44
彌迦那陀 Meghnath 203
應許之地 Land of Promise 121
戴芬妮 Daphne 28
戴茨伯 Dazhbog 131, 143, 285
戴奧尼索斯 Dionysus 25, 34-5, 45, 50, 69, 77, 180
戴爾麥 Diarmaid 118,119
檀加洛艾 Tangaroa 338-9
櫛名田比賣 Kusa-nada-pime 226
濕婆 Shiva 138, 175, 187, 192, 194-5, 197, 198, 199, 200, 208, 254
環住 Parikshit 206
繆思女神 Muses 25, 53
薄伽梵歌 Bhagavad Gita 197, 206, 207
薛西弗斯 Sisyphus 69
薛提昂．德妥耶 Chrétien de Troyes 113
薇絲塔 Vesta 76, 82
謝里曼，亨德利希 Schliemann, Heinrich 61
賽米麗 Semele 25, 34
賽克洛普國王 Cecrops, King 30
賽妊 Sirens 45, 64, 65, 72, 73
賽姬 Psyche 138
邁娜德斯／酒神女信徒 Maenads 35, 45, 87
邁諾陶 Minotaur 50-1
邁諾斯國王 Minos, King 25, 46, 50-1, 70
邁錫尼 Mycenae 61, 71
鍾貝 Jumbees 305
鍾離權 Chung Li Chuan 217
韓湘子 Han Hsiang Tzun 217
韓賽爾和葛蕾特 Hansel and Gretel 57
黛安妮拉 Deianira 47
黛安娜 Diana 76, 83
黛朵，參見伊莉莎 Dido see Elissa
黛爾德／不幸的黛爾德 Deirdre of the Sorrows 117
槲寄生 mistletoe 97
鴯鶓青嘎爾 Tchingal the emu 335
薩．瓦一哈席斯 Kothar wa-Hasis 158, 159
薩皮頓 Sarpedon 25
薩杜恩 Saturn 27, 82, 84
薩蒂 Sati 195, 199
薩滿信仰 shamanism 163, 172, 173, 233, 268-9, 290, 291, 329
薩滿信仰：女性薩滿 female 269
薩德柯的故事 Sadko, tale of 131, 137
蟠桃 Peaches of Immortality 216, 217, 220, 221
豐族（貝南） Fon people (Benin) 249, 250, 251
鯀 Gun 215
繳族 San people 232, 271, 272

十九劃以上

瓊瓊杵 Ninigi 254
羅乞多毗闍 Rakitabij 198
羅什曼那 Lakshmana 200, 201
羅希 Louhi 100, 102
羅波那 Ravana 188, 197, 200, 202, 203
羅娃 Loa 305, 310, 311
羅恩洛特，艾里亞斯／《卡勒瓦拉》作者 Lönnrot, Elias: Kalevala 89, 101
羅斯丹 Rustum 56, 170-1
羅慕路斯和雷慕斯 Romulus and Remus 56, 78, 79
羅摩 Rama 187, 188, 197, 200-3, 204
羅摩衍那 Ramayana 187, 188, 197, 200-3, 204
羅蘭 Roland 105
蟻垤（智者） Valmiki, sage 201, 202
譚恩 Tane 321, 339, 340, 341
贊德族（剛果） Zande people (Congo) 257
難底（公牛） Nandi the bull 195
難近母 Durga 198-9, 203
難敵 Duryodhana 206. 207
麗妲 Leda 24
寶藏 treasure 107, 108
蘋果（具有魔力的蘋果） apples, magical 46, 49, 140, 141
蘇 Shu 236, 246
蘇利耶 Surya 187, 188
蘇美帝國 Sumerian Empire 149
蘇瑟勒斯 Sucellos 114
蘇爾特 Surt 98, 99
蘇摩 soma 189
釋迦牟尼 Sakyamuni 162
騰格里 Tengri 162-3, 172
蘭斯洛／爵士 Lancelot, Sir 113, 126, 127, 129
辯才天女 Saraswati 99
霹隆 Perun 131, 142
露莎卡 Rusalkas 136, 320
孿生英雄 Hero Twins 294, 295, 296
孿生戰士 warrior twins 283
變伊 Rangi 324, 338, 339, 340, 341
蘿札妮琪 Rozhanitsy, the 131
變身／化身者 shape-changers 19, 94, 96, 108, 109, 120, 140, 141, 176, 177, 198, 255
觀音 Guan Yin 217

致謝

The publisher would like to thank the following for their kind permission to reproduce their photographs:

(Key: a-above; b-below/bottom; c-centre; f-far; l-left; r-right; t-top)

1 Alamy Images: Deco (c). 7 The Bridgeman Art Library: Musee de l'Homme, Paris, France (tr). 8 DK Images: Judith Miller Image Archive (tl). 10 The Bridgeman Art Library: Museum of Fine Arts, Boston, Massachusetts, USA/ Gift in honour of Edward W. Forbes from his friends (l). 14 The Art Archive: Museo della Civilta Romana Rome / Gianni Dagli Orti. 15 4Corners Images: SIME/ Johanna Huber (t). The Trustees of the British Museum: (b). 17 Alamy Images: INTERFOTO Pressebildagentur (br). Photo Scala, Florence: (l) (tr). 18 akg-images: Erich Lessing (b). 19 The Bridgeman Art Library: Whitworth Art Gallery, The University of Manchester, UK (b). 20 Photo Scala, Florence: BPK, Berlin (b). 21 The Bridgeman Art Library: Kunsthistorisches Museum, Vienna, Austria (t); Musee Massey, Tarbes, France/ Lauros / Giraudon (b). 22-23 The Art Archive: Palazzo del Te Mantua / Alfredo Dagli Orti. 24 Réunion des Musées Nationaux Agence Photographique: Hervé Lewandowski (bl). 25 The Bridgeman Art Library: Kunsthistorisches Museum, Vienna, Austria (b). Photo Scala, Florence: Courtesy of the Ministero Beni e Att. Culturali (t). 26 Ancient Art & Architecture Collection: (b). The Bridgeman Art Library: Prado, Madrid, Spain/ Index (t). 27 The Bridgeman Art Library: Galleria Palatina, Palazzo Pitti, Florence, Italy (t); Greek Museo Capitolino, Rome, Italy (c). 28 akg-images: Erich Lessing (br). iStockphoto.com: Volkan Ersoy (t). 29 The Bridgeman Art Library: Staatliche Museen, Berlin, Germany (b). DK Images: Peter Wilson (t). 31 The Bridgeman Art Library: Musee du Petit Palais, Avignon, France/ Peter Willi (cl). 32 Corbis: Araldo de Luca (br). 33 Alamy Images: ephotocorp (bc). 34 akg-images: Rabatti Domingie (t). The Bridgeman Art Library: Musee des Arts Decoratifs, Saumur, France/ Lauros / Giraudon (b). 35 akg-images: (cr). 36 The Trustees of the British Museum: (br). DK Images: Nick Nicholls / The British Museum (bl). 37 Corbis: Summerfield Press (c). 39 akg-images: Erich Lessing (bl). Corbis: Mimmo Jodice (c). Getty Images: The Bridgeman Art Library (tl). 40 The Bridgeman Art Library: The De Morgan Centre, London. 41 akg-images: (b). The Art Archive: Harper Collins Publishers (tr). 42 The Bridgeman Art Library: Museo Regional de Oaxaca, Mexico/ Giraudon (tr). 43 Alamy Images: The London Art Archive (cl). The Bridgeman Art Library: Private Collection / The Fine Art Society, London, UK (br). 44 The Bridgeman Art Library: Louvre, Paris, France (b). 45 akg-images: (br) (tr). 46 The Trustees of the British Museum: (tr). 47 akg-images: (cr). The Bridgeman Art Library: Musee des Beaux-Arts, Angers, France/ Lauros / Giraudon (br). 48 The Bridgeman Art Library: Lady Lever Art Gallery, National Museums Liverpool. 49 The Bridgeman Art Library: Lady Lever Art Gallery, National Museums Liverpool. 50 akg-images: Erich Lessing (b). The Bridgeman Art Library: The Dayton Art Institute, Dayton, Ohio, USA / Museum purchase with funds provided by the James F. Dicke Family in memory of Timothy M. Webster (t). 51 The Bridgeman Art Library: Archaeological Museum of Heraklion, Crete, Greece/ Lauros / Giraudon (c). 53 The Bridgeman Art Library: Look and Learn (cl); Tabley House Collection, University of Manchester, UK (tc). Corbis: Gianni Dagli Orti (br). 54 akg-images: Peter Connolly (bc). 55 The Bridgeman Art Library: MuseumslandschaftHessenKassel/ Ute Brunzel (t). Corbis: Christie's Images (cl). 56 The Art Archive: (tr). 57 akg-images: (tl). The Art Archive: Accademia San Luca Rome / Alfredo Dagli Orti (bl). 58 The Bridgeman Art Library: Prado, Madrid, Spain/ Index (l). 59 The Bridgeman Art Library: Christie's Images (cl). Corbis: Bettmann (br). 60 Ancient Art & Architecture Collection: (bl). 61 akg-images: Erich Lessing (tc). Ancient Art & Architecture Collection: C M Dixon (br). 62-63 Alamy Images: The London Art Archive. 65 The Bridgeman Art Library: Leeds Museums and Galleries (City Art Gallery) UK (cr). 66 The Bridgeman Art Library: Johnny van Haeften Gallery, London, UK (c). 67 The Art Archive: Civiche Racc d'Arte Pavia Italy / Alfredo Dagli Orti (cl); Museo Capitolino Rome / Alfredo Dagli Orti (bl). Penguin Books Ltd: (br). 68 akg-images. Photo Scala, Florence: courtesy of the Ministero Beni e Att. Culturali (b). 69 The Art Archive: Musée Archéologique Naples / Gianni Dagli Orti (cl). Photo Scala, Florence: Parma, Galleria Nazionale (br). 70 Alamy Images: The London Art Archive (br). The Bridgeman Art Library: Fitzwilliam Museum, University of Cambridge, UK (bl). Photo Scala, Florence: (cr). 71 Mary Evans Picture Library: (tr). 72 Corbis: The Art Archive (bl). 73 The Bridgeman Art Library: Louvre, Paris, France (cb). 74-75 The Bridgeman Art Library: Bradford Art Galleries and Museums, West Yorkshire, UK. 76 The Bridgeman Art Library: Louvre, Paris, France (bc). Corbis: Larry Lee Photography (tr). 77 Réunion des Musées Nationaux Agence Photographique: Jean-Gilles Berizzi (c). 78 The Art Archive: Musée Archéologique Naples / Alfredo Dagli Orti (c). 79 The Bridgeman Art Library: Private Collection/ Johnny Van Haeften Ltd., London (bl). Werner Forman Archive: Museo Capitolino , Rome (br). 80-81 Bildarchiv Preußischer Kulturbesitz, Berlin: Gemäldegalerie, Kaiser Friedrich-Museum-Verein, SMB / Volker-H. Schneider. 82 Alamy Images: INTERFOTO Pressebildagentur (br). 83 Archivi Alinari: Franco Cosimo Panini Editore (tr). Werner Forman Archive: (cl). 84 Corbis: Alinari Archives (cl). 85 The Bridgeman Art Library: Ferens Art Gallery, Hull City Museums and Art Galleries (br). Corbis: Mimmo Jodice (c). Photolibrary: Vladimir Pcholkin (bl). 86-87 The Bridgeman Art Library: National Gallery, London, UK (l). 87 The Bridgeman Art Library: National Gallery, London, UK (c). 88 The Bridgeman Art Library: Royal Library, Copenhagen, Denmark. 89 Getty Images: Robert Gibb (bl). Werner Forman Archive: Statens Historiska Museum, Stockholm (c). 90 TopFoto.co.uk: (t). 91 DK Images: Alan Hills/The British Museum (c). Werner Forman Archive: Statens Historiska Museet, Stockholm (b). 92 akg-images: (t). The Bridgeman Art Library: Arni Magnusson Institute, Reykjavik, Iceland (b). 93 Werner Forman Archive: Statens Historiska Museum, Stockholm (br). 94 TopFoto.co.uk: The Granger Collection (cr). 95 akg-images: (c). The Bridgeman Art Library. Private Collection / The Stapleton Collection (br). 96 akg-images: (r). Werner Forman Archive: Statens Historiska Museum, Stockholm (l). 97 Alamy Images: The London Art Archive (tl). 99 The Bridgeman Art Library: Museum of Religion and Atheism, St. Petersburg, Russia/ RIA Novosti (bl); Peter Anderson / Courtesy of the Statens Historiska Museum, Stockholm (cl); Peter Anderson / Dorling Kindersley, Courtesy of the Statens Historiska Museum, Stockholm (tc). DK Images: Peter Anderson / Danish National Museum (tl). 100 Alamy Images: Esa Hiltula (tr). 102 akg-images: (cl) (tr). 103 akg-images: (tr); Juergen Sorges (t). Getty Images: AFP (b). 105 The Art Archive: British Library (t). The Trustees of the British Museum: (cl). 107 akg-images: British Library (br). The Trustees of the British Museum: (bl). DK Images: The British Museum (bc). 108 The Bridgeman Art Library: Private Collection/ The Fine Art Society, London, UK (tr); Viking Ship Museum, Oslo, Norway (bl). 109 TopFoto.co.uk: Ullsteinbild (br). 110 The Bridgeman Art Library: Louvre, Paris, France (cr). Corbis: Gianni Dagli Orti (bc). 111 akg-images: Erich Lessing (br). 112 The Bridgeman Art Library: Bradford Art Galleries and Museums, West Yorkshire, UK. 113 akg-images: Erich Lessing (b). TopFoto.co.uk: EE Images / HIP (c). 114 Werner Forman Archive: National Museum, Copenhagen. 115 The Art Archive: Musée des Antiquités St Germain en Laye / Gianni Dagli Orti (cl). Corbis: Weatherstock (bl). TopFoto.co.uk: CM Dixon / HIP (br). 116 Mary Evans Picture Library: (bl). 117 The Stapleton Collection: (bc) (cl). 118 Getty Images: Mark Hamblin (bl). 119 The Art Archive: National Gallery Budapest / Alfredo Dagli Orti (t). Devonshire Collection, Chatsworth. Reproduced by permission of Chatsworth Settlement Trustees: (b). 120 akg-images: (c). 121 Alamy Images: Christian Darkin (b). 122-123 The Bridgeman Art Library: Whitford & Hughes, London, UK. 124 Alamy Images: Ivy Close Images (br). 125 Alamy Images: The Photolibrary Wales (c). 126 The Bridgeman Art Library: Private Collection / Christopher Wood Gallery, London, UK. 127 akg-images: (bl). The Bridgeman Art Library: Birmingham Museums and Art Gallery (cr); Bradford Art Galleries and Museums, UK (tl). 128 The Bridgeman Art Library: Birmingham Museums and Art Gallery (t). 128-129 The Bridgeman Art Library: Birmingham Museums and Art Gallery. 130 The Bridgeman Art Library: Nationalmuseum, Stockholm, Sweden. 131 Alamy Images: isifa Image Service s.r.o. (c). The Bridgeman Art Library: Private Collection/ Archives Charmet (b). 133 The Art Archive: Bibliothèque des Arts Décoratifs Paris / Gianni Dagli Orti (tr). Corbis: Scheufler Collection (br). 134 The Bridgeman Art Library: Private Collection/ Archives Charmet (l). 135 akg-images: (tr). The Bridgeman Art Library: Bibliotheque des Arts Decoratifs, Paris, France/ Archives Charmet (br). 136 Alamy Images: Chris Fredriksson (bl). Corbis: The Irish Image Collection (tr). 138 The Art Archive: Musée du Louvre Paris / Gianni Dagli Orti (c). Mary Evans Picture Library: (br). 139 The Art Archive: Private Collection / Eileen Tweedy (tr). 140 The Bridgeman Art Library: Bibliotheque des Arts Decoratifs, Paris, France/ Archives Charmet (t). 141 Alamy Images: The London Art Archive (t). Robbie Jack Photography: (c). 143 Alamy Images: Pat Behnke (br). Corbis: KazumasaTakahashi/amanaimages (tl). Getty Images: Tim Rand (bl). 144 Corbis: Araldo de Luca. 148 Ancient Art & Architecture Collection. 149 Corbis: Nik Wheeler (t). DK Images: Alan Hills and Barbara Winter / The British Museum (br). 150 The Art Archive: Musée du Louvre Paris / Gianni Dagli Orti (tr). 151 akg-images: Erich Lessing (tl). Alamy Images: isifa Image Service s.r.o (bc). Corbis: Nik Wheeler (cl). 152-153 The Bridgeman Art Library: The Detroit Institute of Arts, USA/ Founders Society purchase, General Membership Fund. 154 Ancient Art & Architecture Collection: (bc). Réunion des Musées Nationaux Agence Photographique: (r). 155 Alamy Images: Lebrecht Music and Arts Photo Library (tr). 156 Réunion des Musées Nationaux Agence Photographique: René-Gabriel Ojéda (tr). 157 akg-images: (c). Alamy Images: The London Art Archive (bc). Corbis: Nik Wheeler (bl). 158 Ancient Art & Architecture Collection: (bc). Getty Images: Martin Ruegner (bl). 159 akg-images: 159Gerard Degeorge (cl). The Art Archive: Alfredo Dagli Orti (tr). The Bridgeman Art Library: Museum of Latakia, Latakia, Syria/ Peter Willi (b). 160 akg-images: Erich Lessing (bc). Werner Forman Archive: Schimmel Collection, New York (tr). 161 akg-images: Erich Lessing (cl); Gerard Degeorge (br). 162 The Bridgeman Art Library: Musee de l'Homme, Paris, France (bl). 163 The Bridgeman Art Library: Private Collection/ Roger Perrin (cr). Corbis: A & J Verkaik (bl). 164 Alamy Images: INTERFOTO Pressebildagentur (l). Ancient Art & Architecture Collection: T. Paramjit (tr). 165 The Bridgeman Art Library: Private Collection/ Paul Freeman (c). 166 The Art Archive: Musée Condé Chantilly / Gianni Dagli Orti. 167 The Art Archive: Musée du Louvre Paris / Gianni Dagli Orti (t). Werner Forman Archive: Museo Nazionale Romano, Rome (b). 168 Werner Forman Archive: Euan Wingfield (cr). 169 akg-images: Erich Lessing (t). Corbis: James Chen (cr); Kazuyoshi Nomachi (bc). 171 The Art Archive: Bodleian Library Oxford (br); British Library (tc);

Musée Condé Chantilly / Gianni Dagli Orti (bl). 172 akg-images: (c). Getty Images: Koichi Kamoshida (br). 173 The Art Archive: Musée des Arts Décoratifs Paris / Alfredo Dagli Orti (bl). Corbis: Michel Setboun/Sygma (c). 174 Ancient Art & Architecture Collection: B. Wilson (cr). Mary Evans Picture Library: (cl). 175 Werner Forman Archive: Musee Royal de L'Afrique Centrale, Tervuren, Belgium (tl). 176 Robert Harding Picture Library: Jochen Schlenker (cl). 177 Alamy Images: Craig Lovell / Eagle Visions Photography (cr) (bl). 178-179 China Tourism Photo Library. 180 Réunion des Musées Nationaux Agence Photographique: Christian Larrieu (tr). 181 Getty Images: Willard Clay (bl). Werner Forman Archive: Nick Saunders (cl). 182 Corbis: Araldo de Luca. 186 The Art Archive: Rijksmuseum voor Volkenkunde Leiden (Leyden) / Dagli Orti. 187 Werner Forman Archive: (b); Theresa McCullough Collection (t). 188 akg-images: Ullstein Bild (c). The Bridgeman Art Library: Victoria & Albert Museum, London, UK (bl). 189 The Bridgeman Art Library: Bibliotheque Nationale, Paris, France/ Archives Charmet (br). DK Images: Derek Hall (bl). 191 Alamy Images: ArkReligion.com (tr). Corbis: Hans Georg Roth (bl). Courtesy of The Schøyen Collection, Oslo and London: (br). 192-193 The Art Archive: Musée Guimet Paris / Gianni Dagli Orti. 194 The Trustees of the British Museum: (bl). Dreamstime.com: Drbouz (bc). 195 DK Images: Courtesy of the National Museum, New Delhi/ Andy Crawford (br). Dreamstime. com: Paul Prescott (c). 196 The Bridgeman Art Library: Victoria & Albert Museum, London, UK. 197 The Bridgeman Art Library: Victoria & Albert Museum, London, UK. 198 Tannishtha Chakraborty: (t). Corbis: Brooklyn Museum (b). 199 Alamy Images: Louise Batalla Duran (bl). Corbis: Christie's Images (tc). 200 DK Images: Courtesy of the National Museum, New Delhi/ Andy Crawford (bl). 201 Corbis: Luca Tettoni (br). DK Images: Courtesy of the Crafts Museum, New Delhi/Akhil Bakshi (tl). 202 www.dinodia.com: (bc). 203 Alamy Images: INTERFOTO Pressebildagentur (tr). The Bridgeman Art Library: Private Collection / Archives Charmet (cl). Corbis: Ajay Verma/Reuters (br). 204-205 Werner Forman Archive. 206 The Bridgeman Art Library: Oriental Museum, Durham University, UK (cr). 207 The Bridgeman Art Library: The Trustees of the Chester Beatty Library, Dublin (tr). 209 4Corners Images: SIME/Pavan Aldo (br). The Bridgeman Art Library: National Museum of India, New Delhi, India (c). DK Images: Ian Cumming (tr). Getty Images: Robert Harding/Gavin Hellier (bl). 210 China Tourism Photo Library. 211 China Tourism Photo Library: (b) (t). 212 Mary Evans Picture Library: (bl). 213 China Tourism Photo Library: (l). Corbis: Earl & Nazima Kowall (tr). 214 Ancient Art & Architecture Collection: Uniphoto (bl). 215 Ancient Art & Architecture Collection: Uniphoto (cr). 216 Ancient Art & Architecture Collection: Uniphoto (tr). 217 China Tourism Photo Library: (br) (tl). 218-219 China Tourism Photo Library. 219 China Tourism Photo Library: (c). 221 Ancient Art & Architecture Collection: Uniphoto (br) (cl) (cr). 222 Corbis: Peter Harholdt (cr). 223 Corbis: Asian Art & Archaeology, Inc (cr); Demetrio Carrasco/JAI (t). 224-225 akg-images: Erich Lessing. 226 The Trustees of the Chester Beatty Library, Dublin: (tr). 227 Alamy Images: Japan Art Collection (br); JTB Photo Communications, Inc (bl). 228 Lebrecht Music and Arts: Rue des Archives/PVDE (br). 229 The Bridgeman Art Library: Victoria & Albert Museum, London, UK (cl). Getty Images: ULTRA.F (br). 230 Ancient Art & Architecture Collection. 234 Werner Forman Archive. 235 Ancient Art & Architecture Collection: (b). Corbis: Sandro Vannini (t). 236 Mary Evans Picture Library: (c). 237 Getty Images: Richard Nowitz (cr). Werner Forman Archive: (b); Egyptian Museum, Cairo (cl). 238 The Bridgeman Art Library: British Museum. 239 The Bridgeman Art Library: British Museum (c). 240 Ancient Art & Architecture Collection: P.Syder (t). Werner Forman Archive: Egyptian Museum, Cairo (b). 241 Ancient Art & Architecture Collection: (cl) (br). 242-243 Ancient Art & Architecture Collection: R. Sheridan. 244 Werner Forman Archive: Egyptian Museum, Cairo (br). 245 Ancient Art & Architecture Collection: (bc). Werner Forman Archive: (tr). 246 DK Images: John Hepver / The British Museum (br). 247 Ancient Art & Architecture Collection: (tc) (br). Werner Forman Archive: (clb). 248 Werner Forman Archive: Museum fur Volkerkunde, Berlin. 249 Werner Forman Archive: British Museum, London (b); Private Collection, New York (t). 250 Alamy Images: Suzy Bennett (b). Werner Forman Archive: Entwistle Gallery, London (tr). 251 Werner Forman Archive: (bl). 252 The Art Archive: Antenna Gallery Dakar Senegal / Gianni Dagli Orti (tl). 254 Corbis: Frédéric Soltan (tr). 255 akg-images: British Library (tl). The Art Archive: Royal Palace Caserta Italy / Gianni Dagli Orti (br). 256 DK Images: Judith Miller Image Archive. 257 akg-images: Erich Lessing (b). Werner Forman Archive: Entwistle Gallery, London (cr). 258 Corbis: Anthony Bannister / Gallo Images (br). Werner Forman Archive: (tr). 260 DK Images: Judith Miller / Jean-Baptiste Bacquart (cl). 261 Corbis: Studio Patellani (br). 262 akg-images: Erich Lessing (c). DK Images: Courtesy of the Pitt Rivers Museum, University of Oxford (bl). 263 Alamy Images: INTERFOTO Pressebildagentur (tr). Corbis: Peter Adams (br). DK Images: David Garner / Exeter City Museums and Art Gallery (bl). Werner Forman Archive: Kasmin Collection (tl). 264 The Bridgeman Art Library: British Museum. 265 Corbis: Michele Burgess (c). DK Images: Courtesy of the Powell-Cotton Museum, Kent (b). 266 Alamy Images: Images of Africa Photobank (b); Robert Estall photo agency (t). 267 Alamy Images: Frantisek Staud (bl); Images of Africa Photobank (cl). 268 Getty Images: Yuri Yuriev/Afp (bl). Werner Forman Archive: Private Collection, New York (tr). 269 Getty Images: David Edwards (br). Werner Forman Archive: Private Collection, New York (tr). 270 Getty Images: Volkmar Wentzel. 271 Ancient Art & Architecture Collection: (b). DK Images: Courtesy of the Pitt Rivers Museum, University of Oxford (c). 272 Alamy Images: Ariadne Van Zandbergen (cr); Timothy O'Keefe (bl). 274 The Bridgeman Art Library: Bonhams, London, UK (br). 276 Werner Forman Archive: Pigorini Museum of Prehistory and Ethnography, Rome. 280 Werner Forman Archive: Haffenreffer Museum of Anthropology, Brown University, Rhode Island, USA. 281 Getty Images: Melissa Farlow (b). Werner Forman Archive: Sheldon Jackson Museum, Sitka, Alaska (c). 282 Corbis: James Sparshatt (b). 283 Corbis: Geoffrey Clements (b). Werner Forman Archive: Schimmel Collection, New York (br). 284 Alamy Images: World Religions Photo Library (bl). 285 Corbis: Asian Art & Archaeology, Inc (bl). Werner Forman Archive: Denver Art Museum, Colorado, USA (c). 286 DK Images: Lynton Gardiner / Courtesy of The American Museum of Natural History (tr). 287 Alamy Images: Marvin Dembinsky Photo Associates (bl). Corbis: Gunter Marx Photography (tr); Peter Harholdt (cra); Stuart Westmorland (cl). 288 Werner Forman Archive: Glenbow Museum, Calgary, Alberta,USA (c). 289 Science Photo Library: Science Source (b). Werner Forman Archive: Field Museum of Natural History, Chicago (ca). 290 Werner Forman Archive: Museum of Mankind, London (bl). 291 Alamy Images: SCPhotos (cl). Werner Forman Archive: Phoebe Apperson Hearst Museum of Anthropology & Regents of Uni of Cal. (bc); Private Collection, New York (tr). 292 Werner Forman Archive. 293 Photo Scala, Florence: (b). Werner Forman Archive: Liverpool Museum (t). 294 Alamy Images: Mary Evans Picture Library (cb). 295 The Bridgeman Art Library: Museo Arqueologico, Mexico City, Mexico (c). Werner Forman Archive: David Bernstein, New York (cl). 296 The Bridgeman Art Library: Worcester Art Museum, Massachusetts, USA (br). Werner Forman Archive: Dallas Museum of Art (cl). 297 Alamy Images: Deborah Waters (br). Ancient Art & Architecture Collection: Dr S. Coyne (cr). 298-299 The Bridgeman Art Library: Jean-Pierre Courau. 299 The Bridgeman Art Library: Jean-Pierre Courau (c). 300 Alamy Images: imagebroker (cr). The Bridgeman Art Library: Musee de l'Homme, Paris, France (bl). 301 Ancient Art & Architecture Collection: (br). Werner Forman Archive: British Museum, London (tl). 302-303 Werner Forman Archive: National Museum of Anthropology, Mexico City. 304 Corbis: Robert Holmes. 305 The Bridgeman Art Library: Musee de l'Homme, Paris, France (b). Werner Forman Archive: (cr). 306 Corbis: Stephanie Maze (cr). 307 Alamy Images: Banana Pancake (bl). Getty Images: Tom Walker (ca). 308 Photo Scala, Florence: Metropolitan Museum of Art/Art Resource (t). 309 akg-images: (ca) (cr). Alamy Images: Mike Hill (br). 310 Corbis: Les Stone/ZUMA (cr). 311 Alamy Images: Mary Evans Picture Library (tr). TopFoto.co. uk: Tony Savino/ The Image Works (br). 312 Alamy Images: Deco. 313 Werner Forman Archive: (b) (t). 314 Alamy Images: Mireille Vautier (tr); North Wind Picture Archives (b). 315 Wikipedia, The Free Encyclopedia: (br) (c). DK Images: Sean Hunter (tr). 316-317 akg-images. 318 The Art Archive: Alfredo Dagli Orti (bc). Werner Forman Archive: David Bernstein, New York (cl). 319 Ancient Art & Architecture Collection: (c). Corbis: Kazuyoshi Nomachi (tr). 320 V&A Images: (t). 321 The Bridgeman Art Library: The De Morgan Centre, London (br). Photo Scala, Florence: The Newark Museum / Art Resource (tl). 322 The Trustees of the British Museum. 326 Ancient Art & Architecture Collection. 327 Ancient Art & Architecture Collection: (t). Werner Forman Archive: (b). 328 Alamy Images: Penny Tweedie (bc). The Bridgeman Art Library: Corbally Stourton Contemporary Art, Australia (bl). 329 Corbis: Michael & Patricia Fogden (b). Getty Images: Hulton Archive (tr). 330 Réunion des Musées Nationaux Agence Photographique: Hervé Lewandowski (t). 331 Alamy Images: Horizon International Images Limited (bc). Werner Forman Archive: (br). 332 National Gallery Of Victoria, Melbourne: Gift of Penny Blazey, 1989 (t). 332-333 National Gallery Of Victoria, Melbourne: Gift of Penny Blazey, 1989 (b). 334 Corbis: Penny Tweedie (r). 335 Corbis: Takashi Katahira (tr). Werner Forman Archive: (br) (tl). 336 Corbis: Ric Ergenbright. 337 Ancient Art & Architecture Collection: (bl). Werner Forman Archive: (c). 338 The Bridgeman Art Library: British Museum, London, UK/ Peter Willi (tr). 339 Werner Forman Archive: British Museum, London (clb). 341 Werner Forman Archive: Museum fur Volkerkunde, Berlin (br); Otago Museum, Dunedin (tr). 342 britainonview.com: James Osmond (tr). Getty Images: Joe Cornish (cl); Navaswan (bl). 343 Getty Images: Daryl Benson (tr). Photo Scala, Florence: (bl)

Jacket images: Front and Back: iStockphoto.com: Bülent Gültek (background). Front: Alamy Images: INTERFOTO Pressebildagentur cr; Christine Osborne Pictures tc; david sanger photography br (behind); Corbis: Randy Faris ftr; Getty Images: Randy Wells tr; Richard Ross fbr; iStockphoto.com: AF-studio (top band); TopFoto.co.uk: 26 Alinari l. Back: Alamy Images: bygonetimes tl; Mary Evans Picture Library tc; david sanger photography tr; iStockphoto.com: AF-studio (top band)

All other images
© Dorling Kindersley
For further information see:
www.dkimages.com

DK would like to thank Sarah Tomley; Camilla Hallinan; Richard Horsford; Elizabeth O'Neil; Alicia Ingty; Chuck Wills; Caroline Hunt for proofreading; and Pamela Ellis for the index.